OS PRINCÍPIOS DA PROSPERIDADE

OS PRINCÍPIOS DA PROSPERIDADE

DE HENRY FORD

As obras de HENRY FORD:

MINHA VIDA E MINHA OBRA
HOJE E AMANHÃ
MINHA FILOSOFIA DA INDÚSTRIA

4ª EDIÇÃO

Freitas Bastos Editora

Direitos exclusivos da edição e distribuição em língua portuguesa:
Maria Augusta Delgado, Livraria, Distribuidora e Editora

Editor: Isaac D. Abulafia
Revisão de Texto: Hélio José da Silva
Diagramação e Capa: Jair D Sousa

DADOS INTERNACIONAIS PARA CATALOGAÇÃO
NA PUBLICAÇÃO (CIP)

A481p
Ford, Henry
Os princípios da prosperidade de Henry Ford: as obras de Henry Ford: minha vida e minha obra, hoje e amanhã, minha filosofia da indústria / Tradução: Monteiro Lobato. – 4. ed. - Rio de Janeiro: Maria Augusta Delgado, 2012.
488 p. ; 23 cm.

ISBN 978-85-7987-152-8

1. Ford, Henry, 1863-1947. 2. Industriais – Estados Unidos - Biografia I. Título. II. Ford, Henry, 1863-1947. Minha vida e minha obra. III. Ford, Henry, 1863-1947. Hoje e amanhã. IV. Ford, Henry, 1863-1947. Minha filosofia da indústria. V. Título: Minha vida e minha obra. VI. Título: Hoje e amanhã. VII. Minha filosofia da indústria.

CDD- 923.3

Freitas Bastos Editora
Tel./Fax: (21) 2276-4500
freitasbastos@freitasbastos.com.br
vendas@freitasbastos.com.br
Rio de Janeiro – RJ

APRESENTAÇÃO

A Busca do Elo Perdido das Organizações, O Porquê da Republicação dos Textos Clássicos Pelo CRA/RJ

O que nos demonstram os desajustamentos, depressões e até suicídios de empregados que marcam o funcionamento das grandes corporações nesta primeira década do século XXI?

O que significam, mais ainda, as explicações e justificativas de seus dirigentes para tais fatos, que oscilam entre o cinismo e a compaixão, ou seja, apresentam sentimento aparente de piedade pelos sofrimentos dos empregados?

E, pior ainda, o que quer dizer a convocação urgente e atabalhoada de psicólogos e de médicos do trabalho para identificar causas e propor soluções de imediato face ao inusitado dessa situação anômica, que estraçalha os ambientes organizacionais e afeta criticamente o desempenho?

Certamente o desconhecimento, a ignorância e até mesmo a negação deliberada pelo mundo corporativo de hoje dos conhecimentos e dos avanços das ciências do comportamento humano no trabalho produzidos por décadas, a partir principalmente dos anos 1920/1930, com as pesquisas pioneiras na Fábrica de Hawthorne, da Western Electric, nos USA.

A globalização e a mundialização da economia produzida pela sociedade de mercado, em especial a partir dos anos 1980, com a intensificação dos paradigmas dominantes dos lucros e dos resultados nos balanços, jogaram às trevas tudo o que cientificamente já se conhecia do processo de condicionamento do comportamento humano no trabalho. E o mundo corporativo em vez de avançar nas práticas das melhores formas de estimular o desempenho de seus colaboradores, produziu desde então passos significativos de retrocesso.

O processo histórico não se faz só com progressos e avanços, mas também com retrocessos e regressões, em que, o mais das vezes, apaga, ignora e desconhece os ganhos obtidos no passado, que subsistem apenas como elos perdidos.

A ciência do comportamento humano no trabalho é o elo perdido do mundo corporativo na sociedade neoliberal de mercado, das teorias e das práticas atuais dos consultores e dos profissionais que se dedicam à gestão das organizações, das teses de pesquisa e dos artigos ultimamente desenvolvidos pelo universo acadêmico, do cotidiano das noticias e do interesse da imprensa em geral.

Erros primários produzidos pelas trevas da ignorância e do desconhecimento sobre motivação humana no trabalho amplificam a crise nas organizações, aumentam os casos de desespero e de suicídios. E escandalizam a opinião pública, que não os compreende, e, muito menos, os aceita.

Um dos pontos fulcrais identificados pela célebre Pesquisa de Hawthorne é a presença e a influência dos grupos espontâneos (informais) na constituição e no funcionamento da realidade organizacional.

Os grupos espontâneos ou informais não são apenas onipresentes na realidade do mundo do trabalho. Cada um deles se ordena por uma hierarquia social, por mecanismos de controle e por formas muito próprias de solidariedade e de interação.

É o sentimento de pertencer e de integrar grupos sociais que fixa em seus componentes o sentido de comprometimento, de dedicação e de empenho no trabalho, a par de integração `a situação, muitas vezes adversas, em que o trabalho é realizado.

A empresa não pode ser considerada como um agregado asséptico, infenso, de pessoas que se interrelacionam: ao lado da estrutura formal subsiste fortemente uma organização informal invisível, não percebida à primeira vista, mas decisivamente influente.

Para se compreender, em toda extensão e profundidade, a atualidade das descobertas da Pesquisa de Hawthorne basta se delinear o quadro de mudanças organizacionais ocorridas no mundo do trabalho nos últimos trinta anos em que tais descobertas passaram a ser simplesmente ignoradas, ou simplesmente tratadas como velharias ultrapassadas.

Em nome da intensificação da concorrência e da competição, e na busca crescente do máximo de resultados e de lucros, a gerência de hoje se dedica, cada vez mais, a construir organizações fundadas na individualização de objetivos e dos meios para alcançá-los, na atribuição também individualizada das responsabilidades e das pressões, nas avaliações de desempenho, na concessão dos prêmios e nas sanções.

Nunca se propalou tanto a importância do trabalho em equipe, mas também nunca se praticou mais ainda a individualização. Apesar do discurso contemporâneo de modernidade, o núcleo dominante de gestão dos processos de trabalho não é a equipe, mas o indivíduo como pessoa e como profissional.

O mundo corporativo impõe a dedicação incondicional dos empregados à empresa. Têm-se aí como marcos expressivos o aumento crescente da sobrecarga de trabalho, a redução de tempo que cada um dispõe para a vida familiar, e a submissão integral às exigências constantes de mobilidade e de uso do tempo pessoal em favor da empresa.

As consequências de todo esse quadro de circunstâncias não são difíceis de identificar: o que antes se chamava de "relações humanas" efetivamente hoje já não mais existem, tendo sido substituídas pelo culto aos resultados, às metas de desempenho a serem alcançadas, e pela indiferença generalizada às questões que configuram em plenitude a realização humana no trabalho.

Cada um por si na luta de todos contra todos é o que garante o capital de competência, de reputação e de prestígio profissional que permite a conquista de posições na hierarquia organizacional.

É a primeira vez, em tamanha escala, que a competição e a cooperação antagônica dentro da organização se transformam em variáveis críticas de estruturação de processos de trabalho.

À atomização social reforça-se a ameaça, sempre presente, de demissão e o temor do desemprego para favorecer ainda mais a submissão de todos aos desígnios das direções e das gerências.

As organizações informais são, assim, varridas da realidade empresarial por um sistema esdrúxulo indiscriminado de competição individual, de todos e de cada um em busca da conquista de espaço pessoal e de um "lugar ao sol".

Os argumentos econômicos não são suficientes para explicar a enorme ascendência da gerência nas grandes corporações. Toda forma de organização do trabalho reproduz em si mesmo, a seu tempo e por sua vez, a aplicação de uma técnica instrumental de dominação social.

O próprio ensino da administração se baseia nos pressupostos de preservação de poder de uma sociedade inteiramente centrada no mercado.

O conhecimento está a serviço do mercado, que se transformou em força modeladora da sociedade como um todo. O mercado põe e dispõe em todas as suas formas de expressão: na educação e na cultura, nos esportes e no lazer, na pesquisa e nas suas utilizações práticas, na política e na defesa do meio ambiente, e, muito mais, na vida empresarial.

A teoria das organizações se constitui, assim, numa ideologia que legitima, em nível empresarial, a sociedade de mercado, vale dizer, também suas iniqüidades e disfunções.

Portanto, não se constitui em qualquer surpresa a desconsideração factual das estruturas sociais espontâneas, as chamadas organizações informais, quer sejam internas, vinculadas diretamente ao próprio mundo corporativo, quer sejam externas, vinculadas à vida do empregado na família e na comunidade.

Não havia qualquer necessidade de desconsiderar a influência da organização informal para a realização dos paradigmas neoliberais prevalecentes no mundo corporativo dos tempos presentes.

É evidente que a violência social sempre existiu no mundo das organizações e no universo da sociedade.

O novo é a deliberada e intencional ação empresarial no sentido de destruir a organização informal no ambiente organizacional sob o pressuposto de sua disfuncionalidade.

A estrutura social nos integra em relações humanas soi-disant de "normalidade", ao passo que sua ausência nos faz mergulhar no caos da contradição e da anomia.

O que a realidade do mundo corporativo nos mostra hoje com tanto sofrimento é que a desconsideração da influência da organização informal conduz a muita insatisfação no trabalho, ao desajustamento e à depressão. E até aos suicídios!

Precisamos tratar das almas e dos corpos das organizações, de suas estruturas e de seu funcionamento, de suas organizações formais e informais.

Deixemos de procurar as causas da insatisfação individual e coletiva lá onde elas não estão por insistirmos em desconhecer lá onde elas efetivamente estão: nas relações sociais de trabalho.

Deixemos de considerar como normal, habitual, como parte das regras do jogo, e como via necessária a destruição da estrutura social que preside a existência humana no trabalho.

O homem como um animal social é quase uma lei pétrea da natureza humana. A relação social faz parte de seu DNA, integra o seu código genético.

A pletora de publicações, em todo o mundo, de livros de auto-ajuda travestidos em estudos sérios de teorias de organização, de gestão empresarial e de administração em geral, e a profusão de uma subliteratura técnica desacoplada de qualquer investigação científica efetiva, têm certamente contribuído para agravar ainda mais todo esse quadro corporativo desalentador.

O CRA/RJ tem no elenco de suas responsabilidades institucionais o compromisso de contribuir para reverter esse contexto de desalento que grassa na cena organizacional globalizada. É preciso a republicação dos textos clássico de administração, obras perenes que consolidaram ontem e reafirmam hoje a administração como ciência, técnica e arte.

É preciso um despertar de consciência daqueles que atuam equivocadamente, por absoluto desconhecimento de alternativas de comportamento, de processos, de métodos, de ideologias gerenciais e de teorias mais adequadas, que possam conduzir o mundo corporativo a retomar o seu rumo de busca da excelência organizacional via a obtenção simultânea da otimização de resultados e da automotivação humana para o trabalho.

A biblioteca do CRA/RJ, a Sala de Leitura Beatriz Warhlich, tanto em sua versão digital quanto física, viabiliza o acesso de uma literatura selecionada crescente de textos clássicos, absolutamente indispensáveis ao aumento da percepção crítica do leitor, estudiosos e operadores do mundo da administração. Textos clássicos jamais publicados em português já integram o acervo de nossas publicações na língua original e na versão traduzida para o português, ampliando enormemente o nível de acesso aos interessados. Outros clássicos esquecidos nas brumas do tempo, publicados há muito em português, mas jamais citados como referência em trabalhos e textos modernos, e muito menos indicados por professores como bibliografia, pois podem perder pontos para a sua IES pelos avaliadores do ENADE em obediência aos ditames obscurantistas do MEC, que joga no silêncio dos cemitérios ou no baú do esquecimento quaisquer obras de administração publicadas há mais de cinco anos arroladas como acervo nas bibliotecas.

O acesso aos clássicos certamente contribuirá de maneira positiva para o despertar de consciência e o resgate do elo perdido das organizações em direção ao bom combate e ao trilhar de uma nova trajetória, em especial nos tempos presentes em que se beneficia de um aparato tecnológico jamais pensado ou sonhado como possível pela grande maioria em vida dos autores clássicos.

As organizações convivem hoje em permanente esquizofrenia corporativa: dispõe de uma tecnologia de velocidade orbital, mas são geridas massivamente por uma mentalidade do carro de boi.

O livro "Princípios da Prosperidade", de Henry Ford, que condensa numa só publicação os seus três livros, ou seja, "Minha Vida e Minha Obra", "Hoje e Amanhã" e "Minha Filosofia de Indústria" é a primeira versão impressa de um clássico que o CRA/RJ edita, ora em parceria com a Freitas Bastos, detentora dos direitos autorais da obra desde a sua primeira publicação no Brasil na década de 40 do século passado. Esta obra ainda tem a singularidade de ter sido traduzida por Monteiro Lobato, mestre insígne de todos nós, na formação de nosso caráter, no amor à língua pátria e na defesa intransigente do Brasil.

Certamente a obra que chega, mais uma vez, ao grande público tem na versão traduzida para o português maior qualidade lingüística do que a própria versão na língua em que foi originalmente escrita. Obra imortal, que teve e tem repercussão transcendental na maneira de viver da humanidade desde o primeiro quartel do século XX, gera ainda hoje, com seus conceitos e formulações, consequências indiscutíveis em quaisquer processos de gestão ou de organização do trabalho.

Boa leitura, portanto, a todos! E muitas reflexões, concordâncias e discordâncias, inferências e ilações à realidade vivenciada de cada um!

A maior surpresa para muitos será conhecer em primeira mão os postulados doutrinários do fordismo e de suas idéias pragmáticas, sobre os quais muitos falaram, escreveram e ensinaram sem nunca ter tido acesso direto. O que se constatará aqui, em cada página, que muitos eram incrivelmente avançados para a época e outras são inacreditavelmente atuais e necessários aos dias de hoje.

Adm Wagner Siqueira
CRA/RJ 01—2903-7
CRA/RJ – Conselho Regional de Administração RJ
Presidente
presidente@cra-rj.org.br
www.cra-rj.org.br

SUMARIO

OS PRINCIPIOS DA PROSPERIDADE

CAPÍTULO III

CAPÍTULO IV

CAPÍTULO V

CAPÍTULO VI

CAPÍTULO VII

CAPÍTULO XII

CAPÍTULO XIII

CAPÍTULO XIV

CAPÍTULO XV

CAPÍTULO XVI

HOJE E AMANHÃ

CAPÍTULO XVIII

CAPÍTULO XIX

CAPÍTULO XX

CAPÍTULO XXI

CAPÍTULO XXII

CAPÍTULO XXIII

HENRY FORD
de colaboração com
SAMUEL CROWTHER

MINHA VIDA E MINHA OBRA

Tradução de
MONTEIRO LOBATO

Duas linhas...

Ao acordarmos em editar as obras de Henry Ford, resolvemos também prestar-lhe uma pequena homenagem. Depois de muito pensarmos – após termos lido seus livros – ocorreu-nos que a melhor consideração com que poderíamos honrar o gênio industrial de Ford seria aplicar seus princípios. Não nos foi difícil descobrir como. Tínhamos em mãos três livros. A ideia inicial seria, normalmente, fazer uma pequena coleção dos mesmos, isso é, editar suas obras em dois ou três volumes, usar tipos graúdos, papel grosso, um formato menor e vendê-las mais caro. Aprovaria Ford essa atitude? Claro que não. Estaríamos visando apenas ao nosso lucro, estaríamos esquecendo do lucro que deve caber ao consumidor – enfim, não estaríamos prestando à coletividade o serviço social da indústria, estaríamos deixando de aplicar exatamente aquilo que Ford nos ensina com sua sábia experiência... e o que ensina este livro: o lucro a todos pertence.

Foi assim que resolvemos apresentar ao público o melhor e o mais barato. Escolhemos um formato econômico e cômodo, tipos regulares – nem demasiado grandes, nem exageradamente miúdos – papel de primeira qualidade e leve, discutimos preços, calculamos a publicidade necessária, aumentamos a tiragem e... Bem, o livro aqui está: um único volume contendo três obras, integrais, sem necessidade de condensar o texto. Com isso conseguimos aumentar o poder aquisitivo do comprador, ou melhor, atingimos maior público que possa adquiri-lo. Demos-lhe também o tí tulo que nos pareceu mais adequado e justo, porque os princípios nele contidos foram realmente os princípios básicos da prosperidade de Henry Ford, isso é, o benefício do produtor e consumidor, o emprego da indústria como obra social (Reproduzido da 1ª Edição).

PREFÁCIO

Quando no futuro um outro Carlyle reescrever Os Heróis, ao lado de Moisés, de Cromwel, de Odin, figurará Henry Ford – o herói do trabalho. Porque se há no mundo um herói do trabalho, um revelador das possibilidades do trabalho como remédio de todos os males que o não trabalho, que o mau trabalho, que a iníqua organização do trabalho criou, é Henry Ford. Grande homem ao tipo do herói carlyliano não vale dizer o cabide de glória que no momento se lantejoula de todos os galões da fama (em regra L'âne portant lês reliques, de La Fontaine*) – mas o que realiza ou lança a boa semente das benéficas transformações sociais. Um é Luís XIV, o grande; mas outro é Gutemberg, o imenso.*

E quem no mundo moderno, mais que Henry Ford, está fecundando o progresso humano com o pólen que fará o nosso amanhã melhor que o nosso hoje e o nosso ontem?

O valor de Henry Ford não reside em ser o homem mais rico de todos os tempos; isso faria dele apenas um saco mais pesado que outros sacos cheios; seu valor reside em ser ele a mais lúcida e penetrante inteligência moderna humana.

Até aqui os solutores dos problemas sociais não passaram de idealistas utópicos, ao molde de Rousseau ou Marx, dos que imaginam soluções teóricas, belas demais para serem exequíveis. Ford não imagina soluções. Dedu-las. Admite o homem como é, aceita o mundo como está, experimenta e deixa que os fatos tragam à tona a solução rigorosamente lógica, natural e humana. É o idealista orgânico. Suas ideias não vêm a priori*, filhas da exaltação mental ou sentimental. Apenas refletem respostas às consultas feitas aos fatos. Daí o valor imenso das suas ideias, a repercussão que começam a ter e a influência profunda que necessariamente exercerão na futura ordem de cousas.*

Vale, pois, Henry Ford, não como o maior saco de ouro que já existiu, sim como a mais alta expressão da lucidez moderna.

Henry Ford nasceu em 1863, em Dearborn, no Michigan, filho de modestos fazendeiros.

Nasceu mecânico e jamais trocou o estudo direto das cousas pelo estudo falaz dos livros. Educou-se a si mesmo e vem disso grande parte da sua vitória. Quem entope a mioleira com a vida morta dos livros torna-se inábil para bem compreender a vida viva das cousas humanas. Olhava com seus olhos, pensava com seu cérebro, fazia com suas mãos.

Muito menino ainda, o seu espírito chocou-se com o atraso dos métodos agrícolas, a rotina imemorial de tudo fazer à força de músculo humano ou bovino. E concebeu a ideia de transportar para a resistência do aço a dura tarefa que pesava sobre a carne.

Este pensamento o preocupou sempre, mas antes de desenvolvê-lo fez um desvio imposto pelas circunstâncias. Guardou no íntimo do cérebro a ideia da máquina que viria libertar a agricultura das algemas da rotina e entregou-se de corpo e alma à indústria intercorrente do veículo de turismo em condições de universalizar-se.

Anos e anos gastou no trabalho de criar o tipo que correspondesse à sua ideia, até que um dia o teve como sonhara. Só então, criado o produto a fabricar, cuidou da fabricação.

Em 1896 organiza em bases modestíssimas a sua empresa, onde apenas entrou em dinheiro a soma de 28.000 dólares. Ford dá a ela uma diretriz toda sua, produto da observação do mundo e jamais copia do que via fazer em redor de si.

Foi tido como um louco e olhado de cima pelos magnatas do momento. Mas Ford absorveu-se de tal modo e com tamanha inteligência na sua realização que as posições se inverteram, e vinte e poucos anos depois era ele quem olhava do alto para os magnatas e severamente lançava a sua condenação aos processos monstruosos que os fizeram tais.

Ford criara a maior indústria do mundo. Sua produção cresceu e cresceu numa vertigem.

Muita honra faria a Henry Ford o simples fato de haver criado um negócio de monstruosas proporções, mas seu valor restrin-

gir-se-ia ao de um Creso moderno se ficasse nisso. Ford vai muito além. Traça os riscos de uma futura ordem de cousas mais eficiente e justa, que o atual. Fazendo donativos? Criando escolas, bibliotecas, hospitais? Não. Ensinando a trabalhar, provando que o trabalho é o supremo bem e demonstrando a altíssima significação da palavra indústria.

Indústria, não é, como se pensava, um meio empírico de ganhar dinheiro; é o meio científico de transformar os bens naturais da terra em utilidades de proveito geral, com proveito geral. O fim não é dinheiro, é o bem comum, e o meio prático de o conseguir reside no aperfeiçoamento constante dos processos de trabalho reduzido conduzido de par com uma rigorosa distribuição de lucros a todos os sócios de cada empresa. São três esses sócios: o consumidor, e receberá ele a sua quota de lucros sob forma de produtos cada vez melhores e cada vez mais baratos; o operário, e receberá ele a sua parte sob forma de salários cada vez mais altos; o dono, e receberá ele um equitativo dividendo.

Essa concepção, realizada com resultados surpreendentes em sua indústria, rompe com todas as praxes e põe a nu o vício mortal que inquina os fundamentos da indústria moderna: associação de três onde só, o dono, recebe além do lucro que lhe cabe, as partes que cabem ao operário e ao consumidor.

Posta nas bases de Henry Ford a indústria deixa de ser o Moloch devorador de milhões de criaturas em benefício dum núcleo de nababos e transforma-se em cornucópia inextinguível de bens. Extingue-se o sinistro antagonismo entre o capital e o trabalho, que ameaça subverter o mundo. Reajusta-se a produção ao consumo e graças à distribuição equitativa desaparece o monstruoso cancro da miséria humana.

É possível que a "questão social" não se solucione já com as ideias de Henry Ford: o homem é estúpido e cego. É possível que o comunismo, solução teórica, faça no mundo inteiro a experiência que iniciou na Rússia. Isso apenas retardará a única solução certa, visto como única baseada nas realidades inexpugnáveis – a de Henry Ford.

Homem de boa-fé não há nenhum que lendo Minha Vida e Minha Obra, o grande livro de Henry Ford, não sinta que esta ali a palavra messiânica do futuro. É a palavra do Bom-senso, é a palavra da Razão, é a palavra da Inteligência que não borboleteia, mas penetra no fundo das cousas como a broca de aço penetra no granito. Nele Ford enfeixou num só foco de luz todas as profundas conclusões do seu estudo das realidades. Essa luz, clara como a do sol, tonifica e desfaz a treva. A miséria humana é apenas uma consequência da treva.

Para o Brasil não há leitura nem estudo mais fecundo que o livro de Henry Ford. Tudo está por fazer – e que lucro imenso se começarmos a fazer com base na lição do portador da nova Boa Nova!

MONTEIRO LOBATO

INTRODUÇÃO

QUAL A MINHA IDEIA?

Estamos ainda no começo do desenvolvimento do nosso país – e nada mais fizemos, apesar do nosso decantado progresso, senão arranhar-lhe a superfície. Tem sido, na realidade, admirável esse progresso, mas se compararmos o que está feito ao que resta a fazer, todas as nossas realizações equivalem a nada. Quando consideramos que só o trabalho da terra exige mais energia do que todos os estabelecimentos industriais do país, abre-se-nos a perspectiva das oportunidades que o futuro nos reserva. E justamente agora que lavra a agitação em tantos países e o desassossego inquieta o mundo, parece-nos bom o ensejo para sugerir algo do que se poderá fazer, à luz do que já se fez.

As expressões força motriz, aparelhamento mecânico e indústria sugerem a muita gente a ideia de um mundo frio e metafísico, onde flores, árvores, pássaros e campos verdejantes desaparecem diante das grandes fábricas e tudo se transforma em máquinas e em homens-máquinas. Não penso assim, acho que se não aperfeiçoarmos a máquina e suas aplicações, e se não nos tornarmos mais compreensivos da parte mecânica da vida, não poderemos gozar convenientemente das árvores, das flores e dos campos verdejantes.

Muito já se fez para banir a amabilidade da vida com admitir uma oposição entre o fato de viver e os meios que permitem viver. Tanto desperdiçamos tempo e forças, que pouco nos sobra para consagrar ao nosso prazer. Energia e máquinas, dinheiro e bens, no entanto, só nos prestam quando nos proporcionam liberdade de vida; são apenas meios para um fim. As máquinas que trazem o meu nome, por exemplo, não as considero simplesmente como máquinas. Se assim fora eu teria ido cuidar de outra cousa. Considero-as como a prova concreta de uma teoria que presumo seja mais que uma simples teoria – alguma cousa que intenta fazer deste mundo uma melhor moradia do homem. O fato do êxito excepcional da Ford Motor Company só é importante porque demonstra de modo palpável o fundamento da teoria que nela venho realizando. Somente isso me autoriza a criticar, do ponto de vista de um homem que não foi vítima deles, o atual sistema da indústria e a organização financeira e social.

Se eu egoisticamente só pensasse em mim, não desejaria alteração alguma nas formas estabelecidas. Se o dinheiro fosse a minha ambição, o sistema atual me seria ótimo, porque mo fornece em abundancia. Preocupo-me, porém, com o *rendimento* e a atual ordem de coisas não permite o melhor rendimento porque dá azo a toda sorte de desperdícios e impede que muitos homens recebam o exato equivalente do seu trabalho. E ninguém aproveita com isso. Penso, pois, numa melhor organização e num melhor ajustamento.

Não censuro o costume de mofar das ideias novas. Acho preferível ser cético a respeito delas e exigir provas da sua excelência, do que lhes girar em torno numa continua exaltação. O ceticismo, se com isso queremos dizer cautela, é o volante da civilização; muitas das graves perturbações atuais provêm de aceitarmos ideias novas sem antes investigarmos se são boas ou más. Uma ideia não é necessariamente boa porque seja velha, nem necessariamente má porque nova; se, porém, uma ideia resulta, já tem ela por si a força dessa prova. As ideias são extremamente valiosas em si; uma ideia, porém, é apenas uma ideia. Está ao alcance de todos idealizar. Mas o que vale é converter ideias em utilidades.

Muito me interessa demonstrar que as ideias que temos posto em pratica são capazes de mais ampla extensão, e que longe de se restringirem ao fabrico de automóveis podem vir a tornar-se uma espécie de código universal. Estou certo disso e demonstrá-lo-ei com a máxima evidência, esperançoso de que tais ideias não sejam recebidas como ideias novas, e sim como um código natural.

A lei natural é a lei do trabalho e só por meio do trabalho honesto há felicidade e prosperidade. Da tentativa de furtar-se a esses princípios é que os males humanos defluem. Não há sugestões que me impeçam de aceitá-los como princípios naturais. A lei do trabalho é ditada pela natureza e é um dogma que devemos trabalhar. Tudo quanto pessoalmente tenho feito veio como resultado da insistência em que, já que temos de trabalhar, o melhor é trabalharmos, mais bem nos sentiremos. Ideias, pois, do mais elementar senso comum.

OS REFORMADORES E OS REACIONÁRIOS

Não sou um reformador. Acho que reformar o mundo é tarefa demasiado grande, e noto que ligamos muita importância aos reformadores. Existem duas classes de reformadores, ambas nocivas. Todo homem que se intitula reformador quer apenas destruir o que existe. Lembra o que estraçalha a camisa só porque o colarinho não entra na casa. Não ocorre alargá-la. Essa classe de reformadores em circunstancia alguma sabe o que vai fazer. Experiência e reforma nem sempre andam juntas. Um reformador não pode manter o ardor do seu zelo diante dos fatos; por isso os descarta.

Desde 1914 que inúmeros homens adquiriram uma mentalidade nova. Muitos pela primeira vez na vida começaram a pensar. Abriram os olhos e convenceram-se de que estavam no mundo. Depois, num frêmito de independência abrangeram-no com um olhar crítico e desde as bases o encontraram defeituoso. A intoxicação da investidura de crítico da ordem social costuma romper o equilíbrio do juízo. Todo crítico moço carece em alto grau desse equilíbrio e propende a destruir a antiga ordem de coisas para estabelecer uma nova. Esses críticos conseguiram, de fato, criar um mundo novo na Rússia; e é justamente ali que a obra dos fabricantes de mundos novos pode ser estudada. O exemplo da Rússia nos ensina que da minoria e não da maioria é que procede a ação destruidora. Ensina-nos também que enquanto os homens vão ditando leis contrárias à natureza, essa as vai vetando mais implacavelmente que os próprios czares. A natureza opôs o seu veto à Republica do Sovietes porque essa procurou negá-la, abolindo, sobretudo, o direito do trabalhador ao seu trabalho. Dizem que a Rússia trabalha, mas isso não resolve o caso. A Rússia trabalha mas o seu trabalho de nada vale porque não é livre. Nos Estados Unidos um operário trabalha oito horas por dia; na Rússia, doze ou quatorze. Nos Estados Unidos, se um operário dispõe de meios e deseja folgar um dia ou uma semana, ninguém o impede. Na Rússia o operário vai trabalhar, quer queira, quer não. A liberdade desapareceu na monotonia de uma disciplina de presídio, onde são todos tratados igualmente. Isso é pura escravidão.

A liberdade é o direito de cada um dedicar-se ao trabalho por um tempo determinado e obter como recompensa meios de viver convenientemente, dispondo a sua vida particular como bem lhe pareça. Essa liberdade individual e cem outras semelhantes formam a grande Liberdade ideal. As manifestações secundarias da liberdade é que lubrificam o nosso viver quotidiano.

A Rússia não podia prescindir da experiência e da inteligência. Logo que começou a dirigir suas fábricas por meio de comissões, arruinou-as todas: havia mais discussão do que produção. Logo que se desfez dos técnicos, estragou milhares de toneladas de material precioso. Os fanáticos, com os seus discursos, levaram o povo à fome. Hoje, para fazê-los voltar, os sovietes oferecem grandes vantagens aos engenheiros, administradores, contramestres e inspetores que no começo haviam posto no olho da rua. O bolchevismo reclama aos brados o cérebro e a experiência que ainda ontem tratara tão desumanamente. Tudo o que a "reforma" trouxe para a Rússia não passou de morte da produção.

Há em nosso país um elemento sinistro que deseja meter-se entre os que vivem do trabalho. A mesma influência que baniu o cérebro, a experiência e a técnica da Rússia, está empenhada em fazer o mesmo aqui. Não devemos permitir aos estrangeiros nocivos, aos que odeiam a humanidade feliz, que venham dividir o nosso povo. Na unidade está a força e a liberdade americana.

Existe ainda um outro reformador que, sem se ter nessa conta, possui uma analogia surpreendente com o reformador radical. O radical não possui experiência, nem deseja tê-la. Esse outro possui abundante experiência, mas nenhum proveito tira dela. Refiro-me aos reacionários, que talvez fiquem surpresos de se verem colocados no mesmo nível dos bolchevistas. O reacionário deseja retroceder para uma situação anterior, não porque a julgue melhor, mas porque julga conhecê-la melhor.

Enquanto o radical quer destruir o mundo para fazê-lo melhor, o reacionário o acha tão bom que quer que tudo continue existindo sem mudança alguma até apodrecer. Tanto a primeira ideia como a segunda advêm de não se usarem os olhos para ver. É perfeitamente possível destruir o mundo; não é, entretanto, possível edificar um novo. É possível deter o seu progresso, mas não é possível, então, impedir a sua decadência. Grande loucura esperar que, destruindo-se tudo, cada criatura consiga as suas três refeições diárias, ou que, no caso de permanecer tudo petrificado, disso resulte uma distribuição de dividendo. O mal está em que tanto os reformadores como os reacionários fogem da realidade e perdem de vista as funções primordiais da vida.

Um dos primeiros conselhos da prudência é que não devemos confundir os retornos reacionários com o retorno ao bom-senso. Atravessamos um período de fogos de artifício e de invenção de inumeráveis mapas e planos idealísticos de progresso, que não conduzem a coisa nenhuma. Obra de congressos, apenas. Ouvimos muita palavra bonita mas quando voltamos para nossas casas encontramos as lareiras apagadas. Os reacionários aproveitam a desilusão deixada por tais planos para provocar a volta aos *bons tempos idos* – que quase sempre significam velhos abusos – e apesar de destituídos de visão veem-se considerados como homens práticos. Quando tais homens sobem ao poder muita gente lhes saúda o retorno como um retorno ao bom senso, à razão.

FUNÇÕES BÁSICAS DA VIDA

As funções básicas da vida são a agricultura, a manufatura e o transporte. Sem elas, é impossível a vida em sociedade. Cultivar, fabricar e transportar são coisas tão antigas como as necessidades humanas, e tão modernas como o que mais o seja. Constituem a essência da vida física. Quando desaparecem, cessa a vida coletiva. Ainda que hoje muitas coisas não andem direitas, sempre podemos esperar melhorá-las, se esses princípios básicos permanecem firmes. A grande ilusão está, precisamente, em pensar-se que alguém possa alterar tais fundamentos, usurpando a missão que só ao Destino cabe na transformação social e econômica. E enquanto trabalharmos em nossas tarefas serviremos ao mundo.

Há muito trabalho a fazer e os negócios não passam de uma das formas do trabalho. Entretanto, a especulação, com as coisas já produzidas nada tem de comum com os negócios. É apenas uma mais ou menos respeitável pilhagem. Aboli-la, porém, não é a coisa que com leis se consiga. Leis nada conseguem de construtivo, sendo apenas uma polícia. Esperar que de Washington e temos tido em excesso (menos em nosso país, aliás, que nos outros) legisladores do que prometem mais do que as leis podem conseguir.

AÇÃO DO GOVERNO

Quando se chega a convencer um país inteiro, qual se fez ao nosso, de que Washington é o céu por detrás de cujas nuvens habitam a Onisciência e Onipotência, tem-se-lhe inculcado um espírito de dependência que é um mau prenúncio para o futuro. A salvação não está em Washington, mas em nós mesmos; a nossa atividade, entretanto, pode dirigir-se a Washington como a um centro de distribuição onde os esforços devem ser coordenados para o bem público. Podemos ajudar o governo: mas o governo não pode ajudar.

O aforismo: "Menos governo nos negócios e mais negócios do governo" é ótimo, menos para os negócios e o governo, do que para o povo. Os negócios não foram a causa da fundação dos Estados Unidos. A Declaração da Independência não foi uma carta de negócios, nem a constituição americana é uma convenção mercantil. Os Estados Unidos – o seu território, o seu governo e a sua vida digna de ser vivida. O governo é um servo e nunca deveria passar disso. No momento em que o cidadão se torna um acessório de governo a sanção natural sobrevém, por que tal coisa é imoral, desnatural e anti-humana. Mas não podemos viver sem governo, como não podemos viver sem negócios; são, porém, necessários unicamente como servos, tais como a água e os cereais; se passarem a senhores transtornarão a ordem natural.

O cuidado do bem-estar de um país só cabe a nós, como particulares e só assim há acerto e garantia social. Nada custa ao governo prometer muito em troca de pouco, mas é incapaz de cumprir tais promessas. Os governos podem malabarizar com a moeda, como sucedeu na Europa (e com os banqueiros fazem no mundo inteiro enquanto lhes rende), justificando-se com ridículas teorias. Todos, entretanto, sabemos que só o trabalho pode fornecer as coisas que necessitamos.

O BOM-SENSO

É pouco provável que um povo inteligente como o nosso desvirtue os princípios básicos da vida econômica. A maioria dos homens compreende muito bem que gratuitamente nada se adquire, e sabe, ainda que não saiba explicar, que o dinheiro não constitui a riqueza verdadeira. As teorias que prometem tudo a todos e de ninguém exigem coisa alguma, depressa são rejeitadas pelo instituto do homem comum, ainda que ele não possa opor-lhes razões em contrário. Sente que são falsas e isso lhe basta. A atual ordem de coisas, confusa, por vezes estúpida e de vários modos imperfeita, leva uma vantagem sobre outra qualquer: funciona. Certamente que essa ordem de coisas se absorverá de modo gradativo em uma outra, que também funcionará, não pelo que terá ela de novo, mas pelo que os homens nela puseram. A razão pela qual o bolchevismo não resulta, nem resultará, não é de ordem econômica. Pouco importa que a direção da indústria esteja em mãos de particulares ou sob o poder coletivo; que a participação do operário receba o nome de salário ou de dividendo; que se imponham ao operário comida, roupas e moradias determinadas, ou se lhe permita vestir-se, comer e viver à vontade. São questões de detalhes. Fracassou o bolchevismo por antinatural e imoral. O nosso sistema, ao contrário, permanece firme. É defeituoso? Sim, e enormemente. É mal-ajustado? Sim, e grandemente. Se a justiça e a razão predominassem deveria vir abaixo, é certo. Não cai, entretanto, porque está construído sobre dois sólidos fundamentos, um econômico, outro moral.

O TRABALHO

O principio econômico é o trabalho. O trabalho é o elemento humano que nos permite auferir benefícios da fecundidade da terra. É o trabalho do homem que faz das colheitas o que elas são. Principio econômico: todos nós trabalhamos com material que não criamos nem poderíamos criar, mas que recebemos como um presente da natureza.

O principio moral é o direito que cada um tem sobre o seu trabalho. De várias formas costuma ser expressado. Às vezes toma o nome de *direito de propriedade*. Outras, aparece sob aspecto de um mandamento: *Não furtarás*. É o direito de cada um sobre a sua propriedade que faz do roubo um crime. Quando o homem ganhou o seu pão, tem o direito de possuí-lo, e se alguém lho furta, faz mais do que furtar pão: lesa um direito sagrado. Desde que não produzimos, não podemos possuir. Entretanto, objeta-se: "Quem produz, só produz para o capitalista".

OS CAPITALISTAS

Os capitalistas que o são porque descobriram meios de aperfeiçoar a indústria produtiva, constituem uma das bases da sociedade. Nada possuem de seu, mas administram a riqueza em benefício dos outros. Os que chegaram a capitalistas por meio de especulações monetárias constituem um mal necessário, mas provisório. Pode ser até que em absoluto não seja um mal, se o seu dinheiro reverte em beneficio publico pela produção. Se, porém, serve apenas para complicar a distribuição ou erguer barreiras entre o produtor e o consumidor, tornam-se nocivos e desaparecerão no dia em que se estabelecer uma relação mais justa entre o capital e o trabalho. E isso só se dará quando a humanidade compreender que a saúde, a riqueza e a felicidade se obtém exclusivamente por meio do trabalho.

Não há razão alguma para que um homem disposto a trabalhar não possua meios de fazê-lo e de receber o valor integral do seu trabalho. Como não há razão nenhuma para que um homem que pode mas não quer trabalhar deixe de receber o valor inteiro dos serviços que presta à coletividade. Deve ser-lhe permitido receber o equivalente exato do que deu. Se nada deu, nada tem a receber. Fica-lhe o direito e a liberdade de morrer de fome. A nada conduz pregar que cada um deve receber mais do que merece, sob pretexto de que alguns realmente merecem mais do que merecem.

A ILUSÃO DA IGUALDADE

Não há maior absurdo do que pretender a igualdade entre os homens. A natureza os fez desiguais e toda a concepção democrática que intenta igualá-los resulta num esforço que retarda o progresso. Todos os homens não podem prestar serviços iguais, porque o número dos aptos é muito menor do que os dos inaptos. É possível que um grande grupo de incapazes consiga derrubar um punhado de capazes; mas cavarão a sua própria ruína. Os homens de valor são quem dirige a massa e permitem que os menos capazes vivam com menos esforço.

A concepção democrática que mira o abaixamento de nível de capacidade favorece o desperdício. Na natureza não há duas coisas exatamente iguais. Os nossos automóveis se constroem com peças que se substituem perfeitamente umas às outras. Essas peças são tão semelhantes que as peças de um podem passar para outro, indistintamente, com ajuste perfeito. Entretanto, não são iguais. A diferença manifesta-se na marcha. Temos em nossas oficinas homens que já guiaram milhares de carros e sustentam não haver dois iguais. Depois de guiarem por uma hora ou menos um carro novo, distinguem-no imediatamente entre muitos, não pelo aspecto exterior, mas pela marcha peculiar.

O RENDIMENTO

Generalizei, mas quero agora ser mais preciso. A vida de um indivíduo deve ser proporcionada ao rendimento do seu trabalho. A ocasião é boa para tratar do assunto, porque acabamos de atravessar uma quadra em que o rendimento do trabalho era a última coisa em que pensava o industrial. Ninguém dava importância ao preço do custo ao rendimento. As encomendas surgiam espontâneas, e enquanto era o freguês que honrava o vendedor comprando-lhe a mercadoria, as circunstâncias mudaram tanto que esse passou a fazer um favor ao cliente proporcionando-lhe compras. Uma tal situação de monopólio era evidentemente prejudicial aos negócios. Os lucros exagerados são maus para os negócios. Não andam eles bem, quando tudo é fácil demais, quando, a semelhança das galinhas, deixa de ser mister esgaravatar a terra por longo tempo para encontrar o que deseja. Tudo vinha com facilidade extrema, de modo que houve um enfraquecimento no principio que exige uma relação honesta entre o valor e o preço. Já não havia necessidade de zelar pela clientela. Muitos industriais pareciam estar a dizer aos clientes: "Vão pentear macacos!" Isso foi desastroso para os negócios, embora muitos o considerassem como "prosperidade". Não era prosperidade – era apenas uma vã caça ao dinheiro. Caçar dinheiro não é a essência dos negócios.

Quando não temos um plano de antemão traçado é muito fácil inundar-nos de dinheiro, e no afã de ganhar mais, deixamos de fornecer ao publico o de que o publico necessita. Muito incerto é o negocio cujo único fito está no dinheiro. Seu desenvolvimento é irregular e poucas vezes alcança duração. A verdadeira função dos negócios é produzir tendo em vista o consumo e não o dinheiro ou a especulação. Produzir tendo em vista o consumo quer dizer produzir artigos de boa qualidade e a preços baixos, que satisfaçam ao publico e não somente ao produtor. Quando o fator dinheiro se desvia do seu papel a produção também se desvia da sua missão, satisfazendo unicamente ao produtor, o que é um mal. Com isso poderão advir resultados passageiros, conforme as circunstancias, mas quando o público descobrir que não está sendo bem-servido, sobrevirá a ruína do produtor. Durante o período de "prosperidade" a que acabo de me referir a produção só cuidava de si. Quando o público abriu os olhos, quantos industriais foram pelos ares! Justificaram-se dizendo ter o país entrado num período de depressão. Não era isso. Era que tinha entrado em luta com o bom-senso e ninguém vencedor dessa luta. Quem procura unicamente ganhar dinheiro descobre os melhores meios de perdê-lo, mas quem trabalha pela paixão do bom trabalho descobre que o dinheiro empregado nesse trabalho se defende de maneira admirável. O dinheiro vem como consequência natural do trabalho honesto. É necessário ter dinheiro. Não devemos, porém, esquecer que o objetivo do dinheiro não é a ociosidade, mas a oportunidade de realizar novos serviços. Nada há mais odioso ao meu ver do que uma vida ociosa. Ninguém tem dinheiro a ociosidade e não há para o ocioso lugar na civilização. Querer suprimir o dinheiro é apenas procurar complicar os negócios, porque há necessidade de uma medida de valor. Isso não quer dizer que o nosso atual sistema monetário seja uma base satisfatória para as trocas, ponto de que me ocuparei em capítulo especial. A minha objeção contra ele é que tende a adquirir uma existência própria e a refrear a produção em vez de facilitá-la.

A SIMPLIFICAÇÃO

Todo o meu esforço visa à simplificação. Se ao povo falta tanta coisa, se até os produtos de primeira necessidade lhe vem tão caros (sem falar de certa porção de conforto que deve caber a todos) é porque tudo que fabricamos é muito mais complicado do que devera ser. As nossas roupas, a nossa alimentação, os nossos móveis, tudo poderia ser muito mais simples e ao mesmo tempo de maior beleza. Esses objetos eram outrora assim fabricados e de lá para cá nada mais fazem os fabricantes senão reproduzi-los.

Não quero dizer que devemos adotar modas ridículas. Não há necessidade disso. As roupas não devem ser um saco furado ao meio. Seria um figurino mais cômodo de fabricar do que usar. Um cobertor não exige corte de um alfaiate, mas ninguém trabalharia a contento se andássemos todos envolvidos em cobertores, à moda dos índios. A verdadeira simplicidade é a que nos proporciona melhores serviços com maior soma de conforto. O defeito das reformas drásticas é que procuram impor ao homem o uso de tais e determinados artigos. A reforma do vestuário feminino, que consiste em enfeitá-lo, deve ser da iniciativa de mulheres feias, cujo único intuito é desfigurar as bonitas. Está errado. O certo é tomarmos um artigo que vai bem e eliminar dele as partes supérfluas. Aplica-se essa regra a tudo, a um sapato, a um vestido, a uma casa, a uma peça de maquinismo, a uma estrada de ferro, a um navio a vapor, a um aeroplano. À medida que diminuímos o inútil e aperfeiçoamos o resto, é claro que baixamos o custo do feitio. Mas, coisa bizarra! Não é isso que se faz. Começa-se por abaixar o preço de fabricação em vez de começar a simplificar o objeto fabricado. É pelo artigo que devemos principiar. Primeiro, verificando se a sua fabricação é boa e se ele presta o *maximum* de serviços; depois, considerando se o material empregado é o melhor ou se apenas o mais caro; em seguida, se não há meios de simplificá-lo e reduzi-lo de peso. E assim por diante.

O PESO INÚTIL

Um excesso de peso num objeto é tão inútil como um laço de fita na Cartola de um cocheiro; talvez mais, porque o laço pode servir para que o cocheiro identifique a sua cartola, ao passo que o peso inútil representa apenas um desperdício de energia. Não posso imaginar como nasceu a ilusão de que a força depende do peso. O peso fica bem num malho, para bater; mas é absurdo arrastar-se um peso excessivo quando não se trata de bater. Por que sobrecarregar uma máquina de transporte com um peso inútil? Por que não ajuntar esse peso à carga que ela deve transportar? Sabemos que os obesos não podem correr com a mesma ligeireza que os magricelas; entretanto construímos a maioria dos nossos veículos de transporte como se um inútil peso de banhas pudesse aumentar a nossa velocidade. A miséria é em grande parte o efeito dos pesos inúteis que se arrastam na vida.

Um dia descobriremos o meio de eliminar o peso morto. Tome-se, por exemplo a madeira. Para certos fins é a melhor substância conhecida, mas faz perder muita força. A madeira que entra num carro Ford contém 30 libras d'água. É preciso achar um meio de conseguir coisa melhor, material que com a mesma força e elasticidade não nos force a arrastar um peso inútil. E assim em milhares de outros casos.

A AGRICULTURA

Um agricultor faz sua tarefa da maneira mais complicada possível. Creio que de toda a energia que despende no serviço apenas a vigésima parte é aproveitada. Se se montasse uma fábrica nos moldes das nossas lavouras os operários trabalhariam montados um nos outros. A pior fábrica da Europa é quase tão mal-instalada como a média das nossas fazendas. A energia mecânica mal começa a ser empregada e não somente tudo se faz a pulso, como é raro que se consagre um pensamento à organização lógica do trabalho. No decurso da sua tarefa diária um lavrador subirá doze vezes uma escada que joga. Por anos e anos carregará água em vasilhas em vez de meter na terra uns metros de cano. E quando se lhe depara um trabalho extraordinário, a sua única ideia é arranjar operários suplementares. Acha um gasto inútil empregar dinheiro em melhoramentos. É por Isso que o produto do solo, ainda quando a preços baixos, é sempre caro, e os lucros do lavrador, por maiores que sejam, nunca valem pelo que deviam ser. São os vaivéns inúteis, os esforços desperdiçados que encarecem os produtos e reduzem os lucros.

Na minha fazenda de Dearborn tudo se faz mecanicamente e inúmeras causas de desperdício foram eliminadas; mas não chegamos ainda à exploração verdadeiramente econômica. Ainda não me foi possível dedicar à tarefa os cinco ou dez anos de estudo laborioso que o caso exige, e o que resta a fazer é bem mais do que o que já se fez. Contudo, em época nenhuma deixamos de auferir altos lucros das nossas colheitas. Não sou agricultor, sou industrial em agricultura. Quando todos os agricultores se considerarem industriais, e adquirirem horror ao desperdício de mão de obra e de material, os produtos cairão a preço baratíssimos e os lucros da agricultura crescerão tanto que a lavoura entrará para o rol das carreiras mais redondas e seguras.

O motivo da lavoura passar como uma das indústrias mais incertas e de menores lucros, tem sido a falta de conhecimentos e a ignorância do em que realmente consiste o trabalho da terra. Nada poderá dar lucros se tratado pelos atuais métodos agrícolas. O lavrador só tem como guias o acaso e a rotina dos avós. Não sabe produzir economicamente, nem vender. Um fabricante que assim procedesse estaria falido. O fato de que, apesar de tudo, a agricultura ainda sustenta os lavradores é a melhor prova dos prodigiosos lucros que dela se poderão auferir com o outro sistema de trabalho.

É fácil conseguir na fábrica ou na fazenda uma produção abundante e econômica. O mal reside no penhor para tudo complicar. Consideremos por exemplo, um aperfeiçoamento.

OS APERFEIÇOAMENTOS

Quando se fala de aperfeiçoamento, entendem logo de uma alteração do produto; um produto aperfeiçoado é um produto que foi mudado. Não penso assim. Minha ideia é não me meter a fabricar antes de ter encontrado o que há de melhor a fabricar. Não quero dizer com isso que um artigo antes de Essarmos plenamente convencidos da sua utilidade, da perfeição com que foi estudado e da excelência do material que entrará no seu fabrico. Se vossos estudos não nos levam a essas conclusões, continuai a estudá-lo. A produção deve partir do próprio artigo. A fábrica, a organização, a venda, as combinações financeiras devem vir depois do artigo. Com ele tereis em punho um formão de corte afiado e ganhareis tempo. A causa de muitos fracassos industriais tem sido a presta em fabricar antes de ter um bom artigo a fabricar. Muitos imaginam que o principal numa empresa seja a usina, o apoio financeiro ou a direção. O principal é o artigo e quem se aventura a produzir antes que o estudo dele esteja completo, perderá seu tempo. Doze anos consagrei eu ao meu modelo T, o primeiro que me satisfez. Não procurei lançar-me seriamente na produção antes de ter um artigo sério. E desde então esse artigo não foi em essência modificado.

Estamos sempre experimentando com ideias novas. Quem passa pelas estradas de Dearborn vê toda à espécie de carros Ford; são modelos de experiência e não modelos novos. Tenho por norma jamais deixar escapar uma boa ideia que se me apresente e não decido nunca com precipitação se uma ideia é boa ou má. Se me parece boa, ou se tem probabilidades para tanto, costumo experimentá-la de todos os modos. Mas entre experimentar uma ideia e introduzir alterações num carro a distância é grande. Enquanto a maioria dos fabricantes está sempre pronta para modificar os métodos de fabricação, eu sigo um plano oposto.

Nunca ficam estacionários os nossos processos de fabricação. Creio que não há uma só peça do meu automóvel que ainda seja fabricada pelo processo inicial. Essa é a razão de fabricarmos tão barato. As poucas alterações introduzidas nele foram feitas para aumento da comodidade ou da solidez. Os materiais variam à medida que nos aperfeiçoamos no seu conhecimento. Seria desastroso que por ocasional escassez de material se interrompesse a produção ou se aumentassem os preços; por isso procurei obter um material sucedâneo, ou vários, para cada peça. O aço vanádio, por exemplo, é o nosso melhor aço e com ele obtemos a máxima resistência com o menor peso. Mas não seria prudente fazer repousar o futuro dos nossos negócios sobre as possibilidades de obtê-lo. E criamos um sucedâneo. Todos os nossos aços são especiais, mas para cada um deles possuímos um ou mais, perfeitamente experimentados, que podem substituí-los. Assim procedemos com todos os outros materiais e com todas as peças. A principio construíamos bem poucas peças do nosso carro e nenhum motor. Agora fazemos todos os motores e a maioria das peças, porque isso não sai mais em conta, além de que nos previne contra possíveis flutuações do mercado. Durante a guerra o preço do vidro do país. Para evitar crise semelhante construímos uma fábrica própria. Onde estaríamos, se nos tivéssemos dispersado em fazer mudanças em nosso produto? Mas não tocando nele pudemos dedicar toda a nossa energia ao aperfeiçoamento da fabricação.

O PONTO ESSENCIAL

Em um formão a parte essencial é o corte. Aqui está a base da nossa empresa. Pouco importa que um formão seja bem-feito, ou que seja do melhor aço, ou que seja muito bem-forjado: se ele não corta não é um formão. É um pedaço de metal. O que importa é o serviço que presta um objeto e não as suas meras possibilidades. Por que descarregar uma força tremenda num formão cego, quando com um leve golpe num afiado se fará o mesmo serviço? O formão existe para cortar e não para receber marteladas. O martelar é apenas um incidente do trabalho. Se desejamos realmente trabalhar, por que não aumentarmos a eficiência do trabalho, executando-o do modo mais rápido possível? O fio no comércio está no ponto em que o artigo atinge o comprador. Um produto que não satisfaz tem o fio embotado, não corta. Para fazê-lo penetrar na clientela faz-se necessário um dispêndio inútil de esforços. Numa oficina, é o operário munido de sua máquina; se esta não prestar, nada valerá aquele. Todas as vezes que se emprega mais força do que o trabalho exige, há desperdício.

O fundo da minha ideia é, pois, que o desperdício de energia e a avidez do dinheiro impedem a boa produção. O desperdício e devido em grande parte a não se compreender o que se faz, ou à falta de cuidado no que se faz. E a avidez não passa de miopia. Tenho-me esforçado por produzir com o mínimo de desperdício, tanto de material como de mão de obra, e por vender com o mínimo de lucro, fazendo depender o lucro total da massa das vendas; e na fabricação o meu fito é distribuir salários máximos. Como isso tende a abaixar o preço de custo, e como vendemos com lucro mínimo, é-nos possível oferecer os nossos produtos por um preço de acordo com a capacidade aquisitiva do público. Desse modo, todos quantos se relacionam com a nossa empresa, sejam como diretores, trabalhadores ou compradores, só têm que se felicitar da nossa sociedade. O organismo que criamos presta serviços, é essa a única razão que me leva a falar dele. Os princípios da sua eficiência são as seguintes:

PRINCÍPIOS DA EFICIÊNCIA

1.º) Não temer o futuro, nem idolatrar o passado. O homem que teme o futuro, que se arreceia do insucesso, limita a sua atividade. O insucesso é apenas uma oportunidade para recomeçar de novo com mais inteligência. Não há vergonha alguma num insucesso honesto; há vergonha em temer o insucesso. Quanto ao passado, ele só nos serve para fornecer indicações para os progressos do futuro.

2.º) Despreocupar-se da competição. Quem faz melhor que um outro deve ser o único a fazer. É um crime atravessar os negócios do vizinho; é um crime porque é aproveitar-se em proveito próprio da situação conquistada pelo seu semelhante; e dominar pela força, em vez de dominar pela inteligência.

3.º) Sobrepor o interesse da produção ao interesse do produtor. Sem lucros, está claro, não se desenvolve uma empresa; bem conduzida não pode deixar de dar lucros; mas os lucros só devem vir, e vem necessariamente, como a recompensa de uma boa produção. O lucro não pode ser o ponto de partida, mas deve ser o resultado dos serviços prestados.

4.º) Não reduzir a indústria à arte de vender caro o que se fabrica barato. A indústria consiste em obter matéria-prima por preços razoáveis, transformá-la com a menor despesa possível em artigos vendáveis e entregar esses artigos ao consumidor. O jogo, a especulação, a fraude só podem entravar a marcha das operações.

Donde me vieram essas ideias? Que resultados deram? De que aplicações gerais são possíveis? É o que iremos ver.

CAPÍTULO I

INÍCIO DA EMPRESA

A 31 de maio de 1921 a Ford Motor Company apresentou o seu carro número 5.000.000. Conservo-o no meu museu, ao lado do pequeno carro a benzina no qual trinta anos antes comecei a trabalhar, e que andou de modo a contentar-me na primavera de 1893. Servi-me dele justamente quando as andorinhas voltavam a Dearborn, a 2 de abril. Há entre os dois carros diferenças profundas nos materiais e no modelo, mas em seus caracteres essenciais permanecem curiosamente idênticos. O carro antigo, ainda que de dois cilindros, corria com uma velocidade de seus trinta quilômetros por hora, e com um recipiente que só continha três galões de benzina fazia cem quilômetros seguidos. Conserva-se hoje com a mesma eficiência dos primeiros dias. Os métodos de fabricação e a escolha de materiais tem-se apurado, bem como o desenho do carro. O modelo *T*, possui quatro cilindros e partida automática. É um carro mais cômodo, mais maneiro e simples do que o primitivo, mas conserva dele todos os caracteres. As modificações introduzidas têm sido as aconselhadas pelas nossas experiências no método da fabricação, e não mudanças nos princípios essenciais, fato que demonstra ser preferível aperfeiçoar uma boa ideia a andar à cata de outras. A energia de um homem mal pode dedicar-se com eficácia a uma só ideia.

AS PRIMEIRAS IDEIAS

Foi a vida de fazenda que me levou à preocupação de melhorar os meios de transporte. Nasci a 30 de julho de 1863, em Dearborn, no Michigan, onde meu pai era fazendeiro, e a minha primeira ideia foi que o trabalho, para os mínimos resultados, requeria um esforço excessivo. Ainda hoje é o que penso a respeito da lavoura. Fez-se uma lenda de que meus pais eram muito pobres e meus primeiros anos foram muito difíceis. Certamente que não éramos ricos, mas também não éramos pobres. Como fazendeiros michiganos pertencíamos à classe dos arranjados. Ainda existe a casa em que nasci, fazendo parte hoje das minhas propriedades, conjuntamente com a fazenda.

Na nossa, como em todas as fazendas da época, muito serviço rude era feito à mão. Bastante jovem ainda eu já sonhava em melhorar aquilo, e isso me levou a estudar mecânica, embora minha mãe afirmasse que eu nascera mecânico. Organizei uma oficina, onde as ferramentas eram simples pedaços de ferro. As crianças daquele tempo não possuíam os brinquedos de hoje; os nossos brinquedos eram feitos em casa. Os meus constituíam-se de ferramentas e ainda hoje é com elas que brinco! Cada fragmento de máquina velha me era um tesouro...

O acontecimento mais importante da minha infância foi o encontro de um locomóvel na estrada de Detroit, aos doze anos. Outro foi o presente que me fizeram de um relógio. Do locomóvel recordo-me tão bem como se o tivesse visto ontem, por ter sido o primeiro veículo não puxado por animais que jamais surgira aos meus olhos. Era munido de uma corrente sem fim que ligava o motor às rodas de trás, que suportavam a caldeira. O motor vinha em cima daquela, e um homem de pé no traseiro da máquina, sobre uma plataforma, dava carvão à fornalha, regulava o vapor e dirigia. Era um locomóvel construído pela Nichols, Shepard & Company, de Battle Creek. O monstrengo deteve-se para deixar passar a nossa charrete, e antes, que meu pai pudesse imaginar o que eu iria fazer, saltei e fui conversar com o condutor, bom homem que se mostrou satisfeito de explicar-me a máquina de que muito orgulhava. Mostrou-me como a corrente da roda matriz podia ser trocada por uma correia, a fim de pôr em ação outras máquinas. Disse-me que a máquina fazia duzentas evoluções por minuto, e fez ver que se podia desligar a corrente para deter o veículo sem interromper a marcha do motor. EsSe dispositivo, se bem que aperfeiçoado aplica-se aos automóveis modernos; nas máquinas a vapor, de parada e partidas fáceis, não tem grande importância, mas nos carros a gasolina tem-na extraordinária.

Foi essa máquina que me levou a estudar os carros automotores. Experimentei fazer imitações dela e ao cabo de alguns anos consegui fabricar uma que andava muito bem. Desde a época que vi a máquina no caminho de Detroit, até hoje, o meu ideal tem sido construir um carro automóvel. Todas as vezes que eu voltava da cidade trazia sempre os bolsos cheios de rodas de relógios, porcas, parafusos e toda espécie de ferragens. Em várias ocasiões trouxe relógios desarranjados, que tentava consertar. Aos treze anos consegui, pela primeira vez recompor um relógio, de modo que regulasse bem. Aos quinze fazia tudo em matéria de relojoaria, embora fossem rudimentares os meus instrumentos. Há muito que aprender simplesmente desmontando e remontando objetos. Não se aprende nos livros como um objeto é feito e um mecânico verdadeiro deve saber como são feitos todos os objetos. As máquinas são para um mecânico o que o livro é para o escritor. Delas recebe ideias e se tiver inteligência saberá aplicá-las.

Desde o começo nunca senti atração para a vida agrícola; a mecânica arrastava-me irresistivelmente. Meu pai não simpatizava com essa inclinação; preferia que eu fosse agricultor. Quando, aos dezessete anos, deixei a escola e entrei como aprendiz nas oficinas de Drydock, quase me deu por perdido.

APRENDIZAGEM

A minha aprendizagem, porém, fi-la sem dificuldades, pois me deram o diploma de mecânico muito antes de terminar os três anos do curso. Tinha gosto para os trabalhos de precisão, relojoaria, sobretudo, e comecei a trabalhar à noite em consertos numa joalheria. Creio bem ter possuído naquela época mais de trezentos relógios. Certo de poder construir um cronômetro regular por uns trinta centavos, pensei em fundar para Isso uma empresa. Não o fiz, pensando que o relógio não é de uso universal e que muita gente não o compraria, mas não sei dizer como cheguei a essa surpreendente conclusão. Além disso, o relógio só me interessava quando havia uma dificuldade a vencer. Já nesse tempo eu pensava em produzir objetos em grande quantidade.

Isso foi na época em que se procurava determinar a hora regulamentar das estradas de ferro. Até essa data elas se guiavam pelas horas solares e por muito tempo, tal hoje nos dias de escassez de luz, as horas das estradas de ferro diferiam das horas locais. Isso me preocupava, e consegui fazer um relógio que marcava simultaneamente as duas horas. Possuía dois mostradores e tornou-se um motivo de curiosidade para a nossa vizinhança.

Em 1879, quatro anos depois que vi o locomóvel da Nichols, tive ensejo de guiar um deles, e quando findou minha aprendizagem passei a trbalhar com um representante local da Westinghouse Company, como técnico de montagem e consertos dos locomoveis dessa empresa. Tais máquinas eram muitos parecidas com as de Nichols, com a diferença de que o motor era na frente e a caldeira atrás, transmitindo-se a energia por meio de correia. Desenvolviam a velocidade de vinte quilômetros por hora, e eram empregadas ou como tratores de grandes cargas ou para acionar malhadeiras de trigo e outros maquinismos. Mas nessas máquinas me desagravam o peso e o custo. Pesavam duas toneladas e só os fazendeiros de grandes posses as podiam adquirir.

AS PRIMEIRAS REALIZAÇÕES

Muito antes dessa época já eu nutrira a ideia de construir um carro leve, a vapor, que substituísse os troles, mas me preocupava mais especialmente de um trator que pudesse acudir ao trabalho excessivamente pesado de arar. Recordo-me ainda, vagamente, que me ocorreu a ideia de aplicar os mesmos princípios aos dois carros. O carro sem cavalos era uma ideia que andava no ar desde que apareceu a máquina de vapor. Mas a ideia de um carro automóvel de passeio não me pareceu tão prática como a de um trator que executasse os trabalhos pesados da lavoura. Uma das consequências notáveis da introdução do automóvel no campo foi o alargamento que deu à vida do fazendeiro. O costume era só irem à cidade por motivo de um negócio urgente, e raramente faziam duas viagens por semana; em tempo chuvoso, nem isso.

Como mecânico hábil e com uma oficina à disposição não me era difícil construir um carro ou um trator. Por ocasião de meter-me nisso veio-me a ideia de fazer uma máquina de estrada. Estava convicto de que os animais, comparando o cuidado que dão e o custo do trato, não rendem na devida proporção. Impunha-se o fábrico de uma máquina a vapor, bastante leve para acionar um carro comum ou puxar um arado. Julguei mais útil aperfeiçoar primeiramente o trator. Passar para o aço os árduos trabalhos que pesavam sobre o músculo humano, tal foi e tem sido a minha ideia constante. Mas as circunstâncias quiseram que me consagrasse primeiro à construção do automóvel de estrada, pois vi que os homens se interessavam muito mais por ele do que pelo trator do campo. Duvido que o uso dos tratores se generalizasse pelas fazendas se a vitória do auto de estrada não houvesse aberto os olhos dos agricultores. Mas não antecipemos. Confesso que supus que os lavradores se interessassem muito mais pelos tratores.

Construí um carro a vapor, que funcionava bem. Possuía essa máquina uma caldeira de petróleo que dava muita força e se regulava com precisão. Caldeira perigosa, porém. Para obter-se a energia necessária, sem aumento demasiado do peso e volume do aparelho, era preciso trabalhar sob alta pressão. Ora, guiar um perigo assim não é nada sedutor. Para garanti-la contra acidentes era mister construí-la com um tal peso que me anulava a economia de alta pressão. Durante dois anos continuei em ensaios de diferentes tipos de caldeiras e por fim abandonei a ideia do acionamento a vapor. Sabia que na Inglaterra já se empregavam máquinas equivalentes a locomotivas, que arrastavam pelas estradas uma série de vagões, e que a ideia de um grande trator para as fazendas já não encontrava dificuldades. Mas nossas estradas não eram inglesas e despedaçariam os tratores mais fortes. De resto, a construção de um grande trator, que poucos fazendeiros pudessem comprar, não me interessava.

Todavia, não abandonei a ideia de um carro sem cavalos. Meu trabalho com o representante de Westinghouse só me confirmava a ideia de que o vapor não servia para acionar carros leves. Por esse motivo fiquei um ano apenas nessa empresa. Não havia mais o que aprender quanto a maquinas a vapor e eu não queria perder tempo num caminho que não conduzia a nada. Poucos anos antes, ainda aprendiz, lera na revista inglesa, *World of Science*, um estudo sobre os motores silenciosos a gás, que começavam a aparecer na Inglaterra. Creio que se tratava do motor *Otto*. Acionado por gás de iluminação, provido de um só cilindro, necessitava de um volante de muito peso, dada a intermitência dos jatos de energia. Quanto ao rendimento por quilo de material empregado, não alcançava o rendimento da máquina a vapor, parecendo que o emprego do gás deveria ser abandonado por não apresentar possibilidades no caso dos automóveis. Achei-o interessante unicamente porque me interessavam todas as máquinas. Nas revistas inglesas e americanas continuei acompanhando o progresso desses motores e particularmente as indicações relativas à substituição de gás de iluminação por um outro, produzido pela evaporação de benzina. A ideia das máquinas não era nova. Mas pela primeira vez se fazia um sério esforço para colocá-las no mercado. Foram recebidas com curiosidade, antes que com entusiasmo, e não me lembro de pessoa alguma que esperasse a vitória da máquina de combustão interna. Todos os conhecedores sentenciavam que jamais poderia competir com a de vapor, não admitindo que ela fizesse uma carreira independente.

Tal é a mentalidade dos conhecedores. O que eles aprendem ate o último ponto lhes dá a convicção de que uma coisa não é irrealizável. Nenhuma objeção nos esquece, e é essa a razão pela qual nunca me sirvo de um perito de fama. Se eu quisesse, por meios desleais, matar meus concorrentes, bastaria proporcionar-lhes, a minhas expensas, peritos de fama. Esses concorrentes receberiam tal quantidade de bons conselhos que não seriam capazes de realizar coisa alguma.

OS MOTORES DE EXPLOSÃO

A máquina a gás interessou-me e por curiosidade acompanhei o seu progresso até mais ou menos 1886, ano em que abandonei definitivamente o vapor como força motriz do seu carro. Em 1885 reparei nas oficinas da Eagle Iron Works, em Detroit, um motor *Otto*. Ninguém ali conhecia nada a respeito de tais motores e embora eu nunca houvesse visto um sequer, iniciei o serviço e o levei a bom termo. Desse modo tive ocasião de estudá-lo a fundo e em 1887 construí um semelhante, de quatro tempos, unicamente para certificar-me de ter-lhe compreendido os princípios. Um motor de quatro tempos quer dizer um motor em que o pistão passa quatro vezes pelo cilindro. No primeiro movimento aspira o gás; no segundo o comprime; no terceiro produz-se a explosão, que é o jato de energia, e no quarto expelem-se os gases da combustão. A miniatura que construí trabalhava bem: tinha uma abertura de 25mm. e um diâmetro de cilindro de 76mm.; movia-se a gasolina, e embora não desenvolvesse muita força era proporcionalmente mais leve que as outras máquinas em uso. Dei-a mais tarde a um moço cujo nome perdi, e assim me iniciei no estudo dos motores de combustão interna.

O CASAMENTO

Achava-me então na fazenda, para onde havia voltado mais para continuar minhas experiências do que para trabalhar na lavoura. Mecânico perfeito que já era, possuía a esse tempo uma oficina excelentemente aparelhada, em substituição da infantil dos meus primeiros anos. Para que eu desistisse de ser mecânico meu pai ofereceu-me dez hectares de matas. Consenti temporariamente, porque a venda da madeira me daria oportunidade para casar. Montei serraria, adquiri um motor para acioná-la e comecei a serrar minhas madeiras, sendo que as partidas iniciais foram aproveitadas para a construção duma casa rústica naquelas terras. Nessa casa inaugurei a minha vida de casado. Tinha trinta e um pés em quadro e era térrea. Pequena mas cômoda. Anexei-lhe a minha oficina e quando não estava tirando madeira, estava a lidar com os motores a gás. Lia tudo o que constava a respeito dos motores, mas o meu conhecimento maior provinha das minhas experiências. O motor de explosão tem algo de misterioso e não funciona sempre como deve funcionar. Imagine-se o que não era naquela época!

Só em 1890 comecei a dedicar-me aos motores de dois cilindros. O cilindro único era absurdo para os carros de estrada, devido ao volante que exigia. Muitas experiências mediaram entre a construção da máquina *Otto* e a tentativa de um novo motor de dois cilindros, estando já eu ciente do que queria.

Vi que um motor de duplo cilindro poderia convir para o carro de estrada e tive a ideia de montá-lo numa bicicleta, conectado com a manivela, a roda traseira servindo de volante. A velocidade seria regulada por meio de uma válvula. Não prossegui nesse projeto porque logo se tornou claro que o motor, o recipiente de gasolina e as demais peças seriam um peso excessivo para uma bicicleta. A vantagem do cilindro duplo consistia em que, enquanto se produzisse a explosão em um dos cilindros, o outro expeliria o gás, sendo assim possível diminuir o peso do volante. E atirei-me ao trabalho.

Logo depois me ofereceram o lugar de engenheiro maquinista na Detroit Edison Company, com um ordenado mensal de 45 dólares. Aceitei, porque era mais do que minhas terras me davam e porque me havia decidido, de qualquer modo que fosse, a afastar-me da vida agrícola. Aluguei casa da avenida Bagley, em Detroit, e num telheiro que havia no quintal instalei a minha oficina. Durante alguns meses fiz parte das turmas da noite na seção de iluminação elétrica, de modo que dispunha de pouco tempo para as minhas experiências; passei depois para as turmas do dia e pude então consagrar algumas horas da noite e os sábados ao meu novo motor. Não posso dizer que o trabalho fosse pesado quando nos interessa e eu não duvido nunca da vitória. Ela vem sempre, quando se faz por isso. Além do mais, tinha o conforto da minha esposa, que confiava ainda mais do que eu no sucesso futuro. Sempre foi esse o seu caráter.

O PRIMEIRO CARRO

Tive que começar pela base, porque, ainda que numerosas pessoas andassem empenhadas na solução do problema dos automóveis, não podia conhecer o que haviam elas conseguindo. As maiores dificuldades que encontrei foram a produção e a interrupção da faísca e o excesso inútil do peso. Na transmissão da energia, na direção e na construção em geral, podia servir-me das minhas experiências com as máquinas a vapor. Em 1892 terminei a construção do meu primeiro automóvel, mas só na primavera seguinte funcionou ele a contento. Esse primeiro automóvel tinha muita semelhança com uma charrete. Possuía dois cilindros de duas e meia polegadas de diâmetro e seis de amplitude, colocados em sentido paralelo sobre o eixo posterior. Construí-os de um tubo de escapamento de máquina a vapor. O motor desenvolvia cerca de 4 H. P. A energia era levada do motor à arvore de transmissão por meio de uma correia e dessa, por uma corrente, as rodas traseiras. No carro cabiam duas pessoas, presos os assentos em duas traves e toda a armação descansando em molas elípticas. Duas velocidades, uma de 16 e outra de 32 quilômetros por hora, que se substituíam por meio do deslocamento da correia, conseguido por meio da manivela de embreagem colocada em frente ao condutor. Movida para a frente, obtinha-se a velocidade máxima; para trás, a mínima; deixada em posição vertical, o motor funcionava livre. Para parar bastava desembrear e fazer funcionar o breque de pé. Não havia ainda a marcha à ré, e as velocidades diversas se estabeleciam aumentando ou diminuindo a entrada do gás.

O chassi, o assento e as molas, adquiri-os. As rodas eram de bicicletas, com pneumáticos de 70 cm. de diâmetro. O volante mandei fundi-lo segundo modelo que fiz, como fiz eu mesmo todas as peças delicadas.

Logo depois verifiquei a necessidade de uma engrenagem de compensação para que nas curvas a energia fosse igualmente distribuída às rodas de trás.

O carro completo pesava, mais ou menos, 225 quilos. Sob o assento estava colocado um recipienti para três galões de gasolina, a qual era levada ao motor por meio de tubo e válvula. A ignição era obtida pela faísca elétrica. Não havia refrigeração; depois de uma hora de corrida o motor esquentava. Não tardei a aplicar em redor dos cilindros uma camisa-d'água alimentada por um depósito colocado na parte posterior do carro.

Os característicos principais eu os tinha planejado anteriormente. É a maneira que sigo sempre: arquiteto um plano e desenvolvo todos os detalhes antes de iniciar a construção. Do contrário gastar-se-ia muito tempo em tentativas e o que sai é um conjunto sem unidade nem harmonia. Muitos inventores naufragam por falta de preparação antes da experimentação.

A inexistência de materiais adequados constituiu a maior dificuldade que encontrei na construção. Em seguida, a falta de maquinário hábil. Tive de modificar alguns detalhes dos desenhos, mas o maior embaraço foi não ter nem dinheiro nem tempo para conseguir o melhor material para cada peça. Entretanto, na primavera de 1893, o conjunto estava suficientemente harmônico para funcionar com relativa satisfação da minha parte, dando-me ensejo de provar a qualidade da construção e do material empregado de um modo positivo – correndo nas estradas.

CAPÍTULO II

O QUE APRENDI SOBRE NEGÓCIOS

Meu calhambeque de gasolina foi o primeiro e por muito tempo o único automóvel de Detroit. Era olhado qual uma peste, graças ao barulho que fazia e ao espanto que causava nos animais. Congestionava o transito, porque se me detinha em qualquer ponto formava-se logo uma aglomeração de basbaques. Se o deixava só, apareciam curiosos que vinham tentar pô-lo em movimento. Vi-me por fim obrigado a amarrá-lo com corrente aos lampeões, sempre que o deixava na rua. Vieram também incômodos com os agentes de polícia, embora ainda não houvesse leis que regulassem a velocidade dos veículos. Tive de tirar uma licença especial com o prefeito para a livre circulação do meu carro. Gozei, assim, por algum tempo, o privilégio de ser o primeiro e único chofer com carta da América. Durante os anos de 1895 e 1896 percorri nele uns 1.500 quilômetros, e depois o vendi a Carlos Ainsley, de Detroit, por duzentos dólares. Não o havia construído para isso, e sim para experiências, e já andava disposto a construir um segundo. Como Ainsley insistisse em comprar-mo, e o dinheiro não me fosse inútil, fácil foi chegarmos a acordo.

Não era minha ideia construir automóveis em tão pequena escala. Eu sonhava com uma larga produção. Mas, antes disso, era preciso possuir o objeto a explorar já devidamente estudado e comprovado. A pressa é inimiga da perfeição. Concluí o meu segundo carro em 1896; era muito parecido com o primeiro, um pouco mais leve; tinha ainda correias como meio de transmissão, do que só mais tarde vim a desistir. As correias prestavam bons serviços, fora do tempo de calor. Isso me fez substituí-las pela engrenagem.

Muita coisa aprendi com esse carro. Outros industriais, todavia, tanto aqui como no estrangeiro, se haviam dedicado à construção de automóveis. Em 1895 tive notícia que um carro alemão

Benz, estava exposto em Nova Iorque. Fui examiná-lo, mas não lhe vi nenhum aperfeiçoamento interessante. Também usava correias e era pesado. Eu visava à leveza e parece que os outros não pensavam nisso. Construí na minha oficina três carros, que durante anos circularam em Detroit. Quanto ao primeiro, acabou voltando às minhas mãos; comprei-o por cem dólares a um sujeito a quem Ainsley o vendera.

CETICISMO DOS ENTENDIDOS

Durante todo esse tempo continuei no meu cargo na Companhia Elétrica e pouco a pouco cheguei a engenheiro-chefe, com ordenado mensal de 125 dólares. As minhas experiências, porém, despertaram no presidente da empresa tantas simpatias quantas em meu pai às minhas infantis manias mecânicas. Ele não era inimigo da experimentação mas não acreditava no motor a gás. Ouço-o ainda dizer:

– A eletricidade, sim; Essa é a força do futuro; o gás, não.

Seu ceticismo (sejamos suaves) tinha escusas. Estávamos em pleno desenvolvimento da eletricidade, e quanto ao motor a gás ninguém tinha a menor ideia do seu futuro. Como acontece com toda ideia nova, esperava-se procurar na eletricidade o que eu tinha em mente. Um carro de estrada não ser acionado por meio do trole. Nenhum acumulador de pouco peso se anunciava. Um carro elétrico por força que teria um raio de ação limitado e necessitaria de um motor volumoso e por demais pesado. Não quer Isso dizer que eu tivesse em pouco a eletricidade. Quero dizer apenas que tem ela um campo de ação diverso do campo de ação do gás. Uma força não pode substituir a outra, o que é uma felicidade.

Conservo em meu poder o dínamo de que me encarreguei na Detroit Edison Company. Quando começamos a nossa usina do Canadá comprei-o a uma casa que o adquirira dessa companhia, e depois de restaurado por muitos anos me prestou ele excelentes serviços na usina canadense. Quando recontruí essa usina mandei o velho dínamo para o meu museu de Dearborn, onde guardo outras relíquias mecânicas.

A Detroit Edison Company ofereceu-me a direção geral com a condição de renunciar às minhas experiências com o motor a gás e dedicar-me a algo verdadeiramente útil. Tive que escolher entre o emprego e o meu automóvel. Decidi-me por esse, e renunciei ao emprego sem hesitação porque estava certo do êxito. Deixei a companhia a 15 de agosto de 1899 para empreender a construção do meu carro.

Isso podia parecer uma temeridade, visto não dispor de dinheiro. Tudo o que me sobrava das despesas caseiras fora consumido nas experiências. Mas minha esposa conveio comigo que não podíamos abandonar a ideia ainda que se tratasse de tudo ganhar ou tudo perder. Não havia procura de automóveis, como não há procura de um artigo novo. Eram eles recebidos pelo público do mesmo modo que hoje os aeroplanos. Eram julgados como pura fantasia e muitos "conhecedores" provaram com exuberância que tais veículos jamais passariam em explorá-los comercialmente. Não compreendo por que todo novo meio de transporte encontra uma tal desconfiança! Ainda hoje há muita gente que ao falar do automóvel sorri e o tem como luxo, a custo admitindo alguma utilidade nos caminhões. No começo bem poucos entreviam as suas possibilidades; os mais otimistas auguravam-lhe uma carreira semelhante à da bicicleta.

AS PROVAS DE VELOCIDADES

Quando ficou provado que os automóveis realmente caminhavam, e diversos fabricantes começaram a lançá-los, surgiu a preocupação de saber qual deles era o mais rápido. A nova indústria devia naturalmente passar pelo estágio da curiosidade pública, que é a concepção desportiva. Eu nunca pensei bem de corridas, mas o povo se recusava a considerar o automóvel outra coisa além de um brinquedo veloz, e também fomos obrigados a correr. Essa tendência só trouxe prejuízos à industria, porque os fabricantes passaram a dedicar-se mais a velocidade do que à qualidade dos carros, e tal preocupação deu à industria automobilística um caráter perigoso.

Depois que deixei a Detroit Edison um grupo formou a Detroit Automobile Company para fabricar o meu carro, ficando eu como engenheiro-chefe, com uma pequena parte das ações. Durante três anos construímos carros mais ou menos conformes ao meu modelo. Vendíamos pouco e não pude arrastar meus associados a uma produção popular. A preocupação era produzir sob encomenda e vender cada carro pelo maior preço possível. Pensamento único: ganhar dinheiro. Restrito à minha situação de engenheiro-chefe, convenci-me de que a nova compahia não era o meio de realizar as minhas ideias. Era uma empresa feita para ganhar dinheiro, mas que de fato não ganhava bastante. Em março de 1902, resignei o meu lugar e resolvo nunca mais me submeter às ordens de ninguém. A Detroit Automobile Company transformou-se na Caddilac Company, depois que os Lelands entraram a fazer parte da empresa.

PRIMEIROS PASSOS

Aluguei uma oficina, um letreiro de um só andar em Park Place, 81, decidido a continuar as minhas experiências e a descobrir a verdadeira significação da palavra negócio. Tinha a certeza de que deveria ser coisa diferente do que vira na minha primeira empresa. O ano que precedeu à fundação da Mord Motor Company foi, por assim dizer, um período de investigações. Na minha pequena oficina trabalhava no aperfeiçoamento de um motor de quatro cilindros, enquanto fora procurava averiguar a verdadeira significação dos negócios e se eles consistiam unicamente em ganhar dinheiro. Do meu primeiro automóvel até a fundação da Ford Motor Company construí ao todo uns vinte e cinco carros, dos quais dezenove ou vinte na Detroit Automobile Company. O automóvel havia vencido a sua fase inicial, em que bastava mover-se, e, passava para a segunda, na qual a grande coisa era correr. Alexandre Winton, de Cleveland, o criador do automóvel Winton, era nessa época o campeão da pista em nosso país. Disposto em desafiá-lo, construí um motor de dois cilindros, de um tipo mais forte que os precedentes, montei-o num chassi nu e, depois de me assegurar da sua velocidade, lancei a Winton o meu cartel. O lugar escolhido para a disputa foi a pista de Grosse Point , em Detroit. Venci-o, e essa minha primeira corrida teve o melhor efeito prático de propaganda.

Para o público não tinha valor o carro que não batesse os outros em velocidade, e foi ensaiando construir o automóvel mais veloz do mundo que comecei a estudar um motor de quatro cilindros, que descreverei mais tarde.

A particularidade para mim mais surpreendente dos negócios era dar-se uma grande importância à parte financeira e quase nenhuma à qualidade do produto. Parecia-me isso uma inversão da ordem natural, que quer o dinheiro como efeito do trabalho, vindo depois e não antes dele.

Outra particularidade que me impressionava era o desprezo em melhorar os métodos da produção, enquanto os produtos se fossem vendendo e dando dinheiro. Em resumo: um objeto não se fabricava com o fim de fazê-lo útil ao público, mas somente para servir do meio seguro de obter dinheiro, ficasse ou não satisfeito o comprador. Os produtores contentavam-se com poder colocar o seu artigo. Um cliente malsatisfeito não era considerado como um homem de cuja confiança se abusara, mas um impertinente ou uma possível fonte de novos lucros pelos consertos que seria obrigado a fazer na própria fábrica. Não mostrava interesse pela sorte dos carros depois de vendidos, nem pelo consumo de gasolina, nem pelos serviços que prestavam. Se o carro se avariava numa estrada, ou tinha de substituir alguma peça, tanto pior para o dono. Vender peças valia por ótimo negócio, e o possuidor de um auto estava implicitamente obrigado a pagar por elas muito bom dinheiro.

A indústria dos automóveis não repousava no que chamaríamos uma base honesta, nem a fabricação repousava numa base científica. Não era, entretanto, o seu caso diferente do das outras indústrias.

Estávamos numa época fértil em lançamentos de numerosas sociedades comerciais. Os banqueiros, até então limitados às estradas de ferro, começavam a penetrar na indústria. Minha ideia era a que sempre foi – bem fabricar. E ainda – que um negócio. Sempre pensei assim, a até agora não experimentei a netando com os próprios lucros. A ausência de lucros prova que o industrial está perdendo o seu tempo ou não conhece o negócio. Sempre pensei assim, e até agora não experimentei a necessidade de mudar de ideia; mas o que de pronto me saltou aos olhos foi que Essa fórmula, tão simples, de primeiro bem-fazer o trabalho para depois receber a sua justa recompensa, é em nossa época acoimada de muito morosa.

DESVIRTUAÇÃO DOS NEGÓCIOS

O sistema em voga era começar com o maior capital possível e colocar o máximo de ações. O capital líquido que sobrava, depois de pagas as despesas da emissão, as comissões e o resto, era a contragosto invertido no negócio. O bom negócio não era o que realizava o bom trabalho, mas o que punha em circulação uma nuvem de ações, e nunca no trabalho. Ora, consigo compreender como uma empresa possa colocar artigos no mercado, a preços razoáveis, se os grava assim de início de taxas elevadíssimas.

Nunca também compreendi como o capital original de uma empresa possa ficar a cargo do negócio. Os chamados financistas dizem que o dinheiro vale 5%, 6%, ou 7%, e que se alguém empregar numa empresa a quantia de 100.000 dólares terá direito aos juros desse capital, porque, se em vez de ali colocá-lo, o tivesse posto numa caixa de capitalização, ou aplicado em certos títulos, teria uma renda certa e fixa. Por conseguinte, dizem os financistas, deve-se levar à conta de despesas um certo juro sobre o capital empatado.

Essa ideia é a causa comum dos fracassos comerciais e da má qualidade da produção. O dinheiro não tem um valor determinado. Em si não vale nada, porque nada poderá produzir por si mesmo. A sua utilidade está no poder de comprar instrumentos de trabalho ou produtos elaborados graças a esses instrumentos. O valor do dinheiro é igual ao valor dos produtos que ele fabrica ou adquire. Nada mais. Se alguém crê que uma certa soma lhe deve produzir 5 ou 6% de juros, vá colocá-la em valores que lhe produzam esse juro; mas empregar capital numa empresa não é tomar hipoteca do negócio, ou não deveria sê-lo. Numa empresa o dinheiro muda de caráter, e torna-se, ou deve tornar-se, um instrumento de produção; vale, portanto, o valor do que produz e não uma taxa que nada tem que ver com o negócio em questão. Um lucro qualquer só pode aparecer depois de produzido, nunca antes.

Os homens de negócios daquela época figuravam-se que era possível levar avante qualquer empresa com a condição de enchê-la de dinheiro, ou "financiá-la". Se a empresa não ia do primeiro arranco, é que necessitava de ser "refinanciada".

CAPITAL NOVO PARA SALVAR O VELHO

Este jogo consiste em lançar dinheiro bom no encalço do dinheiro fugido.

Na maior parte dos casos a necessidade de novos capitais resulta da má direção dada aos negócios e esses novos capitais só conseguem fornecer a administradores incapazes elementos que lhes permitam prolongar por mais tempo a sua má administração. É um *sursis* à condenação que os espera, e, como invento financeiro, um truque de especuladores. O dinheiro não produz nada, se entra o serviço duma empresa que não trabalha bem. Empresa que trabalha bem não precisa de dinheiro. De modo que o dinheiro empregado nas "refinanciações" é dinheiro posto fora.

Eu tomei a firme resolução de nunca entrar em sociedade onde o dinheiro tivesse primazia sobre o trabalho, ou onde preponderassem banqueiros e financistas. Resolvi, mais, caso não encontrasse recursos para um negócio suscetível de ser conduzido com essa mira do bem geral, renunciar de vez aos negócios. Isso porque minhas próprias tentativas, juntas ao que ia observando em redor, bastavam para convencer-me de que os negócios, encarados apenas como meio de ganhar dinheiro, apresentavam grande interesse, nem constituíam uma ocupação digna de um homem desejoso de realizar alguma coisa. Demais, espero ainda que me demonstrem que é esse o bom meio de ganhar dinheiro, e continuo firme na minha ideia de que a única base dum negócio sério é a boa qualidade do produto.

O FREGUÊS

O compromisso que o fabricante contrai o freguês não termina no ato da compra; esse ato apenas inicia as suas mútuas relações. No caso da venda de um automóvel esse ato serve de apresentação.

Se o carro não presta, seria melhor que jamais se tivesse realizado aquela venda, porque o pior dos reclames é um freguês malsatisfeito. No período inicial da indústria a tendência comum era considerar a venda como tudo, sem a menor preocupação do que viesse depois. Processo dos vendedores a comissão, cujo alcance de vistas é muito curto. Não se pode esperar de um vendedor a comissão, pago sobre o montante das suas vendas, que se desvele pelos fregueses dos quais nada mais tem que esperar. Foi precisamente sobre isso que baseamos o sólido argumento do reclame dos nossos carros.

Ainda que a qualidade e o preço desses carros por si bastassem para abrir um grande mercado; fomos além. O comprador de um carro tinha, a meu ver, o direito de usá-lo sem interrupção, e se um desarranjo sobreviesse era do nosso dever contribuir para que o carro reentrasse em uso o mais depressa possível. Esse princípio foi um dos elementos de grande êxito do meu negócio. A maior parte das casas que fabricavam autos caríssimos naquela época eram mal providas de oficinas de reparo. Quando ocorria qualquer desarranjo era mister recorrer-se a um mecânico local, ainda que a responsabilidade coubesse ao fabricante. Quando o mecânico local acontecia ser um homem previdente, munido de estoque regular de pacas substituíveis (e em muitos carros as peças não se podiam substituir) era uma felicidade. Mas se o mecânico era imprevidente, sem iniciativa e sem conhecimentos precisos do automóvel, ou esperto demais, então o desarranjo mais insignificante acarretava semanas de imobilização e uma conta salgadíssima, que o freguês devia pagar antes de retirar do carro. Os mecânicos foram por certo tempo a mais séria ameaça dessa indústria. Até ali por 1910 e 1911, o dono de um carro passava por um homem rico que devia ser espoliado. Desde o primeiro momento enfrentamos com firmeza tal situação. Não queríamos que o nosso êxito comercial se entorpecesse graças à cupidez estúpida de alguns indivíduos.

FINANÇAS E INDÚSTRIA

Estamos, porém, antecipando a nossa história. Neste capítulo quero apenas frisar que o predomínio da fiança é que mata a produção útil, porque a finança só vê o lucro imediato. Quando o único interesse é ganhar uma certa soma, a menos que uma tacada da sorte não intervenha permitido que um excesso de capital possa consagrar-se a uma produção de boa qualidade, os negócios de amanhã tem que ser sacrificados ao dólar de hoje.

Notei, também, entre muitos homens de negócios, a tendência de se queixarem da sorte. Trabalham apenas com o fim de poderem, em certo dia, retirarem-se dos negócios para irem viver das rendas, fugindo à luta. A vida lhes é uma batalha que convém vencer quanto antes. É outra maneira de ver que não posso compartilhar, pois penso que a única luta que temos de sustentar na vida é a batalha contra a nossa inclinação natural à inércia. Se a vitória consiste em desenvolver-nos é preciso despertarmos todas as manhãs e nos conservarmos acordados todo o dia. Vi muitos negócios se reduzirem a simples sombras de si mesmos unicamente pela teima de continuarem a administrá-los à antiga. No seu tempo tais métodos poderiam ter sido bons, mas bons porque adaptados às necessidades do momento e não porque viessem de trás. A vida, como a entendo, não é uma aposentação e sim uma viagem. Até, que se julga mais definitivamente fixo, não está fixo, está escorregando para trás. Tudo deflui: é uma lei. A vida é um rio. Podemos resistir sempre na mesma casa. A casa permanece a mesma; o individuo muda dia a dia.

Dessa ilusão de fazer da existência uma luta, que pode ser perdida em qualquer ocasião por um movimento falso, é que se origina o apego dos homens à regularidade e os faz cair na letargia da rotina. É raro que o remendão adote um processo novo de pôr solas nos sapatos, e raro o artesão que acolha bem as novidades introduzidas no seu ofício. O hábito comunica uma certa inércia e qualquer perturbação que o atinja produz um mal-estar.

TAYLORISMO

Todos se recordam que quando se procedeu ao exame do trabalho fabril para ensinar aos operários a maneira de economizar energia e trabalho corporal, foram eles próprios os maiores adversários disso. Tinham, talvez, suspeitando que tudo não passasse de uma trama para explorá-los ainda mais; porém o que sobremodo os incomodou foi a obrigação de saírem dos antigos hábitos da rotina.

Há comerciantes que abrem falência só porque não querem despegar-se de antiquados sistemas, nem aceitar uma reforma qualquer. São criaturas que não compreendem que o dia de ontem já é passado. Acordaram pela manhã com as mesmas ideias do ano anterior. Todo homem que crê haver encontrado o seu verdadeiro método de trabalho deve proceder a um rigoroso exame de consciência para ver se alguma parte do cérebro não lhe permanece ossificada, Pensar que já está "fixado" é um perigo para o homem: o primeiro solavanco do progresso o lançará por terra.

Além disso há, comumente, o medo de passar por idiota. Muita gente se arreceia dessa pecha, e eu convenho que a opinião pública é uma poderosa polícia, muitas vezes salutar. Acho até que a maioria dos homens necessita desta vigilância. Ela pode tornar um homem melhor do que o seria em outras circunstâncias, se não no sentido moral ao menos no social. Entretanto, não é má coisa ser louco por amor de uma causa justa. Acontece que tais loucos vivem suficientemente para provar que o não são, e, caso morram prematuramente, a obra que iniciaram dará testemunho disso.

A influência do dinheiro, a exigência do "capital invertido", a negligência ou a sabotagem do trabalho, e, por consequência, um mau produto resultante, são coisas que vejo de todos os lados. E é o que vejo no fundo de todos os desastres. É também a causa dos baixos salários, porque uma empresa malconduzida não pode pagar bem, e um negócio que não consagra todos os seus esforços à produção, não é bem-conduzido. A maioria dos homens quer trabalhar livremente, e sob tal regime não se pode trabalhar com liberdade. Durante a minha primeira tentativa não me senti independente e não pude dar expansão às minhas concepções. Todos os planos só tinham um fim: o lucro; a produção vinha em último lugar. Timbrava-se em só dar importância ao dinheiro; ao trabalho, nenhuma. A ninguém parecia absurdo antepor assim o dinheiro ao trabalho, ainda que todos conviessem em que o ganho é o fruto do trabalho.

O CAMINHO MAIS CURTO

Todos procuravam alcançar o dinheiro pelo caminho mais curto, mas ninguém queria tomar o atalho: o trabalho.

Consideremos a concorrência. Sempre ouvi dizer que a concorrência é um perigo, contra o qual o homem de negócios hábil se apercebe conseguindo por meios artificiais um monopólio. Para a maioria dos homens de negócios o número de compradores sempre pareceu limitado, de modo que é preciso filá-los antes dos competidores. Muitos se hão de recordar que há anos se formou um consórcio de fabricantes de autos nos termos da *Salden-Patent*, que visava tornar legal a determinação do preço e da quantidade da produção. Tinham a mesma ridícula ideia das associações operárias, de que se obtém mais lucro diminuindo a produção do que aumentando-a. É uma ideia já muito antiquada. Eu não via então, e não vejo ainda hoje, que o trabalho possa faltar a quem trabalha honestamente. O tempo empregado em combater a concorrência é tempo perdido, e seria muito mais bem-empregado a trabalhar. Há sempre compradores, e numerosos, para qualquer produto, quando se lhes vende por preço justo o que eles desejam adquirir. Isso se aplica tanto aos serviços pessoais como aos produtos da indústria.

Durante essa época de reflexão não vivi ocioso. Andava construindo um novo motor de quatro cilindros e dois grandes automóveis de corrida. O tempo não me era escasso porque eu trabalhava sem parar. Não creio que seja possível a um bom trabalhador interromper o seu trabalho. É preciso pensar nele de dia, e de noite fazê-lo girar nos seus sonhos. Certamente que é mais cômodo só trabalhar durante as horas de oficina, tomar a tarefa pela manhã, largá-la à tarde e só pensar de novo nela no dia seguinte. Isso poderá fazer de nós um bom subalterno, mas nunca um diretor ou homem de indústria. O operário que desempenha um trabalho manual tem necessidade de limitar as suas horas de tarefa, porque do contrário se gastará. Se ele pretende viver sempre do trabalho manual, pode, ao ouvir o apito da oficina, não pensar mais no trabalho que executa; mas se tenciona progredir e conseguir alguma coisa, o apito será um sinal para que comece a repassar no espírito o trabalho feito a fim de descobrir meios de aperfeiçoá-lo.

O homem de maior capacidade de trabalho e de mais reflexão, é o que vence.

Não ouso decidir se um homem que trabalha sempre, que nunca se afasta do serviço, que absolutamente está decidido a progredir e realmente progride, seja mais feliz do que outro que funciona de cérebro e mãos só nas horas de expediente. A ninguém compete decidir tal questão. Mas um carro de 10 H.P. não puxa a mesma carga que puxa um de 20. O homem que paralisa seu trabalho mental ao terminar o expediente, limita a sua força motriz. Se lhe basta puxar só a carga consignada, muito bem, é o seu negócio; mas que não se queixe, então, se um outro, que aumentou a sua força motriz, puxa mais que ele. Quem pede repouso e o obtém não pode queixar-se. Repouso e atividade produzem resultados diferentes. Mas é impossível gozar ao mesmo tempo dos resultados do ócio e da atividade.

CONCLUSÕES

As minhas conclusões mais importantes desses anos, com respeito aos negócios, foram as seguintes:

1.º) A finança foi colocada acima do trabalho, o que naturalmente tende a matar o trabalho e a destruir os fundamentos da produção.

2.º) Pensar primeiramente no dinheiro, ao invés de pensar no trabalho, acarreta o receio do insucesso, receio que de todas as formas impede a marcha dos negócios. A indústria intimida-se diante da concorrência, diante da mudança dos métodos ou diante de qualquer modificação da sua situação.

3.º) O caminho é livre para os que pensam primeiro no "rendimento" e realizam o seu trabalho da melhor maneira possível.

CAPÍTULO III

O INÍCIO DO VERDADEIRO NEGÓCIO

No pequeno telheiro da Park Place, tive oportunidade de elaborar o projeto e em parte o método de fabricação de um novo carro. Ainda que fosse possível criar a empresa correspondente aos meus desejos, inspirada no interesse da boa fabricação e no desejo de bem servir o público, não tardei a compreender que jamais construiria um auto perfeito, a um preço razoável, se seguisse os métodos usuais da fabricação.

É claro que, fazendo-se a mesma coisa pela segunda vez sai ela sempre melhor. Ignoro como essa verdade não penetrava na indústria na época, a não ser que os fabricantes tivessem muita pressa em pôr à venda um artigo, não lhes sobrando tempo para uma preparação séria. Trabalhar por encomenda, ao invés de fazer em larga escala, é tradição da era do trabalho manual. Se consultarmos uma centena de pessoas sobre o modo por que desejam que se fabrique um artigo, oitenta não saberão responder e deixarão isso ao alvitre do fabricante. Quinze dirão alguma coisa e somente cinco saberão dizer ao certo como querem e por que querem. Esses noventa e cinco por cento que não tem preferências e o confessam, englobados aos que igualmente não a têm mas não o confessam, formam o mercado real de um artigo. Os cinco que manifestam desejos especiais, ou podem pagá-lo ou não. Se podem, obtêm o artigo especial. Mas constituem uma clientela muito reduzida. Entre os noventa e cinco por cento, dez ou quinze se preocuparão com a qualidade do artigo. Outros apenas se interessarão pelo preço, sem olhar a qualidade. Essa classe, porém, vai rareando dia a dia. Os compradores aprendem a comprar. Quase todos já olham para a qualidade e querem em troca de seu dólar a melhor qualidade possível. Portanto se soubermos encontrar o artigo que satisfaça a esse grupo pela qualidade e pelo preço, a procura chegará a ser tão grande que se poderá dizer universal.

ESTANDARDIZAÇÃO

Isso não é estandardizar. O uso da palavra estandardização costuma trazer confusões, sugerindo uma certa rigidez de tipo e método e a restrição do fabricante em produzir unicamente o artigo de venda mais fácil e rendosa. O público não é levado em linha de conta, nem quanto ao plano do objeto fabricado, nem quanto ao preço. O fim da estardardização é apenas o aumento dos lucros. Com as inevitáveis economias consequentes ao fabrico de um só artigo os lucros avultam cada vez mais. A produção cresce e, um dia, quando menos se esperar, o mercado estará cheio de refugos, que só seriam vendidos se os fabricantes se contentassem com um preço baixo. Há sempre uma clientela para um certo artigo, mas nem sempre acode ela a uma redução de preço. Quando um artigo que se vendia caro é oferecido a preço mais baixo, devido à pouca procura, o efeito é às vezes decepcionante. O povo desconfia. Imagina que a redução é ilusória e fica à espera de nova baixa. Temos visto muito desse jogo ultimamente. Se, ao contrário, as economias do fabrico se refletem no preço, e se é visível ser essa a política industrial do fabricante, os compradores adquirirão confiança e corresponderão às suas ofertas, certos de receberem um valor real em troca do seu dinheiro. Assim, a estandardização me parece um mau negócio, se não vem unida a uma progressiva redução de preços. É necessário reduzir o preço – eis o ponto capital – precisamente porque se diminuíram os gastos da produção e não porque a diminuição da procura pareça indicar o descontentamento do público. O público sempre se admirará de como pode ser bem servido por pouco dinheiro. A estatística das nossas vendas justifica esses princípios.

A estandardização, como a entendo, não é escolher o produto mais vendável e limitar-se à sua única produção. É dedicar dias e noites, às vezes anos, primeiro ao estudo de um artigo que corresponda do modo mais perfeito aos desejos e necessidades do público, e depois à melhor maneira de fabricá-lo. Desse modo, quando a base da produção se muda do fito de lucro para o de "serviço", o negócio estará consagrado e o lucro será imenso.

Isso é evidente. É a base de todo o negócio que queira satisfazer os noventa e cinco por cento da coletividade. É também o meio da coletividade prover as suas necessidades. Não posso compreender como todos os negócios não se fundam nessas bases. Bastaria que se pusesse de lado o antigo hábito de perseguir o dólar mais próximo, como se fora ele o único do mundo. Já conseguimos até certo ponto sobrepor-nos a esse hábito. Em nosso país todos os grandes armazéns de retalho repousam na base do preço fixo. Resta ainda repudiar a ideia de fazer depender o preço fixo. Resta ainda repudiar a ideia de fazer depender o preço das possibilidades do mercado ao invés de o fixar, de acordo com o custo da produção. Quando o plano de um artigo foi suficientemente estudado, só de longe em longe é que nele se introduzirão modificações, ao passo que as alterações serão frequentes e espontâneos nos processos de fabricar. É o que me ensinou a experiência. Adiante falarei da espontaneidade com que surgem essas alterações. Quero frisar apenas o fato de que é impossível dedicarmo-nos vitoriosamente a um produto sem havê-lo de antemão submetido a um rigoroso estudo preliminar. E isso não é tarefa de um dia.

No período da minha aprendizagem essas ideias se me foram firmando no cérebro. A maior parte dos meus ensaios miravam a produção de um auto de corrida. Supunha-se que um auto de boa qualidade deveria necessariamente desenvolver uma grande velocidade. Nunca esposei essa ideia, mas os fabricantes, baseando-se no exemplo da bicicleta, tinham como certo que o modo mais eficaz de impor um auto ao público era fazê-lo triunfar numa pista de corridas. Para mim não há prova mais falaz.

CARROS DE CORRIDA

Tive de conformar-me com a maioria e correr. Em 1903 construí dois carros em colaboração com Thomaz Cooper, tendo em mira a velocidade. Um teve o nome de "999" e ao outro batizei com o apelido impressionante de "Flecha". Já que a fama dependia da velocidade, quis fazer dois carros que pudessem tornar-se conhecidos onde quer que se corresse. E eles cumpriram a sua missão. Fi-los de quatro grandes cilindros e força de 80 H.P., coisa inaudita na época. Faziam um barulho de matar gente, e tinham um só assento: uma vítima humana para cada carro me pareceu o bastante. Eu e Cooper experimentamo-los, imprimindo-lhes toda a velocidade.

Confesso-me incapaz de traduzir a impressão recebida. Transpor as cataratas do Niagara fora brincadeira em comparação daquela desabalada corrida. Nenhum de nós teve coragem de disputar a prova com o "999", que foi o primeiro a ficar pronto. Cooper indicou-me um indivíduo que fazia da velocidade ganha-pão e desconhecia o medo. Telegrafamos para Salt Lake City e dias depois apresentou-se-nos um ciclista profissional, de nome Barney Oldfield. Jmais correra em automóvel, mas ansiava por ensaiar.

Sua aprendizagem foi de uma semana apenas. Esse homem desconhecia a sensação do medo. O que ele teve que aprender foi sustentar nas mãos o monstro. Guiar os modernos automóveis de corridas é um brinquedo em comparação com aquilo. Não se inventara ainda o volante de direção; os carros possuíam apenas uma barra de ferro para tal fim. Naquela modelo de corrida coloquei uma com dois punhos, que exigia a força de um atleta para manter o carro em linha.

A corrida ia realizar-se a cinco quilômetros da nossa casa, na pista de Great Point. Reservamos uma surpresa ao público conservando em segredo o nosso carro. Também não nos incomodamos com as previsões.

Devo notar que as pistas daquele tempo não tinham a construção científica das de hoje. Ninguém sabia avaliar a velocidade que um auto podia desenvolver, mas não havia quem conhecesse que subia ao carro – disse-me ele alegremente:

– Pode ser que esse carro me mate, mas hão de dizer que voei como um demônio!

Foi realmente uma corrida infernal. Aquele homem nem por brinquedo olhou de lado. Nem nas curvas diminuía a velocidade. Largou mão do carro para que corresse com toda a sua fúria. Quando chegou estava com mais de três quilômetros de avanço sobre os competidores!

O NASCIMENTO DA MAIOR EMPRESA DO MUNDO

Naquele dia o "999" provou ao mundo que eu era capaz de construir um carro velocíssimo. Uma semana depois fundava-se a *Ford* Motor Company, da qual me fiz vice-presidente, desenhista, engenheiro-chefe, inspetor e diretor-geral. O capital da empresa foi de 100.000 dólares, dos quais recebi 25 ½%. A soma encaixada foi de 28.000 dólares, único dinheiro que a empresa recebeu como capital. Apesar da minha experiência anterior, pareceu-me possível dirigir uma empresa onde não tinha a maioria das ações. Breve conclui que era isso absurdo, e em 1906 empreguei na compra de novas ações todo o lucro que a empresa me proporcionara, de modo a ficar com 51, e pouco depois com 58 ½ %.

As novas construções e todo o desenvolvimento do negócio foram sempre custeados com os lucros. Em 1979 meu filho Edsel adquiriu os restantes 41 ½ %, que estavam fora das minhas mãos, visto não se conformarem vários acionistas com o meu sistema. A aquisição, feita na base de 12.500 dólares por ação de 100 dólares, importou em cerca de 75 milhões.

A sociedade inicial e suas instalações eram modestas. Alugamos a carpintaria Strelow's, na avenida Mack. Traçando meus planos de construção eu assentara os métodos de fabrico, mas como não possuíamos capital suficiente para adquirir maquinismos, os carros eram construídos, sob meus desenhos, em várias fábricas, a nossa parte na montagem limitando-se a colocar as rodas, os pneumáticos e a caixa. Se as várias peças fossem executadas exatamente da maneira indicada, esse método de fabricação seria o mais econômico. A fabricação mais econômica no futuro será aquela na qual um artigo completo não será fabricado na mesma oficina, a não ser que seja um artigo muito simples. O método moderno, ou do futuro, consistirá em fazer as peças onde possam ser melhor fabricadas, efetuando-se a montagem no ponto das vendas. É o método que adotamos hoje e que procuramos aperfeiçoar. Seria indiferente que uma empresa ou um indivíduo possuísse todas as fábricas das peças de um produto ou que fossem elas feitas em fábricas alheias, se adotassem essas os mesmos métodos de trabalho.

Se eu posso comprar uma peça tão boa e barata como a sei fabricar não procuro fabricá-la – a não ser por necessidade. E de fato seria melhor ter assim fornecedores largamente espalhados.

GUERRA AO PESO

A diminuição do peso era um dos meus objetivos. O peso mata os veículos de autopropulsão, e reinam a respeito muitas ideias absurdas. É estranho como as tolices acabam por entrar na linguagem corrente. Para acentuar o valor mental dum homem diz-se: é um homem de peso. Que significa isso? Ninguém considera, creio, o tamanho e o peso excessivos como uma vantagem para o corpo. Por que então o seria para a inteligência? Não sei em virtude de que erro se veio a confundir força com peso.

É inegável que os métodos grosseiros do passado têm grande culpa nisso. O velho carro de bois pesava uma tonelada, e esse peso excessivo fazia a sua fraqueza. Para transportar de Nova Iorque a Chicago, algumas centenas de quilos de gente, as companhias ferroviárias constroem trens que pesam centenas de toneladas. O resultado é uma perda absoluta de energia, uma dissipação extravagante de força motriz, equivalente a muitos milhões de dólares. Desde o instante em que uma força se converte em peso, começa a operar a lei do rendimento decrescente. O peso é coisa desejável num rolo compressor cuja função é pesar. Mas a força nada tem que ver com o peso, e se o homem é de peso isso equivale a dizer que é estúpido. Os homens que fazem alguma coisa no mundo são os de mentalidade alerta, leve, robusta. As mais belas coisas da natureza são justamente as que o peso foi eliminado. Tanto no homem como nas coisas, a força não implica o peso. Sempre me aconselham um aumento de peso ou um acréscimo de peças. O carro que projetei era o mais leve de todos e se estivesse em mim seria ainda mais leve; tempos depois consegui materiais que me permitiram novamente diminuir o peso.

O MODELO A

No primeiro ano construímos o modelo *A*, que vendíamos por 850 dólares, sem a carroceria, que custava cem. Motor de dois cilindros, força de oito cavalos, cadeia de propulsão, 72 polegadas de distancia entre os eixos – medida excessiva para aquele tempo, – e recipiente de gasolina para vinte litros. A venda montou a 1.708 automóveis, o que quer dizer que o público soube corresponder aos nossos esforços.

Cada um desses modelos A, tem sua historia. O de número 420, por exemplo, foi comprado em 1904 pelo coronel D. C. Collier, da Califórnia, que depois de o usar por vários anos, vendeu-o para adquirir um novo. O 420 passou de mão em mão, até que em 1907 foi adquirido por Edmundo Jacobs, de Ramona, no coração das montanhas. Durante muito tempo correu pelas serras, e depois foi revendido. Em 1915 estava nas mãos de um tal Cantello, que tirou o motor para acionar uma bomba e metendo varais no chassis o transformou em carro comum. A moral dessa história é que se pode dissecar um *Ford*; matá-lo, nunca!

A PROPAGANDA

Nosso primeiro anúncio dizia:

"Temos o propósito de lançar no mercado um automóvel que se destina especialmente a responder às necessidades correntes do comércio, das profissões liberais e da vida de família; um auto capaz de desenvolver uma velocidade apta a satisfazer um esportista exigente sem contudo atingir velocidades que despertam o pavor dos homens; um auto que fará a admiração de todos, adultos e crianças, pela sua segurança, fácil manejo e comodidade, sem falar na modicidade do preço que o colocará ao alcance de todos os compradores, milhares dos quais não podem desembolsar os preços fabulosos exigidos pela maior parte dos outros carros".

Chamamos depois a atenção para os seguintes pontos:

Boa qualidade do motor. A ignição (obtida por meio de duas séries de seis pilhas secas).

Lubrificação automática. Simplicidade e facilidade de manejo na transmissão, que era do tipo Connectary. Execução perfeita.

Não fazíamos valer as razões meramente recreativas, nem o fizemos nunca. Desde o primeiro anúncio chamamos a atenção do público para a utilidade prática do automóvel. Eis a passagem relativa:

"Frequentemente ouvimos citar o velho provérbio "tempo é dinheiro" – entretanto, bem poucos comerciantes e profissionais agem de acordo.

Homens que se queixam da falta de tempo e lamentam que a semana só tenha sete dias, homens para os quais cinco minutos perdidos equivalem a um dólar posto fora, homens para quem um pequeno atraso corresponde a fortes prejuízos, persistem em confiar-se aos meios de transporte irregulares que lhes proporciona a viação pública, quando, se empregassem uma soma modesta na compra de um auto de funcionamento perfeito, se veriam isentos de toda a preocupação de pontualidade, dispondo de um meio de transporte luxuoso, sempre ao seu dispor; sempre pronto, sempre seguro; concebido de maneira a economizar tempo e portanto dinheiro; apto a conduzi-los aonde queiram e a fazê-los regressar a tempo; a assegurar sua reputação de pontualidade e conservar seus clientes satisfeitos e em boas disposições; bom para percorrer sem solavancos caminhos quase impraticáveis, para oxigenar-lhes o espírito com um demorado passeio ao ar livre, restaurado os seus pulmões com o tônico dos tônicos: o ar puro. Ser dono da velocidade! Quando bem pareça, deslizar suavemente pelas umbrosas avenidas, ou, com uma leve pressão de alavanca, devorar o espaço de modo que em redor tudo se esfume..."

Dou apenas a essência da nossa propaganda, para demonstrar que desde o começo eu tinha em vista a utilidade, e não o desporto recreativo.

COMEÇO DE VITÓRIA

Os negócios estenderam-se como por milagre. Nossos carros adquiriram fama de resistentes, simples e bem-construídos. Eu trabalhava na minha ideia do modelo universal, mas não possuíamos ainda o capital necessário para erguer uma usina conveniente, nem descobrir os materiais mais adequados. Estávamos na dependência do que o mercado nos podia fornecer; comprávamos, é certo, o que havia de melhor, mas não tínhamos os meios necessários ao estudo científico do material e às investigações especiais.

Os meus sócios não se haviam convencido ainda de que devíamos limitar-nos a um só modelo. O exemplo dos fabricantes de bicicletas havia contagiado os fabricantes de automóveis e todos se julgavam obrigados a lançar cada ano um novo modelo, ou modificar os modelos já conhecidos para que os fregueses se vissem tentados a dispor dos seus carros e adquirir novos. Achavam que isso era entender do negócio. É a mesma ideia das mulheres quanto a vestidos e chapéus. Mas isso nada tem que ver com a utilidade e procura apenas criar artigo novo, não melhor. É espantoso como se propagou a crença de que a prosperidade de um negócio, ou seja, uma série ininterrupta de vendas, depende, não de satisfazer eficazmente o freguês nas suas necessidades, mas da habilidade em vender-lhe um artigo e logo depois convencê-lo a adquirir outro. O projeto que eu concebera e não pudera ainda concretizar em fato, cifrava-se em construir um modelo fixo cujas peças fossem desmontáveis e substituíveis, de modo que um carro nunca pudesse perder o valor. Peças tão perfeitas que não necessitassem de substituição. Uma boa máquina deveria ter a duração dos melhores relógios.

No segundo ano o nosso trabalho se dividiu por três modelos diversos. Fizemos um automóvel de turismo, com quatro cilindros, o modelo *B*, ao preço de 2.000 dólares; o modelo *C*, que não passava do antigo modelo *A* modificado, custando 50 dólares a mais; o modelo *F*, carro de turismo, para 1.000 dólares. Em resumo, dispersamos nossa energia, aumentamos os preços e, como era lógico, as vendas caíram a 1.695 carros.

O modelo B de quatro cilindros, o primeiro carro de estrada para todos os fins, merecia tornar-se conhecido. A propaganda mais eficaz era vencer uma corrida ou estabelecer um recorde. Reformei a "Flecha", irmã gêmea do velho "999" e, oito dias antes de inaugurar-se a exposição de automóveis em Nova Iorque, conduzi-a pessoalmente sobre uma pista de gelo de uma milha, em linha reta. Jamais esquecerei essa corrida. Aparentemente o gelo parecia polido, liso, mas, na realidade, estava cheio de fendas e quebraduras que me fizeram suar frio quando dei toda a velocidade. Em cada fenda o carro saltava, as rodas patinavam no espaço e eu me perguntava que iria acontecer ao aterrar. Os choques me arremessavam de um lado para o outro, mas, por felicidade, caía sempre de boa posição, continuando em linha reta. Consegui conservar-me na direção e bati um recorde que foi comentado no mundo inteiro. Com isso o modelo B conquistou o favor público, mas não no grau necessário para contrabalançar o aumento de preço. Não há acrobacia nem publicidade que deem voga durável a um artigo. Negócio não é jogo. Veremos adiante a moral desse episódio.

Em vista da expansão das nossas operações tornou-se insuficiente o nosso letreiro-oficina, e em 1906 tiramos do nosso capital de giro os fundos necessários para a ereção de uma fábrica de três andares, na esquina da rua Piquette com a rua Beaubien, e assim, pela primeira vez, tivemos facilidade em produzir. Começamos a fabricar e montar uma série de peças, embora nossa fábrica fosse apenas de montagem. De 1905 a 1906 fizemos só dois modelos: o carro de quatro cilindros, de 2.000 dólares e um outro de turismo, de 1.000 dólares, ambos dos tipos do ano anterior; as vendas baixaram a 1.599 carros.

Parecia a muitos que o motivo disso era não fabricarmos modelos novos. Para a causa estava no preço, que não satisfazia aos noventa e cinco por cento do público. No ano seguinte, tendo-me assenhoreado da maioria das ações, dei outro norte às coisas. Renunciamos completamente à construção de carros de turismo e fizemos três pequenos tipos para estrada, não havendo entre eles diferenças essenciais, mas só externas. O mais importante foi que um dos carros custava apenas 600 dólares e outro não passava de 750. A influência do preço revelou-se incontinenti: vendemos nada menos de 8.423 carros, quase o quíntuplo das nossas melhores temporadas. O recorde da produção tivemo-lo na primeira quinzena de maio de 1908; em seis dias de trabalho montamos 311 automóveis, coisa superior às nossas forças. Um contramestre inscrevia no quadro negro cada carro entregue aos experimentadores e breve o quadro não bastou. Em certo dia do mês de junho montamos exatamente cem carros.

No ano seguinte desviei-me das normas traçadas e construí um auto possante, de seis cilindros e 50 H.P., devorador do espaço. Não descuramos, entretanto, dos pequenos carros; mas, devido ao pânico de 1907 e à diversão com o custoso modelo, a cifra das vendas desceu a 6.398.

Tínhamos já passado um período de ensaio de cinco anos. A Europa foi-nos abrindo os seus mercados, e o nosso negócio, por ser um negócio de automóveis, era considerado como extraordinariamente próspero. O dinheiro nos vinha com abundância. Desde o primeiro ano que ganhávamos dinheiro. Vendas só à vista. Nada de dinheiro emprestado, nada de intermediários. Não tínhamos dividas incômodas e jamais assumimos compromissos acima das nossas forças. Nem tivemos necessidade disso, porque, quando não se perdem de vista o trabalho e o interesse do público, o dinheiro vem com tal abundância que o difícil é regular o seu emprego.

OS VENDEDORES

Um cuidado extremo presidia à escolha dos vendedores. No inicio foi difícil encontrar agentes, porque não havia confiança no negócio de automóveis. A venda dos carros de recreio passava por um negócio de luxo. Finalmente, depois de uma seleção entre nossos vendedores, conseguimos um bom negócio de agentes, com ordenados superiores ao que podiam ganhar trabalhando por conta própria. Desde que acertamos com o verdadeiro caminho adotamos o principio de pagar o trabalho da melhor qualidade possível. Aos nossos agentes impúnhamos as seguintes condições:

1) Um espírito progressista e moderno, capaz de compreender as possibilidades do negócio.
2) Uma instalação apropriada e de boa aparência.
3) Um depósito suficiente de peças avulsas para efetuar com rapidez os consertos e conservar em serviço ativo todos os nossos carros da zona correspondente.
4) Uma oficina de consertos bem-aparelhada, dispondo dos maquinismos necessários a qualquer reparação.
5) Mecânicos perfeitamente conhecedores da construção e funcionamento dos *Fords*.

6) Um claro sistema de contabilidade, de modo a rapidamente poder-se verificar o estado financeiro dos diversos serviços, a extensão dos estoques, a lista dos donos de carros e as probabilidades de próximos negócios.
7) Limpeza absoluta de todo o departamento. Vidraças bem-lavadas, mobiliário sem pó, assoalho bem-varrido.
8) Tabuleta conveniente.
9) Prática comercial de absoluta honradez e perfeita moralidade

Nas instruções gerais havia o tópico seguinte:

"O vendedor ou agente deverá ter uma lista das pessoas que no distrito possam vir a ser compradoras, incluindo as que jamais atentaram neste negócio. Além disso deverá estimular essa clientela eventual por meio de visitas pessoais, quando possível, ou por correspondência, a fim de orientar-se quanto às possibilidades do negócio. Se o distrito que lhe foi indicado é muito vasto de modo que o agente não possa bem trabalhá-lo, é forçoso reduzi-lo".

UM PROCESSO MONSTRUOSO

O caminho, entretanto, não estava de todo franqueado e nosso progresso retardou-se graças a um processo movido contra a empresa, para forçá-la a tomar parte na Associação dos Fabricantes de Automóveis, a qual, partindo falsa ideia de que o mercado de autos é limitado, tinha como necessária a sua monopolização. Refiro-me ao famoso processo da *Selden-Patent*. Por momento as despesas desse processo gravaram seriamente os nossos recursos. Tudo obra da Associação, pois que Selden não tinha nenhum interesse no processo.

O caso era este:

Em 1879, Jorge B. Selden, corretor de patentes, requerera uma, cujo fim era a produção de uma locomotiva de estrada, segura, simples, barata, leve, fácil de conduzir e de força suficiente para vencer as subidas comuns. Esse pedido correu os trâmites legais e em 1895 foi concedido o que requeria. Em 1879, quando entrou o requerimento, o automóvel era quase totalmente desconhecido ao público. Mas quando a patente saiu, os veículos automotores já gozavam de grande popularidade e muitos técnicos, inclusive eu, ocupavam-se com o problema da autopropulsão. Foi para todos nós um assombro o saber que as nossas realizações práticas já estavam incluídas numa patente solicitada anos atrás por um homem que jamais deu um passo para executar sua ideia. As especificações da patente Selden as dividia em seis grupos, e penso que nem em 1879, época do pedido, nenhum deles constituía ideia nova. O ministério admitiu o principio duma combinação e concedeu uma das chamadas patentes de combinação. Em virtude dela tornava-se objeto de privilégio um aparelho composto dum carro com sua caixa e volante de direção, um mecanismo de transmissão e propulsão e um motor.

Isso nada tinha conosco. Minha máquina nada tinha de comum com a ideia de Selden. Entretanto, o poderoso grupo que se ocultava sob o nome de "fabricantes autorizados", por contar com a autorização do detentor da patente, logo que começamos a ter preponderância na indústria, propôs uma ação contra nós. O processo segui o seu curso moroso. Queriam intimidar-me a fazer que desistíssemos da fabricação. Apresentamos volumes e volumes de documentos em nossa defesa, mas a 15 de setembro de 1909 perdemos a causa por sentença do juiz Hough. Imediatamente, os adversários deram a público a sentença, prevenindo os nossos fregueses contra os nossos produtos. Era a repetição da manobra levada a efeito em 1903, no começo do processo, com o intuito de nos amedrontar. Nunca perdi a certeza de que ganharíamos a questão, pois o direito estava conosco, mas o haver perdido na primeira instância valeu por golpe rude. Receamos que muitos compradores, em vista de ameaças judiciais contra os donos de automóveis *Ford*, deixassem de comprá-los ainda que nenhuma proibição de prosseguir no fabrico fosse feita. Espalhou-se ainda que se eu perdesse definitivamente a questão cada proprietário da *Ford* seria molestado pelos tribunais. Alguns dos inimigos mais encarniçados diziam até que, além da ação judicial, viria outra criminal, e todo comprador de carro *Ford* seria arrastado à cadeia. Respondemos com uma declaração que ocupou quatro colunas dos periódicos mais importantes do país, na qual, explicado o caso e esclarecidos os motivos que nos asseguravam o triunfo final, concluíamos assim:

"Finalmente, declaramos estar dispostos a entregar a todos os que nos comprarem automóveis, e aos que temam ser molestados pelos nossos adversários – sem contar a garantia oferecida pela Ford Motor Company, que é de seis milhões de dólares capitalizados – um bônus individual endossado pela empresa no valor de outros seis milhões, de modo que cada proprietário *Ford* será protegido enquanto garantia de doze milhões de dólares não for absorvida pelos que pretendem monopolizar essa maravilhosa indústria.

Os bônus estão à disposição dos interessados, e por consequência não devem eles adquirir carros de qualidade inferior a preços extravagantes com receio às ameaças da augusta associação.

N. B. – A luta é sustentada pela Ford Motor Company com a cooperação dos juristas especializados em patentes e privilégios de maior nomeada da América".

Esperávamos que essa garantia elevasse o moral dos compradores, mas não foi preciso. As vendas subiram a mais de 18.000 carros, quase o dobro do ano precedente, e acho que só uns cinqüenta compradores reclamaram o bônus.

O resultado final foi que nunca tivemos uma propaganda maior e que tanto divulgasse e popularizasse os *Fords*. Parecíamos os mais fracos e isso trouxe a simpatia do público. Os adversários dispunham de setenta milhões de dólares, e no começo não possuíamos nem meio milésimo dessa quantia. Nem por isso duvidei um só momento da vitória final, – melhor porém seria não termos tido aquela espada suspensa sobre nossas cabeças.

Este processo foi, talvez, o ato mais cego que jamais praticou um grupo de industriais americanos. O mais belo exemplo que se possa imaginar de uma ação conjunta, para, sem o saber, matar uma indústria. Foi a felicidade para todos os fabricantes a nossa vitória, porque a Associação perdeu o prestígio de fator decisivo na indústria. Apesar desses contratempos, em 1908 estávamos em condições de anunciar e por em execução o tipo de automóvel que tinha projetado.

CAPÍTULO IV

OS ENIGMAS DA PRODUÇÃO E DO TRABALHO

Narrando o desenvolvimento da Ford Motor Company não o faço em vista de razões pessoais. Não digo a ninguém: Siga o meu exemplo. Apenas quero frisar que a maneira comum de conduzir os negócios não é a melhor. Chego ao momento em que me apertei inteiramente dos métodos ordinários e data daí o início do sucesso sem precedentes da nossa companhia.

Até então havíamos seguido os processos usuais da indústria. O nosso automóvel era menos complicado que os outros e não tínhamos capital de fora na empresa. Salvo esses dois pontos, pouca diferença havia entre a nossa e as outras compahias. Talvez um certo rigor no princípio de ganhar todos os descontos, inverter todos os lucros no negócio e dispor de grandes saldos líquidos. Concorríamos a corridas, fazíamos propaganda e procurávamos vender o mais possível. Além da simplicidade do carro, nossa principal particularidade consistia em não nos dedicarmos ao automobilismo de recreio. Nosso carro era tão agradável como qualquer outro, mas fugíamos de acrescê-lo de superfluidades. Poderíamos, entretanto, sob encomenda, construir um auto aparatoso por bom preço, e executávamos adaptações especiais que certos clientes pediam. Em suma, éramos uma empresa próspera. Podíamos cruzar os braços e dizer: Eis-nos chegados. Contentemo-nos em conservar o adquirido.

Houve de fato alguma tendência para isso, e certos acionistas se alarmaram quando alcançamos a produção de cem carros por dia. Quiseram tomar medidas que me impedissem de arruinar a empresa e perderam a tramontada quando lhes disse que cem carros eram nada pois esperava muito breve chegar a mil. Estiveram a pique de invocar contra mim a ação dos tribunais. Se eu me deixasse levar, teria conservado a empresa naquele ponto, empregando nosso dinheiro na construção de belo edifício administrativo, promovendo acordos com os concorrentes perigosos, tentando, de tempos em tempos, fabricar novos modelos com que despertar o gosto do público, incluindo-me assim na categoria de um pacato e respeitável cidadão, gerente de um não menos respeitável e pacato negócio.

É natural a tentação de repousar e gozar do que se adquiriu. Compreendo perfeitamente que se trouxe uma vida de trabalho por uma vida de repouso. Embora nunca sentisse esse desejo, compreendo-o perfeitamente. Mas acho que quem quer repousar deve retirar-se completamente dos negócios, e não, o que é frequente, aposentar-se e continuar a dirigi-los.

Nos meus planos, porém, não estavam tais ideias. Eu considerava a vitória apenas como incentivo para novas realizações, como ponto de partida de uma atividade realmente útil. O plano do modelo universal durante todo esse tempo não deixou de preocupar-me. Já estavam verificadas as simpatias do público por este ou aquele tipo. Os carros em uso, as corridas, as provas de durabilidade forneciam-nos preciosas indicações relativas aos aperfeiçoamentos necessários e a partir de 1905 já eu tinha uma ideia clara de como havia de ser o carro universal. Só faltava o material que me permitisse fazê-lo a um tempo sólido e leve. Foi o acaso que mo forneceu.

A REVELAÇÃO DE UM AÇO NOVO

Assistia em 1905 a uma corrida em Palm Beach. Deu-se um grave desastre, onde se espatifou o carro francês. O nosso modelo K de seis cilindros tomava parte na prova. Notei que os carros estrangeiros tinham peças menores e melhores que os nossos. Após o desastre recolhi um pequeno fragmento de válvula, de um material leve e resistente. Ninguém me soube explicar o que era e, ante a impossibilidade de qualquer esclarecimento, entreguei o estilhaço a um auxiliar, dizendo-lhe:

– Descubra que metal é este. É o que nós precisamos para os nossos carros.

Ele verificou ser o aço vanádio, de procedência francesa. Corremos todas as fundições da América e nenhuma se confessou capaz de fabricá-lo. Mandei vir da Inglaterra um técnico do vanádio. Restava encontrar usina que pudesse encarregar-se do fabrico. Surgiram dificuldades, porque tal operação exigia fornos para a temperatura de 3.000 graus F, e os fornos comuns só iam até 2.700. Descobri, afinal, uma pequena, em Canton (Ohio) que aceitou a incumbência, mediante indenização em caso de fracasso. A primeira tentativa falhou. Ficou retida do ferro uma quantidade mínima de vanádio. Repetiu-se a prova e o êxito foi satisfatório. Até essa data empregávamos um aço de 60 a 70.000 libras de tensão enquanto que com o vanádio o índice subia a 170.000 libras.

Logo que vi garantido o fornecimento do novo aço, tratei de desmontar os nossos modelos, submetendo a exame todas as peças, a fim de determinar a melhor qualidade de aço para cada uma, se o aço duro ou o elástico. Penso que fomos os primeiros fabricantes em grande escala que determinamos cientificamente a qualidade dos aços empregados. O resultado foi a seleção de vinte tipos para as nossas várias peças. O vanádio entrava na metade desses tipos e era usado sempre que havia mister de alta resistência junto a peso mínimo. Os outros elementos variavam conforme a peça exige elasticidade ou resistência, isso é, conforme o seu emprego. Antes das nossas experiências creio que não se empregavam mais que as quatro espécies de aço no fabrico dos automóveis. Continuando nossos ensaios de fundição pudemos elevar ainda mais a resistência do aço, e reduzir proporcionalmente o peso dos carros. Em 1910 o ministério francês de Comércio escolheu uma bilha de nossa fabricação e a comparou com a peça correspondente do automóvel francês mais aperfeiçoado: o nosso aço triunfou em todos os ensaios.

O aço vanádio deu-nos pois uma vitória sobre o peso. Os outros pontos do modelo universal já estavam assentados. Restava realizar a equivalência das peças. Uma peça que cede pode custar a vida a muitas criaturas humanas, e muitos carros falham porque certas peças são mais fracas que as outras. O problema era dar a todas uma resistência uniforme, relativa aos seus fins, bem como, adaptar o motor a uma carroceria leve. Era preciso também prevenir os estouvamentos, coisa difícil porque o motor de gasolina é essencialmente delicado e fácil de desarranjar-se. Cingi-me ao seguinte princípio: Quando um dos meus carros se desarranja, sei que a culpa é minha.

Desde o dia em que o primeiro carro se mostrou nas ruas reconheci a necessidade disso e foi essa convicção que me levou à ideia fixa – fabricar um carro que correspondesse às necessidades de todo o mundo. Um modelo único, um carro universal foi e é a mira de todos os meus esforços. Nunca cessei de aperfeiçoar esse carro e reduzir-lhe o preço.

O IDEAL DO MODELO ÚNICO

Eis os característicos que eu lhe queria dar:

1.º Material de primeira qualidade, assegurando um uso durável. O aço vanádio é o mais forte, durável e resistente; ele constitui a base da fabricação. É o melhor aço do mundo para tal fim, apesar do preço.

2.º Funcionamento simples, já que o público não é composto de mecânicos.

3.º Força motriz suficiente.

4.º Absoluta segurança, pois que os carros devem ser utilizados de várias maneiras e rodar em qualquer estrada.

5.º Leveza. Num carro Ford cada polegada cúbica de embolo só tem uma resistência de 7,95 libras a vencer. É devido a isso que um Ford, quer ande na areia, na lama, na neve, no barro, quer atravesse montanhas, campos ou planícies onde haja caminhos transitáveis, sempre se arruma.

6.º Perfeito controle. É preciso que a velocidade esteja continuamente em nossa mão, para podermos enfrentar com calma as situações imprevistas, tanto no trânsito das cidades, como nas corridas. A transmissão a bilhas do carro Ford assegura esse controle e permite que qualquer pessoa o guie. O carro pode passar por onde queira.

7.º Quanto mais um carro pesa, mais consome essência e óleo; se pesa pouco, consome pouco. O pouco peso do *Ford* foi dado como argumento contra ele. Hoje prova a favor.

O modelo T foi o meu eleito. Primava pela simplicidade. Compunha-se de quatro partes orgânicas: o motor, a armação e os eixos. Todas elas de fácil reparação ou substituição, não exigindo para isso nenhuma habilidade especial. A possibilidade de construir todas as peças tão baratas e simplificadas que afastassem o receio das reparações manuais dispendiosas, pareceu-me evidente. essas peças deviam ser tão baratas que mais valeria comprá-las novas do que reparar as velhas. E tais peças poderiam existir em qualquer armazém, ao lado dos pregos e parafusos. Além disso, eu timbrava em conseguir um carro tão simples que todo mundo lhe pudesse compreender o funcionamento.

A simplicidade produz duas consequências forçadas de alcance universal. Quanto mais um artigo é simples e fácil de fabricar, mais barato pode ser vendido e mais se vende.

Não entrarei em detalhes técnicos de construção, mas não será fora de propósito dizer dos vários modelos cuja série termina no modelo que abriu para a empresa novos horizontes.

OUTROS MODELOS

Oito modelos precederam-no: os modelos *A, B, C, F, N, R, S* e *K*. Entre esses os das letras A, C e F possuíam motores de dois cilindros horizontais e opostos. No modelo A o motor vinha atrás do assento do chofer; nos outros vinha na frente. Os modelos B, N, R e S possuíam motores verticais de quatro cilindros. O modelo K tinha seis cilindros; o A desenvolvia força de 8 H.P.; o B, de 24 H. P. com um cilindro de 4 ½ polegadas, corso do pistão de 5 polegadas. O modelo K era o que desenvolvia maior força: seis cilindros e 40 H.P. O modelo B era o que tinha cilindros de maiores dimensões e, ao contrário, os de menores dimensões eram os dos tipos N, R, e S, com 3 ¾ de diâmetro e um corso de pistão 3 3/8 polegadas. A ignição era de todos obtida por meio de pilhas secas, exceto no modelo B, que possuía acumuladores e no modelo K, que alem de acumuladores possuía o magneto, que hoje nos novos modelos a embreagem se fazia por meio de cones e nos últimos por meio de discos.

Em todos os modelos a transmissão era de bilhas. No modelo A era de corrente; no modelo B era de árvore. Nos dois modelos seguintes foram de correntes, e nos mais de árvore. O modelo A media 72 polegadas de afastamento entre os eixos; o modelo B, 92; o K, 120; o C, 78; os demais, 84 e o último, 100.

Calculavam-se à parte nos primeiros modelos a carroceria e os pneumáticos; nos três últimos já se incluía uma parte disso e o carro atual é vendido com o equipamento completo. O modelo A pesava 1.250 libras; os mais leves foram os modelos N e R, com 1.050 libras, mas eram *voiturettes*. O modelo de 6 cilindros pesava 2.000 libras. O carro atual pesa 1.200.

O modelo T não possuía característicos que já não existissem nos precedentes e cada detalhe tinha experimentado a prova completa da prática. Não se pode atribuir o seu êxito ao acaso, mas ao resultado exato de longos estudos. Tudo quanto um carro pode representar de ideias, habilidades e experiência encontrava-se nesse modelo T, ao qual pela primeira vez pude aplicar material adequado, e que surgiu no mercado entre 1908 e 1909.

A empresa já tinha cinco anos de existência. No começo ocupava a fábrica uma área de 0,28 acres, trabalhando em média no primeiro ano com 311 homens e uma só sucursal. A produção foi de 1.708 carros. Em 1908 o espaço ocupado era de 2.65 acres, pertencendo-nos os edifícios, e o número dos empregados subia a 1.908. Produzimos 6.181 carros e essabelecemos 14 sucursais. A empresa tinha vencido.

De 1908 a 1909 continuamos a fabricar os modelos R e S, carros leves de quatro cilindros, muito bem aceitos pelo público e cujo preço variava de 700 a 750 dólares. Mas foram todos substituídos pelo modelo T. Vendemos 10.607 carros, número a que nenhuma outra fábrica conseguira atingir. O carro de turismo custava 850 dólares. No mesmo chassi montamos um carro de cidade, para 1.000 dólares um de estrada para 825, um *coupé* e uma *landaulet* para 950.

NOVA POLÍTICA INDUSTRIAL

Este ano comercial provou-me que o momento era vindo para a nova política industrial. O aumento espantoso das vendas sugeria aos agentes a ideia de que seriam ainda maiores se dispusessem de modelos novos. É singular que logo que um artigo começa a ter aceitação surja quem pense que o sucesso seria maior se o artigo mudasse. Vai muito generalizada a tendência de retocar as formas adotadas e estragar um artigo modificando-o. Nossos agentes, atendendo ao vigésimo de compradores dotados de exigências especiais, perdiam de vista os 80% do público.

Nenhum negócio pode crescer se não atende com a maior atenção às queixas dos fregueses. Quando um vício de funcionamento é assinalado, é necessário estudá-lo e removê-lo, Mas quando a queixa diz respeito somente a uma questão de exterioridade visual, não tem importância, porque não passa da expressão de um capricho pessoal. Os vendedores em regra deixam-se levar por esses caprichos dos compradores ao invés de se instruírem a contento sobre os méritos do artigo, de modo a convencerem aos compradores de que o artigo tem elementos para satisfazê-lo em todos os pontos. Por isso, quando menos o suspeitavam, declarei que a partir de 1909 só fabricaríamos um único modelo, o T, ajuntando que cada comprador podia pintar o seu da cor que lhe agradasse, mas que só o receberia preto.

Não posso dizer que a decisão fosse unanimemente aprovada. Os vendedores não podiam avaliar as vantagens do modelo único.

A opinião geral era que a nossa política anterior havia sido suficientemente boa, sendo crença que a redução dos preços traria baixa nas vendas com afastar os fregueses desejosos de uma qualidade superior que não poderíamos oferecer. A confusão de ideias a respeito do automóvel contribuía para tê-lo como objeto de luxo e os fabricantes tudo faziam para robustecer este conceito. Alguns inventaram a denominação de "carro de recreio", fazendo propaganda nesse sentido. Lancei, então, o seguinte anúncio:

"Quero construir um carro para toda a gente. Será bastante amplo para comportar uma família e tão pequeno que um indivíduo possa guiar e zelar. Será feito do melhor material e trabalhado pelos melhores operários, segundo os mais simples desenhos criados pela técnica moderna. Mas de preço tão reduzido que qualquer homem poderá adquiri-lo para com ele gozar, na companhia dos seus, as belezas e amenizadas que Deus pôs na natureza".

Esse anúncio foi mal acolhido. Comentava-se:

– Se faz isso, em seis meses está arruinado o Ford.

Ninguém admitia que fosse possível fabricar um automóvel a preço barato, e ainda que o fosse, só valeria a pena construir carros para vender aos ricos, únicos que os usavam. A venda de 10.000 de 1909 veio demonstrar a necessidade de uma nova fábrica. Tínhamos já montado a rua Piquette, tão boa como qualquer fábrica norte-americana, mas não vimos como pudesse arcar com a produção que previ crescente. Comprei, pois, 24 hectares no Highland Park, já em pleno campo. A extensão do terreno, os planos de uma fábrica como jamais se vira, despertaram oposição. Murmurava-se:

– O Ford vai rebentar!

Ninguém imagina quanto se repetiu esse prognóstico oriundo de não se compreender que não era uma pessoa que agia, mas princípios que, de tão simples, tocavam às raias do mistério.

A NOVA FÁBRICA

Para amortizar o custo do terreno e do edifício aumentei no correr do ano de 1909-1910 o preço dos carros, medida perfeitamente justificada pois dela resultou um beneficio e não um prejuízo ao consumidor. Fiz o mesmo mais tarde – ou melhor, abstive-me da anual diminuição de preço, a fim de construir a fábrica de River Rouge. Em ambos os casos podia ter tomado de empréstimo o capital necessário; isso, porém, teria gravado a empresa de um ônus que recairia sobre a fabricação subsequente. O aumento médio foi de cem dólares para cada modelo.

As vendas atingiram o número de 18.664 carros; e de 1910 a 1911, quando já dispúnhamos de novos meios de produção, diminuí o preço dos carros de 950 para 780 dólares, conseguindo que as vendas subissem à cifra de 34.528. Apesar do encarecimento contínuo dos materiais e salários, iniciamos a partir daí, a sistemática redução de preços.

Comparemos 1908 com 1911. A área da fábrica passara de 2,65 acres a 32 acres; o número de operários subiu de 1.908 a 4.110 e de 6.000 carros produzidos passamos a perto de 35.000. Observe-se que o pessoal não aumentava na mesma proporção do rendimento.

Tínhamos passado, da noite para o dia, da pequena à grande produção. Como se operou isso?

Unicamente pela aplicação de um principio infalível, qual é o emprego inteligente da energia e da máquina. Numa escura oficina de viela, um velho artífice passava os anos a fazer cabos de machado. Fazia-os de nogueira, com plaina, enxó e lixa. Era necessário que o roliço se amoldasse à mão e respeitasse a direção das fibras da madeira. Trabalhando da manhã à noite o velho conseguirá fazer oito cabos de machado por semana, pagos a dólar e meio cada um, salvo os defeituosos. Hoje, graças ás máquinas, temos por alguns centavos um cabo de machado melhor que o do velho. Todos saem iguais e perfeitos. Os processos modernos só reduziram o preço a uma fração do que era, como melhoraram a qualidade do produto.

A aplicação de métodos idênticos permitiu-nos diminuir o preço dos autos e melhorar-lhes a qualidade. O que fiz foi dar corpo a essa ideia que outros homens concorreram para realizar. Uma boa ideia pode ser o núcleo central dum negócio. Quando um operário imagina um processo novo para satisfação de alguma necessidade humana, essa ideia recomenda-se por si e o público o que deseja é colher proveito dela. Um homem, graças a sua ideia ou invenção, pode tornar-se o eixo de uma empresa, mas no conjunto essa empresa é a alma comum de todos quantos nela colaboram. Um industrial nunca tem o direito de dizer: "Eu criei este negócio". O seu negócio é uma obra coletiva para a qual concorrem todos os nela empregados. Trabalhando e produzindo, o operário torna possível ao consumo recorrer incessantemente à usina e contribui assim para essabelecer um hábito, uma prática, um comércio do qual esse operário tira os meios de subsistência. Eis como a nossa sociedade surgiu. De como se desenvolveu, falarei no capítulo seguinte.

EXPANSÃO

A nossa empresa tornou-se mundial. Tínhamos sucursais em Londres e na Austrália. Exportávamos para todas as partes do mundo, e conseguíramos ser tão conhecidos na Inglaterra como na América. A introdução do nosso carro na Inglaterra encontrou obstáculos, reflexos do desastre da bicicleta americana. Do fato dessas bicicletas não terem satisfeito às necessidades da clientela inglesa, deduziu-se – e era o pensamento de todos os agentes – que também não a satisfaria nenhum outro veículo americano. Dois modelos entraram na Inglaterra em 1903. A imprensa recusou-se a fazer menção desses carros e os agentes de automóveis se desinteressaram. Repetiam que o carro era feito de lata e arame, e que se durasse quinze dias era o caso do comprador dar-se parabéns. No primeiro ano só venderam doze máquinas. No ano seguinte as vendas melhoraram um pouco. Entretanto posso afirmar que vinte anos depois ainda estava em uso a maioria desses carros.

Em 1905 houve uma prova de resistência na Escócia e o nosso representante se inscreveu. Tais provas andavam mais em moda na Inglaterra do que as de velocidade. Começavam a ver que o auto não era apenas um brinquedo. A prova escocesa consistia em percorrer mil e duzentos quilômetros em terreno acidentado e difícil. Venceu-a, com uma só parada involuntária, o nosso modelo C. isso rompeu as barreiras. No mesmo ano apareceram em Londres Táxis Ford e nos anos seguintes as vendas começaram a crescer. Nossos carros tomavam parte em todas as provas de resistência e sempre saíam vencedores. O nosso agente de Brighton organizou uma corrida de obstáculos, com dez Fords por dois dias consecutivos através do South Downs e todos chegaram a termo em perfeito estado. Em consequência, vendeu ele nesse ano 600 carros. Em 1911, Henry Alexander, guiando um modelo T, subiu ao cimo do Bem Nevis, a 4.600 pés de altura, e as vendas subiram a 14.060 carros. Desde aí não foi mais necessária nenhuma acrobacia. Logo depois criamos em Manchester uma oficina de montagem, que logo passou a fabricar peças.

CAPÍTULO V

INICIA-SE A VERDADEIRA PRODUÇÃO

Se há meio de economizar 10% do tempo empregado num serviço ou acrescer-lhe o rendimento de 10%, o não emprego desse meio equivale a sobrecarga de uma taxa de 10%. Se a hora de um operário vale 50 cents, a economia da décima parte desse tempo equivale a um lucro de 5 cents. Se o proprietário de um arranha-céu pudesse aumentar a sua renda de 10%, de boa-vontade daria a metade dela para conhecer esse meio. A razão pela qual construiu um arranha-céu é ter a ciência provado que, usando de certo modo certos materiais, poderia economizar espaço e aumentar a renda. Um edifício de trinta andares não exige terreno que um de cinco. O fato do proprietário de uma casa de cinco andares não abandonar os velhos processos de construção priva-o da renda de vinte e cinco andares. Economiza dez passos por dia a dez mil operários e tereis economizado o tempo e a energia necessária para fazer cinquenta milhas diárias.

Foram estes os princípios que serviram de base à produção na minha fábrica. Vieram naturalmente. Experimentamos no começo empregar mecânicos; mais tarde, porém, não só verificamos ser impossível encontrá-los em número suficiente, como ainda não serem necessários, nascendo disso um principio que exporei adiante.

É evidente que a maior parte dos homens não o é mentalmente, embora o seja fisicamente, apta para por si mesma ganhar vida; quer isso dizer que se não for ajudada não conseguirá produzir a porção de coisas necessárias à vida, em troca da qual receberá os elementos da sua subsistência.

Ouço proclamar, e creio ser idéia corrente, que a indústria destruiu a qualidade no trabalho do homem. É um erro. Ela aumentou a qualidade. Aumentou a qualidade na concepção, na direção, no aparelhamento, e os frutos dessa qualidade são colhidos pelo operário não especialista. Sobre isso me externarei em outra passagem.

A desigualdade do aparelho mental entre os homens é um fato. Se cada um dos trabalhos da nossa indústria exigisse operários especialistas, nossas usinas nunca se teriam criado. Nem em cem anos poderíamos formar tais especialistas. Um milhão de homens trabalhando manualmente não conseguiriam alcançar o índice da nossa produção atual – e como dirigir um milhão de homens? E mais importante ainda é que os artigos produzidos manualmente por esse milhão de homens não poderiam ser oferecidos a um preço de acordo com o poder aquisitivo do consumidor. Mas, ainda que fosse possível reunir tal multidão e dirigi-la, imagine-se o espaço que ocuparia!

Entre tantos homens, quantos ocupados, não em produzir, mas em transportar de um ponto a outro os objetos que os outros produzem! Nessas condições não vejo como poderiam eles vencer um salário maior que dez ou vinte centavos por dia, porque o patrão não é quem paga o salário: o dinheiro apenas passa por suas mãos. O produto é que paga os salários e a direção de uma indústria consiste em organizar a produção de modo que o produto possa pagar o salário.

COMO SE APERFEIÇOAM OS MÉTODOS

Os métodos da fabricação econômica não surgiram de pancada mas foram-se revelando aos poucos, do mesmo modo que, pouco a pouco, fomos fabricando as nossas peças. O primeiro motor que fabricamos foi o do modelo T. As grandes economias começaram na montagem e depois se estenderam às outras partes da produção, de modo que hoje, ainda que dispondo de mecânicos peritos e em elevado número, não os empregamos em fabricar automóveis, mas em fornecer ao operário comum os meios de os fabricar. Nossos especialistas são os fabricantes de aparelhos, os experimentadores, os mecânicos e modeladores. Não são inferiores aos melhores do mundo e são muito preciosos para que percam o tempo em trabalhos que as máquinas estabelecidas por eles executam superiormente. A maioria dos homens que se apresentam em nossa fábrica não possuem especialidade nenhuma e em horas ou dias aprendem o seu ofício. E se não aprendem é que não prestam para nada. São em boa parte estrangeiros e tudo quanto se lhes pede, ao serem engajados, é que produzam o trabalho necessário para pagar a quota das despesas gerais relativa ao lugar que ocupam na fábrica. Não se lhes exige o vigor físico. Existem tarefas que requerem grande força física, mas vão desaparecendo aos poucos; outras não exigem mais que a força de uma criança de três anos.

Não é possível, sem nos perdemos em processos técnicos, retraçar passo a passo a evolução completa da nossa fabricação na ordem do seu desenvolvimento. E nem o conseguiríamos, por que diariamente surgem detalhes novos e nenhum cérebro pode notá-los todos. Vamos ver, ao acaso, alguns deles. Isso nos dará uma ideia do que se passará quando o mundo for organizado em vista da produção, e nos mostrará ainda quanto mais caro pagamos as coisas do que deveríamos pagá-las, quão insignificantes são os salários em comparação do que poderiam ser e quão vasto campo ainda nos resta a explorar. A companhia Ford apenas transpôs algumas etapas.

O carro Ford consta de cinco mil peças, contando parafusos e porcas. Algumas bastante volumosas, e outras tão pequenas como as de um relógio. Quando montamos os primeiros carros o sistema consistia em serem as peças trazidas manualmente na medida das necessidades, tal como na construção de uma casa. Depois, ao iniciarmos a construção de peças, vimos que era necessário destinar uma seção especial da usina para o fabrico de cada uma delas, mas em regra um só operário fazia todas as operações exigidas por uma pequena peça. O aumento rápido da produção nos obrigou a pensar num sistema no qual um operário não estorvasse outro. Operários maldirigidos gastam mais tempo a correr atrás do material e da ferramenta do que a trabalhar e ganham pouco, porque isso de correr não constitui ocupação remuneradora.

Nosso primeiro passo no aperfeiçoamento da montagem consistiu em trazer o trabalho ao operário ao invés de levar o operário ao trabalho. Hoje todas as operações se inspiram no princípio de que nenhum operário deve ter que se abaixar.

Os princípios da montagem são:

1.º Trabalhadores e ferramentas devem ser dispostos na ordem natural da operação, de modo que cada componente tenha a menor distancia possível a percorrer da primeira à última fase.

2.º Empregar planos-inclinados ou aparelhos concebidos de modo que o operário sempre ponha no mesmo lugar a peça que terminou de trabalhar, indo ela ter à mão do operário imediato por força do seu próprio peso, sempre que isso for possível.

3.º Usar uma rede de deslizadeiras, por meio das quais as peças a montar se distribuem a distâncias convenientes.

O resultado destas normas é a economia de pensamento e a redução ao mínimo dos movimentos do operário, que, sendo possível, deve fazer sempre uma só coisa com um só movimento.

A montagem do chassi é, para o leigo de mecânica, a mais interessante destas operações, a mais conhecida e foi muito importante para nós. Hoje expedimos as peças para serem montadas nos pontos de venda.

EXEMPLOS

Em abril de 1913 experimentamos a primeira aplicação de uma rede de montagem. Tratava-se da montagem dos magnetos. Nós viramos tudo de pernas para o ar quando se trata da adoção dum melhor sistema, mas só o fazemos depois de absolutamente certos das vantagens. Creio que essa estrada móvel foi a primeira que já se construiu com esse fim. Veio-me a idéia vendo o sistema de carretilhas aéreas que os matadouros de Chicago usam.

Até então, montávamos os magnetos pelo sistema comum. Um operário, executando todas as operações, conseguia montar num dia de nove horas trinta e cinco a quarenta magnetos, o que dava vinte e cinco minutos para cada peça. Esse trabalho de um homem foi distribuído entre 29 operários, o que reduziu o tempo da montagem a 13 minutos e 10 segundos. Em 1914 elevamos de oito polegadas a altura da rede e o tempo de montagem caiu a sete minutos; novas experiências sobre a rapidez do movimento reduziram esse tempo a cinco minutos. Resumindo: um operário faz hoje quatro vezes mais do que antes. A montagem do motor, confiada antigamente a uma só pessoa, hoje é feita por 84, com um rendimento três vezes maior.

O método foi logo aplicado ao chassi. Até então o mais que conseguíramos fora montá-lo em 12 horas e 28 minutos. Experimentamos arrastá-lo por meio de cabos e rolos por uma distância de 75 metros, ao mesmo tempo que seis operários. Viajando dentro dele, iam tomando as peças dispostas pelas margens do caminho. Essa experiência, ainda que grosseira, reduziu o tempo a 5 horas e 50 minutos por chassi. No começo de 1914 elevávamos o nível do plano movediço. Tínhamos dois planos, um a 68 c, e outro a 62 acima do solo para atender à altura média de dois grupos de trabalhadores. Essa instalação ao nível da mão do operário diminuiu o número dos movimentos, e o tempo da montagem desceu a uma hora e trinta e três minutos. Só o chassi, nessa época era assim montado. A colocação da caixa se fazia na John R. Street, a famosa artéria que corta a nossa fábrica de Highland Park. Hoje o carro é montado de uma vez.

Tudo isso não foi feito com a rapidez com que acabo de narrar. A velocidade do movimento da rede de deslize foi objeto de muitas experiências. Para o magneto experimentamos uma rapidez de 1m e 5 por minuto. Era muito. Reduzimos a 45c. Era pouco. Finalmente, fixamo-la em 60c por minuto. O princípio é que um operário não deve ser constrangido à precipitação: deve dispor do tempo exato, sem um segundo a mais nem um segundo a menos para executar a sua operação. Determinamos assim a rapidez de todas as montagens revisando a operação de acordo com os resultados obtidos na do chassi. Assim, por exemplo. O plano de montagem do chassi move--se a 1,8 m por minuto; os dois eixos dianteiros a 3,65m por minuto. Há 45 operações diversas na montagem do chassis. O primeiro grupo de trabalhadores fixa-lhe os quatro suportes dos paralamas. Na décima operação coloca-se o motor, e assim por diante. Alguns operários executam uma ou duas pequenas operações; outros fazem muitas. O que coloca uma peça não a fixa; só depois de muitas operações é que isso acontece. Quem coloca um parafuso, não coloca a porca, o que põe a porca não a fixa. Na operação 34 o motor recebe a gasolina, depois de previamente lubrificado; na operação 44 enche-se de água o radiador, e na 45, a última, o carro, pronto, vai para John R. Street.

Na montagem dos motores aplicam-se os mesmos princípios. Em outubro de 1913 isso exigia 9h e 54m; seis meses depois ficou reduzido o tempo a 5h e 56m; de trabalho.

Tudo se move em nossas oficinas. Isso, suspenso por correntes, indo ter ao ponto de montagem na ordem que lhe é designada. Aquilo, deslizando em planos movediços, ou arrastado pela lei da gravidade. O principio geral é que nada deve ser carregado, mas tudo vir por si. Os materiais são trazidos em vagonetes ou reboques puxados por chassis Ford, suficientemente móveis e rápidos para deslizarem em todos os sentidos. Nenhum operário necessita carregar ou levantar qualquer coisa. Isso faz parte de um serviço distinto – o serviço do transporte.

DESDOBRAMENTO

No começo montávamos o carro todo numa só usina. Depois que começamos a fabricar peças seccionamos a fábrica, dando a cada seção a tarefa de uma peça. Na organização atual cada seção só faz ou monta uma única peça, de modo que cada seção é uma pequena fábrica. As peças chegam sob forma de matéria-prima ou lingadas, passam pelas forjas ou fieiras e saem da seção concluídas. Para facilitar o transporte é que agrupamos as várias seções. Quando começamos não julguei que fosse possível levar a divisão assim tão longe; mas à medida que foi crescendo a produção e aumentando o número de seções, passamos de fabricantes de automóveis a fabricantes de peças.

Depois notamos que não era necessário que fabricássemos todas as peças. Não era novidade isso, e sim um retorno ao tempo em que eu comprava os motores e noventa por cento das peças.

No começo, tínhamos admitido como quase evidente que havia uma virtude especial em tudo ser feito na mesma fábrica. Chegamos a uma opinião oposta. Se fundarmos outras fábricas no futuro, será unicamente porque a fabricação de cada peça deverá ser feita em quantidades tão grandes que exijam usinas especiais. Espero que no futuro a grande fábrica de Highland Park não faça mais que um órgão ou dois do nosso carro.

A fundição já passou para a fábrica de River Rouge. Antigamente adquiríamos as peças de estranhos; hoje começamos a fabricá-las em usinas separadas. Voltamos, pois, atrás, com essa única diferença.

É uma evolução de grande alcance, como demonstrarei em outro capítulo. Uma indústria estandardizada ou diferenciada em alto grau não tem necessidade de concentrar-se numa só fábrica expondo-se aos inconvenientes do congestionamento peculiar à aglomeração. Uma fábrica não deveria ter mais de 500 a 1.000 operários. Seria fácil transportá-los à oficina ou transportar a oficina a eles. As espeluncas desapareceriam, bem como os outros males dessa existência antinatural – fruto da inevitável necessidade do operário residir na própria oficina.

Highland Park conta hoje 500 seções. A fábrica da rua Piquette tinha apenas 18. Isso mostra até que divisão chegamos no fabrico das peças. Rara é a semana em que não surja algum progresso, ou no maquinismo, ou na produção, muitas vezes em desarmonia com as melhores tradições da indústria.

Lembro-me duma conferência com um fabricante a respeito da construção de uma máquina especial cujo projeto especificava uma produção de 200 peças por hora.

Foi chamado o engenheiro que havia projetado a máquina para responder à objeção.

Então , disse ele, que é que o surpreende?

É inteiramente impossível respondeu categoricamente o fabricante. Não há máquina capaz de fazer isso. Impossível!

Impossível? Exclamou o engenheiro. Se quer descer comigo lhe mostrarei uma em perfeito funcionamento. Nós a construímos para ensaio e agora queremos outra.

OS ENSAIOS

A fábrica não mantém uma escrita dos ensaios. Mas os contramestres e chefes de oficina lembram-se deles. Se um processo é experimentado e falha há sempre quem guarde memória disso. Mas eu não faço cabedal de que meus homens guardem memória do que outros tentaram sem resultado. Isso nos exporia a ter em pouco tempo um grande acervo de "impossibilidades" – e é este o perigo dos arquivos muito completos. Embaraça. Tolhe o espírito de tentar sempre, e o fato de que um homem foi malsucedido numa tentativa não implica que outro o seja.

Assim foi que nos afirmaram ser impossível fundir o ferro como imaginávamos e no entanto conseguimos. O homem que acertou com o progresso ignorava as tentativas precedentes ou não lhes ligou importância. Também nos asseguraram ser impossível passar o ferro diretamente dos fornos aos moldes. Era costume deixá-lo repousar por certo tempo, e derretê-lo outra vez antes de ir para os moldes. Na fábrica de River Rouge fazemos a transfusão direta. Uma resenha completa das experiências infelizes, sobretudo das bem-feitas, impede que os espíritos moços insistam; no entanto alguns dos nossos melhores achados foram devidos a deixarmos os loucos insistirem no que os sábios haviam abandonado.

O "ENTENDIDO"

Não há em nossas fábricas "expertos" ou "peritos"; temos sido forçados a nos desembaraçar de todos que começavam a se ter como tais, visto como é uma pretensão que não cabe na cabeça de quem conhece o seu trabalho. O homem que conhece o seu trabalho vê diante de si tanta coisa a aprender que caminha sempre com ardor, sem dar um só pensamento à sua própria capacidade ou aos serviços que ele está prestando. Olhar para a frente, pensar sempre em novas tentativas, isso cria um estado de espírito que possibilita tudo. Mas desde que o homem adota a atitude mental do perito, vê-se logo rodeado de numerosas impossibilidades.

Eu recuso admitir impossíveis. Não vejo ninguém bastante sábio em qualquer matéria para afirmar que uma coisa seja possível ou não. Um bom método experimental e uma boa educação técnica devem alargar a inteligência e reduzir o número das impossibilidades. Infelizmente, não é o que se dá. Em regra a instrução técnica e o que se chama experiência não fazem senão fornecer a lista dos insucessos precedentes, insucessos que ao invés de serem tomados pelo que valem são tidos como provas de impossibilidade. Basta que um técnico, arrogando-se autoridade, afirme que isso ou aquilo é irrealizável, para que um bando de asseclas irrefletidos repitam em coro: É irrealizável!

FUNDIÇÃO

A fundição, por exemplo. A fundição tem sido uma fonte de desperdícios, e, como vem de muito longe, está sobrecarregada de tradições que criam obstáculos tremendos ao progresso. Uma autoridade na matéria dizia antes das nossas experiências: Quem pretende encontrar no espaço de seis meses um meio de reduzir os gastos da fundição não passa de um farsante.

Nossa fundição era como as outras. Quando fundimos os primeiros cilindros, tudo se fazia à mão. Pás e carrinhos abundavam. Havia operários qualificados e não qualificados, modeladores e fundidores realmente especialistas. Os 95% restantes são apenas munhecas, ou operários especializados numa só operação que até o mais estúpido homem consegue aprender em dois dias. A moldagem se faz toda mecanicamente. Cada peça que temos de fundir possui sua seção, onde o aparelhamento mecânico é estabelecido de acordo com o modelo único que ali se produz – e sendo assim cada homem só tem uma operação a fazer, sempre a mesma. Uma dessas seções compreende apenas via aérea à qual se suspendem, a espaços, pequenas plataformas onde descansam os moldes. A moldagem não se interrompe com o movimento da plataforma. O metal é transvazado em outro ponto enquanto o movimento se opera, e quando o molde que o recebe chega ao termo final o metal já está suficientemente resfriado para ser conduzido, sempre automaticamente, à seção de rebarba e ajustamento; e a plataforma continua deslizando em busca de nova carga.

OUTRAS OPERAÇÕES

Um outro exemplo: a montagem do embolo na sua caixa. Mesmo com os antigos métodos a operação só levava três minutos e parecia não merecer uma olhadela. Duas bancas servidas por 28 homens bastavam para o serviço. Em 9 horas montavam eles 175 êmbolos, o que dá 3 minutos e 5 segundos para cada um. Não havia inspeção e a seção dos motores devolvia um grande número como malmontado. O trabalho era dos mais simples: o operário retirava a espiga do êmbolo, lubrificava-o e metia a espiga no lugar; apertava depois um parafuso, desapertava outro e pronto. O contramestre, estudando a operação, admirou-se de que consumisse três minutos, cronometrou os movimentos, e verificou que em 9 horas de trabalho 4 se perdiam em vaivens. Ainda que não saísse do seu posto, o operário fazia uma serie de movimentos para alcançar os materiais e por de lado a peça pronta. A operação compunha-se de seis movimentos diversos. O contramestre traçou um novo plano. Dividiu a operação em três fases, instalou uma deslizadeira na banca, pôs três homens de cada lado e um inspetor no extremo. Ao invés de executar a operação toda, cada homem só fazia um terço. A turma foi reduzida de 28 a 17 homens. Os 28 homens de outrora produziam 175 montagens diárias; hoje 7 homens fazem 2.600, em 8 horas de trabalho. Não é preciso frisar a economia obtida nesse ponto!

A pintura do eixo posterior dava algum trabalho outrora. Introduzíamo-lo à mão numa cuba de esmalte, o que ocupava dois homens e determinava várias operações. Hoje um só homem por meio de uma máquina que inventamos e fabricamos executa todo o trabalho. O serviço resumiu-se enganchar o eixo a uma cadeia móvel que o leva à cuba de verniz; duas alavancas põem os dados em contato com os extremos de um virabrequim. A cuba se ergue de seis pés e imerge o eixo; a cuba, em seguida, desce e o eixo continua o seu caminho para o forno de secagem. Tudo isso leva exatamente 13 segundos.

O radiador era um órgão muito complexo, cuja soldadura requeria habilidade. Compunha-se de 95 tubos, que se deviam ajustar e soldar à mão, exigindo paciência e pericia manual. Atualmente, certa máquina executa todo o serviço em 8 horas fazendo 1.200 interiores de radiadores. Essas peças vão, automaticamente, para uma estufa, onde se soldam pela simples ação do calor. Isso suprime o trabalho do soldador e não requer nenhuma perícia.

Tínhamos o hábito de integrar as armaduras do cárter do virabrequim ao próprio caráter, por meio de martelos pneumáticos que passavam como a última palavra do aperfeiçoamento. Seis homens eram necessários para suster os martelos e outros seis para firmar os quadros, e o barulho era infernal. Hoje uma prensa automática, manobrada por um só homem, faz cinco vezes mais do que os 12 homens.

Na fábrica da rua Piquette, a moldagem do cilindro tinha um curso de usinagem de 1.200 metros; hoje tem 90 metros apenas.

Em nossas oficinas nenhum material se transporta, e nenhuma operação se executa à mão. Se tal máquina pode tornar-se automática.

Nenhuma operação é considerada como a melhor e a menos custosa. Entretanto, só 10% dos nossos aparelhos são especiais; a maioria não passa de máquinas comuns adaptadas a usos especiais, estando postas o mais perto possível uma da outra. Em cada metro colocamos mais máquinas do que em qualquer outra fábrica do mundo. Cada metro quadrado de espaço inutilizado representa despesas gerais perdidas. Nós evitamos absolutamente esse desperdício. Nada ocupa espaço de mais ou de menos.

Dividir ou subdividir o trabalho, manter a usina em movimento, tal é a senha da nossa produção. Não esquecer, além disso, que todas as nossas peças são concebidas de maneira a serem executadas com a maior facilidade possível. Que dizer da economia resultante?

Eis uma comparação sugestiva.

Se com a nossa produção atual empregássemos o mesmo número de operários por carro que tínhamos em 1903 ao fundar a empresa – e se esses operários só cuidassem de montagem – ser-nos-ia necessário um efetivo superior a duzentos mil homens. O número dos nossos operários não atinge a cinquenta mil.

CAPÍTULO VI

O HOMEM E A MÁQUINA

Quando há necessidade de reunir para o trabalho comum grande número de operários, o mais difícil de combater é o excesso de organização e consequente formalismo.

Não há, ao meu ver, disposição de espírito mais perigosa do que a dos chamados "gênios organizadores". Eles se manifestam sempre com a arquitetação dum vasto esquema em forma de árvore genealógica, onde se traçam todas as ramificações da autoridade. A árvore ostenta uma série de belas cerejas redondas, cada qual com o nome de um homem ou de um cargo. Cada indivíduo traz um título e exerce as funções estritamente limitadas pela circunferência da sua cereja.

Quando um mestre quer comunicar-se com o diretor é necessário que sua mensagem passe pelo ajudante do contramestre, pelo contramestre, pelo chefe de seção e todos os inspetores, até alcançar o inspetor-geral. É provável que ao chegar lá, o que o operário queria dizer já não tenha senão um interesse histórico. São necessárias seis semanas para que a mensagem dum homem, cuja cereja se acha no ângulo inferior esquerdo da arvore da autoridade, chegue ao conhecimento do diretor ou do conselho administrativo; e, quando chega às mãos de tão augustos representantes, está sobrecarregada de toda espécie de críticas, proposições e anotações, mas já se acha extinta a sua razão de ser. O papel passou de mão em mão, iludindo as responsabilidades segundo o principio de preguiça que proclama que duas cabeças valem mais do que uma.

Parece-me que uma empresa consiste num ajuntamento de homens reunidos para trabalhar e não para trocar correspondência. Não é necessário que uma seção qualquer saiba o que se passa na outra.

A quem está seriamente ocupado no seu trabalho não sobra tempo de cuidar do vizinho. É tarefa dos que dirigem a empresa zelar para que cada seção adapte o seu esforço à finalidade comum. E mais ainda não é útil provocar reuniões que visem estabelecer relações cordiais entre as personalidades e os serviços, como não é necessário que os homens se amem uns aos outros para trabalharem em comum. O excesso de camaradagem pode até redundar em inconvenientes, qual o de lavar um homem a encobrir a falta de outro. O que é mau para ambos.

Quando trabalhamos, precisamos trabalhar; quando nos divertimos, devemos nos divertir. O que não se pode é conduzir juntas as duas coisas. O único objetivo deve ser entregar o trabalho feito e receber a paga. Uma vez terminado o trabalho, pode-se cogitar de diversões, nunca antes. Eis a razão pela qual as fábricas Ford não possuem nem organização, nem atribuições específicas adstritas a cargos, nem ordem de sucessão ou hierarquia determinada. Pouquíssimos títulos e nada de conferências. Só temos a organização de escritórios estritamente necessária, sem dossiês complicados nem formalismo algum.

A RESPONSABILIDADE INDIVIDUAL

Queremos, sim, completa responsabilidade individual. O operário responde pelo seu trabalho; o mestre responde pelos homens sob seu comando; o contramestre responde pelo seu grupo; o chefe de seção responde pelo seu departamento e o inspetor-geral responde por toda a fábrica. Cada um deles deve saber o que se passa no seu raio de ação. O qualificativo inspetor-geral não tem em nossa empresa caráter formal. Há muitos anos que dirige a fábrica um homem. Com ele trabalham dois outros cujas funções não foram definidas, mas se encarregam de determinadas seções. Junto a eles há cinco ou seis que lhes servem de assistentes, mas sem funções determinadas. Eles próprios criaram a sua função sem limitá-la, fazendo aquilo de que são capazes. Um se ocupa das mercadorias armazenadas; outro atende à inspeção, e assim por diante.

À primeira vista pode isso parecer procedimento ao acaso, mão não é. Um grupo de homens que quer firmemente que um trabalho se faça, não encontra dificuldades na gerência de sua execução. Entre eles não surgem atritos de jurisdição porque não pensam em títulos. Se tivessem às suas ordens escritórios e o mais, passariam o tempo a fazer burocracia e a interrogar-se sobre os motivos por que um tem o escritório mais belo que tal companheiro. Como não há títulos nem limitação de autoridade, não há dúvidas suscitadas pelo formalismo, nem por invasão de atribuições. Todo operário pode entender-se com quem quiser, e acha-se tão habituado a isso que um imediato não se ofende se alguém se dirige diretamente ao chefe da fábrica. Coisa, aliás, que poucas vezes acontece, porque os contramestres sabem que por qualquer injustiça descoberta perdem o emprego. Não toleramos injustiça de espécie nenhuma. Logo que um homem começa a inflar-se com a sua autoridade, percebemo-lo e, ou sai, ou volta a trabalhar nas máquinas. Grande parte da agitação operária é devida aos abusos de autoridade por parte dos subalternos e penso que infelizmente em muitas fábricas é impossível ao operário contar com um tratamento equitativo.

O trabalho, única e exclusivamente, tem voz de comando entre nós. Esse é um dos motivos por que prescindimos dos títulos. A maioria dos homens é capaz de manter-se à altura da sua função, mas não resiste ao desvairamento de um título. Os títulos produzem efeitos bizarros. As mais das vezes são interpretados como uma dispensa do trabalho. Valem por uma série de faixas com este dístico: "X não tem outra coisa senão dar-se importância, e fazer pouco caso nos outros".

Um título é nocivo não só ao seu possuidor, como aos demais. Uma das causas mais vivas do descontentamento dos operários vem do fato de que os portadores de títulos não são os verdadeiros chefes. Todo mundo reconhece o chefe verdadeiro, o homem que nasceu para organizar e comandar. E quando encontra um que traz título, tem de informar-se que título é esse, porque tal homem não o pavoneia.

Na vida dos negócios muito há abusado desses galões com prejuízo dos próprios negócios. Uma das mais funestas consequências é a subdivisão da responsabilidade, subdivisão que chega a destruí-la por completo. Onde a responsabilidade se acha fragmentada e dispersa por uma série de serviços, cada um com o seu chefe titulado, rodeado por sua vez de um grupo de subtitulares, é realmente difícil encontrar alguém que seja realmente responsável.

É muito conhecido o jogo de empurra, que com certeza nasceu nas empresas de responsabilidade fragmentada. A boa marcha de uma empresa depende de que todos os seus membros, quaisquer que sejam as suas funções, considerem como coisa que lhes diz respeito todo fato de natureza a interessar à empresa. As companhias de estrada de ferro caíram na pior desordem com as suas repartições, que passam o tempo dizendo: Tal coisa? Não nos diz respeito. Isso é lá com a repartição X, que fica a 100 milhas daqui.

É costume exortar os funcionários a não se esconderem atrás dos títulos. Um ou outro pode ser necessário, em vista de determinações legais, e alguns úteis para orientar o público; quanto aos restantes só há a fazer uma coisa: eliminá-los.

A situação atual dos negócios não é de molde a dar realce aos títulos; ninguém quer ordenar-se com o título de diretor de banco em falência. A marcha dos negócios não é tão maravilhosa que deva orgulhar os seus diretores. Os titulados de valor próprio, hoje, esquecem-se deles e perscrutam os fundamentos dos seus negócios a fim de lhes descobrir os pontos fracos. Retornam ao ponto de partida e trabalham para reconstituir o edifício, a começar pelas bases.

Quem trabalha seriamente não necessita de título honorífico. Sua obra o honra.

O ENGAJAMENTO DOS HOMENS

Todo o pessoal das nossas fábricas passa pelas repartições de contrato. Como já disse, não engajamos peritos, nem tampouco levamos em conta o passado dos homens. E assim como não aceitamos ninguém em virtude do seu passado, também não repelimos ninguém por causa do seu passado. Nunca encontrei um homem completamente mau. No pior há sempre um lado bom, se as circunstâncias lhe permitem que o mostre. Em vista disso, não curamos de antecedentes: não é o passado do homem que vamos contratar, mas o individuo. Se ele já esteve na prisão não quer dizer que pra lá retorne. Ao contrario, terá especial empenho em evitar a recaída. Por conseguinte nossa seção de contratos não rejeita ninguém por motivo dos seus antecedentes. Venha da universidade Harvard ou da penitenciária de Sing-Sing, ninguém lhe pedirá diplomas. A única coisa necessária é que queira trabalhar. Se não quer, é pouco provável que procure colocação em nossa fábrica, porque todos sabem que na fábrica Ford se trabalha.

Recapitulando: não nos interessa conhecer o que tenha sido o indivíduo. Se teve bons estudos, isso deve permitir-lhe avançar com mais rapidez, mas é preciso que comece de baixo e dê provas da sua capacidade. Cada homem é o forjador do seu próprio futuro. Fala-se muito de mérito desconhecido. Entre nós todos são apreciados pelo seu justo valor.

Na ânsia de ser apreciado há certos elementos que é preciso levar em conta. O moderno sistema industrial de tal modo deformou essa ânsia que fez dela uma obsessão. Houve tempo em que o progresso pessoal de um homem dependia inteira e unicamente do seu trabalho e não do favor de outrem. Hoje depende muitas vezes da sorte que tem em atrair a atenção de algum personagem influente. Contra isso a nossa luta tem sido contínua e vitoriosa. Há indivíduos que trabalham com a preocupação de dar na vista dos chefes, na ideia de que, se seu mérito não for reconhecido, pouco importa fazer trabalho bom ou mau, ou não fazê-lo. O trabalho é assim tido em conta secundária. O serviço, a obra em execução, não é o principal. O principal é a promoção, é dar na vista dos superiores. Esse hábito de por o trabalho em segundo plano e no primeiro a preocupação de ser bem-visto, faz mal ao trabalho com elevar a vitoria pessoal à altura de uma coisa importante. Também faz mal ao trabalhador, despertando nele uma ambição que não é amável nem produtora. Dá origem à classe dos que creem que "escovando" os contramestres, abrem caminho. Todas as oficinas conhecem homens desse gênero. E o pior é que há alguma coisa no atual sistema industrial que parece frisar a eficácia desse procedimento. Os contramestres são homens. É natural que se sintam desvanecidos à ideia de que deles depende a sorte dos operários. Nem é menos natural que os subordinados ambiciosos, vendo-os sensíveis à lisonja, aproveitem-se do fraco para tirar vantagens. Por isso eu afasto tanto quanto possível a intervenção de considerações pessoais.

O ACESSO

Em nossa empresa torna-se muito fácil a carreira de um homem despido de tais preocupações. Há operários laboriosos mas incapazes de pensar e, sobretudo, pensar depressa. Esses, não chegam ao ponto determinado pela sua capacidade. Sua capacidade os fará merecerem uma promoção, que não terão em virtude de lhes faltar qualidades de mando. A vida não é um romance, e graças ao sistema de seleção da nossa fábrica, estou certo de que cada homem acaba por colocar-se no seu lugar.

A maneira por que se executa o trabalho em qualquer das nossas seções nunca os satisfaz. Achamos sempre que poderia ser melhor, e que ainda virá a ser melhor. O espírito de competição leva para a frente o homem dotado de qualidades. Assim não fora a organização (palavra que não gosto de usar) se tornasse rígida e rotineira. Mas temos tão poucos "empregos" que quando alguém revela aptidão para uma função mais alta, de pronto a desempenhará sem que nos preocupemos de que haja vaga, porque na verdade em nossa empresa não há postos ou cargos. Não dispomos de empregos ou sinecuras, e os homens de valor criam por si mesmos as suas posições. E isso é fácil, porque como nunca falta trabalho, quando ao invés de procurar um título que convenha como tal, todos se ocupam do trabalho, não há dificuldades nas promoções. Demais, elas se fazem sem formalismo. A pessoa em questão vê-se de repente num trabalho diverso com a particularidade de um aumento de salário.

Foi dessa maneira que o nosso pessoal chegou às suas posições. O gerente da fábrica começou como um maquinista. O diretor da grande fábrica de River Rouge começou como modelador. O chefe de uma das nossas seções mais importantes entrou como varredor. Não há na empresa um homem que não tenha vindo da rua. Tudo o que temos realizado vem de homens que se fizeram em nossa fábrica, impondo-se unicamente pela sua capacidade. Felizmente não herdamos nenhuma tradição, nem tampouco estamos a criar uma. Se existe entre nós tradição, será esta: "Tudo pode ser feito melhor do que está sendo feito".

ÍNDICE DE PRODUÇÃO

Essa ânsia de trabalhar melhor e mais depressa resolve todos os problemas da indústria. Uma seção é julgada pelo índice da sua produção, que é coisa diversa do custo da produção. Os contramestres e superintendentes não fariam mais que perder tempo se curassem do custo em suas seções. Há certos elementos no custo, como salário, preço de matéria-prima, despesas gerais, etc., que nunca poderiam alterar e, portanto, não se preocupam com isso. O que depende deles é o rendimento do trabalho a seu cargo. Esse rendimento se obtém dividindo o número de peças feitas pelo índice da mão de obra correspondente. Cada chefe verifica todos os dias o rendimento da sua seção e traz consigo a nota. O inspetor faz o quadro dessas notas. Se algo não ocorre bem num departamento, o quadro de produção o acusa logo, o inspetor pede explicações e o contramestre abre os olhos. O estímulo de aperfeiçoamento dos métodos de trabalho provém, em grande parte, desse simples sistema de fiscalizar o rendimento. Não é necessário que o contramestre seja um contador – nem isso o tornaria um melhor contramestre. A seu cargo estão as máquinas e os seres humanos que trabalham na seção. Quando o rendimento chega ao máximo, tem ele o seu dever perfeitamente desempenhado. O índice de produção é a sua meta e não há motivo para que disperse atividade em assuntos colaterais.

Esse processo de fiscalizar obriga o chefe a não curar de personalidades e a esquecer tudo o que não for trabalho. Se quisesse selecionar o pessoal a seu gosto, em lugar de atender à capacidade produtiva, a lista da seção o delataria imediatamente.

SEÇÃO AUTOMÁTICA

A seleção do pessoal não oferece dificuldade. É automática, e, por muito que se fale da falta de oportunidade para as promoções, um operário de tipo médio se interessa muito mais por um trabalho certo do que pela promoção. Apenas uns 50% dos que trabalham pelo salário comum mostram, junto ao desejo de maior salário, a disposição do aumento de responsabilidade correspondente à promoção. Somente uns 25% trabalham pelo desejo de chegar a mestres e ainda assim confessam na maioria que a isso só se decidem porque a paga é superior à que se obtém junto às máquinas. Homens de vocação mecânica, mas inimigos da responsabilidade, quase sempre se empregam na seção de ferramentas (*tool-making departments*), onde os salários são mais elevados que na fabricação propriamente dita. A grande maioria prefere ficar onde está. São homens que nasceram para ser dirigidos. Não querem ter que se ocupar de nada e receiam a responsabilidade. Portanto, apesar da grande massa de homens que ocupamos, a dificuldade não está em descobrir os que mereçam promoção, mas saber os que desejem.

A teoria em voga é que o homem sente ambição de subir e muitos projetos admiráveis se baseiam nessa hipótese. Posso afirmar que a nossa experiência contradiz isso. Os americanos que trabalham conosco aspiram naturalmente a subir, mas nem todos desejam chegar ao cume. Os estrangeiros em regra contentam-se em chegar a mestres. Por que é assim? Não sei; cito apenas fatos.

SUGESTÕES DE OPERÁRIOS

Já dissemos que em nossa fábrica todos conservam a sua liberdade de crítica a respeito dos detalhes da produção. Se admitimos uma regra fixa será que tudo está longe de ser perfeito. A direção da fábrica aceita todas as sugestões; estabelecemos para isso um sistema pelo qual todo operário pode comunicar qualquer ideia que tenha, bem como tentar sua realização. A economia de um centavo numa peça merece todo respeito. Tendo em conta a quantidade que produzimos, representando 12.000 dólares por ano, a economia de um centavo em cada peça ascenderia a milhões por ano. Por isso os nossos cálculos vão até milésimos de centavos. Quando a sugestão traz alguma economia e, num tempo regular, digamos três meses, reembolsa os gastos da mudança, é fora de duvida que será aceita. Tais mudanças não se limitam a disposições tendentes a aumentar a produção ou diminuir os gastos. Muitas vezes, talvez a maioria, tendem a simplificar o trabalho. A simplificação do trabalho, com beneficio do operário, também diminui o custo. Do mesmo modo calculamos, descendo às mínimas frações, se é preferível comprar uma peça ou fazê-la em nossas oficinas.

De toda parte nos afluem sugestões. Os operários polacos parecem entre os estrangeiros os mais engenhosos. Um deles, que nem sequer sabia inglês, lembrou que se uma tesoura da sua máquina fosse colocada sob um ângulo diferente reduzir-se-ia o atrito. Até então aquela peça resistia somente a quatro ou cinco cortes. O homem tinha razão e por sua iniciativa economizou-se muito dinheiro no esmeril. Outro polaco, ocupado numa máquina perfuradora, adaptou-lhe um dispositivo que o dispensava de por novamente a mão na peça perfurada. A sua ideia foi aplicada a todas as máquinas, trazendo uma economia notável. Os operários dotados de algum talento introduzem sempre certas pequenas reformas nas suas máquinas. Também a limpeza delas (ainda que não seja da obrigação) costuma ser um índice da inteligência do operador correspondente.

EXEMPLOS

Eis alguns casos. A ideia do transporte automático aéreo dos moldes da fundição à fábrica equivaleu a uma economia de 70 homens na seção de transportes. No começo, havia 17 operários encarregados de limar as rebarbas das engrenagens, trabalho pesado e difícil. Um operário nos trouxe o desenho grosseiro de um aparelho especial para esse fim. Sua ideia foi estudada e construiu-se a máquina. Atualmente, quatro homens fazem quatro vezes mais do que 17 e o trabalho é muito mais fácil. A ideia de soldar certa barra do chassi, em lugar de fazê-la de uma só peça, representou a economia de 500.000 dólares por ano, numa quadra de produção muito mais reduzida que a de hoje. Conseguiu-se também enorme economia fabricando certos tubos com laminas de ferro, ao invés de empregar o ferro fundido conforme o processo comum.

Um velho sistema de construir certas máquinas requeria quatro operações, com perda de 12% do aço empregado. Nós aproveitamos a maior parte dos nossos resíduos e chegamos a aproveitá-lo todo, mas isso não é razão para que se produzam resíduos. O fato de que os resíduos não constituem uma perda total não escusa o desperdício. Um operário descobriu um processo simples de reduzir o resíduo a 1%. A arvore de transmissão deve passar pelo forno para que sua superfície endureça, mas todas as peças submetidas a esse sistema saiam um pouco tortas, e para endireitá-las empregávamos, ainda em 1918, nada menos de 37 operários. Alguns deles iniciaram uma série de experiências para descobrir uma força de forno que evitasse o retorcimento. Em 1921 empregávamos 8 homens apenas para todo esse serviço, com uma produção muito mais intensa do que a de 1918.

É de notar ainda que reduzimos a grau ínfimo a habilidade necessária para os vários misteres. O antigo mestre de tempera, em nossa seção de ferramentas, era um perito no seu ramo; encarregava-se de avaliar a temperatura das temperas, operação muito delicada e aleatória. O endurecimento do aço pelo calor é muito importante, mas baseia-se no conhecimento exato da temperatura a aplicar. No sistema que introduzimos, o homem do forno nada tem que ver com a temperatura. O pirômetro não passa por suas mãos. Apenas luzes elétricas coloridas lhe indicam o que deve fazer.

Nenhuma das nossas máquinas é construída ao acaso. A ideia é estudada minuciosamente antes que passe à realização. Às vezes constroem-se os moldes de madeira ou se desenham as partes no quadro negro. Não nos dirigimos pela tradição nem confiamos no acaso; a isso se deve jamais construímos máquinas que não funcionassem devidamente; 90% dos ensaios têm sido satisfatórios.

Aos operários devemos todos os progressos da fabricação. Estou certo de que um homem livre na sua atividade e conhecedor da finalidade da sua tarefa empregará sempre toda a sua força de vontade e inteligência ainda nas mais singelas operações.

CAPÍTULO VII

O HORROR À MÁQUINA

Para certa classe de homens, o trabalho repetido, ou a reprodução contínua de uma operação que não varia nunca, constitui uma perspectiva horrível. A mim me causa horror. Ser-me-ia impossível fazer todos os dias a mesma coisa; entretanto para outros – posso dizer para a maioria, esse gênero de trabalho nada tem de desagradável. Com efeito, para certos temperamentos a obrigação de pensar é que é apavorante. O ideal para eles corresponde ao serviço onde o cérebro não trabalhe. O tipo médio de operário, com tristeza o digo, evita o trabalho que requer os dois esforços conjuntos. Não querem pensar. Os homens dotados do que poderíamos chamar espírito criador, e que aborrecem a monotonia, imaginam que todos são, como eles, inimigos do repouso e lamentam a sorte do operário que faz sempre a mesma coisa.

Em rigor, a maior parte dos trabalhos são uma repetição constante. O homem de negócios traça uma rota que segue com exatidão; o trabalho de um diretor de banco é todo ele rotina; o trabalho dos funcionários subalternos é igualmente rotineiro. Para quase todos os fins e para o comum das pessoas, é necessário estabelecer-se uma rotina que transforme o trabalho numa repetição de movimentos; sem isso, tais criaturas não produziriam o necessário para viverem do seu esforço. Mas não há razão para que um espírito criador se ocupe num mister monótono, já que de todos os lados se reclamam homens dessa espécie. Nunca haverá falta de lugares para os capazes; é preciso, porém, reconhecer que o desejo de ser capaz não é vulgar. Ainda quando a vontade não lhe falte, o homem carecerá de animo e constância para submeter-se ao treino. O desejo de se tornar capaz não é por si só suficiente.

O ESPÍRITO CRIADOR

Fazem-se muitas suposições sobre o que deveria ser a natureza humana, mas não a estudam suficientemente. Assim, por exemplo, a que só reconhece trabalho criador nos domínios da imaginação. Falamos de artistas criadores só em musica, pintura e outras artes. Ao que se parece, limitamos as funções criadoras a produtos que se podem pendurar às paredes ou ouvir numa sala de concertos, ou manifestar-se lá onde pessoas ociosas e enfastiadas se reúnem para se admirarem mutuamente. Mas se um homem procura um campo de atividade criadora é essencial deixá-lo ir onde se encontre face a face com leis mais profundas que as do som, linha ou cor, campo onde se defronte com as leis que regem a personalidade humana. Temos necessidade de artistas no mundo industrial. Necessitamos de mestres nos métodos industriais, tanto em vista do produto como do produtor. Necessitamos de homens que transformem a massa política, social e industrial num todo robusto e harmônico. Limitamos demais a faculdade criadora, dando-lhe fins muito triviais. Precisamos de homens que possam criar planos de trabalho para tudo o que é justo, bom e desejável na vida. Boas ideias, servidas por planos de trabalho bem-estudados, podem fazer-se realidade e dar ótimas consequências. É possível aumentar o bem-estar do operário, não o fazendo trabalhar menos, mas ajudando-o a trabalhar melhor. Se os homens consagrassem toda a sua atenção, interesse e energia ao tracejar de planos que tendam a beneficiar o homem tal como ele é, então tais planos se estabeleceriam sobre bases práticas. Haveria estabilidade, com tanto beneficio moral como financeiro. O que a nossa geração necessita é de fé profunda, convicção íntima a respeito da aplicabilidade da honradez, da justiça e da humanidade na indústria. Se não conseguimos dotá-la dessas virtudes, é melhor viver sem indústria. E se não pudermos dar-lhes essas virtudes a indústria não subsistirá. Mas podemos dá-las. Nós o estamos fazendo.

Quando um homem não pode ganhar o seu pão sem o auxilio duma máquina, ser-lhe-ia benéfico ser arredado dela, só porque o serviço exigido é monótono? Deixá-lo cair na miséria? Se ele faz uma máquina produzir menos, poderá ser mais feliz com essa diminuição de produção – que o fará receber menos?

A MONOTONIA DO TRABALHO

Até hoje não me pude convencer de que um trabalho que se repete seja prejudicial ao homem. Aos bem-falantes ouço dizer que o trabalho repetido inutiliza corpo e alma. Minhas pesquisas, entretanto, negam isso. Um homem que passava o dia acionando com o pé um pedal, encasquetou que aquele movimento lhe desenvolvia o corpo de um lado só. O exame médico não comprovou o mal, mas designamos-lhe outro trabalho que pusesse em movimento o grupo de músculos prejudicados. Depois de algumas semanas pediu ele volta ao antigo posto. Parece racional que da repetição dos mesmos movimentos por oito horas diárias resultem anormalidades físicas, mas não o pudemos comprovar até agora em um só caso. Quando nossos homens querem mudar de serviço basta que o peçam, e nós desejaríamos que essas mudanças fossem a regra. Poderíamos até sistematizá-las. Mas os operários são inimigos de mudanças que eles próprios não proponham. Realmente, há operações de tal forma monótonas que parece incrível que alguém se conforme em exercê-las por muito tempo. A mais monótona é a do homem que ergue uma engrenagem com um gancho, mergulha-a numa tina de óleo e a deixa cair num cesto. Os movimentos não variam nunca. O operário toma a peça sempre do mesmo modo, dá sempre as mesmas voltas e a faz cair sempre no mesmo ponto. A operação não requer força muscular, nem inteligência. O trabalho consiste em mover os braços de um lado para o outro, e o peso do gancho é insignificante. Apesar disso há oito anos que um operário está nesse serviço, tem feito economias e bem colocado o seu dinheiro; de modo que possui hoje cerca de 40.000 dólares; pois a despeito de querermos dar-lhe outro trabalho, resiste obstinadamente!

As experiências mais conscienciosas não nos revelaram um só caso de deformação ou transtorno mental em conseqüência da monotonia. Os que não suportam esse gênero de trabalho não são forçados a fazê-lo. Em todas as seções da fábrica o trabalho se classifica, segundo o seu valor e a habilidade exigida, nas séries A, B e C, cada qual composta de dez a trinta operações diversas. Um operário ao ser admitido entra para a classe C; à medida que se aperfeiçoa passa, sucessivamente, para as classes B e A, para a seção de maquinismos ou para algum lugar de inspeção. Dele depende sua posição. Quando permanece empregado na produção, é sinal de que está bem ali.

O APROVEITAMENTO DOS INVÁLIDOS

Em capítulo anterior notei que a ninguém recusamos por motivo de condições físicas. Essa política foi iniciada a 12 de janeiro de 1914, quando o salário mínimo se fixou em 5 dólares para oito horas de trabalho. Ninguém é rejeitado em vista de suas condições físicas, salvo , naturalmente, nos casos de moléstias contagiosas. Acho que numa empresa industrial à altura da sua missão, um corte feito na massa dos operários deve revelar a mesma contextura de um corte feito na sociedade. Temos em todas as seções aleijados e doentes. Existe uma propensão generosa para considerar os fisicamente incapazes como um peso morto, cuja manutenção incumbe à caridade pública. Há, é certo, casos, como o de um idiota, nos quais a beneficência tem forçosamente que intervir. Tais casos, porém, são raros e por meio das inúmeras operações diversas que existem em nossa fábrica podemos fazer ganhar a vida a qualquer individuo, com base na sua atividade produtiva. Um cego ou um mutilado é capaz, colocado num posto conveniente, de efetuar o mesmo trabalho e ganhar o mesmo salário que um homem normal. Ainda que não revelemos preferência pelos inválidos, temos demonstrado que são capazes de ganhar salários completos.

Seria inteiramente contrário aos fins a que nos propusemos, dar colocação a um aleijado porque é aleijado, pagando-lhe um salário reduzido e contentando-nos com um tipo baixo de produção. Seria um meio de o socorrer momentaneamente, mas não seria a melhor maneira. A melhor maneira é elevá-lo a um grau de produtividade igual ao dos sãos. A caridade do mundo, sob forma de esmola, em pouquíssimos casos, creio eu, encontra justificativa. É certo que não combinam bem negócio e caridade; o fim da fábrica é produzir e ela serviria mal se não consagrasse a isso toda a sua capacidade. Mas somos muito inclinados a crer, sem exame, que a plena posse de suas faculdades constitui a condição fundamental para o melhor rendimento de um homem em qualquer classe de trabalho. Com intuito de formar juízo seguro, mandei classificar todas as diversas operações da fábrica, segundo a espécie da maquina e do trabalho, tomando em consideração se o trabalho físico era fácil, mediano ou pesado; se era trabalho em seco ou em úmido; se limpo ou sujo; se desempenhado em estufas ou fornalhas; se ocupava uma ou duas mãos; se conservava o operário de pé ou sentado; se barulhento ou silencioso; se exigia precisão; se em luz natural ou artificial; que número de peças era preciso tratar por hora, qual o peso do material manejado e o esforço que o trabalho requeria da parte do operador. O estudo demonstrou que se executavam na fábrica 7.882 espécies distintas de operações, entre as quais 949 classificadas como trabalho pesado, exigiam homens robustos e de perfeita saúde; 3.338 espécies exigiam desenvolvimento físico comum e força média. Entre as 3.595 espécies restantes, nenhuma exigia força física superior à do homem mais fraco e débil, ou à das mulheres e meninos.

Os trabalhos mais fáceis foram, por sua vez, classificados, a fim de verificarmos quais exigiam o uso completo das faculdades; comprovou-se que 670 podiam ser feitos por homens privados das duas pernas; 2.637 por homens de uma só perna; em 2 prescindiam-se os dois braços; em 715 casos. de um braço, e em 10 casos a operação podia ser feita por cegos. Das 7.882 espécies de trabalho, portanto, embora algumas exigissem força corporal, 4.034 não exigiam o uso completo das faculdades físicas. Isso quer dizer que uma indústria aperfeiçoada pode proporcionar trabalho, normalmente remunerado, a grande número de criaturas de validez abaixo da média. Se o trabalho de qualquer outra fábrica fosse analisado como o fizemos, a proporção poderia ser diferente, mas é certo que se o trabalho for suficientemente subdividido não faltarão lugares onde os inválidos possam desempenhar perfeitamente um serviço e receber um salário completo. Economicamente é um desperdício tomar a cargo os inválidos e pô-los a fazer cestos ou qualquer outro trabalho manual pouco remunerativo, com o fim, não de fazê-los ganhar a vida, mas de afastá-los do tédio e do desânimo.

Quando admitimos um homem temos por principio dar-lhe um trabalho conveniente ao seu físico. Se depois de iniciar o serviço demonstra ele ser incapaz de desempenhá-lo a contento, ou quando o trabalho não lhe agrada, damos-lhe um cartão de mudança e enviamo-lo à seção de transferência. Lá, após um exame, recebe ocupação mais apropriada às suas condições físicas ou temperamento. Colocados no posto conveniente, os homens de físico abaixo da média. Um cego foi posto na seção de contagem de parafusos e porcas para remessa às sucursais. Dois operários fisicamente perfeitos já estavam trabalhando nesse serviço. Dois dias depois o contramestre enviava uma nota à seção das transferências pedindo mudança de serviço aos sãos, porque o cego fazia, não só o seu próprio trabalho, como o dos dois companheiros normais.

Esse método de recuperação pode ir longe. Admite-se em geral que um operário ferido deve ser conservado fora do trabalho, vivendo de uma pensão ate que sare. Mas há sempre um período de convalescença, especialmente no caso de fraturas, em que o individuo se sente com capacidade para trabalhar e se mostra desejoso disso, já que a pensão por acidentes, por elevada que seja, nunca equivale ao salário normal. Se a pensão equivalesse ao salário normal a indústria teria de suportar uma sobrecarga traduzível na elevação dos preços de custo. A procura diminuiria no mercado e consequentemente diminuiria a soma de trabalho que a indústria proporciona. Devemos ter sempre em mente essas consequências inevitáveis.

Fizemos experiências com enfermos de cama, capazes de se manterem sentados. Estendemos-lhes sobre o leito um oleado e demos-lhes parafusos a introduzir nas porcas, trabalho que é forçoso fazer-se à mão e que ocupava de 15 a 20 homens na seção de magnetos. Um homem na cama pode executá-la tão bem como na fábrica, e de modo a ganhar o mesmo salário. De fato, a produção nessa experiência excedeu de 20% ao tipo regular da produção na fábrica. Ninguém os obrigou a trabalhar, eles, porém, se mostravam muito dispostos. Isso lhes matava o tempo, aumentava-lhes o apetite e apressava a convalescença.

Não nos ocupamos dos surdos-mudos, cujo rendimento é normal. Na seção de recuperação de materiais trabalham os tuberculosos, uns mil. Como são doentes de moléstia contagiosa, trabalham à parte, em oficina especialmente construída para esse fim, ao ar livre o mais possível.

Ao tempo da última estatística possuíamos 9.563 homens em condições físicas abaixo do normal. Entre esses havia 123 mutilados dos braços, antebraços e mãos. Havia um sem as mãos; quatro totalmente cegos; 207 cegos de uma vista; trinta e sete surdos-mudos; sessenta epilépticos; quatro sem pernas ou pés e duzentos e trinta e quatro sem uma perna ou pé. Os outros tinham defeitos de menor importância.

A APRENDIZAGEM TÉCNICA E A DISCIPLINA

Quanto ao tempo preciso para a aprendizagem técnica a proporção é a seguinte: 43% não requerem mais que um dia; 36 requerem de um dia até oito; 6, de uma a duas semanas; 14, de um mês a um ano; 1, de um a seis anos. Essa última categoria de trabalhos requer perícia – como a fabricação de instrumentos e a calibragem.

Uma disciplina severa rege a fábrica, mas não com regulamentos mesquinhos de justificação discutível. Para evitar arbitrariedades na dispensa de operários só o chefe da admissão é que a pode exercer – e raro a exerce. Em 1919 registraram-se 30.155 dispensas. Em 10.334 casos o motivo foi ausência não justificada por mais de dez dias. Por se recusarem a fazer o trabalho designado, ou, sem causa aceitável, exigiram transferência, 3.702; por se recusarem a aprender o inglês na escola da fábrica, 38; em vista do serviço militar, 108 e 3.000, mais ou menos, passaram para outras usinas da empresa. Os restantes saíram para se dedicar à agricultura ou outros negócios. Mulheres, 82 foram dispensadas porque seus maridos já lá trabalhavam – é norma nossa não aceitar mulheres cujos maridos já trabalhem. De todo esse pessoal só 80 foram despachados; por atos fraudulentos, 56; por ordem do Departamento de Educação, 20; como indesejáveis, 4.

Exigimos que os operários executem o que se lhes ordena. Nossa organização é tão especializada, e tão intimamente se relacionam as partes, que nem por um momento poderíamos deixar ao operário liberdade de ação. Sem disciplina severa haveria uma confusão espantosa. Uma empresa industrial não pode comportar-se de outro modo. É preciso que os homens realizem um máximo de trabalho para terem um máximo de salário. Se a cada um se deixasse fazer como bem entendesse, a produção se ressentiria e com ela o salário. Quem não está contente não é obrigado a ficar. A companhia observa um procedimento imparcial e justo, pois está no interesse natural, tanto dos contramestres como dos chefes de seção, que os despedidos se limitem ao mínimo. O operário tem facilidade de formular suas queixas e defender-se das injustiças. Em rigor torna-se difícil evitar que injustiças ocorram. Nem sempre os homens são justos para com seus companheiros. Os defeitos inerentes à natureza humana se opõem muitas vezes aos nossos desígnios. Os contramestres nem sempre assimilam nossas ideias, ou as aplicam de modo correto; as intenções da companhia, porém, são sérias, e recorremos a todos os meios para pô-las em prática.

Nos casos de ausência é necessário usar rigor. Os operários não podem entrar e sair a seu bel-prazer; é de obrigação pedir licença ao chefe, e caso alguém se ausente sem autorização prévia, examinam-se as suas razões, algumas vezes fazendo-o passar pelo consultório médico. Quando as circunstâncias lhe são favoráveis, volta para o trabalho. Em caso contrario, é despedido. As únicas informações que exigimos ao contratar um homem, são: nome, endereço, idade, estado civil, quantas pessoas deve sustentar e se já trabalhou na Companhia Ford; examina-se-lhe também o estado dos olhos e dos ouvidos. Nada lhe é perguntado sobre o passado; temos, entretanto um livro onde um operário que já tenha exercido um ofício pode ser registrado. Desse modo, sempre que nos falta um especialista, estamos em condição de escolher outro. É um dos meios de ascensão na nossa usina. Faltou-nos, certa vez, um relojoeiro suíço. Consultou-se o registro e logo foi encontrado um, empregado numa máquina de perfurar. Precisou-se, também, na seção de têmpera de um mestre em ladrilhos. Foi encontrado trabalhando em outra perfuradeira e é hoje inspetor-geral.

Temos pouco contato com os operários. Eles fazem o seu trabalho e retiram-se. Uma fabrica não é um salão. Mas procuramos ser justos com todos, e embora não andemos a distribuir apertos de mãos (nem temos apertadores de mãos profissionais), sempre cuidamos de prevenir ódio e rivalidades. Há tantas seções na fabrica, que ela forma um pequeno mundo. Há, ali, lugar para todos, até para rixentos. O homem é brigão por natureza e a rixa é causa de dispensa. Achamos que é esse o melhor meio de os acomodar. Contudo, os contramestres descobrem meios engenhosos de castigo, de modo que não saiam prejudicadas as suas famílias e tampouco se perca tempo em aplicá-lo.

AS BOAS CONDIÇOES TÉCNICAS

Uma condição essencial para conseguir unir o melhor rendimento à maior humanidade na produção, é dispor de acomodações amplas, limpas e devidamente ventiladas. Nossas máquinas são colocadas muito perto uma das outras. Cada metro de espaço suporta sua parte de despesas gerais e de despesas de transporte e se às máquinas estão mais juntas ou mais afastadas, de uma polegada que seja, o consumidor ganha ou perde com isso. Calculamos em cada operação o espaço de que deve dispor o operário, dando-lhe a necessária liberdade de movimentos, porque, do contrário, haverá desperdício. Mas se o operário e sua máquina ocupam área maior do que a necessária, também haverá desperdício. Daí vem que as máquinas estão mais apinhadas em nossas oficinas do que talvez em qualquer outra. Um visitante terá a impressão de que se acham montadas uma sobre as outras, e, no entanto, estão cientificamente dispostas, não só quanto à sequência das operações, mas ainda no dar a cada operário e a cada máquina o espaço exato de que precisam, nem uma polegada a mais, nem uma polegada a menos. Oficina não é jardim de recreio. Essa aproximação das maquinas requer, naturalmente, um máximo de salvaguarda e arejamento.

A proteção contra o perigo das maquinas é objeto de atenção especial. Maquina alguma, por maior que seja a sua eficiência, não serve enquanto não ofereça segurança absoluta. Não as temos perigosas, mas se algum desastre ocorre, o caso é examinado cuidadosamente, por um empregado especial, e estudam-se os meios de prevenir a repetição do acidente.

Quando construímos as nossas primeiras fábricas não sabíamos de ventilação como hoje. Nas construções recentes as colunas são ocas, e por elas entra o ar puro e sai o viciado. Durante todo o ano mantemos a temperatura quase invariável e em parte nenhuma é necessária a luz artificial. Cerca de 700 homens estão encarregados da limpeza das oficinas e vidraças. Os ângulos escuros, que se prestam para escarrar, pintam-se de branco. Sem limpeza e higiene não pode haver gosto pelo trabalho. A negligência na limpeza está proibida em nossas fabricas, tanto quanto a negligência no trabalho.

Não há razão para que o serviço numa fábrica ofereça perigo. Quando um operário é obrigado a trabalhar demais e por um espaço de tempo muito longo, o seu estado mental se presta a provocar desastres. A prevenção, pois, consiste, parte, em não criar um ambiente propício, parte em prevenir as negligências, parte em estabelecer partes seguras. As principais causas de desastre são: 1) defeitos de construção; 2) defeitos da máquina; 3) insuficiência de espaço; 4) falta de dispositivos protetores; 5) falta de limpeza; 6) luz defeituosa; 7) ar deficiente; 8) roupa imprópria; 9) negligência 10) ignorância 11) fadiga mental; 12) falta de cooperação.

As causas – defeitos de máquina e de construção, falta de espaço, de ar e luz, fraqueza mental e falta de cooperação, podem ser facilmente removidas.

Nenhum operário trabalha em excesso. Nossos salários suprimem nove décimos das razões psíquicas e a técnica da instalação suprime o décimo restante. Temos, pois, que lutar contra as roupas impróprias, a negligência, a ignorância e o perigo das máquinas. Aqui a dificuldade é maior nas seções onde a transmissão se faz por meio de correias. Nas novas construções cada maquina dispõe do seu eletromotor, e não podemos prescindir das correias unicamente nas instalações antigas. Contudo, todas são protegidas. Sobre as vias de transporte automáticas há pontes, de modo que ninguém é obrigado a passar por um sitio perigoso. Onde haja perigo de serem os homens alcançados por estilhaços de metal, são eles obrigados ao uso de lunetas; além disto há redes metálicas em redor de cada maquina. Também ao lado dos fornos há redes. Em parte alguma se veem aparelhos malprotegidos que possam rasgar as roupas. Há operários com predileção por vestes impróprias, gravatas esvoaçantes, mangas largas. Os mestres tem que vigiar e advertir os contraventores. As máquinas são ensaiadas de todas as maneiras antes de instaladas. Em consequências disso quase nunca se dão desastres em nossos estabelecimentos.

Não há razão para que a indústria cobre um tributo de vítimas humanas.

CAPÍTULO VIII

OS SALÁRIOS

Não é lógico dizer-se numa indústria: "Eu pago o salário corrente". Quem diz isso não diria com a mesma facilidade: "Eu não vendo produtos melhores nem mais baratos que os outros". Nenhum fabricante de bom-senso admite que a compra dos materiais mais baratos seja o meio de produzir o melhor artigo. Se assim é, como ouvimos falar nos benefícios que ao país traria a diminuição dos salários, quando isto equivale a baixar o poder aquisitivo do publico,com a baixa do poder aquisitivo do operário? Que valor tem uma indústria, se devido à sua má direção, não proporciona aos seus cooperadores meios de uma existência honrosa? Não há questão mais vital que a dos salários, pois a maioria do nosso povo vive de salários. O tipo da vida do povo, ou seja, o preço dos seus salários, determina a prosperidade do país.

Na nossa empresa o salário mínimo é hoje 6 dólares diários, antes era esse mínimo de 5 dólares, e no começo pagávamos o que era necessário pagar. Seria imoral retroceder ao sistema do "tipo salários correntes" e, sobre imoral, a pior espécie de mau negócio.

OS SÓCIOS OPERÁRIOS

Consideremos as relações entre os cooperadores de um trabalho. Não é corrente chamar aos operários sócios da empresa, e contudo eles o são. Quando um homem verifica que a condução de um negocio se torna desproporcionada ao seu tempo ou força, procura auxiliares com quem dividir a gerência. Mas se se trata da produção, nega o título de sócio aos que chamou para colaborar com ele – aos operários. Em todo negocio da empresa mais de uma pessoa constitui uma sociedade. Do momento em que um homem reclama ajuda a de outra pessoa – seja de um menino, admite sócio. Esse homem pode ser o proprietário único dos recursos do negocio e o gerente exclusivo de todas as suas operações; mas só enquanto permanece o único a gerir e a produzir é que pode pretender absoluta independência.

Não é independente quem necessita da colaboração de outrem. O patrão é sócio do seu empregado e esse o é do seu patrão. E como é assim, nada mais errado do que uma das partes pretender a hegemonia. Ambas são indispensáveis. Se uma faz indevidamente prevalecer o seu interesse a outra fica prejudicada, e por fim as duas. É loucura considerar-se o capital e o trabalho como partidos antagônicos. Não passam de associados. Quando puxam em sentidos opostos nada mais fazem do que prejudicar a sociedade de que são sócios e da qual tiram ambos a subsistência.

A única ambição de um chefe, no seu posto de diretor nato, deveria consistir em pagar salários mais elevados que os outros, e toda ambição do operário deveria consistir em tornar isso possível. Sem duvida que há em todas as empresas homens convencidos de que o máximo do seu esforço favorece só ao patrão e nunca a si próprios. É lamentável que esse espírito exista, mas existe, e não sem certa justificativa. Se o patrão pede aos operários que lhe deem o melhor trabalho e esses verificam que não são devidamente recompensados, é natural que relaxem.

Mas veem o fruto do seu esforço refletir-se na cifra do salário – prova de que o bom trabalho faz o bom salário, então aos poucos compreendem que são sócios da empresa, cujo êxito depende da mútua cooperação.

A VERDADEIRA NOÇÃO DO SALÁRIO

"Quanto deve ganhar o operário?" "Quanto deve pagar o patrão?" Questões malpostas. A pergunta deve ser: "Que é que a empresa pode suportar?" Claro que em negócio nenhuma despesa pode exceder à receita. Quando se tira água de um poço em maior quantidade do que entra, o poço se esgota. E, uma vez esgotado, padecem de sede os que dele bebiam. E se acaso raciocinam que esgotado um poço há o recurso ir para outro, o fim seria secarem-se todos os poços.

Há, hoje, um clamor por mais equitativa remuneração do trabalho, mas cumpre notar que para isso há limites. Empresa que produz 100.000 dólares não pode distribuir 150.000. O negócio em si é que estabelece os limites do salário.

Mas que é que limita o progresso de uma empresa? A empresa limita-se a si própria, quando segue falsos caminhos.

Se os operários, ao invés de dizerem "o patrão deve fazer tal ou tal coisa", disserem: "a empresa deve ser estimulada e dirigida de modo que possa fazer tal e tal coisa", isso daria melhores resultados, porque só a empresa pode fazer os salários. O patrão nada pode fazer por si, se não contar com o surto da sua empresa. Mas, que fazer, quando essa permite estabelecer salários mais elevados e o patrão se opõe? Em principio, uma empresa significa subsistência para muitas vidas humanas, e não deve ser malconduzida. É criminoso matar uma empresa à qual grande numero de homens consagram suas energias e tem como campo da sua atividade e fonte da sua subsistência. Matar uma empresa por meio da greve ou do *lock-out* não melhora coisa nenhuma. Nada consegue o patrão com olhar para seus operários e perguntar-se até que ponto lhes poderá diminuir o salário. Também o operário nada consegue erguendo os olhos ameaçadores para o patrão, perguntando-se até que ponto poderá forçar o aumento. No final das contas, uns e outro se veem obrigados a olhar para a empresa, perguntando-se: "Como poderemos fazer esta indústria bastante sólida e rendosa para nos proporcionar a todos uma vida segura e cômoda?"

Mas é difícil fazer que os dois grupos pensem com justeza. O vicio da miopia é difícil de curar. Que fazer? Nada. Não há lei nem regra que nada possa mudar. Tudo há de vir da melhor compreensão do interesse próprio. Custará a vir, mas virá, porque uma empresa onde os operários e chefes miram os mesmos fins de utilidade geral acaba sempre por descobrir o seu caminho.

O SALÁRIO ELEVADO

Que é que entendemos por salários elevados?

Entendemos salários maiores que os de meses ou anos atrás, e nunca salários superiores aos que devem ser. De resto, os mais altos salários de hoje poderão ser considerados baixos daqui a uns anos.

Se o chefe de um negócio faz bem em procurar que ele proporcione melhores salários. Mas não é ele quem os proporciona. É claro que se pode fazer e não o faz, merece censura, mas isso não depende só dele. Os salários só podem ser pagos se os operários os produzirem; o seu trabalho é o fator da produção do salário, embora não o único, porque uma direção má pode, pelo desperdício, anular os resultados de uma boa direção. Onde se junta uma direção hábil e um trabalho honesto, é o operário que aumenta o seu salário. Ele traz à empresa a sua energia e a sua habilidade, e se o faz leal e sinceramente, tarde ou cedo virá a recompensa sob a forma do aumento de remuneração. Em tal caso o operário não só ganhou o seu salário, como teve grande parte na sua criação.

QUEM CRIA O SALÁRIO

É preciso convencermo-nos de que o salário tem sua finte na própria oficina. Se não é ele criado pelos operários não pode aparecer aos sábados dentro de um envelope. Jamais se inventará sistema que suprima a necessidade de trabalhar. A natureza o determinou assim. A ociosidade das mãos e do cérebro não se permite a ninguém. No trabalho está a nossa saúde, a nossa honra e a nossa salvação. Longe de ser um castigo, o trabalho é a maior das bênçãos. Só ele é fonte de justiça social. O que dá mais, tem direito de receber mais. O sentimentalismo nada tem que ver com o preço dos salários. O operário que dá a uma empresa o melhor que tem em si, é o melhor operário que essa empresa possa ter. Mas não poderá fazer isso indefinidamente se não lhe for proporcionada a recompensa devida. O trabalhador que começa o seu serviço quotidiano com a certeza de que jamais ganhará o suficiente para pô-lo ao abrigo das necessidades, não pode executar com eficiência o seu trabalho. A ansiedade e a preocupação prejudicam-no.

Ao contrário, se um homem sente que sua tarefa não só lhe garante a subsistência mas também lhe dá margens permitindo-lhe educar os filhos e favorecer o bem-estar da esposa, não fará de melhor modo possível o seu trabalho? Não lhe dedicará o maior interesse? E trabalhará assim em seu proveito e no da empresa. O homem que não encontra satisfação no seu serviço perde a melhor parte do seu salário.

O TRABALHO DIÁRIO

Por que o trabalho quotidiano é uma grande coisa? É a base mesma da nossa honra. E o patrão deve trabalhar constantemente com mais ardor do que nenhum dos seus homens. O patrão que toma a sério o seu dever trabalha de rijo. Nunca pode dizer: "Tenho tantos mil homens trabalhando para mim". Na realidade ele é quem trabalha para esses milhares de homens e quanto mais ativos são esses, mais atividade o chefe deverá desenvolver para bem dispor da sua produção. Os ordenados e salários equivalem a uma espécie de participação nos lucros, fixada de antemão apenas como base de cálculo; mas muitas vezes se verifica, no balanço anual, que essa participação podia ser mais elevada. Em tal caso o salário tem que se elevar. Todos quantos colaboram num negócio devem participar dos lucros que criam sob forma de bons salários ou bonificação adicional. Isso já principia a ser compreendido por toda parte.

Os tempos exigem que se dê ao lado humano da indústria a mesma importância que se dá ao lado material, e é ideia que faz caminho. O problema se resume em saber se tal ajustamento se fará com largueza de vista, com discernimento, com sábia prudência, que conservem a estrutura em que hoje nos mantemos, ou se se fará às cegas, de modo a arrebatar-nos os benefícios do trabalho já realizado. A indústria constitui o meio de vida do nosso país, traduz-se no seu progresso econômico e eleva-nos no conceito das nações. Não devemos expô-lo ao azar. Precisamos dar a sua parte ao elemento humano da indústria. E isto pode ser feito sem deslocação social e sem prejuízo dos interesses particulares, com grandes benefícios para todos os seres humanos. O segredo de tudo está em reconhecer que todos os colaboradores da indústria são sócios. Enquanto o homem não se bastar a si mesmo, desnecessitando da cooperação alheia, não escapará à lei dessa associação.

Tais as verdadeiras bases do salário – mera participação de lucros de uma classe de sócios.

A MEDIDA DO SALÁRIO

Qual a medida adequada de um salário? Que tipo médio de vida pode-se esperar do trabalho? Que se pode ou deve esperar do salário? Dizer que ele deve pagar o custo da vida. É dizer nada. O custo da vida depende do rendimento da produção e do transporte, o qual, por sua vez, depende do rendimento da direção do trabalho. A boa direção do trabalho deve baratear a vida e produzir final que não se mantém constante quando se alteram os fatores. Quando procuramos regular o salário de acordo com o custo de vida, imitamos o cão que quer apanhar a própria cauda. Além disso, como estabelecer o tipo de vida que há de servir de base? Ampliemos o nosso ponto de vista e procuremos saber o que o salário é e o que devia ser.

A MISSÃO DO SALÁRIO

O salário faz face a todas as obrigações do operário fora da fábrica, e, dentro dela, às necessidades da direção e do serviço. O trabalho diário, produtivo, vale pela mais inesgotável mina que jamais se encontrou. Não é muito pedir-lhe que garanta a vida presente do operário, pois deve também pô-lo ao abrigo da miséria no ocaso da vida. Mas, para cumprir tão modestas exigências, será necessário conformar a indústria, à distribuição e a remuneração, de modo que o produto do trabalho não entre no bolso dos que não colaboraram nele. Para criar um sistema que seja tão independente da boa vontade dos patrões de vistas largas, como da má-vontade dos de vistas curtas, é preciso alicerçá-lo na realidade da vida mesma.

Certo, o trabalho requer a mesma energia muscular, custe um dólar o alqueire de trigo ou dois e meio, custe 12 cents, ou cinco vezes mais a dúzia de ovos. Que diferença isso faz no dispêndio de energias que um homem emprega nesse trabalho?

Se se tratasse só desse homem, seria fácil calcular o custo da sua subsistência e o lucro a que ele faz jus, mas esse produtor não é um individuo isolado. É um cidadão que contribui para a prosperidade do país. É um chefe de família, pai talvez de filhos cuja educação depende do salário paterno. Temos que levar em consideração esses fatos, e como calcular a parte que cabe à família no dia de trabalho do seu chefe? Recebe ele a paga do seu trabalho, mas qual é a dívida desse trabalho para com o seu lar? E a sua dívida para com a sua condição de cidadão e de pai de família? O homem trabalha na oficina, mas sua mulher trabalha em casa. Sobre que sistema calcular a parte do lar no preço de custo do dia de trabalho? Deve a subsistência pessoal do operário ser considerada como o "custo" e os seus encargos de família como o "lucro"? Ou o lucro de um dia de trabalho deve ser considerado como o que lhe sobra em dinheiro, depois de satisfeitas todas as suas necessidades pessoais e as da família? Ou, ainda, tudo que é dispendioso com a família deve ser estritamente encarado como custo, sendo o lucro computado à parte? Isto é, depois de ter satisfeito à sua subsistência e a dos seus, depois de haver vestido, agasalhado e educado a todos, deve pretender reservas à guisa de economias? É justo gravar o dia de trabalho de todos esses encargos? Creio que sim. Do contrário, teremos de encarar a deplorável perspectiva de mães e filhos forçados a trabalhar fora de casa.

São questões que exigem estudo atento e cálculos sérios. Talvez, de tudo quanto se relacione com a nossa vida econômica, nada nos traga mais surpresa do que o cálculo exato da carga que pesa sobre um dia de trabalho.

Seria possível determinar exatamente a energia que um homem despende num dia de trabalho. Mas seria impossível determinar a reserva de energia que lhe ficou para o dia seguinte, bem como a proporção dessa energia que ele não recuperará mais. Os economistas não imaginaram ainda uma amortização para a recuperação de energia operaria. Mas é possível estabelecer um fundo de amortização sob forma de pensão para a velhice. A pensão, porém, não atenderia ao lucro que o trabalho deve acarretar para o operário como compensação das despesas gerais da vida, da sua fadiga e da inevitável usura de suas forças.

SALARIATO E COMUNISMO

Os salários mais elevados que têm sido pagos até hoje estão longe de ser o que deviam ser. A indústria não está suficientemente bem-organizada e seus objetivos não são suficientemente claros para que possa pagar mais que uma fração do salário legitimo. É no que temos de pensar. A solução não virá pela substituição do salariato pelo comunismo. O sistema do salariato é o único que permite recompensar, segundo o seu valor, a parte de cada um na produção. Suprimam o sistema, e a injustiça será universal. Aperfeiçoem-no, e a justiça será universal.

Com os anos, muito aprendi a respeito de salários. Creio que, de lado outros considerações, o nosso êxito dependeu, em parte dos salários que pagamos. Quando distribuímos altos salários, muito dinheiro se espalha e vai enriquecer os comerciantes, os fabricantes, os varejistas, os colaboradores de toda ordem, e essa prosperidade se traduz por um acréscimo de procura dos nossos produtos.

A alta generalizada dos salários traria como consequência a prosperidade geral dos pais, caso a essa alta correspondesse aumento de produção. Do contrário sobreviria o marasmo.

A BOA ORIENTAÇÃO

Foi-nos mister algum tempo para chegarmos a uma orientação segura no problema do salário, e isso só se deu quando iniciamos a plena produção do modelo *T*. Antes usávamos distribuir uma quota de participação nos lucros. Em 1909 distribuímos 80.000 dólares, com base nos anos de serviço. Os homens que já tinham um ano na fábrica tiveram 5% do salário anual; os de dois anos, 7 ½%; os de três, 10%. O inconveniente desse sistema é que não tinha conexão direta com o trabalho diário. Os homens recebiam a sua parte muito tempo depois de feito o trabalho e o tinham como uma espécie de presente. É desacertado que o salário se confunda com um donativo gratuito.

Além disso, os salários não eram cientificamente proporcionais às diversas espécies de trabalho. O operário do trabalho A podia receber uma paga menor que a do operário do trabalho B, embora aquele pudesse exigir mais habilidade e esforço físico. Muita iniquidade se introduz no cômputo dos salários quando sua base é encarada assim.

Para evitar isso, a partir de 1913 fizemos estudar, nos milhares de operações da nossa indústria, o tempo requerido para cada uma.

Esse estudo permitiu-nos determinar, teoricamente, qual devia ser a produção normal de um operário. Depois, fazendo largos abatimentos, calculamos uma média satisfatória e, tomando em consideração as circunstâncias de habilidade, fixamos uma taxa de salário que expressasse, com bastante exatidão, a quota de habilidade profissional e de simples esforço requerida para cada operação, e também o que se pode esperar de um homem em troca do salário. Sem esse estudo o industrial não sabe por que e paga tal ou qual salário, nem o operário sabe por que o recebe. Todas as operações foram dessa maneira estandardizadas e apreçadas.

Não temos trabalho por peças. Uns ganham por hora, outros por dia; nos dois casos exigimos um rendimento abaixo do qual o operário não pode descer. Do contrario, nem ele nem nós saberíamos se o salário é justo ou não. O operário demonstra com um índice fixo de trabalho diário que tem direito a receber o salário correspondente. Os guardas são pagos pela presença e os trabalhadores pelo trabalho.

PARTICIPAÇÃO DE LUCROS

Sobre essa base anunciamos e aplicamos em 1914 um plano de participação nos lucros em que o salário mínimo era fixado em cinco dólares diários; ao mesmo tempo reduzimos as horas de trabalho a oito, e a semana a 48 horas. Essa decisão foi inteiramente voluntária. Todos os nossos aumentos de salário têm sido voluntários. Era um ato de justiça social e ia nisso a nossa intima satisfação. Há muito prazer em contribuir para a felicidade alheia, aliviar o fardo que pesa ao próximo, criar um estado de coisas que proporcione bem-estar e prosperidade. A boa vontade constitui a maior força da vida. Um homem determinado pode conseguir tudo o que deseja, mas terá sua vitória pouco valor se não visa ao bem geral.

Esses aumentos, todavia, nunca tiveram o caráter de um dom gracioso – mas não foram vistos assim. Muitos industriais supuseram que o fazíamos porque os nossos negócios prosperavam e queríamos reclame; nossa política foi condenada porque rompíamos com o uso de pagar os mais baixos salários não foi só porque o quiséssemos e o pudéssemos, foi, também, para colocar nossa indústria sobre bases sólidas. Não estávamos distribuindo nada; estávamos construindo para o futuro. Uma indústria estará sempre em falso, se se baseia em salários baixos.

Poucos acontecimentos industriais foram mais comentados em todo o mundo, e menos compreendidos. Os próprios operários convenceram-se de que iam receber dali por diante 5 dólares diários, qualquer que fosse o trabalho produzido.

Os fatos saíram um pouco diferentes. O plano era distribuir lucros; ao invés, porém, de esperar que esses se realizassem, os calculávamos antecipadamente e os juntávamos, sob certas condições, ao salário dos que já tinham seis meses na companhia. Era uma participação destinada a três categorias de homens:

1.ª) Casados vivendo com a sua família e cuidando dela.

2.ª) Solteiros maiores de 22 anos, reconhecidos como poupados.

3.ª) Moços menores de 22 anos e mulheres que constituíam o único suporte de parente inválido.

Primeiramente, ao operário cabia o salário comum que já era em média 15% mais alto que o tipo corrente. Em seguida, percebia uma certa parte dos lucros. Lucro e salário eram calculados de modo a dar-lhe uma renda mínima de 5 dólares diários. A participação do lucro calculava-se sobre o numero de horas de trabalho e combinava-se com o salário horário, de modo a dar aos que recebiam o menor salário uma proporção maior de lucros. O pagamento se fazia às quinzenas. Um homem, por exemplo, que ganhava 34 cents por hora, percebia uma participação de 28 ½ cents por hora, o que perfazia os seus 5 dólares. Outro, que percebia 54 cents por hora, recebia participação de 21 cents, o que lhe dava uma renda diária de 6 dólares.

Era um sistema de participação, mas condicional. O operário e sua família tinham de conformar-se com certas regras de dignidade e civismo. Sem que visássemos, nenhum patriarcalismo, qualquer coisa de paternal introduziu-se no negócio e foi uma das razões de abandonarmos o sistema. Nossa ideia era estimular a vida bem ordenada, e julgáramos que o melhor estímulo fosse um prêmio em dinheiro. O homem que vive bem, trabalha bem. Além disso, queríamos evitar a baixa do rendimento do trabalho que resulta às vezes da elevação dos salários. A experiência da guerra demonstrou que o aumento brusco de salário muitas vezes não só desperta a ganância do homem, como lhe diminuirá o rendimento útil. Se desde o começo nos contentássemos com acrescentar a participação de lucros ao pagamento do salário, provavelmente o tipo do rendimento teria baixado. O novo plano dobrava o salário da metade dos homens. A diferença podia ser tida como "dinheiro fácil". A ideia do dinheiro fácil é nociva ao trabalho. Há perigo em aumentar violentamente o salário de um homem, ganhasse ele antes um dólar ou cem por dia. De fato, se o salário de quem ganha cem dólares sobe da noite para o dia a trezentos, há mais chances de que ele faça mais tolices que um operário cujo ordenado sobe de um dólar a três por hora. Mais dinheiro na mão, mais oportunidades para fazer asneiras.

EFEITOS DE SISTEMA

No sistema acima exposto nada havia de mesquinho nas regras estabelecidas, embora pudéssem, às vezes, ser aplicadas com mesquinhez. Cinquenta inspetores constituíam o nosso departamento social, na maioria muito sensatos, mas é impossível reunir e é o erro que dá na vista. Esperávamos que os casados, para receberem a sua parte nos lucros, vivessem com suas famílias e zelassem por elas. Tivemos que reformar o mau costume, comum nos operários estrangeiros, de tomar pensionistas, considerando sua casa como um negocio a explorar e não o que deve ser, o lar. Moços menores de 18 anos recebiam sua parte quando mantinham seus pais, e obtinham-na igualmente os solteiros de boa vida. A melhor prova de beneficio do sistema foi que, no começo, só 60% dos operários foram contemplados na participação dos lucros; ao fim de seis meses a percentagem subia a 78; ao cabo de um ano, a 87. Ano e meio depois, só se excluía do prêmio 1%.

O aumento dos salários produziu outros resultados. Em 1914, quando entrou em vigor o primeiro plano, ocupávamos 14.000 homens e tínhamos de admitir anualmente 53.000, para manter aquele número. Em 1915 só admitimos 6.508 homens, na maioria chamados graças ao crescimento da empresa. Se continuássemos com o primitivo índice de admissões, seríamos obrigados hoje a tomar 200.000 homens por ano, problema quase insolúvel. Bem que um mínimo de tempo seja necessário para o aprendizado em quase todas as operações da nossa fábrica, seria impossível mudar o pessoal todo dia, toda semana ou todo mês. Além disso, ainda que um operário seja capaz de aprender o seu trabalho ao cabo de dois dias ou três, depois de um ano de prática é natural que trabalhe muito melhor. Desde então, não mais me preocupou o problema de renovação do pessoal. É difícil dar a esse respeito cifras exatas, porque quando não estamos em plena produção, usamos um sistema rotativo, a fim de repartir o trabalho entre o maior numero possível de operários. Isso dificulta distinguir entre as saídas. O recrutamento do pessoal nos preocupa muito, e creio que não irá além de 3 a 6% ao mês.

Apesar das mudanças introduzidas no sistema, nunca nos apartamos do seguinte principio:

"Quando quiseres que um homem consagre todo o seu tempo e energia a um trabalho, dá-lhe um salário que o ponha ao abrigo das dificuldades financeiras".

O MELHOR NEGÓCIO

É um negócio. Os nossos lucros demonstram que pagar altos salários é o melhor dos negócios.

Havia inconvenientes no sistema de participação com base no bom comportamento. Tendia ao estabelecimento do patriarcalismo, coisa que não cabe na indústria. É velharia a beneficência que se intromete na vida privada dos empregados. Há os que necessitam de conselho e auxilio; algumas vezes, mesmo, de um auxilio especial; mas isto lhes deve ser dispensado apenas por espírito de humanidade. Um sistema largo e pratico de capitalização e participação nos lucros fará mais para consolidar a indústria do que todas as obras sociais exteriores.

E, sem mudar nossos princípios, mudamos o nosso método de pagamento.

CAPÍTULO IX

AS CRISES ECONÔMICAS

Embora as exigências da vida sejam continuas, tanto para o patrão como para o obreiro, o trabalho só lhes vem às semanas. Ambos apanham-no ao preço que podem – este, a sua tarefa; aquele, a sua encomenda. Durante os chamados tempos de prosperidade, as encomendas e tarefas abundam, mas se sobrevém a maré baixa, nada vai. Esse ritmo de "bom" e "mau" é constante na vida econômica. Embora nunca haja períodos em que nada falte a ninguém, ainda mesmo os períodos de crise apresentam o espetáculo surpreendente de um mundo faminto de mercadorias e de uma organização industrial ansiosa por produzir, separados um do outro por uma barreira de dinheiro. Tanto a fabricação como o trabalho aos operários vai aos arrancos. Quando muita gente quer comprar, diz-se que há escassez de mercadorias. Quando ninguém quer comprar diz que há superprodução. Admito que sempre tivemos escassez de mercadorias – superprodução, nunca. Podemos ter em certa época muita mercadoria inútil, mas isso não significa superprodução e sim produção defeituosa. Também podemos ter grandes estoques a altos preços. Não é ainda superprodução, é má fabricação e má direção financeira. Serão os negócios bons ou maus por decretos do destino? Devemos encarar como inevitáveis as condições do mundo? Não. Não obstante, esse motivo único é posto de parte e tudo é feito, não para atendê-lo, mas para ganhar dinheiro – e isso porque aos poucos criamos um sistema monetário que, em vez de ser um adequado instrumento de troca, é muitas vezes um empecilho, Veremos isso adiante.

Se sofremos desses períodos de azar é porque dirigimos mal a produção. Se em tal ano houvesse realmente uma falha de colheitas, admito que sobreviesse a fome; mas não posso conceber que haja miséria e fome unicamente por motivo da má direção, sobretudo de má direção que implicitamente decorre duma viciosa organização financeira. A guerra convulsionou o nosso mercado, é certo, e fez o mesmo em todo o mundo, mas a culpa não é só dela. Nem teria havido guerra se os negócios fossem mais bem-conduzidos. Serviu, sim, para revelar grande número de defeitos do nosso sistema financeiro, e, mais que tudo, mostrar como é inseguro o negocio baseado apenas no dinheiro. Não sei se o mau estado da indústria vem do mau sistema financeiro ou se é uma errada concepção da indústria que cria o mau sistema financeiro. Mas sei que, embora não seja de desejar a subversão do atual sistema financeiro, é inteiramente desejável estabelecer a indústria numa base de utilidade geral. Então, um melhor sistema financeiro virá, porque o atual perderá sua razão de ser.

Temos que trabalhar nessa estabilização, dando-a aos nossos próprios negócios. Agindo assim isoladamente não poderemos fazer obra perfeita, mas o exemplo será imitado e um dia veremos a inflação e sua irmã depressão postas na categoria da varíola, isto é, das doenças evitáveis. Será perfeitamente possível, com a reorganização da indústria e da finança, contrabater os perniciosos efeitos das estações sobre a indústria e fugir assim às crises de depressão. A lavoura já se reorganiza. Quando a indústria também o fizer, lavoura e indústria andarão de acordo, porque são, na realidade, gêmeas e não antagonistas. Como indicação dessa solidariedade, citarei a nossa fábrica de válvulas, montada, a 18 milhas da cidade, de modo a que os seus operários possam ser também agricultores. Com o emprego de máquinas, a lavoura passa a exigir uma fração do tempo que consome hoje. O tempo que a natureza requer para produzir é muito maior que o que gasta o homem para semear, cultivar e colher. Em muitas indústrias é indiferente que o produto seja feito aqui ou ali, e a energia hidráulica permite que o seja nas regiões agrícolas. Mais facilmente do que se crê, podemos ter o operário a um tempo lavrador e industrialista, alternando o trabalho de campo com o trabalho de usina nas mais cientificas e saudáveis condições. Essa combinação servirá a certas indústrias de estação; outras poderão basear-se numa seriação de produtos de acordo com o seu equipamento e as estações; outras, ainda, bem-estudadas, poderão amaciar a passagem de uma estação para outra.

As depressões periódicas são mais sérias porque parecem muito extensas para serem controláveis. Enquanto uma organização de conjunto não se realizar não podemos dominá-las de todo, mas cada industrial pode, em seus domínios, realizar progressos no sentido indicado, e isso contribuiria para a solução geral. A produção Ford não tem sido afetada por essas crises periódicas; sempre cresceu em linha reta, exceto de 1917 a 1919, quando passou a fabricar artigos de guerra. O período de 1912-1913 foi tido como mau, embora hoje o tenham como anormal, e nele dobramos as nossas vendas; o de 1920 a 1921 é tido como um dos piores períodos da história, mas vendemos cinco vezes mais do que no ano de 1913 a 1914. Não há nada de misterioso nisso, pois é o resultado inevitável da aplicação de um principio que pode orientar todos os demais negócios.

CAUSAS DAS CRISES

Nosso salário mínimo é hoje de seis dólares, e os operários estão muito afeitos a eles para tornar a fiscalização desnecessária. Esse salário mínimo é pago desde que o operário atinge o seu índice de produção, coisa só dependente da sua vontade. Contamos no salário a participação de lucros do operário e pagamos hoje mais do que no período de prosperidade que se seguiu imediatamente à guerra. Mas só pagamos com base no trabalho produzido, e mostra bem como se trabalha em nossa empresa o fato de 60% dos operários receberem mais de seis dólares.

Consideremos os fundamentos da prosperidade. O progresso não se constitui duma série de arrancos. Cada passo deve ser regulado, e ninguém pode esperar progresso sem trabalhar para ele. A prosperidade, que é ela? Um período em que o maior número de pessoas se sente bem. Esse bem-estar geral, e não o lucro auferido pela indústria, é que indica prosperidade. A função do industrial é contribuir para esse bem-estar e ele só serve à coletividade quando dirige sua indústria de modo a dar ao publico mercadorias sempre melhores e mais baratas, e ao mesmo tempo pagar salários crescentes aos que o ajudaram a produzir. Só assim um industrial, de qualquer ramo, justifica sua existência.

Não costumo dar muito valor às estatísticas ou teorias econômicas sobre o ritmo da prosperidade e da depressão. Essas teorias têm como "prósperos" os períodos de preços altos, mas a prosperidade não pode ser avaliada pelos preços que os industriais marcam aos seus produtos.

Não dou valor a combinações de palavras. Se os preços estão acima da força aquisitiva do público, baixai-os. De ordinário, a indústria parte da manufatura e termina no comprador. Se o comprador não quer ou não pode comprar o que o industrial tem para vender, o industrial arrepela-se e clama que os negócios vão mal e, pondo o carro à frente dos bois, segue seu caminho, lamentando-se. É um contrassenso.

Existe o industrial para o consumidor ou esse para aquele? Se o consumidor não quer, ou, digamos, não pode comprar, cabe-lhe a culpa? Se a culpa não cabe a ninguém, então o industrial deve fechar as suas portas.

Mas que negócio jamais começou na fábrica e terminou no consumidor? Donde vem o dinheiro que põe as rodas em movimento? Do consumidor sem duvida, e não da indústria bem-sucedida se não satisfaz ao consumidor. O consumidor pode ser satisfeito tanto pela qualidade como pelo preço e será otimamente servido se lhe derem a melhor qualidade sob o menor preço. O industrial que isso consegue consolida sua indústria e torna-se um líder. E não pode deixar de ser assim.

A ESTABILIDADE

Por que, então, espernear, esperando que os negócios voltem a ser bons? Reduza-se o preço de custo. Baixe-se o preço de venda ao nível do comprador.

Cortar nos salários é a mais fácil e preguiçosa maneira de atender a uma situação – e a mais desumana. É fazer cair sobre o operário a culpa da direção incompetente. Cada crise não passa de um convite ao bom industrial para que ponha mais cérebro no seu negócio, superando, assim, à força de inteligência, o que os outros pensam vencer pelo corte dos salários. Tocar no salário antes de examinar o que vem antes dele é procurar saída falsa. Se a boa saída for encontrada, o corte do salário se tornará inútil. Isto mo ensinou a experiência. No processo de reajustamento, alguém tem que perder – e quem há de perder senão quem tem o que perder? Mas a expressão "perder" é falsa. Ninguém perde na realidade. Tudo se resume em largar uma parte do lucro passado por amor ao lucro futuro. Certa vez, em conversa com o ferragista duma pequena cidade, disse-me ele:

– Faço conta de perder 10.000 dólares do meu estoque – mas não chegará lá, compreende-se. Nós ferragistas temos ganho muito. A maior parte do meu estoque foi comprado na alta, mas já vendi outros anteriores e conservo o lucro. Além disso, os ... 10.000 dólares que eu disse não são daqueles bons dólares antigos. São dólares de especulação, dos que não valem cem cents. Assim, embora meu prejuízo seja grande, não é grande. E com isso o povo cá da cidade voltará a construir, em vez de ficar parado, como agora, em vista da alta dos preços.

Eis um negociante avisado, pois prefere ganhar menos e favorecer o movimento dos negócios a resistir no preço alto, com prejuízo de todos. Homens assim constituem a riqueza duma cidade. Veem claro. Farão o seu balanço suportar o prejuízo do reajustamento, em vez de reduzir o salário dos seus operários, reduzindo, desse modo, a força de aquisição da cidade. Não ficam de cócoras nos seus preços altos à espera de que as coisas mudem. Compreendem o que poucos compreendem: ser da essência da prosperidade sofrer também suas perdas.

Nós, também, as tivemos. As vendas do nosso carro caíram, como tudo mais. Balanceamos a produção e vimos que não era possível fabricar mais barato do que o fazíamos, mas nossos preços eram superiores ainda ao que o publico podia pagar. Fechamos as portas para estudar o caso. A alternativa era, ou perder 17.000.000 de dólares no balanço, ou sofrer perda ainda maior, cessando de trabalhar. Não havia vacilação possível.

Essa alternativa se apresenta sempre nos negócios, e, ou lançamos a perda nos livros e os negócios prosseguem, ou resistimos e eles param de funcionar. Mas a perda da parada excede de muito à soma de dinheiro que ela representa, porque durante o período de inação a timidez amarra a iniciativa e, se o interregno se prolonga, não há mais coragem de recomeçar.

O BOM REMÉDIO

De nada serve esperar que as coisas melhorem. Se o industrial bem desempenha a sua função, deve baixar os preços ao nível do público. Há sempre um preço que o público paga em qualquer condição do mercado e se nos esforçarmos conseguiremos alcançar esse preço.

Nunca, porém, piorando a qualidade do produto, nem fazendo economias de míope, das que criam o descontentamento do operário. Nem, ainda, agitando-nos e zumbindo em torno do caso, mas pelo aumento da eficiência da produção. Vista desse modo, cada crise poderá ser considerada como um problema proposto à inteligência dos industriais. Atermo-nos, porém, só ao dinheiro, sem visar fins de utilidade geral, corresponde a atestarmos falta de idoneidade para a função de industrial.

Com outras palavras: o preço da venda deve tomar por base o custo real, isto é, o custo da transmutação da energia humana em artigos de consumo. Tão simples fórmula, todavia, não é considerada digna de um homem de negócios. Não é assaz complicada. Negócios há que consistem em tomar das mais honrosas formas da atividade humana e pô-las a serviço de astutos especuladores que criam escasseamentos artificiais de gêneros e promovem assim a alta dos preços. E há ainda as situações de falso estímulo e de alta depressão.

A justiça econômica é constantemente violada, às vezes com inocência. Uns querem que ao sistema industrial caiba toda a culpa dos males que pesam sobre o homem. Outros afirmam que o homem cria suas próprias condições e que nosso sistema social, econômico e financeiro é mau e porque reflete a própria índole do homem. Os industriais repugnam admitir que o que está errado no atual sistema industrial é, em parte, pelo menos, consequência dos seus próprios erros, sistematizados e ampliados.

Sem dúvida, com menos falhas na natureza humana, o sistema social seria menos defeituoso. Se a natureza humana fosse ainda pior, um pior sistema surgiria – embora não pudesse durar tanto como o atual. Mas ninguém pretende que o homem quis deliberadamente criar um sistema social defeituoso. Admitir que todos os defeitos da sociedade venham do homem, não vale dizer que o homem organizou voluntariamente as suas próprias imperfeições. Grande parte delas cabe à ignorância e outra, não menor, à ingenuidade.

Vejamos as origens do nosso sistema industrial. Nada no começo indicava o que ele ia tornar-se. Cada novo progresso era recebido com alegria. Ninguém sonhou ver o "capital" e o "trabalho" em antagonismo hostil. Ninguém pensou que o fato do sucesso trouxesse em si perigos insidiosos, foi o desenvolvimento do sistema que fez crescer as imperfeições latentes. Os negócios tomaram tal vulto que os chefes hoje nem podem saber o nome dos seus auxiliares – meras peças de máquina. Ninguém admite, entretanto, que esse desumano sistema fosse deliberadamente inventado. Vem por si. Estava latente nas origens, mas invisível e imprevisível, e só um desenvolvimento assombroso podia ter-lhe dado corpo.

A ideia de indústria, que é? Não é produzir dinheiro. É realizar uma ideia útil e multiplicá-la, de modo que atenda às necessidades do maior número possível de criaturas.

Produzir, produzir; criar um sistema que eleve a produção à categoria das belas-artes; pô-la em bases que lhe permitam prover à construção e expansão de mais e mais casas de trabalho onde se façam milhares de coisas úteis – essa é a verdadeira concepção da indústria. Mas é sua negação afastá-la do ideal de serviço. Homens de vista curta, porém, não percebem que a indústria transcende o âmbito do interesse pessoal. Indústria é o processo de dar e tomar, viver e fazer viver. É cooperação de numerosas forças e interesses. O industrial convencido de que a indústria é um rio que deve parar logo que chega a ele, equivale ao homem convencido de que o que para, prossegue. Esse industrial julgará produzir riquezas, detendo a produção de riquezas.

Os princípios que dão como base da indústria a utilidade geral, fatalmente melhorarão os maus negócios e o mau sistema financeiro.

CAPÍTULO X

COMO FABRICAR BARATO?

Ninguém nega que com preços suficientemente baixos o comprador surge sempre, qualquer que seja a situação do mercado. Isso é elementar.

Às vezes, entretanto, as matérias-primas encalham, por mais que baixem de preço. Vimos isso em 1920, período em que os industriais procuravam desfazer-se dos estoques produzidos com materiais caros, restringindo assim as novas compras. Os mercados estavam em estagnação, mas "não" saturados de mercadorias. Está saturado um mercado unicamente quando os preços lhe sobrepujam o poder aquisitivo.

Preços excessivos valem por sintoma de doença nos negócios, porque são devidos a uma qualquer anormalidade. Um homem de boa saúde tem a temperatura normal; o mercado, idem, quando está são. Os preços altos vêm graças à especulação. Às vezes nem isso é necessário. A inflação da moeda ou crédito pode determinar um aparente aumento do poder aquisitivo do mercado, desaçaimando a especulação. Mas qualquer que seja a sua causa real o público vai pagando o preço alto com receio de ficar desprovido. Uns compram levados por esse receio, outros na esperança de revender com lucro. Quando foi da crise do açúcar, muitas donas de casa, que só o compravam aos cinco quilos, passaram a comprá-lo às sacas, e por sua vez os especuladores o açambarcaram em seus armazéns. A escassez durante as guerras vem sempre dessa especulação junto às compras feitas acima das necessidades usuais.

AS EXISTÊNCIAS

Por maior que seja a escassez de um produto na praça e por mais que o governo procure controlar as existências ou chamá-las para si, quem esteja disposto a pagar os preços pedidos sempre o encontra na quantidade que deseja. Ninguém pode conhecer, realmente, a existência exata de um tal gênero num país. As melhores estatísticas não passam de aproximativas conjeturais, e o cálculo das existências mundiais ainda é mais vago. Poderíamos, com muito esforço, vir a saber qual a produção de certo artigo num dia ou mês determinado, mas isso não nos aclararia quanto à produção do dia ou mês seguinte. O mesmo com o consumo. Com grande esforço e dispêndio poderíamos vir a determinar o consumo exato de um certo artigo num dado período; mas ao ser compilada esta estatística já teria ela apenas um valor histórico, porque no período seguinte o consumo poderá dobrar ou cair à metade. O publico não permanece imutável, e é nisto que erram os socialistas e comunistas e outros arquitetos de planos ideais para a regulamentação das coisas. Presumem que a sociedade para. Também os reacionários partem de semelhante ideia. Creem que a sociedade parou. Mas nada para – do que muito me regozijo.

O consumo varia de acordo com o preço e a qualidade, e ninguém sabe ou pode figurar-se até onde chegará ele no futuro porque cada nova baixa atinge uma nova camada de compradores. Todos sabem disso, mas poucos agem de acordo. Quando um comerciante compra caro e vê a mercadoria parada, sua política é baixar os preços até que ela se escoe. Se é um homem avisado, ao invés de ir baixando aos poucos, o que põe o público de reserva à espera de novas baixas, baixa-a duma vez até nível que lhe determine a saída imediata. Momentos há no mercado em que o vendedor tem que perder, e fica ele à espera de recuperar o prejuízo com uma venda de alto lucro. É uma ilusão. A perda se dá à custa do lucro das operações anteriores. Quem foi bastante insensato para considerar os altos lucros do período de alta como um lucro sólido e real, se achará fatalmente em embaraços quando a baixa sobrevier. Apesar disso a opinião reinante é que os negócios consistem numa alternativa de lucros e perdas, e ainda que bom negócio é aquele que o lucro excede às perdas, donde decorre que os melhores preços para vender são mais altos que se nos deparam. Essa é considerada a boa prática. Será? Penso que não, porque não foi isso que verifiquei.

OS ESTOQUES

Verifiquei que na compra da matéria-prima não valia a pena comprar além das necessidades imediatas. E compramos só o exigido pelo nosso programa de produção, tendo em conta o estado dos transportes nesse período. Se o transporte fosse perfeito e a entrada de matéria-prima regular, nem necessitaríamos manter estoques. Os materiais chegariam na ordem, de acordo com os contratos, e sairiam dos vagões para a usina. Resultaria disso um grande lucro, pois encurtava-se o ciclo da manufatura, e suprimia-se o empate de dinheiro em material parado. Os maus transportes é que obrigam a fazer estoques de matéria-prima. Em 1921, por ocasião da limpeza domestica de que já falei, nossos estoques eram excessivos, não que comprássemos para especular, mas porque os transportes andavam péssimos. Quando os preços começam a subir, julga-se de boa política comprar muito para comprar pouco quando a alta estiver no auge. Por mais certo que seja isso, verifiquei que está errado. Jogar não é negócio. Se alguém comprou a dez, ficará em boa posição quando os outros forem obrigados a comprar a quinze. Numa oportunidade seguinte, fiado no sucesso anterior, comprará de novo por dez, mas venderá por cinco, ficará na mesma situação em que se achava antes de fazer esse jogo.

Verificamos, pelas estatísticas dos anos anteriores, que comprar de acordo com tal política não é negocio. O lucro de uma operação se balanceia pelo déficit de outra, e tudo fica em agitação estéril. Por isso só compramos, ao melhor preço do momento, a quantidade precisa. Não compramos menos porque está caro, nem mais porque está barato. Afastamo-nos de tudo que é especulação, coisa, aliás, nada fácil, devido ao pendor especulativo. Mas a especulação acaba matando o industrial. Dai-lhe um par de tacadas felizes: ele só pensará daí por diante em ganhar dinheiro assim, e não por meio de sua indústria, e acabará esmagado.

O caminho único é comprar só o necessário, nem mais nem menos. esse sistema afasta da indústria o azar.

A DEMONSTRAÇÃO DOS FATOS

Delonguei nisto porque a nossa maneira de comprar explica a nossa maneira de vender. Em vez de dar atenção à concorrência ou à procura, nossos preços se baseiam no calculo do que a clientela quer ou pode pagar. E nada lança mais luz no acerto dessa regra do que a relação entre as nossas vendas e o preço.

Ano	*Preço*	*Produção*
1909-1910	950 dólares	18.664 carros
1910-1911	780 "	34.528 "
1911-1912	690 "	78.440 "
1912-1913	600 "	168.220 "
1913-1914	550 "	248.307 "
1914-1915	490 "	308.213 "
1915-1916	440 "	533.921 "
1916-1917	360 "	785.432 "
1917-1918	450 "	706.584 "
1918-1919	525 "	533.706 "

(1917 a 1919 foram anos de guerra, em que a fábrica trabalhou para fins militares.)

Ano	*Preço*	*Produção*
1919-1920	575-440 dólares	996.660 carros
1920-1921	440-355 "	1.250.000 "

Os altos preços de 1921 eram relativamente baixos, considerando a inflação do momento. Mais tarde o preço era de 497 dólares, mais baixo do que parece, dado o melhoramento da qualidade dos carros. Estudamos cada auto novo que aparece, a ver o que há neles de aplicável ao nosso, e para isso o adquirimos logo que surge no mercado. Habitualmente, usamo-lo por algum tempo em excursões e, depois, o examinamos, peça por peça. Não há carro no mundo que não exista em Dearborn. Cada vez que compro um, dizem os jornais que Ford não usa o *Ford*. O ano passado adquiri um *Lanchester*, marca que passa como a melhor da Inglaterra. O carro ficou na nossa usina de Long Island por vários meses e um dia fui nele a Detroit. Eramos vários e formávamos uma pequena caravana – meu

Lanchester, um *Packard*, e um *Ford* ou dois. Eu dirigia o *Lanchester* ao passar pela cidade de Nova Iorque e alguns repórteres vieram indagar por que não conduzia um *Ford* – Por quê? Respondi. Porque estou de férias e não tenho pressa em chegar. É por isso que não ocupo um *Ford*.

Vê-se que temos também um estoque de anedotas *Ford*.

Nossa política é reduzir os preços, estender as operações e melhorar o artigo. A redução do preço prima sobre o resto. Jamais tivemos o custo da fabricação como algo de fixo, e reduzimo-lo sempre ao ponto que determine maior saída. Depois é que nos aplicamos a fabricá-lo por tal preço. Não me preocupo com o custo da fabricação; o novo preço obriga-o a descer.

A maneira usual é outra, é tomar o custo e determinar o preço, e, embora seja estritamente cientifico, esse método falha ante um exame mais largo. Que vale conhecer o custo de uma fabricação se não podeis pô-la ao alcance do público? E mais, é inútil calcular um custo se não sabemos o que esse custo deve ser. Um dos meios de descobrir o que deve ser o custo é fixar um preço de venda suficientemente baixo para forçar a fabrica à sua mais alta eficiência. O preço baixo obriga-nos mais que qualquer coisa ao aperfeiçoamento, à descoberta de caminhos novos no fabrico e no sistema de vender.

O SALÁRIO ALTO

O pagamento de altos salários também contribui para a baixa do custo, tornando os operários cada vez mais industriosos à proporção que se veem isentos de preocupações estranhas ao trabalho.

O pagamento de cinco dólares por dia foi um dos mais belos meios que descobrimos de reduzir o custo, e a elevação a seis dólares o mais belo ainda. Até onde chegaremos nesse caminho não sei dizer. Sempre conseguimos lucros com esse sistema e não posso prever até onde iremos em matéria de preço baixo e salário alto. O trator, por exemplo, era vendido primeiro a 750 dólares, depois a 850, a 625 e chegou a 395.

Os tratores não são feitos conjuntamente com os carros. Nenhuma fabrica seria bastante grande para comportar o fabrico de ambos. Uma usina deve dedicar-se a um só artigo, se quer obter o máximo rendimento econômico.

Para muita coisa um homem com sua máquina ao lado vale mais que sem ela. Pondo os meios de fabricar em relação com o produto a fabricar, descobrimos a máquina que mais multiplica o homem. O operário ganha em eficiência e disso lhe resulta a ampliação do seu bem-estar.

OS GASTOS INÚTEIS

Tendo esse principio em mente, pudemos atacar de cara o desperdício. Nada de inútil em nossos estabelecimentos. Não construímos belos edifícios que atestem aos passantes a nossa vitória. O interesse do capital neles empatado e as despesas de custeio apenas serviram para aumentar inutilmente o preço de custo da manufatura. Tais monumentos à prosperidade viram às vezes monumentos funerários. Grandes escritórios administrativos poderão ser necessários, mas indicam, talvez, que há muita administração. Nós nunca tivemos necessidade de complicada administração e preferimos ser conhecidos pelo artigo do que pela casa onde ele se fabrica.

A estandardização que determina largas economias para o consumidor traz altos lucros ao produtor, que ele não sabe o que fazer do dinheiro. Mas o seu esforço deve ser sincero, tenaz e ousado. Limitar-se a meia dúzia de modelos não é estandardizar. Será limitar a indústria, porque quem vende na base usual de lucros (que é tomar do consumidor o máximo que possa) deve deixar-lhe ao menos que goze de uma grande variedade de artigos.

A estandardização é, pois, o derradeiro estágio do processo. Partimos do freguês, depois estudamos o artigo e finalmente abordamos a manufatura, de modo que essa se torne o meio de atingir um fim de utilidade geral.

É indispensável não perder isso de vista, mas assim não tem sido. O elemento preço não é bem compreendido. Persiste a ideia de que o preço não deve cair, embora o grande negócio – largo consumo, dependa de que ele baixe.

É também indispensável que o artigo preste os melhores serviços ao freguês, outro ponto não atendido. Considera-se de bom aviso, e nada imoral, mudanças periódicas num produto que tornem obsoletos os velhos modelos e obriguem o freguês a adquiri-los novos, ou porque não encontre mais peças de substituição ou porque o novo modelo ofereça algo de tentador. Ouvimos louvar como boa a política de levar o freguês a repetir sua aquisição, e má a de produzir artigos duráveis que evitem segunda compra.

ECONOMIA E QUALIDADE

Nossos princípios industriais mandam fazer o contrario. Não posso conceber como seja possível bem servir um cliente senão lhe dando um artigo que dure o mais possível. Desejaríamos produzir artigos de duração limitada e jamais fazemos mudanças inúteis que ponham fora da moda os nossos carros vendidos. Nossas peças não são somente intercambiáveis de um carro a outro do mesmo tipo como ainda de todos os tipos que fabricamos. Quem tiver um carro nosso de dez anos atrás e adquirir as necessárias peças novas pode deixá-lo moderníssimo. E como temos o firme objetivo de sempre baixar os preços, o nosso esforço é continuo. Mas bem difícil certas vezes.

Uns exemplos ainda de economia. Nossas varreduras produzem sobre a utilização dos detritos. Numa operação de recortagem sobravam discos de lata de seis polegadas de diâmetro que iam para o lixo. Essa perda incomodava os nossos homens, que afinal acharam meio de suprimi-la. Viram que os discos eram das dimensões das chapeletas do radiador, embora mais finas. Experimentaram cortar os discos de duas folhas juntas e assim obtê-las da espessura requerida e ainda mais resistentes. Sobram 150.000 desses discos por dia e com o novo sistema já aproveitamos 20.000 e esperamos descobrir aplicação para o restante.

Ganhamos dez dólares por peça nas transmissões fabricando-as em casa em vez de comprá-las.

Experimentamos fabricar parafusos com uma máquina especial e os obtivemos muito mais fortes do que os adquiridos e sob menor tamanho; isso nos valeu, só num tipo desses parafusos, uma economia de 500.000 dólares anuais.

Costumávamos montar nossos carros de Detroit e, embora por meio de uma embalagem especial, conseguíssemos embarcar cinco ou seis em cada vagão, isso exigia muitas centenas de vagões por dia. Os trens tornavam-se contínuos. Uma vez carregamos mil num só dia. Ora, isso acarretava a congestão, trazia estragos para os carros e custava muito dinheiro de fretes. Hoje só montamos em Detroit 300 ou 400 carros por dia, o bastante para as necessidades locais. O resto sai em peças para ser montado no ponto de entrega ao freguês. Sempre que uma das nossas sucursais pode fabricar uma peça em melhor conta do que a usina central, ela a fabrica.

Na fábrica de Manchester faz-se hoje o carro inteiro, e o mesmo acontece em Cork, na Irlanda, com os tratores. Isso representa uma enorme economia de despesas e é uma indicação de como lucraria a indústria em geral, fabricando cada peça de um artigo complexo, lá onde ficasse mais econômico. Não cessamos de fazer experiências sobre todos os materiais que entram em nosso carro. Tiramos a madeira das nossas próprias florestas. Experimentamos o fabrico do couro artificial, visto que consumimos cerca de 40.000 jardas por ano. Um cent aqui, um cent ali, isso dá uma soma de grande vulto no fim do ano.

A USINA DE RIVER ROUGE

O maior desenvolvimento, porem, está em River Rouge, cuja fábrica, quando completa, trará altas reduções no custo de tudo que produzimos. O trator é hoje todo feito lá. A usina esta locada à margem do rio e ocupa uma área de 665 acres – área suficiente para os futuros desenvolvimentos. Possui uma angra onde pode fazer a volta qualquer navio do lago, e com um ramo de canal e alguma dragagem podemos estabelecer comunicação com o lago por meio do rio Detroit. Consumimos muito carvão, que vem diretamente de nossas minas pela estrada Detroit Toledo Ironton. Parte é empregado em produzir força, parte nos fornos de coque, o qual vai dali automaticamente para os altos-fornos. Os gases que escapam desses fornos seguem em tubos para as caldeiras centrais onde se juntam à serradura e mais resíduos das seções carpinteiras e ao pó do carvão, transformando-se tudo em energia na eletricidade que vai acionar todos os motores da usina.

Entre os subprodutos dos fornos de coque há gases combustíveis que vão por tubos às usinas e são empregados na esmaltagem. Antes tínhamos de adquirir esse gás. O sulfato de amônia, outro subproduto, é usado como adubo. O benzol, como combustível. Os pequenos fragmentos de coque, impróprios para altos fornos, são vendidos aos operários e postos em suas casas por um preço muito menor que os do mercado. Nada se faz à mão. O metal fundido escorre dos altos fornos para grandes recipientes, que deslizam rumo à seção dos moldes e o despejam sem necessidade de novo aquecimento. Uniformizamos, assim, o nosso aço, além de outras vantagens.

O que tudo isso significa em matéria de economia, não o sabemos ainda. A usina é muito nova para nos dar as informações precisas. Mas economizamos de todos os lados, nos transportes, na força motriz, no gás, na fundição, na renda dos subprodutos. As despesas consagradas a esses melhoramentos foram a mais de 40.000.000 de dólares.

Até que ponto chegaremos é coisa que depende das circunstancias. Ninguém pode fazer, realmente, senão conjeturas a respeito do futuro custo de produção. O mais avisado é reconhecer que o futuro nos reserva mais progressos do que o passado os realizou, e que cada novo dia que passa melhora os métodos do dia anterior.

O PROGRESSO DA PRODUÇÃO

Mas, quais serão os efeitos desse progresso na produção? Com a produção assim barateada, tão abundante, não ficará o mundo saturado de mercadorias? Chegaremos a um ponto em que, qualquer que seja o preço, o comprador não quererá possuir mais do que tem? E se o fabrico aperfeiçoado emprega cada vez menos operários, que se tornarão esses? Em que trabalharão para viver?

Examinemos isso. Já falei de muitas máquinas e métodos que diminuem o emprego de homens e parece-me que estou a ouvir essa objeção:

– "Sim, é uma bela coisa do ponto de vista do proprietário. Mas esses pobres homens a quem se suprime a ocupação, que dizem eles?"

A pergunta parece razoável, mas é curioso que ainda haja quem a formule. Onde e quando alguém viu de fato operários privados de trabalho porque se aperfeiçoam os métodos industriais? Perderam-se para a vida os boleeiros? Não empregam as estradas maior pessoal que as diligências? Devíamos ter impedido o advento dos táxis de praça porque isso tiraria o pão da boca dos cocheiros de carros? Compare-se o numero de táxis ao de carros e ver-se-á quantos lugares novos se abriram. O advento da sapataria mecânica fechou inúmeras oficinas de sapataria manual. Mas quando era esse o sistema dominante, somente as pessoas remediadas podiam calçar-se; a maior parte dos operários andava descalça no verão. Hoje, todos se calçam e a sapataria tornou-se uma grande indústria. Não! Todas as vezes que conseguirdes fazer que um homem produza por dois, aumentareis a riqueza do país de tal sorte que logo surge um emprego, e melhor, para o homem deslocado. Se todas as indústrias se transformassem do dia para a noite, então, sim, tornar-se-ia um problema dispor da mão de obra disponibilizada, mas isso não se dá. A transformação vem gradual e lentamente. Em nossa empresa surge sempre um lugar para cada homem deslocado em virtude de um aperfeiçoamento qualquer, e o que acontece na nossa, acontece em todas as indústrias. Há, hoje, muitíssimo mais homens empregados na indústria do aço do que quando nela tudo se fazia à mão. E tem de ser assim. Sempre foi e sempre será assim. Quem não vê isso, é que não enxerga um palmo adiante do nariz.

A SUPERPRODUÇÃO

No que toca à saturação do mercado ouvimos constantemente dizer:

– "Não chegareis um dia à superprodução, quando houver mais carros do que gente para usá-los?"

Creio possível chegarmos algum dia a um ponto em que a produção será tão grande e tão barata que a superprodução se fará realidade. Mas, no que nos concerne, essa ideia não me inspira receio, antes me traz viva satisfação. Nada me parece mais belo do que um mundo onde todos tenham tudo de que precisam. Meu único receio é que esse estado de coisas demore muito a vir. Quanto à nossa indústria, por exemplo, está muito longe ainda. Não posso saber quantos carros nossos uma família quererá usar. Mas sabemos que os agricultores que a principio só usavam um carro, hoje já usam dois, fora o caminhão. E essa classe de compradores, anos atrás, não existia para a indústria de automóveis – no tempo em que os pontífices do negocio calculavam o limite da venda possível pelo número dos milionários do país. Talvez em breve futuro, ao invés de se conduzirem os operários à fábrica em auto-ônibus, será mais barato que cada um vá no seu próprio carro. É o que já acontece com os vendedores volantes. Com muita acuidade o público se dá conta das suas necessidades de consumo, e desde que só fabricamos peças que, montamos, viram autos e tratores, os meios de fabrico de que dispomos apenas bastam para a manutenção de dez milhões de carros. O mesmo acontecerá em qualquer outra indústria. Não há, pois, que temer tão cedo a saturação, se os preços forem o que devem ser. A resistência do público aos preços elevados é o verdadeiro estimulante da indústria, e se queremos fazer bom negócio devemos baixá-los constantemente, sem prejuízo da qualidade. A redução do preço força-nos a descobrir mais inteligentes e econômicos métodos de produção. Grande parte da descoberta do que é "normal" na indústria depende da inteligência da direção nos aperfeiçoar os métodos de fazer. Se um homem reduz seu preço de venda a um nível tal que lhe absorve o lucro, ou mesmo lhe traz prejuízo, ver-se-á obrigado a descobrir o meio de fabricar mais aperfeiçoadamente – tirando o lucro disso, e não da redução aos salários ou do aumento dos preços.

Não é boa política tirar o lucro do operário ou do comprador. O bom lucro vem da boa direção. Não inferiorizar o produto, não baixar o salário, não sobrecarregar o publico. Pôr cérebro nos métodos, mais cérebro, mais cérebro ainda. Fazer melhor, sempre melhor do que antes – e assim satisfazer e beneficiar os dois sócios da indústria – produtor e consumidor.

E isso pode ser feito sempre.

CAPÍTULO XI

DINHEIRO E MERCADORIA

O objeto principal da indústria é produzir e se ela não se afasta de tal diretriz a parte financeira torna-se uma questão secundária lá da contabilidade. Minhas operações financeiras sempre foram muito simples. Desde o começo adotei o sistema de comprar e vender à vista, mantendo larga reserva em caixa e ganhando todos os descontos e juros dos depósitos. Para mim um banco é apenas um lugar seguro e cômodo, de guardar dinheiro. Dez minutos que empreguemos em nos ocupar de negócios dos nossos concorrentes são dez minutos que o nosso perde. Os minutos que gastamos em negócios bancários também os perde a produção. A fábrica é que deve financiar a empresa, nunca o banco.

Não digo que um industrial não deva entender de finanças, mas acho preferível que entenda pouco, pois se entende muito começará a refletir que é mais fácil tomar dinheiro emprestado do que ganhá-lo e depois emprestará de novo para saldar o primeiro empréstimo – e em vez de industrial, virará jogador. Se foi hábil, vencerá por algum tempo, um dia, porém, escorrega e cai.

INDÚSTRIA E BANCOS

Não há confundir indústria com negócio bancário e penso que os industriais se metem muito com bancos e os banqueiros se metem muito com a indústria. Isso desvia a ambos dos seus verdadeiros objetivos, com prejuízo mútuo. O capital tem de vir da fábrica e não do banco. Na nossa indústria o verifiquei, há certa ocasião em que necessitamos sèriamente de fundos, a fábrica no-los deu em mais larga soma do que os bancos no-los poderiam emprestar.

Com a finança temos mantido sempre relações negativas. Anos atrás tivemos que negar o boato que a Ford Motor Company dependia da Standard Oil Company; e aproveitamos o ensejo para contestar outras ligações que nos atribuíam. O ano passado deliciaram-se todos com o boato de que andávamos pela Wall Street, á caça de dinheiro. Não perdi tempo em desmentir. Em vez disso, demonstrei que não precisávamos de dinheiro. Desde então cessaram os rumôres das nossas relações com a Wall Street.

Não somos contrários aos empréstimos em geral nem aos banquei, ma` o somos contra tudo que tenda a fazer o empréstimo substituir o trabalho. Somos contra o banqueiro que vê na indústria um melão a talhar. Faz-se mister conservar o dinheiro no seu lugar, saber que destino dar-lhe e como pagar os empréstimos.

PAPEL DO DINHEIRO

O dinheiro na indústria é apenas uma ferramenta. E› uma parte da maquinaria. Numa ocasião difícil tanto faz que tomeis emprestados 100.000 tornos ou 100.000 dólares. Mais tornos remediarão tanto o vosso caso como mais dinheiro. O remédio estará apenas em mais cérebro, mais reflexão e coragem avisada. Indústria que mal usa o que já possui, continuará a mal-usar o que tomou de empréstimo. O remédio é suprimir a doença interna, feito o que a indústria começará a produzir o seu próprio dinheiro, tal o corpo que, recuperada a saúde, volta a elaborar sangue puro.

A facilidade de tomar dinheiro impede de ir à raiz do mal. O dinheiro alheio torna-se um narcótico para o amor-próprio e favorece a indolência. Há muitos industriais que têm preguiça de envergar o macacão do operário e ir examinar onde está o mal, ou então o orgulho não lhes permite admitir algo de errado no que conceberam. Mas as leis da indústria são como as da gravidade e quem as infringe lhes experimenta a força.

Tomar empréstimos para expansão é uma coisa; tomá-los para remediar efeitos da má administração ou do desperdício, é outra. O remédio aqui não é o dinheiro. Só a economia corrige o desperdício e só a inteligência corrige a má administração. O dinheiro de nada serve num e noutro caso. Muito industrial terá agradecido à sua estrela o tê-lo feito atravessar uma crise que lhe mostrasse que o melhor capital está no cérebro e não no crédito bancário. Os que em tais casos recorrem a empréstimos, lembram o bêbado que procura corrigir com um novo "drink" os efeitos do primeiro. Nada consegue senão agravar as suas dificuldades. ‹ Apertar-se é mais avisado do que tomar capital novo a 7% .

AS DOENÇAS DA INDÚSTRIA

São as doenças internas de um negócio que exigem maiores cuidados. "Negócio", no sentido comercial, consiste, sobretudo, em satisfazer as necessidades do público. Se produzir o, que o público precisa por preço que o não onere, fareis negócio tão duradouro como o que mais o seja.

O público compra o que lhe presta e não o onera com tanta facilidade como bebe água.

Mas os processos de fabricar o vosso artigo exigirão um constante cuidado. As máquinas gastam-se. Os homens tornam-se arrogantes, esperdiçados e negligentes. Indústria não passa de uma associação de homens e máquinas para uma fabricação, e ambos necessitam de reparos e substituições. Às vezes são dirigentes que necessitam de ser restaurados, embora sejam os últimos a reconhecê-lo. Quando uma indústria empaca em maus métodos quando adoece por falta de atenção, quando dirigentes se repoltreiam a cômodo, como se suas fábricas pudessem caminhar por si, quando a empresa se transforma numa pepineira de que podem viver e deixe de ser um rude trabalho de todos os momentos, nesse dia as dificuldades começam a acumular-se. E um dia os seus chefes terão de levantar muito cedo e encontrarão pela frente mais trabalho do que o supunham Sobrevirá a necessidade de dinheiro. Poderão tomá-lo. E› fácil, e os, presta mistas acodem pressurosos.

A TENTAÇÃO DO EMPRÉSTIMO

Eis a mais sutil das tentações a que se expõe um industrial moço. Esse recurso, porém, só consegue agravar o que está errado e coçar a doença. Torna-se mais avisado um homem girando com dinheiro alheio do que com o seu? Não é a regra. Contrair empréstimos em tais circunstâncias equivale a hipotecar uma propriedade que desaparece.

O bom momento de tomar dinheiro é quando não precisamos dele. E› quando o dinheiro não é chamado para desempenhar a tarefa que compete ao cérebro. Se o negócio está em excelentes condições, e necessita expansão, o empréstimo se justifica. Mas se está em más condições em virtude de má direção, havemos que curá-lo dessa doença interna e não usar extremamente cataplasmas emolientes.

Minha política financeira resulta do meu sistema de venda. Penso que é preferível vender muito com pequeno lucro, a vender pouco com alto lucro. Isso além de facilitar as compras a grande número de pessoas permite dar a muita gente trabalho bem pago. Permite, ainda, estabelecerem-se programas fixos, eliminar as estações: mortas e prevenir o desperdício que é manter uma fábrica a meia produção. Isso redunda em trabalho contínuo, e vem da falta de trabalho contínuo a maioria das perturbações financeiras da indústria. Mas os curtos de vista confundem redução de preços com redução de dividendos.

E› difícil fazer-nos entendidos dos que possuem uma visão estreita dos negócios. Certa vez, quando eu estudava um abatimento de 80 dólares em carro, objetaram-me que as entradas iam com isso reduzir-se de 40 milhões de dólares, calculada a produção em 500.000 carros. E› claro que se só vendêssemos 500.000 carros a objeção procederia, mas é uma objeção apenas aritmética, nada tendo que ver com o negócio, pois sem redução, as vendas não crescem e o negócio não adquire estabilidade.

BAIXA DE PREÇOS

Um negócio que não cresce está condenado a decair, e um negócio que decai está sempre precisando de novo capital. O sistema antigo procurava manter os preços tão altos quanto o público pudesse pagar. Modernamente, procura-se fazer o contrário. Os banqueiros e legistas raramente podem apreciar esse fato, pois confundem inércia com estabilidade. Não compreendem que os preços possam ser baixados voluntariamente. Eis por que é desastroso metê-los na direção de uma indústria. A redução dos preços avoluma os negócios e nos permite dispor de fundos. Mas isso, quando olhamos o lucro como um depósito devemos inverter na indústria para expandi-la e melhorá-la. No nosso caso, graças à brevidade do ciclo do negócio e ao grande volume das vendas, os lucros têm sido grandes. O lucro parcial por artigo é mínimo, mas o total é enorme. Este lucro não é constante e as reduções de preços reduzem-no por certo tempo, mas as inevitáveis economias feitas na produção erguem-no de novo. Todos os nossos lucros não são distribuídos como dividendos. Sempre insisti na distribuição de pequenos dividendos e a empresa está hoje livre de acionistas que não se conformam com tal política.

O acionista deve ser escolhido entre os que ativamente colaborem na empresa e a considerem como instrumento de utilidade social e não, máquina de fazer dinheiro. Quando se conseguem grandes lucros e a Isso conduz fatalmente o trabalho que visa a utilidade geral parte deve ser invertida no próprio negócio, para que cresça ainda mais em utilidade, e parte deve caber aos compradores. Certo ano os nossos lucros excederam de tal modo aos nossos cálculos que voluntàriamente devolvemos 50 dólares a cada comprador de um carro. Vimos que sem o querer sobrecarregáramos o comprador.

Minha política em matéria de preço já nos levou aos tribunais; queriam compelir-nos a distribuir maiores dividendos. Perante os juízes fiz esse depoimento onde estão os nossos princípios ainda em vigor hoje:

A meu ver, é preferível vender um grande número de carros com pequena margem, do que poucos com margem larga. Isso habilita um maior número de pessoas a comprar e gozar de um carro e abre lugar a maior número de operários bem-pagos. Tais são os fins que viso. Mas eu não os realizaria, e falharia completamente, se ao mesmo tempo não proporcione um lucro razoável a mim e a meus associados.

Essa política eu a considero sã em vista dos resultados. De ano para ano conseguimos colocar nosso carro ao alcance dum maior número de compradores, proporcionamos trabalho a núcleos cada vez maiores de operários e ao mesmo tempo aumentamos os nossos lucros numa proporção jamais sonhada.

Toda vez que, sem prejuízo da qualidade, se diminui o preço de um carro, cresce o número de compradores. Homens que pagariam por ele 360 dólares, recusam-se a pagá-lo 440. Tínhamos 500.000 compradores na base de 440 dólares, e calculo que na base de 360 teremos 800.000 fregueses; menos lucro por unidade, mais negócios, mais operários utilizados: um lucro total acima de quanto podíamos esperar. Ora, eu julgo que não nos é lícito auferir lucros tão grandes. Lucro razoável, sim; excessivo, não! Baseado nisso me impus a regra de diminuir os preços à medida que a produção o permite, repartindo a diferença entre os compradores e os operários, e ao mesmo tempo assegurando surpreendentes lucros para nós».

Certo que tal política não vai com a ideia corrente de que uma empresa deve visar apenas à maior distribuição possível de dividendos. Por isso, não quero sócios dos que não concorrem para desenvolver a utilidade do negócio. Minha ambição é empregar mais e mais homens e propagar, na medida do possível, os benefícios do nosso sistema. Queremos ajudar os homens a construir vidas e lares. Para isso é necessário que a maior parte dos lucros se integre na empresa. Eis a razão de não haver lugar entre nós para o acionista que só vê dividendos.

Se algum dia fôsse questão abolir os dividendos ou diminuir os salários, eu aboliria os dividendos. Não é provável tal caso, pois já vimos que o salário baixo não é produtivo, visto como diminui o poder aquisitivo do público. Se a qualidade de chefe induz responsabilidades, está em primeiro lugar o dever de proporcionar aos seus operários uma existência folgada. Além dos lucros e solvência da empresa, a sua direção financeira deve atender à soma de dinheiro que volta ao público sob forma de salários. Não há caridade nisso. Pagar salários justos não é caridade. E› uma precaução, porque nenhuma empresa pode ser estável se não for dirigida de modo que permita ao operário produzir muito para ganhar muito.

A SIGNIFICAÇÃO DO SALÁRIO E DO CAPITAL

O salário tem algo de sagrado representa lares, famílias e destinos. Devemos, portanto, encará-lo muito a sério. Nas folhas de pagamento o salário não passa de cifras; mas, na vida, ele é o carvão, o pão, o berço das crianças, a escola conforto doméstico, e, contentamento. Mas não é menos sagrada a missão do capital empregado em prover os meios de fazer o trabalhe produtivo. Se privássemos deles a indústria, ninguém se beneficiaria. A fábrica que dá trabalho a milhares de operários é tão sagrada como o lar. A fábrica é o esteio de todas as belas coisas que o lar representa. Se queremos que o lar seja feliz, devemos fazer que a fábrica proporcione um trabalho abundante. Os lucros da fábrica só se justificam quando se aplicam a melhorar a condição dos lares operários, ou quando proporcionam mais trabalho aos homens. Coisas muito diversas empregar todo o lucro na formação de uma fortuna pessoal e estabelecer uma base mais segura para a indústria, melhores, condições de trabalho, melhores salários e uma oportunidade sempre crescente de proporcionar trabalho aos homens.

Capital assim empregado não pode ser dirigido levianamente. Está todo a serviço do bem geral, embora um só homem o administre.

COMO DISTRIBUIR OS LUCROS

Os lucros se subordinam a três aplicações: à empresa, para conservá-la progressiva, estável e vigorosa; aos operários, de cuja cooperação eles surgiram; e finalmente, à coletividade. Uma empresa próspera beneficia aos três sócios: diretor, produtor e comprador.

O industrial, ao ver que seu lucro é excessivo, deve ser o primeiro a reduzir os seus preços. Infelizmente, não é o que se dá. Pelo contrário, passam para as costas do consumidor toda a carga dos custos se alterados e ainda lhe impõem sobretaxas. Toda a filosofia se resume neste lema: «Aproveita a ocasião». Os especuladores e os exploradores são, os elementos perniciosos da indústria. Nada de bom há que esperar deles. Não possuem visão. Não enxergam além do livro-caixa.

Tal classe; prefere diminuir os salários: de 10 a 20% a reduzir os lucros. Mas o verdadeiro homem de negócios atende aos interesses da coletividade e contribui para a sua estabilização.

Sempre tivemos por norma ter à mão um forte capital (o líquido anual nos últimos tempos tem sido superior a 550.000.000), que depositamos em vários bancos. Não o emprestamos, mas estabelecemos convenções de crédito que nos permitem, se necessitarmos, levantar nos bancos somas elevadíssimas. As disponibilidades da nossa caixa têm-nos dispensado de lançar mão desse recurso que permanece como reserva para qualquer emergência. Não alimento preconceito contra o empréstimo bancário em si. Só não quero correr o risco de ver o controle do meu negócio e o ideal de utilidade a que me devotei em mãos alheias.

O EQUILÍBRIO DA PRODUÇÃO

Considerável parte da gestão financeira consiste em triunfar da irregularidade das entradas, sempre na dependência das estações. A entrada do dinheiro deve ser contínua e é preciso trabalhar com regularidade para trabalhar com proveito. Uma parada traz enormes perdas: perda do trabalho dos operários, perda do trabalho das máquinas, perda no futuro sôbre as vendas, restringidas pelo aumento de preço que a parada da produção determina. Foi uma das dificuldades com que lutamos. Era-nos impossível produzir carros para guardá-los durante o inverno quando as vendas são muito menores que na primavera e verão. Como e onde armazenar meio milhão de carros? E se o pudéssemos como embarcá-los na quadra favorável? E o dinheiro necessário para esse armazenamento?

O trabalho por estações representa um peso para o operário e os melhores homens recusam-se a trabalhar assim. O trabalho contínuo pelo ano afora assegura à fábrica um pessoal mais apto, dá ao fabrico uma organização permanente e melhora de contínuo o produto.

E› força que a fábrica produza, que os vendedores vendam e que as revendedores comprem durante o ano todo, se queremos auferir o máximo dos lucros. Se o revendedor está afeito a só comprar em certas temporadas, é necessário educá-lo e provar-lhe que a utilidade do carro é a mesma o ano inteiro e não só em estações. E enquanto essa educação se faz, é necessário que a fábrica produza e o revendedor compre por antecipação.

Fomos os primeiros que na indústria de automóveis resolvemos esse problema. A venda de Fords é todo um comércio. No tempo em que só se fabricava sob encomenda e 50 carros por mês constituíam uma grande coisa era prudente contar com o pedido antes de iniciar o trabalho. E era a regra.

Breve percebemos não ser possível trabalhar assim, nem ser viável construir uma usina bastante vasta para atender a todos os pedidos que afluíam de março a agosto. Iniciamos, então, uma verdadeira campanha para demonstrar que o Ford não era um objeto de luxo para o verão, mas um artigo indispensável em. qualquer época do ano. Convencemos também os revendedores de que deveriam prover-se no inverno para o consumo do verão, beneficiando-se de uma entrega mais pronta. A propaganda surtiu efeito. Por toda parte se servem hoje dos nossos carros tanto no inverno como no verão. O público verificou que eles correm perfeitamente sobre a neve, gelo ou lama e cresceram as vendas do inverno, com vantagens para todos. Não há mais altibaixos na fábrica; a produção vem sendo uniforme, exceto em época de balanço.

REGULARIZAÇÃO DA PRODUÇÃO

Para conseguir uma fabricação contínua e um constante fluxo de entradas, o nosso cuidado é extremo. Mensalmente traçamos planos da produção, de modo que o número de carros em trânsito corresponda ao número de pedidos. Se o, ritmo não, for bem-conservado, ou ficamos abarrotados de carros ou não podemos atender aos pedidos. Quando é necessário produzir peças correspondentes a 4.000 carros diários um pequeno erro no cálculo das encomendas prováveis congestiona os armazéns, com prejuízo de milhões. O balanceamento das operações é, pois, muito delicado.

Para realizar um bom lucro total com a nossa pequena margem de lucros parciais é preciso um giro muito rápido. Fazemos carros para vender, não para armazenar e um mês de demora nos armazéns significa um prejuízo enorme. O programa geral de fabricação é feito para um ano, sendo consignado o número mensal de carros a construir, porque é um sério problema regular a chegada da matéria-prima em harmonia com as necessidades do fabrico. O armazenamento de produtos manufaturados não é tão prejudicial como o de matéria-

-prima. Há que ser um entra e sai contínuo. E às vezes nos vemos em apuros. Há alguns anos incendiou-se a Diamond Manufacturing Company, que nos fabricava peças de radiadores. Tínhamos de nos mover depressa ou suportar grandes prejuízos. Reuniram-se os chefes de todas as seções, modeladores e desenhistas, e trabalharam de 24 a 48 horas seguidas na construção de novos modelos. A Diamond alugou novo edifício e fez vir máquinas em trens expressos. Fornecemos-lhes o mais que era necessário e em vinte dias pôde ela recomeçar as suas expedições. Apesar de possuirmos uma existência suficiente para oito dias, o incêndio nos trouxe um atraso nas remessas de 10 a 14 dias.

Recapitulando: o banco está na fábrica esse princípio nunca nos falhou, e no momento em que todos nos julgaram estrangulados pela falta de dinheiro, sua aplicação demonstrou, de modo concludente, quanto é melhor que o financiamento venha de dentro do que de fora.

CAPÍTULO XII

O DINHEIRO, SENHOR OU ESCRAVO?

Em dezembro de 1920 os negócios marcavam passo. Mais fábricas de autos fechadas do que abertas, e as fechadas já nas mãos dos banqueiros. Maus rumores corriam a respeito de várias empresas, inclusive a nossa. Propalou-se que a Ford Motor Company não só necessitava de dinheiro como não podia encontrá-lo. Tantos boatos costumam correr a nosso respeito que não me incomodo em desmenti-los; mas daquela vez precisavam-se as circunstâncias e afirmava-se que eu abandonara a política contrária aos empréstimos, e diariamente rodava pela Wall Street, de chapéu na mão, à procura de dinheiro. Dizia-se, ainda, que ninguém mo queria emprestar e que eu teria de liquidar e retirar-me da ativa.

UM PROBLEMA FINANCEIRO

Em verdade, tínhamos diante de nós um problema. Havíamos, em 1919, tomado de empréstimo 70 milhões de dólares, para, adquirir as ações da Ford Motor Company que estavam fora das nossas mãos e restava-nos amortizar 33 milhões. Montava a 18 milhões de dólares o imposto sobre a renda que tínhamos de pagar a breve prazo e a 7 milhões a parte beneficiária habitual que tínhamos de distribuir entre os nossos operários. Em suma, de 1° de janeiro a 18 de abril de 1921, necessitávamos da soma de 58 milhões de dólares, e só possuíamos 20 milhões em caixa. Nosso balanço era conhecido do público, e assegurava-se que, para, reunir os 38 milhões que nos faltavam, seríamos forçados a recorrer ao empréstimo. Não é fácil, realmente, reunir tal soma sem recorrer aos bancos. A nossa empresa oferecia todas as seguranças para um empréstimo. Dois anos antes havíamos levantado 70 milhões de dólares; todas as nossas propriedades estavam livres de ônus, não tínhamos dívidas comerciais, e em qualquer época um empréstimo à nossa empresa seria uma boa operação bancária.

Compreendi, entretanto, que a nossa necessidade de dinheiro era explorada tendenciosamente e dada como sintoma de quebra iminente. Comecei a suspeitar que embora tais boatos circulassem por toda parte, deviam partir de uma fonte única. Essa suspeita confirmou-se quando fui informado de que um conhecido publicista financeiro se achava em Battle Creek, donde expedia telegramas informando o público a respeito do nosso estado financeiro. Apesar disso, não dei um passo para desmentir os rumores. Já tínhamos estabelecido o nosso programa e nele não se incluía o lançamento de nenhum empréstimo.

Não cesso de repetir que o pior momento de tomar dinheiro é quando os banqueiros estão convencidos de que necessitamos dele. No último capítulo delineei os nossos princípios financeiros. Resolvemos aplicá-los, realizando para, isso uma limpeza doméstica.

A SITUAÇÃO DAS PRAÇAS.

Remontemos um bocado e vejamos qual era a situação dos negócios. No começo de 1920 apareceram os primeiros indícios de que a febre de especulações motivada pela guerra ia cessar. Alguns negócios oriundos da guerra, e sem razão de viver, desmoronaram. As compras afrouxaram por parte do público. Nossas vendas se mantiveram, mas vimos que cairiam mais cedo ou mais tarde. Pensei, seriamente, em diminuir os preços, mas o custo da fabricação estava muito alto, Os operários davam menos apesar de ganharem mais. A matéria-prima ainda caríssima, e seus detentores recusavam-se a acreditar no fim da alta. Ninguém parecia ver os sinais precursores da tempestade próxima.

Em junho, nossas vendas começaram a cair. E foram caindo até setembro. Era mister lançar mão de medidas que colocassem nossos artigos à altura da bolsa do público e, sobretudo, uma decisão drástica que demonstrasse não estarmos fazendo nenhum jogo ou esperteza. Para isso, em setembro reduzimos o preço dos carros de 575 a 440 dólares, preço abaixo do custo, porque o material fora adquirido na alta. O corte provocou sensação. Acusaram-nos de romper o equilíbrio do mercado. Mas era essa, exatamente, a nossa intenção. Nosso propósito era contribuir para que os preços voltassem ao nível antigo. Creio, firmemente, que não teríamos sofrido o marasmo dos negócios se todos os fabricantes e negociantes tivessem reduzido os preços e procedido a uma séria limpeza doméstica. A espera, inativa, de que se restabelecesse a alta, só contribuiu para atrasar o reajuste dos preços. Ninguém conseguiu os lucros que esperava; se todos tivessem sofrido as mesmas perdas, não só a força produtiva manter-se-ia à altura do poder aquisitivo do público, como ter-se-ia evitado a crise de marasmo. A obstinação em aferrar-se à alta aumentou as perdas, porque no intervalo foi mister perder os juros das somas enormes empatadas em mercadorias em estoque e durante a espera não se realizaram vendas compensadoras. A chômage dos operários, diminuindo a distribuição de salários, contribuiu para alargar o abismo aberto entre a oferta e a procura. Pensou-se, por um momento, num arranjo consistente em abrir grandes créditos à Europa, na esperança de lhe vender assim as nossas mercadorias caras. Procurou-se, naturalmente, dar ao projeto aparências menos cruas. Quero crer que houvesse pessoas sinceramente convencidas de que a vida comercial dos Estados Unidos se beneficiaria com a concessão ao estrangeiro de largos empréstimos, embora sem nenhuma garantia de reembolso. Se esses créditos fossem endossados pelos bancos americanos ver-se-iam eles inundados de uma tal massa de títulos congelados que mais se assemelhariam a câmaras frigoríficas do que a estabelecimentos financeiros. É natural a tendência do aferrar-se à alta até o último momento, mas não é bom negócio.

Depois da redução dos nossos preços, o vulto das vendas aumentou, para logo cair de novo. É que não nos tínhamos emparelhado com a .capacidade aquisitiva do país. O preço retalhista não alcançara ainda o fundo e o público desconfiava de todos os preços. Resolvemos fazer nova redução, e fixamos em 100.000 carros a produção mensal. Tal número não era justificado pelas nossas vendas, mas queríamos converter em produtos elaborados a maior quantidade possível de matéria-prima antes de fechar as portas.

UMA LIMPEZA DOMÉSTICA

Tínhamos que fechar para proceder a um inventário e limpar a casa, e queríamos, ao reabrir com a nova redução de preços, contar com estoque armazenado para acudir aos pedidos A fabricação futura, essa far-se-ia com materiais adquiridos a preços mais baixos.

Fechamos, em dezembro, com intenção de reabrir dentro de 15 dias, mas encontramos tanto que fazer que só reabrimos seis semanas depois. Os boatos relativos à nossa situação redobraram de intensidade. Muita gente teve como certo que sairíamos em busca de dinheiro, submetendo-nos a condições, já que carecíamos de fundos. Chegamos a receber uma oferta. O emissário de um banco de Nova Iorque veio submeter-me o plano financeiro de um grande empréstimo; entre as condições havia a de que um representante do banco dirigiria as finanças da empresa como tesoureiro. Indubitavelmente, as intenções do banco eram sinceras, e acertadas, porque de fato precisávamos de um tesoureiro. Nesse ponto compreenderam eles muito bem as nossas necessidades. Aceitei a sugestão e pus o meu filho Edsel como tesoureiro, e ao mesmo tempo como presidente da nossa sociedade. E essa criação de tesoureiro foi tudo o que o banco pôde fazer por nós.

Metemos ombros à limpeza doméstica. No período da guerra tivéramos que executar toda a espécie de encomendas militares, afastando-nos do princípio da fabricação de um produto único. Várias seções novas foram criadas. O aumento do serviço de escritório e o desperdício que acompanha sempre a fabricação múltipla fizeram grandes progressos entre nós. Começamos, pois, por eliminar tudo o que não se relacionava diretamente com o fabrico de automóveis.

O mais próximo pagamento que tínhamos a fazer era o de 7.000.000 de dólares de bonificação aos operários. Embora nenhum compromisso nos obrigasse, fizemos questão de efetuá-lo no dia 1º de janeiro, para isso lançando mão do nosso disponível.

Em todo o país possuíamos 35 sucursais de montagem, 22 das quais fabricavam peças. Essa fabricação tinha parado, limitando-se todas só à montagem. Ao fechar a fábrica, não ficamos com carros em Detroit e já tínhamos expedido todo o estoque de peças, de modo que os comerciantes dali se viam forçados a recorrer a Chicago e Colombo, para acudir às suas necessidades locais. Aos revendedores as agências forneceram o número de carros suficientes para as vendas de um mês e eles desenvolveram forte atividade.

REABERTURA DA FÁBRICA

Em fins de janeiro, reunimos uma organização integrada de 10.000 homens, na maioria mestres, contramestres e chefes, e reabrimos as oficinas de Highland Park. Cobramos os nossos créditos estrangeiros e vendemos os nossos subprodutos.

Estávamos prontos para a nova produção com margem de lucros. A limpeza doméstica fêz desaparecer o desperdício que elevava os preços e absorvia os lucros. Vendemos tudo o que era inútil. Empregávamos até essa data 15 homens, para cada carro, por dia; reduzimo-los a nove. Isso não quer dizer que os seis restantes fossem postos na rua: deixaram apenas de ser improdutivos. Aplicamos nesse corte a regra de que cada homem ou cada coisa deve produzir – ou desaparecer.

Baixamos de metade o pessoal dos escritórios e aos dispensados oferecemos melhor trabalho na fábrica. Eliminamos toda estatística sem relação direta com a produção de carros. Havíamos acumulado toneladas de estatísticas, que nos pareciam interessantes. Mas estatísticas não servem para fabricar automóveis e foram destruídas. Reduzimos, também, de 60% a nossa rede telefônica. Pouco telefone se precisa numa boa organização. Os contramestres, que antes se calculavam um para cinco operários, passaram a um para vinte. Os que sobraram foram para a seção das máquinas.

Reduzimos, assim, as despesas gerais, em cada carro, de 146 dólares para 93. Para quem calcula o que isso representava numa produção diária de 4.000 carros, claro se torna o segredo de alcançar o «preço impossível». Não é a economia. Nem a redução de salário, mas somente a supressão do desperdício.

O CICLO DA MANUFATURA

Mais importante: descobrimos o meio de necessitar menos dinheiro para o negócio, apressando o ciclo da manufatura, para o que muito concorreu a estrada de ferro Detroit-Toledo-Ironton, que adquirimos. Essa estrada representou uni papel importante em nosso sistema de economias progressivas, e dela falarei adiante.

Depois de algumas experiências, verificamos que o serviço de transporte podia ser melhorado, de modo a reduzir o ciclo da manufatura de 22 a 14 dias. Por outras palavras: chegamos a empregar para a compra, a elaboração e entrega do produto ao revendedor somente 33% do tempo até ali dispensado. Antes, tínhamos que manter em depósito materiais no valor de 60 milhões de dólares, para manter a produção ininterrupta. Como o ciclo se reduzia de um terço, ficaram livres 20 milhões de dólares, o que representa 1.200.000 dólares de juros por ano. Incluindo o estoque de artigos já manufaturados, a economia elevou-se a 8 milhões de dólares, liberando-se assim um capital total de 28 milhões.

No dia 1° de janeiro dispúnhamos apenas de 20 milhões de dólares. No dia 1° de abril podíamos dispor de 87 milhões e 300 mil ou 27 milhões e 300 mil mais do que necessitávamos para saldar as nossas dívidas. Tal foi o resultado de penetrarmos a fundo no coração do negócio! Essa soma desdobra-se assim:

Dinheiro em caixa, janeiro	$ 20.000.000
Merc. reduzidas a dinheiro de jan. a abril	24.700.000
Aceleração do ciclo, capital liberado...........	28.000.000
Entradas do exterior	3.000.000
Vendas de subprodutos	3.700.000
Vendas de títulos dos empréstimos de guerra	7.900.000
Total	$ 87.300.000

Conto o caso, não para me gabar de uma façanha, mas para demonstrar como pode uma empresa tirar recursos de si mesma, em vez de recorrer a empréstimos, e também para frisar que o nosso sistema financeiro favorece o regime dos empréstimos dando aos banqueiros uma influência excessiva na vida comercial.

O PERIGO DO BANQUEIRO

Teríamos podido levantar 40.000.000 de dólares, ou mais. Que nos aconteceria, então? Poderíamos conduzir melhor ou pior os negócios? Se tivéramos contraído o empréstimo não ficaríamos sob a contingência de encontrar métodos que barateassem a produção. Se o dinheiro nos fosse dado a 6% – e com as despesas ficaria em mais – os juros, contando com 500.000 carros por ano, teriam aumentado de quase quatro dólares o preço de cada carro. E em vez de estarmos hoje com uma produção mais eficiente, estaríamos sobrecarregados de uma dívida pesada. Nossos carros custariam agora mais 100 dólares; os compradores seriam em menor número, a produção diminuiria, os operários seriam reduzidos e reduzir-se-ia ainda o nosso coeficiente de utilidade social. Os banqueiros pretendiam remediar o mal emprestando dinheiro e não melhorando os processos de produção. Não nos sugeriam um engenheiro; impunham-nos.

Esse é o perigo de meter banqueiros no negócio, gente que só pensa no dinheiro. Uma fábrica, no seu entender, não deve produzir mercadorias, mas apenas dinheiro. Só cuidam do dinheiro e jamais da produção. Não compreendem que uma empresa não pode estacionar: ou progride ou recua. Veem numa redução de preço o abandono de um lucro, em vez da consolidação do negócio.

Os bancos representam um papel muito grande na vida das indústrias. Os industriais o reconhecem, embora não o confessem em público, graças ao medo que têm dos seus banqueiros. Há menos mérito em fazer fortuna em manipulações financeiras do que por meio da indústria. Daí vem que a média dos banqueiros de nome é menos inteligente e capaz quê a média dos industriais bem-sucedidos. Sem embargo, o banqueiro, senhor, do crédito, domina o industrial.

O poder dos bancos cresceu muito nos últimos: vinte anos, especialmente depois da guerra. O Sistema da Reserva Federal lhes deu, por algum tempo, uma força de crédito ilimitada. Os banqueiros, como notei, já por sua cultura, já por sua posição, revelam-se incapazes de bem-conduzir a indústria. O fato dos senhores do crédito terem alcançado tanto poder nesses últimos anos é sinal de algo errado no nosso sistema financeiro. E› o sinal a que se dá maior importância, na indústria, ao dinheiro do que ao trabalho. Não é à competência industrial que os banqueiros devem a sua influência na indústria; nela penetram, queiram ou não, por força do próprio sistema. Ouso, portanto, indagar se estamos vivendo sob um bom sistema financeiro.

Devo declarar que minhas objeções não visam a ninguém determinadamente. Nada tenho contra os banqueiros como tais, e reconheço a necessidade de existirem pessoas avisadas, hábeis em finanças. O mundo necessita da cooperação dos bancos. O capital e o crédito são necessidades. Sem eles, impossível a produção. Mas que nosso sistema bancário está baseado em alicerces sãos, isso é outro caso.

Não tenho intenção de combater o nosso regime financeiro.

Não estou na situação de um homem que queira desforrar-se de derrotas que tal regime lhe haja infligido. A mim, pessoalmente, pouco me interessa o modo por que estão agindo os bancos, já que não preciso deles. Minha crítica não provém de nenhum despeito pessoal. Desejo somente saber se o sistema atual é o que presta melhores serviços ao maior número de cidadãos.

DEFEITOS DO SISTEMA FINANCEIRO

Não pode ser bom um sistema que favorece um grupo de produtores contra outro, e não se baseia na produção de utilidades. Toda legislação de classe é perniciosa. Os métodos de produção mudaram tanto em nosso país que o ouro deixou de ser a melhor medida do seu valor; e se o ouro permanece como controlador do crédito, isso traz a preponderância de uma classe sobre outra. Os limites do crédito se traçam com base na existência do ouro no país e não na soma das suas riquezas.

Não me julgo autorizado a dogmatizar em matéria de dinheiro e ninguém o poderá fazer. Somente experiências conscienciosas poderão resolver os seus problemas e eu não ouso sair desse regime das experiências conscienciosas. É preciso avançar passo a passo, com muita circunspeção. O problema não e político, mas econômico, e estou certo de que, ajudando-se o público a refletir sobre o assunto, disso advirão vantagens. Para que o público proceda com acerto, de modo a evitar desastres, é necessário um sincero esforço que o esclareça. O problema do dinheiro ocupa o primeiro lugar numa grande multidão de espíritos de toda categoria e valor. Contudo basta uma vista d'olhos sobre as panaceias propostas para verificarmos como são contraditórias. Quase todas partem da suposição da honestidade humana, e começam a errar por ali. Se assim fosse, se a regra fosse a honestidade, o sistema atual seria ótimo. Na realidade, em 95% dos casos o problema do dinheiro resulta das imperfeições humanas. Um sistema, para ser bom, deve manter em xeque a natureza humana, em vez de depender dela. O público está preocupado com o problema do dinheiro; se os donos do dinheiro têm algo a dizer que bem norteie o público, é a ocasião de falar. Breve será coisa do passado o tempo em que era possível agir sobre os homens pela ameaça de lhes cortar o crédito, ou por meio de frases ocas de sonoro dogmatismo. O público é mais conservador ainda que os financistas, e os que julgaram que ele se deixaria iludir com emissões de papel-moeda, desconheciam-no. Foi o inato espírito conservador do nosso povo que preservou o valor da nossa moeda, a despeito das acrobacias a que se entregaram nossos financistas, disfarçadas numa tecnologia impotente.

O povo está sempre do lado da moeda sã. E está tão desse lado que é o caso de indagarmos o que pensaria do sistema em que vivemos, se soubesse o partido que dele tiram os iniciados.

Não serão os discursos, nem as experiências econômicas que mudarão o atual sistema monetário. A transformação se fará sob pressão de circunstâncias e forças que fogem ao nosso controle. Essas circunstâncias e essas forças se realizam e se exercem neste momento. Sentimos-lhes a ação.

A IDEIA DA MOEDA

É preciso ajudar o público a fazer da moeda uma ideia natural, explicando-lhe a essência, a missão que desempenha e por que artimanhas, no sistema atual, um pequeno grupo traz sob sua dependência coletividades e nações inteiras.

O dinheiro é o que há de simples. É uma parte do nosso sistema de transportes. É um método direto e singelo de transferir bens de um indivíduo para outro. É uma coisa admirável em si, e essencial, nada encerrando de mau. É uma das criações mais úteis da humanidade. Quando desempenha o seu papel, só traz benefícios e perturbação nenhuma.

Mas o dinheiro deve ser sempre dinheiro. Um metro tem sempre cem centímetros; já o dólar, quando tem ele o valor exato de um dólar? Se a tonelada de carvão variasse ao sair da mina, se o quilo e o litro variassem nos armazéns, se, por uma coisa oculta chamada "câmbio", o metro hoje contasse 110 e amanhã 89 centímetros, o público não tardaria a encontrar o remédio conveniente. E quando o dólar não é mais um dólar, quando uni dólar de cem cents se torna num dólar de 65 cents, e depois cai a 50, e a 47, e a 46, como acontecia com os nossos bons velhos dólares de ouro e prata, de que serve bradar "depreciação", "aviltamento" da moeda? É tão necessário que o dólar valha sempre 100 centavos como é necessário que o quilo valha sempre 1000 gramas, e o metro, 100 centímetros.

Os banqueiros de bom conceito deveriam considerar-se como logicamente chamados a examinar o nosso sistema financeiro, em vez de se acantonarem na técnica necessária às suas operações locais. E o sistema bancário reabilitar-se-ia se eles recusassem o título de "banqueiro" e os apeasse da posição privilegiada que ocupam, aos especuladores em finanças. Só assim o sistema bancário desempenharia a sua verdadeira missão e o público ver-se-ia livre das iniquidades e da inquietação que o atual sistema monetário lhe acarreta.

VÍCIOS A CORRIGIR

Há aqui um "se", sem dúvida. Mas, desta vez, superável. Os negócios estão no ponto morto e, se os que possuem credenciais técnicas não surgem a apontar os remédios, aparecem em seu lugar os que não as possuem.

Não há nada mais absurdo, da parte de uma classe qualquer, do que pensar que possa o progresso vir em detrimento dela. O progresso não passa de um apelo dirigido a essa classe para que ponha a sua experiência a serviço do bem geral. Só os desassisados procuram deter o progresso, arriscando-se a tornar-se vítimas dele. Todos nós estamos aqui juntos. Devemos caminhar juntos. E› grande tolice de uma classe ou um indivíduo procurar entravar essa marcha. Se os banqueiros não querem ver no progresso senão desvario de espíritos fracos, e consideram toda tentativa de aperfeiçoamento um ultraje pessoal dirigido contra eles, isso apenas prova que não são dignos do posto preeminente que ocupam.

Se o defeituoso sistema de hoje proporciona aos banqueiros maiores vantagens que lhes proporcionaria um sistema são, e se eles têm em maior apreço o proveito pessoal por alguns anos ainda do que a honra de contribuir para a melhoria do mundo, trabalhando para o melhoramento do sistema, é natural que não existia meio de evitar conflitos de interesses. Mas não percam eles de vista que, se defendem o sistema unicamente porque é o que lhes traz maiores vantagens pessoais, podem considerar-se vencidos.

RECEIOS VÃOS E REMÉDIOS

Mas, que é que receia a finança? O mundo não vai acabar. Os homens continuarão a fazer negócios. Haverá sempre dinheiro e haverá sempre necessidade de pessoas que conheçam o manejo do dinheiro. Não se trata de suprimir senão a confusão e os obstáculos. Haverá algum real reajustamento. Os bancos passarão de donos a auxiliares da indústria. Os negócios controlarão o dinheiro e o dinheiro não controlará os negócios. O ruinoso atual sistema de juros será grandemente modificado: O serviço bancário não será um risco, mas um serviço. Os bancos serão muito mais úteis do que hoje, e em vez de empresas de custosíssima administração, feitas para dar os dividendos mais elevados do mundo, serão modestas, e os lucros das suas operações reverterão em benefício da comunidade.

Sobre dois fatos fundamentais apoia-se o sistema atual para justificar-se. Primeiro: dentro do país a direção financeira tende a orientar-se para as grandes instituições bancárias centralizadas – banco do Estado ou grupos de bancos particulares intimamente unidos. O crédito é fiscalizado pelos interesses particulares ou semioficiais. Segundo: em todo o mundo se vai impondo a mesma tendência centralizadora. Todo o crédito americano está sob a influência de Nova Iorque, como antes da guerra estava sob a influência de Londres todo o crédito mundial, a libra esterlina era a medida do intercâmbio universal.

Há dois métodos diversos de reforma: um, operando de baixo; outro, operando de cima. Esse é o caminho mais suave, o outro está sendo experimentado na Rússia. Se quisermos adotar o método que opera de cima, será necessária uma ampla visão social, um altruísmo sincero e ardente, sem mistura com o egoísmo astucioso.

RIQUEZA E DINHEIRO

A riqueza do mundo não consiste nem pode ser representada pelo dinheiro. O ouro não tem valor em si mesmo. Não tem mais valor que a ficha numerada que recebemos do criado ao deixarmos nosso chapéu no vestiário. Mas pode ser manipulado como signo de riqueza, de modo a dar aos que o possuem ou aos que o dominam o controle sobre o crédito que é necessário aos produtores de riquezas reais, e o comércio de dinheiro, instrumento de permuta, é um negócio muito lucrativo. Mas a conversão do dinheiro num artigo comercial que é preciso adquirir antes que t a riqueza real possa se movimentar, proporciona aos especuladores e usurários um meio de sobrecarregar a produção com uma taxa nociva. O poder que os controladores do dinheiro exercem sobre as forças produtoras se acentua ainda mais se refletirmos que, apesar do dinheiro ser dado como a riqueza real do mundo, há sempre mais riqueza do quê dinheiro. E a verdadeira riqueza se vê obrigada a converter-se em escrava do dinheiro, donde resulta o paradoxo de um mundo a regurgitar de riqueza e que sofre miséria.

Esses fatos não são meramente financeiros, dos que se resumem em cifras e são postos de lado. Tocam de perto os destinos e a sensibilidade humana. A miséria do mundo é causada, não pela falta de bens, mas pela retração do dinheiro. A rivalidade comercial entre os povos – mãe dos ódios e das guerras – eis uma das significações humanas destes fatos.

Miséria e guerra, dois grandes males evitáveis, são galhos da mesma árvore.

Vejamos se é possível entrar em melhor caminho.

CAPÍTULO XIII

POR QUE SER POBRE?

Das causas que dão origem à pobreza, as mais importantes são controláveis. O mesmo se pode dizer dos privilégios é perfeitamente exequível, e não se discute se isso é coisa desejável. Pobreza e privilégio são estados contrários à ordem natural, mas o remédio não virá das leis e sim do trabalho.

Por pobreza, entendo a falta de alimentação suficiente, de moradia e vestuário a uma pessoa ou família. Diferenças de grau existirão sempre, já que os homens, mental ou fisicamente, não são iguais. Todo sistema corretivo baseado na ideia de que os homens são ou devem ser iguais, é antinatural e, portanto, irrealizável. Tal sistema não faria mais do que aumentar a pobreza, fazendo-a passar de exceção a regra. O ato de forçar um indivíduo eficiente a tornar-se ineficiente não aumenta a eficiência dos ineficientes. Somente a abundância pode abolir a pobreza, e estamos hoje tão adiantados, na técnica da produção, que podemos vislumbrar o dia em que a produção e a distribuição, feitas em bases científicas, darão a cada indivíduo o que lhe compete.

ERRO DOS IDEÓLOGOS

Erram os socialistas ao afirmar que, inevitavelmente, a indústria esmagará o operário. Pelo contrário, a indústria moderna tende a melhorar a situação do operário e do mundo. O que nos falta é um conhecimento suficiente da organização metódica. Melhores resultados podem e devem vir da iniciativa individual e da inteligência de uma avisada direção. O governo, visto que é essencialmente negativo, não pode favorecer, de modo eficaz, um programa realmente construtor. Pode, apenas, dar um auxílio indireto, aplainando o caminho, removendo os obstáculos e deixando de ser um peso morto para a comunidade.

CAUSA DA POBREZA

A causa da pobreza, penso que está no mau ajuste entre a produção e a distribuição, tanto na indústria, como na agricultura. Imenso é o desperdício causado por esse mau ajustamento, e faz-se mister que uma direção inteligente e dedicada ao bem público faça cessar tamanho desperdício. Enquanto os chefes industriais derem mais valor ao dinheiro do que ao bem público, o mal subsistirá. Só o poderão vencer as inteligências de largo descortino e nunca os homens de vista curta. Esses pensam, antes de mais nada, no dinheiro, e não percebem o desperdício. Consideram o trabalho pelo bem público como preocupação altruística, ao invés de considerá-lo a coisa mais prática do mundo. Não são capazes de ver ao longe, e compreender que uma produção oportunista, realizada com o mero objetivo de ganhar dinheiro, é a menos lucrativa. O trabalho que visa ao bem público também pode estabelecer-se em bases altruísticas mas não é o melhor. O sentimentalismo nunca é pratico.

Não é que as empresas não possam distribuir com equidade uma parte das riquezas que criam, mas o desperdício é tão grande que nada resta para os colaboradores na produção, não obstante os altos preços por que são vendidos os produtos, com cerceamento do consumo.

A VOZ DOS FATOS

Tomemos alguns exemplos. O vale do Mississipi não é carbonífero; mas é atravessado por uma corrente de energia potencial de milhões de cavalos, qual o rio Mississipi. Entretanto, quando os seus habitantes marginais precisam de energia ou calor; adquirem carvão extraído a centenas de quilômetros e que por isso lhes chega por um preço muito acima do que vale como calor ou energia. Se não podem adquirir esse carvão caro, abatem árvores, privando-se, assim, de um dos fatores da conservação da força hidráulica. Até bem pouco tempo não lhes ocorria servirem-se da fonte de energia à mão, que, a um custo mínimo, daria calor, luz e força para abastecer toda a população do vale.

A ECONOMIA ESTREITA

O remédio contra a pobreza não está na economia individual, mas no aperfeiçoamento dos métodos de produção. As ideias de "economia", "poupança", são ideias gastas. A palavra economia representa um temor. As grandes e trágicas dissipações impressionam o espírito de maneira muito materialista; sobrevém uma violenta reação contra a extravagância e a ideia de economia apodera-se dos cérebros. Mas isso é substituir um mal maior por um outro menor, não é transpor a ponte que leva do erro à verdade.

A economia é a regra dos cérebros entorpecidos. Certamente que é preferível à dissipação, mas é duvidoso que valha mais do que o uso moderado da riqueza. As pessoas que se orgulham da economia, apregoam-na como virtude. Haverá, porém, nada mais lamentável do que um ser mesquinho que passa os belos dias da sua vida acumulado rodelas de metal? Merece elogios o cortar nas necessidades da vida até ao sabugo? Todos conhecemos a classe dos "econômicos", que poupam até o ar que respiram, até as palavras de aprovação que às vezes deixam escapar. É gente que encaranga de corpo e alma.

Tal economia equivale a um desperdício porque malbarata o suco, o sabor da vida. Porque há duas espécies de desperdício, a do pródigo, que esbanja a sua energia vital na desordem, e a do indolente, que a deixa perder por falta de uso. Um economizador em excesso corre o risco de ser classificado entre os indolentes. A dissipação costuma ser uma reação contra a economia excessiva, como essa é uma reação prática contra aquela.

Tudo é dado ao homem para que seja usado; o mal só está no abuso, que é um dos pecados mais graves que possamos cometer na vida corrente. Abuso é o termo próprio; fala-se de dissipação mas a dissipação não passa de uma fase de abuso. Toda dissipação é abuso; todo abuso é dissipação.

É aceitável que se elogie o hábito de economizar, porque é desejável que todos tenham suas margens e é um desperdício não tê--las. Mas não exageremos. Ensinamos às crianças a guardar dinheiro. Como tentativa de impedi-las de gastar inútil e egoisticamente, essa bem. Mas não é exercer uma influência positiva sobre a criança, não é orientá-la de maneira útil e segura no emprego pessoal do seu dinheiro. É preferível ensiná-la a bem-usar e bem-empregar o dinheiro. Bem-usar e bem-empregar o dinheiro quer dizer aumentar o seu valor. A maior parte das pessoas que juntam alguns dólares fariam melhor em colocá-los em si mesmas ou em algum trabalho útil; em seguida poderiam pensar em pôr de lado uma parte de renda resultante. Não estareis economizando se vos estais tornando menos produtivos. Estais diminuindo o capital, estais aviltando o valor investido pela natureza no vosso cérebro.

O BOM USO DO DINHEIRO

O principio do uso é o verdadeiro guia. O uso é positivo, ativo, vivificante. O uso é fogo aceso. O uso aumenta a riqueza. A pobreza pode ser evitada sem mudanças das condições gerais. A alta dos salários, a alta dos preços, a alta dos lucros, todas as altas que têm por objeto fazer afluir mais dinheiro para aqui ou ali são meras tentativas desta ou daquela classe para livrar-se do fogo, sem atenção à sorte do próximo. Há a crença absurda de que, se temos o dinheiro na mão, estamos livres da tempestade. O operário julga-se capaz de afrontá--la, se consegue aumento de salário. Os capitalistas se creem capazes da mesma coisa, se obtêm maiores lucros. É comovente a fé que os homens têm na onipotência do dinheiro. O dinheiro é muito útil nos tempos normais, mas não tem outro valor senão o que a produção lhe confere, e se ressente dos abusos de que ela sofre. O culto de que ele é objeto como equivalente à riqueza real destrói o seu valor.

INDÚSTRIA E LAVOURA

Uma ideia arraigada é a do conflito entre a indústria e a lavoura. Não existe conflito. É um contrassenso afirmar que os homens deveriam voltar aos campos, já que estão superpovoadas as cidades.

Se todos o fizessem, a agricultura deixaria de ser uma profissão lucrativa. Não menos errado seria se todos afluíssem ás cidades industriais. Se o campo se despovoa, de que serviriam as usinas? Deve existir reciprocidade entre a indústria e a agricultura. O industrial ministrará ao agricultor tudo o de que ele precisa para o bom desempenho do seu ofício e o agricultor tudo o de que ele precisa para o bom desempenho do seu ofício e o agricultor, bem como todos os produtores de matéria-prima, fornecerão ao industrial tudo quanto esse precisa para ser um bom industrial. Depois, com os transportes quais mensageiros, teremos um sistema são e estável, baseado no bem comum. Se moramos em pequenos centros, onde a vida é menos tensa e onde os produtos dos campos e jardins se possam obter sem a interferência de larga série de intermediários, então haverá pouca pobreza ou agitação.

Vejamos o caso do trabalho intermitente. Tomemos as construções como exemplo típico dessa classe de trabalho. Que enorme desperdício de energia, deixar inativos, durante o inverno, os operários construtores; para as fábricas, durante o inverno, os operários construtores, à espera da época das construções! Que desperdício de capacidade profissional significa a entrada dos operários construtores para as fábricas, durante o inverno, e a permanência deles alí durante o período de construções, pelo receio de, no inverno próximo, não conseguirem de novo colocar-se na fábrica! Se o operário lavrador pudesse abandonar a fábrica para o trabalho de semeadura, cultura e colheita nas épocas próprias (trabalhos que ocupam uma pequena parte do ano), e se o operário construtor pudesse abandonar a fábrica para atender ao seu ofício nas estações propícias, como isso lhe melhoraria a vida! Se cada primavera e verão, e por três ou quatro meses, todos saíssem para a vida ao ar livre tão saudável! Não se falaria mais em *chômage* ou paralisação.

Também no campo há as temporadas mortas. O lavrador viria às fábricas trabalhar na produção de artigos de que necessita no campo. A fábrica também tem as suas épocas mortas. Os operários iriam para os campos participar na produção de gêneros alimentícios. Todos escapariam assim às temporadas mortas, alternando-se a vida artificial com a natural.

VIDA NATURAL

Um dos benefícios dessa política seria dar-nos uma noção mais justa da vida. A variedade de ocupações não é só benéfica do ponto de vista material, como ainda contribui para arejar o cérebro e melhorar o discernimento. Grande parte da inquietação de hoje resulta do nosso modo de ver, acanhado e parcial. Se nosso trabalho fosse mais variado, e se víssemos a vida por maior numero de aspectos, se nos déssemos conta dos serviços que mutuamente se prestam os vários fatores da produção, muito ganharíamos em equilíbrio. O trabalho ao ar, livre durante certo tempo, só traz benefícios.

Nada disso é impossível. O que é bom e desejável nunca é impossível. para tanto basta um pouco de espírito de união, um pouco menos de cupidez e um pouco mais de atenção para a vida.

Os ricos gostam de embalar-se por três ou quatro meses em doce ócio em alguma estação da moda. Ainda que o pudesse, a maior parte do povo americano não empregaria assim o seu tempo. Mas poderia sair em times para o trabalho ao ar livre conforme as estações.

É indiscutível que muito do mal-estar contemporâneo tem por causa o afastamento da vida natural. Homens que anos a fio se ocupam dos mesmos misteres, sem ver de raio de sol, nem gozar da bela amplidão dos horizontes, é natural que vejam negra a vida. E disso tanto sofre o capitalista como o operário.

Que é que os impede de levar vida normal e saudável? Será incompatível com a indústria que os diversos ofícios e profissões sejam desempenhados aos turnos pelos mais indicados? Dirão que a produção seria prejudicada com a retirada periódica dos operários. Mas temos que olhar o caso, de um ponto de vista mais amplo. Consideremos um aumento de energia destes operários, após três ou quatro meses de trabalho nos campos, e ainda o barateamento da vida consequente a esse último afluxo periódico à lavoura.

A EXPERIÊNCIA

Como disse em capítulo anterior, já demos inicio a essa combinação da indústria com a agricultura, conseguindo ótimos resultados. Em Northville, perto de Detroit, possuímos uma fábrica de válvulas, que, apesar de pequena, atinge elevada produção. A organização da fábrica é muito simples, por tratar-se do fabrico de um só produto, o que nos dispensa de reunir operários peritos porque a perícia compete toda aos maquinismos. Os habitantes da região trabalham na fábrica durante parte do ano, e nos meses restantes fazem agricultura, que ali não requer grande esforço, graças aos aparelhos mecânicos. A força motriz é fornecida pela água.

A 15 milhas de Detroit, em Flat Rock, está em construção outra fábrica de dimensões maiores. Construímos uma barragem no rio, barragem que serve simultaneamente de ponte para a estrada de ferro Detroit-Toledo-Ironton e está franqueada ao público. Vamos estabelecer ali a nossa fábrica de vidro. As águas represadas servem de via fluvial para muita da matéria-prima que consumimos, e também nos fornecem energia por meio de um estabelecimento hidrelétrico.

Como a fábrica se acha situada em pleno campo, não há que recear aglomerações nem nenhum dos inconvenientes do excessivo amontoamento humano. O operário, além do emprego na fábrica, tem à sua disposição terras de cultura, espalhadas por 15 ou 20 milhas; graças ao automóvel em que se conduz à fábrica as distâncias se anulam, podendo fazer as duas coisas. Realizamos assim a combinação da indústria com a agricultura, com ausência absoluta dos males da concentração.

Acho sem fundamento a crença de que um país industrial deve concentrar as suas indústrias. É necessidade que apenas corresponde a uma das fases do desenvolvimento industrial. À medida que fazemos progressos na fabricação, principalmente nas peças, podem essas ser produzidas em melhores condições. E essas melhores condições, se o são para os operários, são-no também para a produção. À margem de um rio pequeno não se poderia montar uma grande fábrica ou uma serie de pequenas fábricas; cada uma delas fabricando uma só parte, pode-se produzir o todo mais barato do que produziria uma grande fábrica. Há exceções na fundição do ferro. Em tal caso, como em River Rouge, nós queremos combinar a produção do metal com a sua moldagem, sem perder a menor parcela de energia. Mas isto exige o emprego de grande capital e a aglomeração de muita força humana num só ponto. Conjuntos dessa ordem, todavia, constituem exceções e não embaraçam a ideia de descongestionar a centralização da indústria.

DESCENTRALIZAÇÃO DA INDÚSTRIA

A indústria será descentralizada. Não há cidade que, se fosse destruída, se erguesse de acordo com o plano primitivo, fato que demonstra não ser satisfatória a construção atual das cidades. Uma cidade tem uma função a desempenhar e sem duvida as aldeias não seriam habitáveis se não existissem as cidades. A concentração humana tem ensinado aos homens segredos que o isolamento rural jamais lhes desvendaria.

A higiene, a iluminação, a organização social são frutos da experiência urbana. Por outro lado, foi nas cidades que se originaram todos os males de que sofre a sociedade contemporânea. Vemos as pequenas comunidades viverem de acordo com as estações, afastadas da extrema pobreza e da opulência, sem nenhuma das violentas crises de agitação ou conflitos que atormentam os grandes aglomerados. Há qualquer coisa feroz e ameaçadora nas cidades habitantes, ao passo que, algumas léguas de distância vivem felizes aldeias que só pelos jornais conhecem a inquietação dos grandes centros. Uma grande cidade é uma massa inerte. Tudo de que necessita deve ser levado para lá. Interrompa-se o transporte e as cidades paralisar-se-ão, passando a viver das reservas dos seus armazéns. Mas os armazéns não produzem. A cidade é impotente para nutrir-se, vestir-se, aquecer-se. Suas condições de vida e trabalho são tão artificiais que o instinto chega a revoltar-se contra essa monstruosidade.

E, finalmente, o custeio das cidades vai-se tornando esmagador. É uma taxa que tira tudo dos moradores.

Os políticos acham tão fácil contrair empréstimos que têm lançado empréstimos até aos extremos limites. Nestes últimos anos os gastos da administração municipal crescem de um modo alarmante. Grande parte desses gastos resulta do serviço de juros; o dinheiro tomado foi convertido em coisas improdutivas, como tijolo, pedra, cimento ou comodidades urbanas, como serviço d'água, esgotos, etc., tudo feito a preços absurdos. O ônus que acarreta a manutenção de tais obras, as despesas de policiamento, etc., são maiores que as vantagens decorrentes da vida coletiva. A cidade moderna foi pródiga, está hoje próxima da bancarrota, e amanhã deixará de existir.

A provisão gradual de uma grande soma de energia barata e adequada fará mais que qualquer outra coisa para o equilíbrio da vida e para a supressão do desperdício, causa da miséria. A fonte de energia não será uma só. Uma usina de eletricidade a vapor, situada à boca de uma mina, será o mais conveniente para essa comunidade. Energia hidrelétrica o será para aquela outra. Mas cada comunidade deverá ter sua estação central de energia barata – considerando-a tão necessária à sua vida como a estrada de ferro ou a água canalizada. Todas essas fontes de energia poderiam ser adaptadas ao bem comum, se as despesas exigidas pela organização do capital necessário não se opusessem.

NOVA VISÃO DO CAPITAL

Penso que temos de rever nossas ideias sobre o capital. O capital que emana da própria empresa e se aplica em fomentar o trabalho e acrescer o bem-estar do operário, que se converte sempre em novas oportunidades de trabalho e ao mesmo tempo reduz o custo geral da vida: um capital assim, mesmo nas mãos de um só homem, não constitui um perigo para a humanidade. É um fundo de reserva do trabalho que um só individuo maneja e dirige em beneficio de todos. O diretor de tal capital não o olhará como coisa sua. Nenhum homem o poderia reunir sem o concurso dos outros. É o produto coletivo da organização que ele dirige. A ideia desse homem pode ter criado essa força coletiva – mas não a realizou só. Cada trabalhador é parte na criação. Nenhum negócio deve restringir-se às necessidades do momento ou do interesse dos que nela tomam parte. Tem que pensar na sua continuidade, tem que olhar para o futuro. Os melhores salários devem ser pagos a todos que neles tomam parte, é preciso que uma renda seja outorgada a alguém. O verdadeiro e honesto industrial considera essa renda como um depósito, e pouco importa que tal renda vá ter aqui ou ali, a essas ou àquelas mãos; só importa o uso a lhe ser dado.

Capital que não cria constantemente mais e melhor trabalho é tão estéril como areia. Capital que não melhora constantemente as condições e a remuneração do trabalho foge à sua mais alta missão. A mais alta missão do capital não é produzir mais dinheiro, e sim fazer o dinheiro prestar mais serviços à vida. Se em nossas indústrias não concorremos para solver o problema social, não estamos realizando o nosso principal dever. Não estamos trabalhando para o bem comum.

CAPÍTULO XIV

O TRATOR E O APROVEITAMENTO AGRÍCOLA

Nosso trator *Fordson* foi posto em circulação um ano antes do tempo, em virtude da crise alimentar que, em consequência da guerra, flagelou a Inglaterra. Toda a nossa produção inicial, salvo as máquinas de ensaio e experiência, foi expedida para lá. Enviamos, ao todo, no período crítico de 1917 a 1918, em que os submarinos desenvolviam a sua maior atividade, 5.000 tratores. Todos chegaram, e os funcionários do governo britânico declararam que, sem o seu concurso, a Inglaterra ter-se-ia embaraçado para vencer a crise.

Foram esses tratores, dirigidos, na maioria, por mulheres, que serviram para arrotear os parques e campos de golfe das velhas casas britânicas, de modo a cultivar-se toda a superfície do reino sem necessidade de desfalcar o efetivo dos combatentes nem diminuir o trabalho das usinas.

Em 1917, época da entrada dos norte-americanos na guerra, a comissão inglesa de abastecimento percebeu que, com a ação dos submarinos alemães, cuja obra de soçobro crescia diariamente, a já fraca marinha mercante tornar-se-ia insuficiente para o transporte das tropas americanas e de material necessário a elas e as demais, bem como para abastecer a população civil da Inglaterra. Foi, então, que se iniciou a expatriação das famílias dos colonos ingleses, e surgiu o projeto de produzirem-se víveres no próprio país. A situação era muito séria. Não havia, na Inglaterra, animais suficientes para o arroteamento dos campos, de modo a limitar a importação de víveres. A aplicação da força mecânica à agricultura era apenas conhecida; as propriedades agrícolas inglesas não exigiam o emprego de poderosas máquinas agrícolas, por serem de pequena extensão e disporem de mão de obra abundante e barata. Várias fábricas produziam tratores, mas, além de serem pesadas máquinas movidas a vapor, não era possível intensificar-lhes o fabrico, porque todas as fábricas se ocupavam no preparo de munições, e mesmo que o fosse não convinham ao caso, em vista do peso, das dimensões e de só poderem ser conduzidos por mecânicos.

Na nossa fábrica de Manchester já tínhamos montado vários tratores construídos na América e o Ministério da Agricultura encarregou a Sociedade Real de Agricultura de os examinar e dar parecer a respeito. A informação foi a seguinte:

"De acordo com as instruções da Real Sociedade de Agricultura, ensaiamos dois tratores *Ford* de 25 H. P. Escolhemos uma terra pesada e em mau estado e em seguida uma terra mais leve, invadida pela grama, experimentando os tratores no plano e no aclive. No primeiro ensaio empregamos o arado Oliver de sulco duplo, rasgando em média a cinco polegadas de fundo por dezesseis de largo. Usamos, também, um arado *Cockshultt,* de três sulcos, para a mesma profundidade e para sulcos intervalados de dez polegadas. Na segunda experiência o arado foi de três ferros, com seis polegadas de profundidade média.

Nos dois casos o trator operou com facilidade e o tempo consumido para arar 0,4 hectares foi de uma hora e meia, com dispêndio de 10,25 litros de combustível.

Consideramos tais resultados como muito satisfatórios.

Os arados não convinham aos terrenos e por isso os tratores trabalhavam em condições desfavoráveis.

Um trator com a sua carga de combustível e água pesava duas mil e trezentas libras e um quarto. O trator é leve para a sua força, exerce pequena pressão sobre o solo, tem viragem de raio curto e passa bem em lugares estreitos. A partida a frio é fácil, com um pequeno suplemento de gasolina.

Depois dessas experiências, dirigimo-nos a Fábrica Ford, em Trafford Park, Manchester, para onde tínhamos enviado um dos tratores, a fim de ser desmontado e examinado. O tipo nos parece muito robusto e a fabricação de superior qualidade. As rodas nos parecem um pouco leves, mas nos informam que as vão fazer de um modelo mais sólido. O único fim do trator é o trabalho no campo de modo que as rodas são providas de paletas, que deveriam ser protegidas quando transportadas de um local a outro. Tomando em consideração essas observações e à vista das circunstâncias, recomendamos que se tomem disposições para a imediata construção da maior quantidade possível desses tratores".

O parecer vinha assinado pelo professor W. E. Dalby e F. S. Courtney, engenheiro; R. N. Greaves, técnico de engenharia e agricultura; Roberto W. Mobbs e Henry Overman, técnicos de agricultura; Gilbert Greenall, diretor honorário, e John Cross, procurador.

Logo depois desse parece recebemos o seguinte telegrama:

"Nada sei de positivo a respeito do embarque de aço e maquinismos para a fábrica de Cork. Entretanto, mesmo que as circunstancias sejam propícias, antes da primavera nada nos poderá entregar a fábrica de Cork. A produção de víveres na Inglaterra é imperiosa, e torna-se necessária grande quantidade de tratores para lavrar os campos e preparar a cultura de inverno. Estou encarregado pelo governo de reclamar o concurso do Senhor Ford. Poderia ele mandar-nos cá o Sr. Sorensen e outros com os planos necessários para um exame do governo britânico, com o fim de que as peças possam com urgência ser fabricadas aqui, nas fábricas do Estado, sob a direção do Sr. Sorensen? Posso garantir-lhe que este pedido é feito no interesse público, sem intervenção industrial ou capitalista, nem proveito para nenhum interesse particular qualquer. O assunto requer a maior urgência. É impossível vir da América em quantidade suficiente os milhares de tratores necessários. O melhor e o mais conveniente é o trator *Ford*. Só depende da resolução do Senhor Ford a aquisição desse artigo tão urgente para a nação. Meus afazeres me impedem de ir à América pessoalmente tratar disto. Solicito com instância exame benevolente do assunto e decisão imediata. A urgência é extrema. O Sr. Ford pode contar que lhe serão asseguradas todas as facilidades de fabricação, sob o mais estrito e imparcial controle do governo. Ficaríamos gratíssimos com a vinda do Sr. Sorensen, bem como de qualquer outro auxílio ou direção que nos fosse enviado da América. Responda pelo cabo: Perry, aos cuidados de Harding "Prodome", Londres.

Prodome".

Esse telegrama foi passado a mando do governo britânico. Respondemos declarando-nos prontos a submeter ao exame das autoridades os planos e dados da nossa experiência até aquele dia e tudo o mais que pudesse ser necessário para o aumento da produção inglesa. No primeiro navio embarcou o Sr. Sorensen, que havia montado a fábrica de Manchester e agora dirigia a nossa fábrica de tratores.

Sorensen deu inicio à obra, com os funcionários britânicos na intenção de fabricar e montar tratores na Inglaterra. Mas grande parte do material era especial e não se encontrava na Inglaterra, cujas fábricas só se ocupavam no fabrico de munições e armas. Só depois de enormes esforços o ministério conseguiu algumas ofertas. Nessa época as incursões aéreas dos alemães começaram a visar Londres e no mês de junho a situação tornou-se crítica. Era preciso fazer qualquer coisa e finalmente, depois de recorrer à metade das fábricas inglesas, conseguimos ofertas. Lord Milner fê-las examinar pelo Sr. Sorensen. Aceita a mais vantajosa, o preço de um trator montaria a 1.500 dólares, sem garantia alguma com respeito à entrega.

– É exorbitante esse preço – disse o Sr. Sorensen; – o preço não deve exceder 700 dólares.

– Pode o senhor fabricar 5.000 por esse preço? – perguntou Lord Milner.

– Naturalmente.

– E prazo de entrega?

– Dentro de 60 dias começaremos a expedição.

Assinou-se um contrato imediatamente, que, entre outras cláusulas estipulava um pagamento adiantado de 25% do total. Sorensen avisou-nos do que se passara e pelo primeiro vapor regressou. O adiantamento não foi por nós recebido senão no fim da entrega, ficando como uma espécie de fundo de garantia.

A fábrica de tratores não se achava pronta para iniciar a produção. Fora mister adaptar-se a de Highland Park, mas suas oficinas já trabalhavam dia e noite em encomendas de guerra. Só havia um recurso – construir um anexo à fábrica de Dearborn, dotando-o de maquinismos pedidos telegraficamente e transportados a grande velocidade. Assim fizemos, e em menos de 60 dias os primeiros tratores se achavam no cais de Nova Iorque, às ordens do governo britânico. Houve um certo atraso por falta de transporte, mas a 6 de dezembro de 1917, recebemos o seguinte cabograma:

"Londres, 5 de dezembro de 1917. – Sorensen – Fordson F. R. Dearborn.
Primeiros tratores chegaram. Quando embarcarão Smith e os outros?
Cabografe. Perry".

Os 5.000 tratores transpuseram o oceano no espaço de três meses; eis por que a Inglaterra começou a usar os nossos tratores antes de serem eles conhecidos aqui.

A IDEIA DO TRATOR

A ideia do trator era mais antiga que a do automóvel. As minhas primeiras experiências, durante o meu período de fazenda, foram dedicados a ele, e o leitor se recordará de que por algum tempo trabalhei numa fábrica de tratores a vapor, maquinas enormes de uso em estradas ou para malhadeiras. Nunca, porém, acreditei no futuro dos tratores pesados. Além de muito dispendiosos para as pequenas culturas, eram de difícil manejo e tinham o peso desproporcional à força que desenvolviam. Além disso, o publico se interessava muito mais pelo automóvel: o carro sem cavalos feria mais a imaginação. Isso me levou a abandonar quase completamente os tratores, até que resolvesse por completo o problema daqueles. Quando o automóvel se generalizou no campo, o trator passou a constituir uma necessidade. Os fazendeiros começaram a apreciar a importância da tração mecânica na agricultura. Muito mais do que as ferramentas novas, os meios de acionar as que ele já possui interessam ao agricultor. Já conduzi arados por várias milhas, e sei que trabalho é esse. Quanto tempo, quanta energia perde um homem, acompanhando o andar lento de uma parelha de animais, quando um trator faria o serviço seis vezes mais depressa! Nada admira que o trabalho dos lavradores renda pouco e os produtos do solo permaneçam escassos e caros.

Como para os automóveis, nós queríamos, nos tratores, força e não peso. A ideia do peso se arraigara na mentalidade dos fabricantes de tratores, na ilusão de que ao peso corresponde uma força proporcional e que a máquina não poderia aderir ao solo se não fosse pesada. Assim se procedia, sem refletir que um gato, apesar de muito leve, possui uma bela força de tração. A meu ver, o único trator que valia a pena estudar deveria ser leve e resistente, bastante simples para que qualquer pessoa pudesse dirigi-lo, e de um preço tão barato que o colocasse ao alcance de todos.

Orientado por esses princípios, durante 15 anos trabalhamos na construção do modelo, consumindo vários milhões de dólares em experiências. Seguimos o mesmo método adotado para o automóvel. As peças deveriam ser pouco numerosas e o todo concebido de maneira a permitir a construção em alta escala.

De passagem tivemos a ideia de que o maquinismo de um auto talvez pudesse servir e fizemos ensaios nesse sentido, mas concluímos que nada havia de comum entre o trator e o automóvel. Desde o começo foi nossa ideia que a indústria de tratores deveria constituir empresa à parte, em edifício separado. Não há fábrica assaz grande que comporte a elaboração destes dois artigos.

CARACTERÍSTICOS DO TRATOR

O automóvel destina-se a transportar, o trator a puxar, e essa diferença de função determina uma radical diferença de estrutura.

O ponto mais difícil foi obter coxinetes robustos. Conseguimos, por fim, o modelo desejado e pudemos realizar uma construção capaz de dar em todas as circunstâncias os melhores resultados possíveis. Adotamos um motor de quatro cilindros, com partida a gasolina, mas funcionando a petróleo. O peso menor que pudemos alcançar, em perfeita proporção com a força tratora, foi de 2.425 libras. O ponto de apoio era constituído pelos dentes das rodas de tração – as garras do gato.

A fim de que o trator fosse aplicável a outros serviços, e para aumentar a sua utilidade geral, construímo-lo de modo a servir de motor fixo. Quando não estiver trabalhando na lavoura, pode ser ligado a outras máquinas por meio de correias de transmissão. Procuramos, enfim, torná-lo uma fonte de energia simples e sólida. De múltiplas utilidades – e o conseguimos. Nosso trator aplica-se, não só ao trabalho do solo, como, ainda, para malhar o trigo, para mover moinhos. Serrarias, etc., para destocar, para varrer a neve, para todos os fins que necessitem uma fonte mediana de energia, desde a tosa dos carneiros até a impressão dos jornais. Dotamo-lo de modo a poder caminhar nas estradas, ou, armados de patins, deslizar sobre o gelo; ou dotado de rodas adequadas, correr sobre trilhos. Já se verificaram 95 aplicações diversas e ainda há outras.

Quando, por falta de carvão, tivemos de fechar as oficinas de Detroit, não deixamos de publicar o "*Dearborn Independent*", usando um trator para mover o dínamo gerador de energia. Colocamos o trator no andar térreo comunicando-se com os prelos do quarto andar por uma correia.

O mecanismo de um trator é ainda mais simples que o do automóvel, e fabricado da mesma maneira. Por não dispormos de fábrica apropriada, a produção ficou restringida até o ano passado. Foi na fábrica de Dearborn que construímos os primeiros, fábrica que não passa de um local de experiências. O espaço não permitia a economia que uma produção volumosa exige, nem nos convinha aumentá-la, porque tencionávamos construir em River Rouge as oficinas que só este ano alcançaram pleno funcionamento.

PLENA PRODUÇÃO E RENDIMENTO

Hoje está pronta a construção da fábrica de tratores. Nela se empregam os mesmos processos, o mesmo trabalho das nossas fábricas de automóveis. A construção de cada peça ocupa uma oficina especial; uma vez terminadas são transportadas por via mecânica ao ponto inicial da montagem. Tudo se desloca automaticamente e não há trabalho especializado. A fábrica é feita para produzir um milhão de tratores por ano, indispensáveis hoje que o mundo atravessa uma época de verdadeira fome de fontes de energia econômica de utilidade geral.

Como já disse, os nossos primeiros tratores foram enviados à Inglaterra e só em 1918 apareceram nos Estados Unidos, ao preço de 750 dólares. No ano seguinte, em virtude da elevação do custo, subiu o preço a 885 dólares; no meio do ano pudemos reduzi-lo de novo aos 750 dólares do começo; meses depois já estávamos bastante senhores do negócio para iniciar a redução sistemática do preço, até chegar a 625 dólares; em 1922, quando começou a trabalhar a fábrica de River Rouge, pudemos reduzi-lo a 395 dólares. Isso mostra o efeito da produção metódica sobre o preço. da mesma forma por que não posso adivinhar a que preço cairá um dia o automóvel Ford, tampouco poderei predizer o futuro barateamento do trator. O que importa é que o preço vá diminuindo, porque de outra forma será impossível generalizar-se por todas as fazendas essa força motriz que lhes é de necessidade vital. Daqui a alguns anos, o trabalho agrícola executado pela energia do músculo, animal ou humano, passará para o rol das coisas lendárias, como as fábricas movidas a rodas de moinho. O agricultor acha-se em face de um dilema: ou aplica a energia mecânica, ou renuncia à profissão. Durante a guerra o governo faz experiências com o *Fordson* para verificar o custo dos dois sistemas. Tomou-se por base o preço mais elevado do trator acrescido dos gastos do transporte e exagerou-se o cálculo das despesas com os reparos e consertos. Eis as cifras:

Custo, Fordson – $880. Duração – 4.800 horas ou 3.840 acres

3.840 acres a $880; depreciação por acre	221
Reparações pela área total $100; por acre	026
Combustível, petróleo a 19 cents, galões por acre	38
Óleo, ¾ de galão por 8 acres; por acre	075
Condutor, $2 por dia, 8 acres; por acre	25
	–
Custo do aramento	95

Oito cavalos, custo, $1.200. Duração, 5.000 horas ou 4.000 acres

4.000 a $1.200; depreciação por cavalo	30
Trato de um cavalo, 40 cents (100 dias de trabalho) por acre	40
Trato, idem, 10 cents por dia (265 dias de folga) por acre	265
Dois condutores, dois aradores a $2 por dia, por acre	50
	–
Custo do aramento animal, por acre	1.46

Com esses custos um acre sai a 40 cents, com 2 cents apenas de reparações e depreciação. Mas há ainda o elemento tempo. O aramento é feito no quarto do tempo, com uso apenas da energia humana necessária a guiar o trator. O aramento torna-se um passeio de auto pelo campo.

A lavoura, pelo sistema antigo, breve não passará de uma recordação pitoresca. Isso não quer dizer que o trabalho desaparecerá das fazendas; o trabalho não desaparecerá de nenhum campo de produção. Mas o trabalho mecânico fará desaparecer da vida rural o esforço pesado e prejudicial ao homem. Passá-lo-á do músculo humano à resistência do aço. Estamos ainda no inicio deste sistema agrícola.

O automóvel transformou a agricultura, não como veículo, mas como fonte de energia. Esse ramo da atividade humana, deve ser alguma coisa mais do que uma ocupação rural; deve ser a indústria da produção dos víveres. Quando a transformação se operar, poderemos, numa fazenda comum, efetuar todo o serviço agrícola em 24 dias do ano. Os restantes serão ocupados em outros misteres. A agricultura depende muito das estações para exigir todo o tempo de um homem. Quando a agricultura produzir os gêneros em quantidade e em tais condições que todas as famílias possam ter o necessário para o consumo, então estará justificado o título de indústria produtora de alimentos. Se nos fosse possível produzir tudo e em quantidades tão grandes que tornassem impossíveis os açambarcamentos, *ipso facto* desapareceriam os trustes que especulam sobre os víveres. O agricultor que limita a sua produção faz o jogo dos especuladores.

A PEQUENA INDÚSTRIA

Talvez possamos nessa época assistir à ressurreição da pequena indústria dos moinhos, pois é de lamentar que tenha ela caído em desuso. A cooperação agrícola está destinada a um tal desenvolvimento que havemos de ver associações de fazendeiros com seus matadouros próprios, onde seus porcos se converterão em presunto e toucinho, e com seus moinhos próprios, onde o trigo que produzem seja transformado em artigo comercial.

O fato de um boi criado no Texas ser transportado aos matadouros de Chicago e vendido em Boston, só poderá ser modificado quando se puder criar, nos arredores de Boston, todos os bois necessários ao seu consumo. A centralização das indústrias exige tais despesas de transporte e organização que é muito dispendiosa para que continue existindo em uma sociedade mais adiantada.

Dentro de vinte anos observaremos, na agricultura, o mesmo movimento de progresso que hoje presenciamos na indústria.

CAPÍTULO XV

POR QUE A CARIDADE?

Por que há de persistir no mundo o regime da esmola? Não objeto contra o espírito de caridade. O céu não permitia que jamais nos mostrássemos frios ante a penúria de um irmão. O sentimento de humanidade é muito belo para ser preterido por um frio cálculo. E raros são os progressos que não surgiram da simpatia humana. A preocupação de ajudar nossos semelhantes está no fundo de toda obra honrosa.

O mal é que seja tão mesquinha a aplicação de um sentimento tão elevado. Se a simpatia humana nos arrasta a dar de comer a quem tem fome, por que não nos arrastará à preocupação de suprimir a fome? A mesma simpatia que nos leva a socorrer o nosso semelhante deveríamos empregar para tornar impossível a pobreza.

É fácil dar: é difícil fazer que o dar seja desnecessário. Para consegui-lo seria mister olhar além do individuo, de modo a descobrir a causa da sua miséria – não hesitando, sem dúvida, em aliviá-lo enquanto não descobrimos essa causa, mas não nos detendo nesse alívio provisório. A dificuldade, parece, está em descobrir as verdadeiras causas da miséria. Muita gente capaz de socorrer uma família pobre é incapaz de concentrar a atenção no problema da abolição da pobreza.

Não tolero a caridade profissional, nem nenhuma espécie de humanitarismo comercializado. Do momento em que o humanitarismo se sistematiza, organiza, comercializa, profissionaliza, o sentimento foge dele e essa ausência o torna frio e repulsivo.

O verdadeiro humanitarismo não cabe em fichas, nem comporta anúncios. Há mais órfãos carinhosamente educados por particulares do que os há em orfanatos; há mais velhos recolhidos em casas amigas do que nos asilos. Realizam-se mais empréstimos de família a família do que pelos montes de socorro. Quer isso dizer que a sociedade humana ajuda-se a si própria – e é um grave problema saber até que ponto devemos aprovar a comercialização do natural instinto de caridade.

A caridade profissional não só é fria, como faz mais mal do que bem. Degrada o beneficiado e entorpece nele o respeito dele próprio.

A FILANTROPIA

O mesmo se dá com o sentimentalismo idealista. Veio-nos de fora, há alguns anos, a ideia de que todas as criaturas deviam contar com auxilio. Muita gente tornou-se parasita de bem-intencionadas obras sociais. Muitíssima gente acocorou-se na atitude de espectante das crianças inválidas. Servir esses parasitas tornou-se uma verdadeira profissão, um derivativo ao enternecimento sentimental – sem que de tal coisa resultasse um bem para o protegido ou para a comunidade.

Pior que esse estímulo ao marasmo foi o surto do ressentimento que sempre nasce do coração dos beneficiados. É comum ouvirem-se queixas a respeito da "ingratidão" dos beneficiados, mas nada mais lógico. Em primeiro lugar muito pouco dessa caridade é realmente caridade da que brota do coração túmido de simpatia. Em segundo lugar, ninguém pode ficar satisfeito de ver-se na necessidade de receber favores.

Tais "obras sociais" criam delicadas relações. Quem recebe se sente diminuído – e parece-me que outra não é a sensação de quem dá. A caridade nunca resolve uma situação. Se ela não procura fazer-se desnecessária, de nada vale. Apenas cria para si uma tarefa – e aumenta o índice de não produção.

A SOLUÇÃO INDUSTRIAL

A caridade tornar-se-á desnecessária se os que vivem dela fossem retirados da classe improdutiva e postos na classe produtiva. Em capitulo anterior demonstrei com o exemplo da minha fábrica que a subdivisão do trabalho industrial abre espaço para os aleijados, os cegos e toda a casta de inválidos. A industria em bases cientificas não é necessariamente um monstro devorador de quantos se aproximam dela. E se é assim, então não está bem-desempenhado a sua missão. Tanto dentro como fora da industria existem forçosamente tarefas que exigem toda a força de um homem vigoroso. Outras há, numerosas, que reclamam, uma perícia igual à dos artesãos medievais. A inteligente divisão das tarefas permite ao homem forte ou ao homem perito o pleno emprego da sua força ou da sua perícia. Na velha industria manual o operário de alta perícia passava boa parte do seu tempo fazendo um trabalho braçal grosseiro. Era um desperdício. Mas como nesse tempo a tarefa de cada homem compreendia ao mesmo tempo o trabalho fino e o trabalho bruto, não havia nas oficinas lugar para o obreiro inferior, incapaz de adquirir a perícia do artesão, nem para o homem capaz, mas ainda sem traquejo.

O obreiro que só trabalha com seus músculos não pode ganhar mais que a sua subsistência. E está aceito como fato que tal homem, na velhice, deve ficar a cargo dos filhos, ou, se os não têm, a cargo da comunidade. Está errado. A subdivisão do trabalho industrial abre lugares que podem ser ocupados por qualquer espécie de homens. Abre mais lugares que podem ser ocupados por cegos do que há cegos. Mais lugares que podem ser ocupados por inválidos do que há inválidos. E num desses lugares o cego, que no regime antigo só teria o recurso da caridade pública, pode ganhar a sua vida tão bem como o homem melhor dotado de vista. É um desperdício ocupar-se um homem são numa tarefa que pode ser desempenhada por um inválido; como é um desperdício pôr-se um cego a fazer balaios; como é um desperdício, ainda, porem-se encarcerados a quebrar pedras ou desfiar estopa, ou a fazer qualquer outro trabalho inferior e pouco útil.

Uma prisão bem-conduzida deve poder manter-se com os recursos próprios e habilitar os encarcerados a sustentarem suas famílias, ou, não as tendo, a formarem um pecúlio para quando saírem. Não advogo o aluguel do trabalho dos presos, coisa que me lembra a escuridão. Tal sistema nem merece ser referido. Mas o regime penitenciário poderia ajustar-se ao sistema geral da produção, de modo que cada cárcere fosse um organismo produtivo, trabalhando tanto em benefício próprio, como no dos prisioneiros e no da comunidade. Sei que existem leis – leis concebidas por homens ineptos – que restringem a atividade industrial das prisões. Leis feitas sob a influência do chamado trabalhismo, mas de todo contrárias aos interesses dos homens de trabalho. O aumento dos encargos da comunidade não beneficia a nenhum membro dela. Se a ideia do bem público for sempre visada, haverá sempre em cada comunidade mais trabalho a fazer do que haverá homens para fazê-lo.

A indústria organizada para o bem público dispensa a necessidade de filantropia. Esse sentimento, apesar da nobreza dos seus intuitos, nada faz para dar aos protegidos a necessária confiança em si. Uma comunidade ganha em manter-se descontente e insatisfeita com o seu estado de coisas. Não falo do descontentamento mesquinho, miúdo, de toda hora, resmungão; mas da ampla, corajosa espécie de insatisfação que crê que as coisas podem e devem melhorar um dia. A indústria organizada para o bem público – e tanto os patrões como os operários têm de visar a isso – deve pagar salários bastante altos para permitir que cada família readquira a confiança em si e possa viver por si. A filantropia que procura resolver o problema da miséria humana pela supressão da miséria, faz mais do que a que se contenta com dar, e assim mantém o *status quo* e alimenta o parasitismo.

Igual a tudo o mais, a filantropia deve ser produtiva e estou convencido de que pode ser. Fiz experiência com uma escola industrial e uma casa de saúde, instituições tidas comumente como de beneficência e incapazes de se manterem com os recursos próprios. E verifiquei que não há tal.

A EXPERIÊNCIA DA ESCOLA FORD

Não simpatizo com a atual organização das escolas industriais; os alunos só adquirem conhecimentos e não a arte de usá-los na vida.

A escola industrial não deve ser um compromisso entre a escola superior e a primária, mas um lugar onde se ensine às crianças a arte de ser produtivo. Se os alunos são postos a fazer coisas sem utilidade – a fazê-las para depois desfazê-las, não podem sentir interesse pelo ensino. E durante o curso fica improdutivo; as escolas, a não ser por caridade, não conseguem assegurar e subsistência dos alunos. E como inúmeros necessitam manter-se, são obrigados a aceitar o primeiro trabalho que lhes aparece.

Quando um rapaz assim destreinado entra na vida, o que faz é agravar a escassez já grande do obreiro competente. A indústria moderna exige um grau de habilidade e treino que o curso de tais escolas não pode dar. É certo que muitos institutos abriram seções de trabalho manual, a fim de despertar nos rapazes o interesse profissional e treiná-los; mas todos reconhecem que isso não passa de um expediente que, sem os satisfazer, amima apenas o instinto criador dos rapazes.

Com o fim de proporcionar uma boa instrução geral e ao mesmo tempo dar base construtiva à habilidade dos meninos, fundamos em 1916 a Escola Industrial Henry Ford. Nada tem de ver com filantropia. Inspira-se no desejo de ajudar os rapazes que se viram obrigados a deixar a escola muito cedo, e essa intenção acomoda-se com a necessidade de prover nossas oficinas de bons mecânicos. Três normas nos guiaram: primeira, que o rapaz continuasse rapaz, sem se tornar prematuramente um operário; segunda, que a instrução geral fosse conduzida de par com o ensino técnico; terceira, que se incutiriam no aluno o orgulho e a responsabilidade do seu trabalho, fazendo-o produzir objetos de real consumo. A escola foi instituída como um colégio particular, admitindo alunos de 12 a 18 anos. A sua organização obedece ao sistema de bolsas; cada aluno, quando se matricula, recebe uma bolsa anual de 400 dólares, importância que pode subir a 600, se o seu progresso é satisfatório.

Registram-se as notas de classe, de oficinas e de aplicação. Do grau desta, depende o aumento da bolsa. Além dessa remuneração, cada aluno recebe uma pequena soma mensal, que é depositada, em seu nome, num banco, a título de economias, e lá fica durante o período escolar, só podendo retirá-la antes a juízo da administração.

Aos poucos se foram resolvendo os problemas da direção e descobrindo-se os meios mais eficazes de alcançar os fins propostos. No começo ocupavam os rapazes um terço do dia na classe e o resto nas oficinas. Essa disposição não aprovou bem e os rapazes hoje passam uma semana na classe e duas nas oficinas, mas as classes não se interrompem, porque as turmas de alunos se revezam.

O corpo docente é formado pelos melhores instrutores e o livro de texto é a fábrica Ford. Realmente, a fábrica oferece mais recursos para a educação prática do que a maioria das universidades. As lições de cálculo são dadas nos problemas concretos da fabricação. Os rapazes não martirizaram o cérebro com um misterioso *A* que corre quatro milhas por hora, enquanto um *B* corre duas. Apresentam-se aos alunos fatos concretos e condições reais, de modo a desenvolver-se neles o dom da observação. As cidades deixam de ser pontos negros nos mapas, e os continentes páginas do atlas. Assistem à expedição dos produtos para Cingapura e o desembarque de matéria-prima vinda da África ou America do Sul, de modo que o planeta se torna para eles um mundo habitado e não um globo colorido posto em cima da mesa do professor. A usina é o laboratório de física e de química, onde a prática sucede imediatamente à teoria e todas as lições terminam por aplicações reais. Suponhamos que se trate de explicar o funcionamento das bombas. O professor discorre sobre o tema, responde às perguntas e leva a classe a ver funcionar uma bomba de grandes dimensões. A escola dispõe de uma oficina excelentemente montada. Os rapazes vão passando de uma máquina para outra. Trabalham apenas em artigos de que a nossa companhia se utiliza; mas as nossas necessidades são tão grandes que a lista compreende quase tudo o que existe. O produto do trabalho escolar, depois de examinado, é adquirido pela Ford Motor Company; o que não resiste ao exame é lançado à conta de perdas da escola.

Os alunos mais adiantados trabalham em micrometria, fazendo-o com uma clara compreensão da sua finalidade e dos princípios correspondentes. Fazem os reparos das suas máquinas e aprendem a acautelar-se com elas; estudam o planejamento de modelos em limpas e bem-iluminadas salas, sob a vigilância de instrutores, e assim vão construindo os alicerces de um futuro prospero.

Quando terminam os estudos, encontram nas fábricas trabalho bem remunerado. O bem-estar moral e social dos rapazes é cuidado de um modo discreto. A vigilância, ao invés de ser autoritária, assume o aspecto de um interesse amigo. Os professores estão a par das condições particulares de cada aluno e observam suas inclinações e tendências. Nada tende a fazer deles criaturas mimadas e orgulhosas. Certo dia, brigaram dois rapazes. Não lhes foi pregado nenhum sermão sobre a inconveniência do ato. Apenas foram aconselhados e resolverem a pendência da melhor maneira e, como nada os demovesse de decidir o caso a murros, foram-lhes dadas luvas de box e uma arena num canto das oficinas. Única imposição: o caso terminaria ali, não dando lugar a novas rixas fora da fábrica. O resultado foi encontro rápido e a reconciliação.

Os rapazes são tratados como rapazes, procurando-se-lhes estimular as boas qualidades que trazem em si. Observados na escola ou na oficina. A ninguém escapa o brilho de domínio auroral que fulge em seus olhos. Eles possuem o senso do *belong ing*, isto é, de serem alguma coisa. Todos se compenetram de que estão realizando algo serio que merece atenção. Aprendem fácil e rapidamente, porque estão a aprender coisas que um rapaz ativo deseja saber e vive a perguntar sem que em casa lhe possam responder.

A escola abriu-se com seis alunos e conta hoje 200 e é tão praticamente metódica, que pode comportar 700. Houve déficit no inicio; entretanto, com base na ideia de que toda empresa deve bastar-se a si mesma, hoje se aperfeiçoou de tal modo que atende a todo o seu custeio.

Temo-nos esforçado por conservar nos rapazes o seu caráter de rapazes, tornando-os operários sem que deixem de ser rapazes. É um ponto de importância capital. Ganham de 19 a 35 centavos por dia, isto é, mais do que poderiam ganhar em qualquer serviço. Podem, sim, ajudar a família melhormente do que trabalhando fora. Ao terminar os estudos possuem uma boa instrução geral, o começo de uma instrução técnica, e em virtude do treino estão aptos a vencer salários que lhes permitam prosseguir no aperfeiçoamento, se o desejarem. Nada os obriga a entrar para as nossas fábricas; a maior parte deles o faz porque sabe que em parte nenhuma encontrará melhor trabalho. Gozam de completa liberdade de escolha. Educaram-se à própria custa e não devem obrigação a ninguém. Não houve caridade. O aluno pagou o seu curso.

O HOSPITAL FORD

Os mesmos princípios servem de base ao Hospital Ford. Por motivo da interrupção sobrevinda com a guerra, pois o Estado o tomou para hospital militar, sob o n. 36, com 1.500 leitos, a experiência não pode concluir-se ainda. Não foi da minha iniciativa a construção primitiva do hospital. Começou em 1914 como um hospital qualquer, amparado por subscrições públicas. Entre os muitos subscritores, eu me achava. O capital, de inicio, não chegou para terminar as primeiras construções, sendo necessário novo apelo. Opus-me, porque a administração deveria ter calculado devidamente as despesas e mostrei a minha desconfiança quanto à capacidade dessa gerência depois de concluídas as obras. Ofereci-me, porém, para dirigir a empresa, devolvendo as somas subscritas. Isso foi feito e adiantavam-se as obras quando o governo o ocupou. Só a 1.º de agosto de 1919 tornou ele às nossas mãos sendo a 10 de novembro admitido o primeiro doente.

Está situado no West Grand Boulevard, em Detroit, num terreno de oito hectares, dispondo de muito espaço para futuras expansões. Nosso intento é aumentá-lo, caso se realizem as esperanças que nele depositamos. Abandonando o primeiro plano, procuramos fazer uma nova espécie de hospital, novo tanto na construção, como na organização. Pululam hospitais para os ricos e para os pobres. Não os há, porém, para a classe dos que podem pagar alguma coisa e preferem isso ao vexame da caridade pública. Estabeleceu-se que um hospital não pode prestar serviços ao publico e manter-se ao mesmo tempo; ou há de recorrer a donativos ou há de pertencer à classe dos sanatórios particulares de fins mercantis. O nosso hospital nasceu com a ideia de sustentar-se a si próprio, sem a menor aparência de obra de caridade, fornecendo o máximo de assistência pelo mínimo de remuneração.

Abolimos as salas comuns. Só quartos particulares e todos providos de banheiro. Em grupos de 24, todos se apresentam uniformes do tamanho, no aparelhamento e no mobiliário. Não há desigualdade; nada há a escolher dentro do hospital e todos os doentes dispõem do mesmo espaço.

Como os hospitais andam atualmente organizados não se pode concluir que existam para os enfermos ou para os médicos. Levo em consideração o tempo que um médico ou cirurgião capaz consagra à caridade; mas não estou convencido de que sua paga dependa das condições pecuniárias dos pacientes, e estou certíssimo de que a "dignidade profissional" é um obstáculo para o desenvolvimento da medicina e um tormento para a humanidade. De modo algum eu desejaria dirigir um hospital onde não se tomassem todas as precauções para que os enfermos fossem tratados da doença que têm e não da que o médico quer que eles tenham. Desconfio da diagnose, e a "dignidade profissional" dificulta a retificação de um diagnóstico falso. Um clinico, a não ser que tenha um espírito superior, nunca muda de diagnóstico ou de tratamento, e se o faz é sem que o enfermo seja informado de coisa alguma. A opinião corrente é que um enfermo de hospital não passa de propriedade absoluta do seu médico. Um médico consciencioso não explora os clientes. Mas muitos há que dão maior valor à defesa dos seus diagnósticos do que à cura do doente.

O nosso hospital visa romper com essas tradições para concentrar todo o interesse do enfermo. Os médicos e enfermeiras são contratados anualmente, e não podem trabalhar fora do hospital. Entre internos e externos contamos com 21 médicos e cirurgiões, selecionados com o maior escrúpulo. Seus honorários são calculados de modo e equivalem plenamente aos ganhos que teriam numa clínica regular. Nenhum pode receber nada dos pacientes, aos quais não é permitido se tratar com médicos estranhos ao hospital. De bom grado reconhecemos o lugar que ocupa nas famílias o seu médico. Não procuramos suplantá-lo apenas tomamos o seu doente no ponto em que o deixou e o restituímos o mais depressa possível. Nosso sistema torna indesejável a permanência dos enfermos no hospital além do tempo estritamente necessário. Podemos repartir com o medico da família o nosso estudo do caso, mas enquanto o paciente estiver no hospital, assumimos inteira responsabilidade. O nosso hospital é fechado para os médicos de fora; entretanto, não nos fechamos à cooperação com os médicos de família, que o desejem.

É interessante a admissão dum enfermo. Primeiro é examinado pelo médico mais velho e, em seguida, por três, quatro ou mais. Isso se faz sem ter em conta a enfermidade especial que o levou para ali, porque a saúde total do doente nos importa mais do que a cura de uma afecção particular. Findo o exame, cada facultativo envia ao chefe o seu diagnostico por escrito, sem um conhecer o do outro. Resulta que o chefe recebe pelo menos três, às vezes seis ou sete diagnósticos independentes. O conjunto forma um estudo completo do caso clínico. Essas preocupações visam, dentro das possibilidades dos nossos atuais conhecimentos, obter o diagnostico mais certo possível.

O hospital conta, hoje, com umas seiscentas camas. Cada enfermo paga em conformidade com uma tabela fixa. Não há gastos extraordinários nem enfermeiras particulares. Se o caso exige maior cuidado que o que lhe podem dedicar as enfermeiras do pavilhão, vem outra de reforço, sem acréscimo de gastos para o doente. Em geral, isso não se dá, porque o numero de enfermeiras já é calculado proporcionalmente às necessidades do caso. Uma enfermeira atende a um, dois, até sete pacientes, e nenhum a mais de sete. Uma enfermeira pode atender facilmente a sete enfermos de doenças sem gravidade, se seguir as indicações prescritas. Nos hospitais comuns, as enfermeiras perdem muito tempo em ir e vir pela casa, ao invés de gastá-lo com o enfermo. Nosso hospital procurou acabar com os passos inúteis. Cada andar é independente do outro, e aplicamos em todo o prédio os métodos das nossas fábricas, tendentes a evitar os movimentos inúteis.

Os enfermos pagam a diária de 4,50 dólares. À medida que o estabelecimento for progredindo, ir-se-á baixando esse preço. O máximo que se cobra por uma operação difícil é 125 dólares; há uma tabela fixa para as cirurgias menores. Todos esses preços são provisórios. O hospital adota um sistema de custo semelhante ao da fábrica.

Tudo leva a esperar um resultado satisfatório da nossa empresa, porque o seu êxito depende apenas de organização e administração. A mesma organização que consegue elevar uma fábrica ao máximo grau de eficiência, deve conseguir que a eficiência de um hospital atinja ao máximo, e os preços se mantenham à altura de qualquer posse. Na minha opinião, a única diferença entre uma fábrica e um hospital está em que não se deve esperar que esse dê lucros. O capital aplicado ao nosso hospital já atinge a nove milhões de dólares.

TORNAR INÚTIL A CARIDADE

Se conseguirmos tornar desnecessária a caridade, as somas que ela hoje consome poderão ser empregadas na produção – aumentando-se e barateando-se as utilidades. Só desse modo o publico se aliviará da carga das contribuições, com acréscimo do bem-estar geral. Abandonamos ao interesse particular muita coisa que devia ser feita com base no interesse coletivo. Precisamos de mais pensamento construtivo em matéria de bem público. Precisamos de uma espécie de educação geral em matéria de fatos econômicos. Tanto as extremadas ambições do capital especulador, como as insensatas exigências do trabalho irresponsável, são oriundos da ignorância das bases da vida. Ninguém pode extrair da vida mais do que ela pode dar – e ninguém pensa nisso. O capital especulador exige sempre mais; o trabalho exige mais. Uma família sabe que não pode ir além das suas rendas. Entretanto, o publico parece eternamente ignorar que ele não pode ir além das suas rendas, isto é, ter mais do que produz.

Procurando fugir à necessidade da caridade devemos levar em conta não só os fatos econômicos da vida, como ainda o fato que a sua ignorância estimula a timidez. Suprima-se a timidez e surgira a confiança entre nós mesmos. A caridade não entra onde a *self-reliance* mora.

A timidez origina-se da confiança depositada em fatores externos: na simpatia de um contramestre, na prosperidade de uma fábrica, na estabilidade de um mercado. Quer isso dizer que o receio em um homem vem da crença de que sua carreira depende de circunstâncias terrenas. Resulta da ascendência do corpo sobre a alma.

O MEDO DE FALHAR

A disposição para falhar é puramente imaginativa e dela nasce o medo. Tal disposição persiste no homem, graças a um defeito de visão. Um homem determina fazer uma coisa que vai de A a Z. Mas já no A vacila; no B treme e o C se lhe antolha como uma insuperável dificuldade. Dá-se, então, por vencido e a sua obra desmorona-se.

Errou. O fracasso devia estar previsto e ser um estimulo para persistir. Deixou-se bater pelas dificuldades naturais de todo o empreendimento.

Muito mais homens são batidos dessa maneira do que realmente por fracasso. Não lhes faltou sabedoria, nem dinheiro, rijos e sólidos ossos. O rude, o primitivo, o chaníssimo poder que chamamos perseverança, é o soberano sem coroa do mundo do esforço. Erram os homens por não darem às coisas o justo valor. Acham tudo fácil, quando veem os resultados que os outros conseguem. É um erro. Fracassar é que é fácil. A vitória é sempre dura. Para o fracasso basta que nos entreguemos a um "*dolce far niente*"; para o êxito é preciso dar tudo que há em nós.

Se um homem vive em constante apreensão relativa à sua situação industrial, deve mudar de vida. Que vá para a terra, cada vez mais necessita de braços. Se um homem vive com medo de que a simpatia de um empregado superior influa em sua vida, deve arrumar-se de modo a não ter superiores. Deve tornar-se sua própria cabeça. É possível que sua cabeça não valha a que ele deixou, mas o fato de libertar-se do medo valei mais que o dinheiro ou a posição que perdeu. Mas o belo é vencer-se, exceder-se a si próprio e, sem deixar o seu posto, dominar a pusilanimidade. Recuperar a liberdade lá onde a viu ameaçada. Vencer a batalha onde foi derrotado. Só assim verificará o que dentro de si havia de fragilidade foi que venceu o muito que havia de forte e bom.

Um homem é ainda o ser mais elevado da Terra, e, aconteça o que acontecer, um homem será sempre um homem. Os negócios poderão desandar amanhã: ele continua a ser um homem. Rompe através das mudanças de temperaturas: sempre homem. E se consegue que essa ideia rebrote em sua mente, isso vale por minas encontradas dentro do seu ser. Não há nenhuma segurança fora de nós mesmos. Não há nenhuma riqueza fora de nós mesmos. A supressão do medo é o principio da vitória.

Cada americano deve lutar contra essa fraqueza. Americanos não podem sentir essa fraqueza. É uma cocaína. Erguer-se firme e teimar; fiquem os fracos com a caridade.

CAPÍTULO XVI

AS ESTRADAS DE FERRO

Nada neste país oferece melhor exemplo de uma indústria desviada de sua função de prestar serviço como as estragas de ferro. Arcamos com um problema de transporte que dá origem a muitos estudos e sábios debates – tudo inútil. Ninguém está satisfeito com as estradas de ferro; o público, porque as tarifas são muito elevadas. Os empregados, porque os salários são baixos e os dias de trabalho compridos. Os capitalistas, porque não auferem os lucros esperados.

As boas organizações devem contentar a todas as partes. Se o público, os empregados e os proprietários se queixam, então é que há na industria alguma coisa errada.

Não desejo arvorar-me em autoridade em viação férrea. Há muitas competências no assunto, mas se os resultados obtidos são o efeito da ciência que eles concentram, devo confessar o meu pouco respeito pela utilidade dessa ciência. Sei que os diretores ativos, os homens que realizam o trabalho, são perfeitamente capazes de conduzir a viação férrea a contento de todos, mas não tenho duvidas de que esses diretores, por um singular encadeamento de circunstâncias, se veem quase privados de agir. Aí reside o mal: não deixam que os homens realmente mestres em estradas de ferro dirijam as estradas de ferro.

A ESPECULAÇÃO

No capítulo em que tratamos da vida financeira, expusemos ao vivo os perigos oriundos dos empréstimos imprudentes. É natural que quem pode livremente contrair empréstimos para encobrir erros de administração, recorra a esta saída ao invés de correr com os erros. Os nossos diretores ferroviários se vêem forçados a contínuos empréstimos, porque desde o inicio da indústria nunca tiveram completa liberdade. A mão que há dirigido tal indústria não tem sido a do diretor técnico, mas a do banqueiro.

No tempo em que o crédito das estradas era alto, mais dinheiro obtinham elas com emissões e jogo de títulos do que explorando os serviços com vantagens para o público. Uma pequena parte dos lucros era empregada na melhoria das estradas.

Quando as receitas permitiam o pagamento de um dividendo elevado, os especuladores que controlavam o negócio empregavam-no para promover a alta e lançavam novos títulos no mercado; e aproveitando-se da confiança do publico emitiam novas obrigações. Quando os dividendos se apresentavam mínimos, devido a causas naturais ou artificiais, os especuladores resgatavam os títulos em baixa e assim por diante. Nos Estados Unidos haverá apenas uma ou outra empresa ferroviária que não tenha passado por uma ou várias liquidações, consequentes às sucessivas emissões obrigacionais que se iam acumulando, até que o edifício desmoronasse. Os financistas então se apoderavam das obrigações que se iam acumulando, até que o edifício desmoronasse. Eles então se apoderavam das obrigações e continuavam a enriquecer-se à custa dos obrigacionistas iludidos.

O LEGISTA NA INDÚSTRIA

O aliado natural dos banqueiros é o advogado. As manobras exigem a colaboração dos homens peritos no manejo das leis. Mas tanto os legistas como os banqueiros nada sabem da indústria, e menos ainda como se serve o público. Para eles, administrar uma empresa é apenas mantê-la dentro dos limites marcados pelas leis ou falsear as leis segundo as necessidades do caso. Eles vivem da legalidade. Os banqueiros tiraram a direção financeira das estradas das mãos dos administradores para pô-las na mão dos juristas, encarregados de velar para que as leis só sejam violadas legalmente. E assim se desenvolveram enormemente os serviços jurídicos da indústria. E ao invés de seguirem os ditames do bom-senso e das circunstâncias, são as empresas dirigidas segundo o conselho dos juristas. A regulamentação pulula em todas as partes do sistema. Vem depois a teia da regulamentação estadual e federal que acaba de enlear as estradas. E assim, com os juristas dentro e os regulamentos do Estado fora, os diretores das vias férreas nada podem fazer. Nasce daí a perturbação. Uma indústria não pode ser dirigida por leis.

A ESTRADA DETROIT-TOLEDO-IRONTON

Tivemos oportunidade de verificar isso em nossa experiência com a Detroit, Toledo & Ironton. Compramos essa linha porque o seu privilégio de zona interferia nos melhoramentos que precisávamos introduzir em River Rouge. Não a adquirimos para emprego de capital, nem porque nos prestasse à nossa indústria, nem por sua situação estratégica. Só depois que a adquirimos é que se tornou aparente a sua maravilhosa situação. Mas isso não vem ao caso. Adquirimo-la porque era obstáculo aos nossos planos. Adquirida, porém, tínhamos que aproveitá-la, transformando-a numa empresa produtiva pela aplicação dos princípios comuns à nossa organização. Nenhum esforço especial foi feito e nem nos propúnhamos a criar uma estrada-modelo. A aplicação do principio do máximo rendimento com o mínimo custo elevou logo a receita acima da despesa – coisa que às estradas não era comum. Essa remodelação foi tida como revolucionária e inadaptável às demais. Quero crer que a nossa pequena estrada não difere das grandes. A experiência na minha indústria ensinou-me que se os métodos são bons, tanto resultam em pequena como grande escala. Os princípios que pusemos em prática na gigantesca Highland Park parecem produzir os mesmos efeitos em cada usina menor que montamos. Nunca vi diferença entre multiplicar o que estamos fazendo por 5 ou por 500. Tamanho é coisa que só diz respeito à conta de multiplicar.

A estrada de Detroit, Toledo & Ironton foi criada há uns vinte anos e sofreu várias reorganizações, sendo a última em 1914. A guerra e o consequente controle federal veio interromper esse ciclo de reorganizações. Conta a linha 550 km de tronco, 84 km de ramais e 72 km de direito de penetração em linhas alheias. Vai numa reta de Detroit a Ironton, beirando o Ohio, alcançando as jazidas de carvão da Virgínia ocidental. Cruza a maior parte dos grandes troncos ferroviários e devia ser lucrativa. E foi, de fato, mas só para os banqueiros. Em 1913 o capital por milha era de 105.000 dólares. Após a liquidação que se seguiu, baixou a 47.000 dólares. Não sei ao certo a quanto monta o capital levantado por essa estrada. Sei unicamente que os acionistas, por motivo da reorganização em 1914, foram taxados e tiveram que pagar ao Tesouro perto de cinco milhões de dólares, soma equivalente ao que pagamos para a compra da sua propriedade. Resgatamos a 60 cents por dólar as obrigações hipotecárias existentes, embora estivessem cotadas entre trinta e quarenta no momento de adquirirmos a estrada. Resgatamos a um dólar as ações comuns e a cinco as privilegiadas – o que não apareceu mau negócio, visto não terem dado nunca um cent de dividendo. O material rodante compunha-se de 70 locomotivas, 27 vagões de passageiros, 2.800 de carga. Tudo em péssimas condições de conservação, com boa parte fora de uso. Os edifícios sujos, sem pintura e a ameaçarem ruína. O leito da estrada era algo mais que uma raia de ferrugem e algo menos que uma via férrea. As oficinas tinham gente demais e maquinismos de menos. Praticamente tudo era conduzido com o máximo desperdício. Como reverso dispunha de um serviço de administração extremamente desenvolvido e, está claro, um amplo contencioso. Só esse custava 18.000 dólares por mês.

Tomamos conta da estrada em março de 1921 e começamos a aplicar os nossos princípios. Havia um escritório administrativo em Detroit. Fechamo-lo e encarregamos da administração um homem só, que não dispunha mais de meia mesa no armazém de despachos. O contencioso desapareceu com a administração. Estrada de ferro não é feita para andar demandando. Nosso pessoal resolveu rapidamente todas as reclamações pendentes e em litígio, algumas já de anos atrás. Novas reclamações que aparecem são solvidas incontinenti com base nos fatos, e não gastamos por mês mais de 200 dólares com isso. Acabamos com toda a contabilidade inútil e todo o formalismo reduzindo o pessoal da estrada de 2.700 homens a 1.500.

De conformidade com a nossa política, abolimos todos os títulos e escritórios, exceto os que a lei obriga. A organização usual das estradas de ferro é rígida; às ordens têm que passar por uma hierarquia de autoridade, e ninguém pode fazer nada sem ordem superior.

Certa manhã, fui inspecionar a estrada e vi um trem de socorro pronto para seguir – mas à espera da ordem havia já meia hora. Partimos e realizamos o socorro antes que a ordem chegasse; isso antes que a ideia de responsabilidade impregnasse o nosso pessoal.

O REGIME DA RESPONSABILIDADE

Para o alcançarmos houve luta, pois a ideia da responsabilidade individual espantava a todos. Com o tempo, o novo sistema passou a agradá-los cada vez mais e hoje ninguém limita suas obrigações. O trabalho é pago por oito horas diárias, e o operário tem que encher com trabalho esse tempo. Se um maquinista realizou a sua tarefa de conduzir um trem em quatro horas, vai ocupar-se noutro trabalho até completar as oito. A quem trabalha mais de oito horas não é pago nenhum extra; o excesso é descontado no dia seguinte, ou levado a seu ativo até perfazer um dia completo de descanso remunerado. Nosso dia de oito horas representa realmente um dia de oito horas, não base para cálculo de pagamento.

O salário mínimo é de 6 dólares. Não há pessoal extranumerário. Numa só repartição, o trabalho outrora feito por 59 homens faz-se com 20 apenas. Não há muito uma nossa turma de conserva, composta de 15 homens e um feitor, trabalhou defronte a uma turma de 40 homens, de uma estrada paralela; o serviço era o mesmo, lastramento. Em cinco dias a nossa turma adiantou-se de dois postes telegráficos em relação à outra.

REERGUIMENTO

A estrada reabilita-se; restauramos o leito quase todo e renovamos muitos quilômetros de trilhos. Com grande economia reformamos as locomotivas e todo o material rodante em nossas próprias oficinas. Verificamos que o material escolhido pelos nossos antecessores era da pior qualidade ou inadequado; muito economizamos hoje só adquirindo material superior e evitando que nada se desperdice. O pessoal mostra-se muito bem-disposto em cooperar nessa economia, consistente em nada desperdiçar. Se perguntamos a um homem qual o rendimento da sua máquina, ele responde com um recorde de economia.

Os trens correm, e à hora. O tráfego das cargas consome um terço do tempo anterior. Um carro isolado num desvio não é apenas um carro no desvio. É um ponto de interrogação. Alguém deve saber por que está ali. O transporte de cargas de Filadélfia a Nova Iorque gastava oito a nove dias; ficou reduzido a três e meio. Essa organização deu resultado.

Está explicado como o déficit se transformou em superávit. Muita gente não compreende isso, e atribui o fato ao transporte que a estrada faz dos produtos da empresa Ford. Mas ainda que todas as nossas expedições se fizessem por essa linha, isso não explica o fato de gastarmos menos que antes. Se grande parte das nossas expedições passa por essa estrada é porque o seu serviço é mais expedito. Anos atrás, tentamos utilizar-nos dela, mas desistimos em vista da irregularidade das entregas. Cada expedição demorava cinco ou seis semanas; isso nos custava dinheiro e perturbava nossos planos de produção. Não há razão para que as estradas não obedeçam a um plano de transporte, mas não obedecem. As demoras tornam-se matéria para disputas judiciais, o que não é industrial. Um atraso revela um erro no serviço e deve dar origem a uma investigação. Isso é indústria. As estradas de ferro, em geral, fazem maus negócios e não vejo como possa deixar de ser assim, se a Detroit, Toledo & Ironton representava um padrão médio.

A DOENÇA DAS ESTRADAS

Muitas estradas são dirigidas, não só por técnicos, mas por financistas que as governavam dos seus escritórios, onde se pensa mais em dinheiro do que em transporte. As crises vêm de que as encaram mais como um elemento de especulação na bolsa do que como serviço público. Ideias atrasadas conservam-se na ativa, entravando o progresso e impedindo que os homens de visão na matéria possam operar com liberdade.

Um bilhão de dólares poderá remediar esse mal? Não. Só serviria para agravá-lo no valor de um bilhão de dólares. Só serviria para perpetuar os atuais métodos, e são precisamente esses métodos a causa da crise.

Sobre nós recaem as consequências dos erros e loucuras do passado. Quando se inaugurou nos Estados Unidos o sistema ferroviário, o povo não conhecia a sua utilidade, como aconteceu ao surgir o telefone. Além disso as novas estradas se organizavam, de modo a se conservarem solventes. E como essa indústria se iniciou num dos nossos mais pobres períodos comerciais, estabeleceram-se práticas que até agora influenciam as empresas. Uma delas foi acabar com todos os outros meios de transporte. Estávamos no começo de execução de um esplêndido sistema de canais pelo interior do país. As companhias ferroviárias adquiriram os canais e deixaram que eles se obstruíssem. Nos Estados de Leste e do Centro ainda se veem os vestígios dessa rede de canais, que hoje começam a ressurgir. Cogita-se e já se trabalha seriamente na restauração rápida dessas estradas líquidas – e isso representa um grande progresso.

Mas há ainda outra velha prática – a de prolongar o mais possível o trajeto das mercadorias. Quem conhece os fatos que deram origem à "*Interstate Commerce Commission*", sabe o que tal coisa significa. Tempo houve em que as estradas não existiam para benefício do comércio, da indústria ou do público; ao contrário, tudo isso só existia para proveito das estradas. Durante esse período de loucura a boa política não era transportar as mercadorias diretamente à estação final pelo caminho mais curto, e sim fazê-las viajar o mais possível pelos trajetos mais longos e complicados, passando-as de uma estrada a outra, e obrigando o público a pagar as despesas de todo esse desperdício de tempo e dinheiro. Tal política era considerada excelente e ainda não passou de moda.

Um dos efeitos da transformação que operou em nosso país o sistema ferroviário foi a concentração de certas atividades, não que isso fosse necessário, ou trouxesse benefícios, mas porque convinha aos interesses das estradas.

A CARNE E O TRIGO

Consideremos dois produtos: carne e trigo. Basta um volver de olhos para os mapas que as *packing-house* publicam para vermos de onde procedem as reses. Quando verificamos que esse gado, depois de transfeito em alimento, volta ao ponto de partida pelas mesmas estradas de ferro, entramos a ver claro em matéria de crise de transporte e preços altos. Com o trigo se dá o mesmo. Cada leitor de jornal sabe onde se localizam os grandes moinhos e vê que não se encontram nas regiões produtoras do trigo. Enormes composições de carros continuamente arrastam o precioso cereal, para depois regressar com ele transformado em farinha, aos mesmos pontos de onde o tomou. Esse percurso infindo significa prejuízo aos produtores e aos consumidores, só beneficiando às empresas que manipulam trigo e às estradas de ferro. Poder-se-a reduzir à metade o preço do transporte da carne, do trigo e talvez do algodão, se antes do embarque já estivessem manipulados para o consumo. Extrair carvão na Pensilvânia e remetê-lo, por via férrea, ao Michigan, para aí ser peneirado, transportando-o de novo à Pensilvânia, não constituiria absurdo maior do que é transportar gado em pé do Texas a Chicago, para depois reconduzi-lo em latas ao Texas. Nem menos disparatado do que exportar trigo do Kansas ao Minnesota, moê-lo aí para enviar a farinha novamente ao Kansas. Negócio bom para as estradas, mas péssimo para a indústria. Esse inútil vaivém constitui um vício do nosso sistema ao qual não se dá o devido apreço. Se fosse atacada a crise com o propósito de resolvê-la, acabando com o transporte inútil, veríamos que estamos em melhores condições de o fazer do que o julgamos.

Produtos como o carvão é necessário que sejam transportados diretamente da jazida ao ponto de consumo. Dá-se o mesmo com todas as matérias-primas. Devem ser extraídas dos seus depósitos naturais e levadas aos pontos onde possam ser elaboradas. Não se encontrando reunidas na mesma região, o seu transporte ao centro manufatureiro constitui uma tarefa considerável. O carvão vem de um lado, o cobre de outro, a madeira de outro, sendo necessário conjugá-los para a produção.

DESCENTRALIZAÇÃO DA INDÚSTRIA

Mas onde fosse possível, uma política de descentralização devia ser adotada. Em lugar de monstruosos moinhos valeria mais termos milhares de pequenos moinhos espalhados pelas regiões de trigo. E seria melhor ainda que as regiões produtoras manufaturassem os seus produtos. O trigo mói-se onde nasce. As regiões de gado exportarem-no, não em pé, mas transformado em carne, presunto e toucinho. Os cotonifícios erguerem-se ao lado das terras em que se colhe o algodão. Essa ideia não é revolucionária. E', antes, reacionária. Não sugiro novidades; lembro algo de muito velho. Era esse o caminho que o país seguia antes da nefasta política de fazer o produto percorrer milhares de milhas com o único fim de agravar as despesas do comprador.

Nossas comunidades deviam abastece-se melhor a si próprias e exportar o excesso. E o meio é converter em produtos de consumo as suas matérias-primas. Se a iniciativa particular não o pode conseguir, a cooperação dos fazendeiros poderá. O mal de que hoje o agricultor sofre é que, sendo o maior produtor, não pode ser também o maior vendedor, porque é compelido a recorrer aos que dão aos seus produtos a forma mercantil. Se conseguisse transformar o seu trigo em farinha, o seu gado em carne pronta para consumo, os seus porcos em presunto e toucinho, não somente obteria o lucro total da sua produção, como ainda beneficiaria às suas comunidades, libertando-se das exigências das estradas de ferro. E somente assim se melhoraria o sistema ferroviário, aliviado da carga dos produtos ainda não trabalhados. Isso não só é razoável como praticável – e vai-se tornando, dia a dia, mais necessário. E já começa a fazer-se em certos pontos. Sua influencia, porém, só se evidenciará de modo completo na questão dos transportes e do custo de vida, quando o sistema se generalizar e alcançar maior variedade de matérias-primas.

É uma sanção natural muito justa essa de sufocar a prosperidade de negócios que não proporcionam um verdadeiro serviço.

De conformidade com a nossa política, verificamos ser possível reduzir as tarifas da Detroit, Toledo & Ironton, com melhoria do negócio. Fizemos algumas reduções, mas a "Interstate Commerce Commission" recusou-se a aprová-la! Em tais condições, por que considerar as estradas de ferro uma indústria? Por que considerá-las como um serviço de utilidade pública?

CAPÍTULO XVII

VÁRIOS ASSUNTOS

Ninguém excedia a Thomas Edison em matéria de previsão e compreensão. Conheci-o quando eu estava na Detroit Edison Company, lá pelo ano de 1887. Os eletricistas se haviam reunido em congresso, em Atlantic City, e Edison, como o líder do movimento, fez uma conferência. Era na época em que eu me preocupava com a construção do meu motor de gasolina, e todos, mesmo os colegas de oficina, se esforçavam por convencer-me de que era tempo perdido, pois o futuro pertencia à eletricidade. Apesar das críticas, não esmoreci e continuei a trabalhar. Entretanto, como Edison estava à mão, considerei que não seria inútil saber se o mestre tinha a mesma opinião a respeito do futuro da eletricidade.

Terminada a conferência, acertei de encontrar-me a sós com ele e expus-lhe a minha ideia. Ele, imediatamente, interessou-se pelo caso, pois tudo que era investigação científica o empolgava. Perguntei-lhe se os motores de explosão poderiam esperar algum sucesso no futuro. Respondeu-me mais ou menos desta forma:

– Sim, um grande futuro está reservado a qualquer motor leve que possa reservar grande energia e seja capaz de alimentar-se a si mesmo. Uma só espécie de força motora jamais bastará para as necessidades do trabalho. Não sabemos o que a eletricidade virá a fazer, mas podemos, desde já, garantir que não fará tudo. Continue a trabalhar na sua máquina; se conseguir o que deseja, prevejo-lhe um grande futuro.

Isso caracterizava Edison. Ele era a figura principal da indústria elétrica, indústria nascente, que se desenvolvia com verdadeiro entusiasmo. A maioria dos técnicos andava cega com a novidade; o seu chefe, porém, enxergava claramente que uma só força não bastaria para todo o trabalho do país. Por esse motivo é que ele era o líder!

Foi o meu primeiro encontro com Edison. Somente anos depois, quando já iniciara a produção de meu motor, é que tornei a vê-lo. Edison recordou-se do nosso primeiro encontro e começamos a nos frequentar, figurando entre os meus amigos mais íntimos, e a ele expondo frequentemente minhas ideias.

Universal a sua ciência. Tudo o que é concebível lhe interessava e não admitia limitações. Acreditava em todas as coisas possíveis, mas não arredava pé do solo firme. Avançava, passo a passo. Para ele só era impossível aquilo para o que no momento nos falece a ciência necessária. Sabia que estamos amontoando conhecimentos para destruir o "impossível". O erro está em querer atingir um objeto sem acumular, de antemão, os conhecimentos necessários. Inegavelmente, Edison era, de fato, o maior cientista do mundo. Possuía, além disso, tino administrativo e construtivo. Era um visionário que sabia realizar as suas visões. Deu provas de alta capacidade para dirigir negócios, coisa rara nos investidores. Ele via através das coisas – e é isto um defeito de hoje, ver através...

JOHN BURROUGHS

John Burroughs foi outro que me honrou com sua amizade. Sinto, como ele, predileção pelas aves e pela vida ao ar livre. Gosto de passear pelos campos e saltar cercas. Em nossa fazenda, há uns 500 viveiros, que chamamos hotéis dos pássaros, um deles, no "Hotel Pontchartrain" – uma casa de andorinhas, há 76 cômodos. No inverno penduramos às árvores cestos de arame com alimentos e uma vasilha d'água aquecida por meio de eletricidade, para que não se congele. Tanto no inverno como no verão, as aves encontram em nossa fazenda alimento, água e abrigo. Chocamos em incubadeiras faisões e codornas, criamo-los em criadeiras elétricas. Há, por ali, todas as variedades possíveis de gaiolas e também de ninhos. Os pardais, que costumam abusar da hospitalidade, preferem os ninhos fixos que não se agitam com o vento. As carriças, ao contrário, preferem os ninhos que balançam à mercê das aragens. Para contentá-los a todos, construímos, para uns, sobre hastes de metal, gaiolas movediças ao menor sopro, e para outras fixas, verdadeiros ninhos tranquilos. No verão não se colhem as cerejas nem os morangos e por isso recebemos um maior e mais variado número de visitantes alados do que em qualquer outro ponto dos Estados do norte. Tanto é verdade que John Burroughs pôde descobrir ali um pássaro até então seu desconhecido.

Há dez anos, importamos grande número de aves de outras regiões: tentilhões, pintassilgos, pintarroxos, faisões reais, calhandras, etc., ao todo umas 500 aves. Ficaram conosco pouco tempo; hoje não sei onde pairam. Não as importarei mais. Os pássaros têm o direito de viver onde bem lhes apraz.

São os melhores companheiros, necessários não só pela beleza, como pela utilidade que nos trazem na destruição dos insetos. A única vez que procurei influir na legislação, fi-lo em favor dos pássaros, e creio que o fim justificou os meios. O decreto Mac Lean, favorecendo as aves, encalhara no Congresso, ameaçando ficar com pedra em cima. Os seus melhores defensores não conseguiram despertar o interesse dos deputados. Os pássaros não são eleitores... Pusemo-nos em campo, e pedimos aos nossos 6.000 agentes que telegrafassem aos seus representantes no Congresso, a favor desse projeto de lei. O resultado foi que os pássaros puderam votar e o projeto passou. Nunca por nenhum outro motivo, nos servimos da nossa organização industrial para fins políticos, jamais o faremos. Acho que o povo tem o direito de ter suas preferências.

Mas voltemos a Jonh Burroughs. Eu sabia quem ele era e havia lido quase todos as suas obras. Mas nunca pensei em encontrar-me com ele, senão quando começou a revelar o seu ódio ao progresso. Burroughs tinha repugnância pelo dinheiro e uma aversão enorme às indústrias, produtoras que são do dinheiro. Aborrecia o barulho das fábricas e dos trens de ferro. Criticava desapiedadamente o progresso industrial, obstinando-se em afirmar que a contemplação da natureza tendia a desaparecer sufocada pelo automóvel. As suas opiniões eram perfeitamente opostas às minhas. Pareceu-me que Burroughs estava errado e mandei-lhe um automóvel, pedindo-lhe que o experimentasse e verificasse como, por meio dele, aumentaria o seu conhecimento da natureza. Esse auto mudou as suas opiniões. Burroughs verificou que, ao contrario do que pensava, os seus estudos se tornavam mais fáceis, e desde essa data era sempre aferrado a um volante que empreendia sua excursões ornitológicas. Suas observações não se limitavam mais a um pequeno raio de ação, mas abrangiam regiões vastíssimas.

Aquele automóvel foi o inicio da nossa formosa e nobre amizade. Ninguém conhece mais a fundo John Burroughs do que eu. Não era um naturalista profissional, nem se entregara por sentimento a essa árdua tarefa. É fácil fazer sentimentalismo ao ar livre, mas é difícil perseguir a verdade, seja na vida de um pássaro, seja na demonstração de um principio mecânico. John Burroughs conseguiu isso e suas observações correspondem à natureza, por ela mesma, não porque fosse a matéria dos seus estudos. Amou-a antes de estudá-la.

Mais tarde, tornou-se filósofo. Sua filosofia não era tanto uma filosofia da natureza, como uma filosofia natural – conjunto de pensamentos amplos e serenos de um homem cuja vida se passara no plácido convívio das árvores. Não era pagão, nem panteísta. Não fazia, contudo, diferença entre a natureza em geral e a natureza humana, nem entre essa e a divina. John Burroughs vivia uma vida sã. Era feliz de viver na fazenda onde nascera. Muito tempo passou numa quietude serena. Amava as florestas e procurava inculcar este sentimento nos empoeirados moradores das cidades, ensinando-os a ver a natureza como ele a via. A sua vocação dava-lhe o necessário para viver. Podia fazer mais; isso, porém, não tinha para ele importância. Sua ocupação podia classificá-lo como "inspetor de ninhos e devesas" – inspetoria que não é remunerada com a moeda dólar.

Depois de 60 anos, modificou as suas opiniões a respeito da indústria, e nisso tive eu boa parte. Compreendeu que o mundo não pode viver a escabichar ninhos de pássaros. Em certa época da vida foi intenso o seu ódio contra o progresso, principalmente quando o progresso vinha do carvão e fazia barulho. Essa ojeriza era talvez uma atitude literária. Já Woodsworth detestava as estradas de ferro e Thoreau dizia que o melhor meio de conhecer uma região era caminhar a pé. Talvez que influências como essas fizessem de John Burroughs um inimigo temporário do progresso industrial. Mas foi coisa passageira. Compreendeu que era uma sorte para ele que os outros tivessem gostos diferentes dos seus, do mesmo modo que para o mundo foi um benefício que Burroughs tivesse o caráter que tinha. Desde que o mundo é mundo, nunca se observou o menor progresso na construção dos ninhos; esse fato, entretanto, não é a razão suficiente para que os homens prefiram as cavernas primitivas às cômodas moradias modernas.

Uma característica de Burroughs era que não tinha medo de mudar de opinião. Sendo um amante da natureza, não se deixava ludibriar por ela.

Chegou a familiarizar-se com os progressos modernos e terminou por apreciá-los, e isso aos 70 anos, o que é mais curioso e mostra o vigor de seu espírito. Não se sentia velho para mudar de ideias. Desenvolvia-se sempre. O homem que para está morto. O funeral não passa de mera formalidade.

A maior simpatia de Burroughs era por Emerson. Conhecia suas obras e apoderava-se do seu espírito. A minha predileção por Emerson veio disso. Vivia tão saturado das ideias de Emerson que durante certo tempo pensava e sentia através dele. Mais tarde, descobriu o seu próprio caminho – que era o certo, porque pessoal. Nada houve de trágico na sua morte. Quando as espigas maduras se inclinam sob os raios de estio, e os ceifeiros as cortam em feixes, nada há de lúgubre para o grão. O trigo está maduro e cumpriu a sua missão. Assim foi com John Burroughs. Todo ele era maturidade – não decadência. Trabalhou até o fim. Seus projetos iam além desse fim. Com 84 anos, foi sepultado no seio da paisagem que amou, e essa paisagem será conservada como ele a via.

John Burroughs, Edison, Harvey Firestone e eu, fizemos juntos umas tantas excursões. Íamos numa caravana de automóveis e dormíamos em barracas. Certa vez, atravessamos toda a região dos Adirondacks, e noutra, os Alleghanies, de norte a sul. Eram muito divertidas essas excursões, mas com o tempo começaram a despertar muita atenção.

AS GUERRAS

Nunca fui mais contrário às guerras do que hoje, e ainda que os políticos o ignorem, todos os povos já se convenceram de que as guerras não criam coisa alguma. Foi a guerra que fez de um mundo ordeiro e organizado o caos que ele é hoje. Muitos homens enriquecem à margem dela, sem dúvida; outros empobrecem. Os que enriquecem, porém, não são os que lutam, ou concorrem para a luta fora das linhas. Nenhum verdadeiro patriota pode fazer dinheiro à custa do sacrifício de vidas humanas. A não ser que o soldado faça dinheiro lutando, a não ser que as mães façam dinheiro mandando seus filhos à morte, nenhum cidadão pode fazer dinheiro sob o pretexto de fornecer ao país meios de defesa.

Se continuam as guerras, será cada vez mais difícil aos verdadeiros homens de negócio encará-las como meio legítimo de obter lucros elevados e fáceis. De dia a dia perdem o prestígio os enricados pela guerra.

A própria avidez hesitará um dia diante da oposição e da impopularidade crescentes, que se erguem contra o "*war profiter*" – o aproveitador da guerra. O negócio (*business*) deve estar ao lado da paz, porque ela é o seu melhor alicerce. Além disso, foi jamais o gênio inventivo tão estéril como durante a guerra?

Uma imparcial apreciação da ultima guerra, em todos os seus antecedentes e consequentes, mostra que existe no mundo um grupo de homens poderosos, amigos de permanecer ignorados e afastados do poder, criaturas que não pertencem a uma nação determinada, embora sejam internacionais, potentados que sabem se aproveitar dos governos, da organização social e comercial, das agências de publicidade e dos recursos todos da psicologia popular para difundir o terror do mundo e aumentar ainda mais a influência que exercem. É um recurso vulgar entre os jogadores da ralé gritar "Polícia!", quando existe na mesa um monte de dinheiro, para, na confusão, abafar a maquia e fugir com ela. Assim, também, há no mundo um poder que grita: "Guerra!" e na confusão das nações, no ingente sacrifício que os povos fazem para reaver a segurança e a paz, corre com os despojos do pânico.

O ponto a frisar é que, se vencemos a luta militar, não obtivemos uma completa vitoria sobre os verdadeiros promotores da guerra. Não nos esqueçamos de que as guerras são preparadas de indústria, de acordo com uma técnica definida. Uma campanha em favor da guerra é, como qualquer outra, firmada em princípios definidos.

Primeiro trabalha-se o povo. Por meio de hábil propaganda, a desconfiança do povo é acirrada contra o país escolhido. A desconfiança de uma nação cria a desconfiança em outras. Basta para isso uns poucos agentes hábeis e sem consciência, a manobrarem uma imprensa cujos interesses se identificam com os dos que se beneficiam com a guerra. Tudo disposto, resta que surja o "*over act*", o "desaforo", o "*casus belli*" – e isso custa pouco, visto como o ódio entre as duas nações já toca o auge.

Inúmeros homens, em cada país, rejubilaram-se ao verem surgir a guerra e lamentaram o seu fim "tão rápido". Centenas de fortunas norte-americanas datam a Guerra Civil; milhares de novas fortunas datam da Guerra Mundial. Ninguém negará que a guerra é um grande negocio para os que não desprezam o infame dinheiro ao lado de orgia de sangue.

Se tivéssemos uma ideia clara do que faz a grandeza de uma nação, jamais nos deixaríamos arrastar pelas guerras. Não é a soma dos seus negócios que faz uma nação grande. Nem o surto das fortunas particulares, espécie de criação de uma aristocracia. Nem a transformação de populações agrícolas em industriais. Um país torna-se grande quando, pelo sábio desenvolvimento dos seus recursos e pela diligência do seu povo, a propriedade se distribui equitativa e largamente.

O COMÉRCIO EXTERNO

O comércio externo está cheio de ilusões. Fora ótimo que cada povo se bastasse a si mesmo, sem necessitar recorrer a outro. Ao invés de desejarmos que os outros povos se escravizem às nossas indústrias, deveríamos cooperar para que todos possuíssem indústria própria, e só assim lançaríamos as bases de uma civilização bem-formada. Quando cada nação aprender a produzir todos os artigos que pode produzir, pouco a pouco chegaremos a estabelecer uma troca de produtos especiais que não admitem concorrência. As zonas temperadas nunca poderão competir com as tropicais quanto aos produtos peculiares aos trópicos. A nossa região jamais competirá com o Oriente na produção do chá, nem tampouco com o Sul na da borracha.

Grande parte do nosso comercio externo se baseia na negligência dos consumidores estrangeiros. O amor-próprio é o sentimento que há de vencer essa negligência.

Exemplo temos no México. Fala-se muito do "desenvolvimento" do México. Mais acertado seria dizer a "exploração" do México, pois que seus tesouros naturais servem apenas para multiplicar a fortuna de capitalistas estrangeiros. Isso não é desenvolvimento, é violentamento. Não poderemos desenvolver o México sem desenvolver o mexicano. Em que o "desenvolvimento" do México por estrangeiros beneficiou o seu povo? O peão mexicano é tido pelos ganhadores de dinheiro vindos de fora como mero combustível para as máquinas que eles montam. O comércio exterior tem sido a degradação desse povo.

Os curtos de vista têm medo dessas ideias. "Que vai ser, pois, do nosso comércio externo?", dizem.

É inegável que uma grande mudança se há de operar quando os africanos cultivarem o algodão de que precisam, e os russos construírem os seus maquinismos agrícolas, e os chineses suprirem a todas as suas necessidades; entretanto, que homem sensato admitirá que o mundo há de sempre continuar como hoje, com algumas nações a suprirem as necessidades de todas as outras? É preciso prever os termos em que estará quando a civilização se generalizar e todos os povos se proverem a si próprios.

Quando um país se esmania em comércio externo, cair na dependência de outros no que concerne às matérias-primas, transforma sua população em carne de fábricas, cria uma casta de ricos e esquece seus verdadeiros interesses. Há tanta coisa a fazer no desenvolvimento dos Estados Unidos, que por muito tempo pudemos prescindir dos mercados exteriores. Nossa agricultura é mais suficiente para alimentar-nos, e não temos falta de dinheiro para realizar nossas ideias. Não é uma verdadeira estupidez cruzar os braços nos Estados Unidos, só porque o Japão, a França ou outro país qualquer não nos faz encomendas suficientes, quando tanta coisa aqui dentro espera por nós?

RAZÃO NATURAL DO COMÉRCIO

A utilidade pública é a causa única do comércio. Ele principiou levando a quem precisava aquilo que a outro sobrava. A região que abundava em trigo levava suas obras às que não produziam. Uma zona de matas exportava a sua madeira para a planície nua. As zonas frias do norte recorriam aos países vinhateiros do Sul. Os sítios ricos em pastagens forneciam gado ao que era vítima da aridez. Tudo não passava de uma troca de benefícios mútuos. Quando todos os povos alcançarem o estágio do *self suppor*" (do bastar-se a si próprio) o comércio voltará a ser o que foi, isto é, um intercâmbio de benefícios. Desaparecerá a concorrência, já sem razão de ser. Os povos ir-se-ão aperfeiçoando em monopólios, conforme as condições naturais, e nunca em competição como agora. Desde o começo que as raças sempre manifestaram disposições especiais; uma para o governo; outras para a colonização; outras para a navegação; outras para a música; outras para a agricultura; outras para o comércio. Lincoln disse que uma nação não podia subsistir metade escrava, metade livre. Também a raça humana não pode permanecer eternamente dividida numa metade que explora e numa que é explorada.

A França deverá apresentar ao mundo um produto qualquer que resista a toda a concorrência; o mesmo deverá suceder à Itália, à Rússia, aos países sul-americanos, ao Japão, à Grã-Bretanha, aos Estados Unidos. Quanto mais depressa voltarmos às bases naturais, acabando com o sistema de exploração egoística, tanto mais rapidamente se estabelecerá o respeito mútuo entre os povos e, como efeito lógico, a paz mundial. As tentativas para o senhoreamento do comércio universal nos levarão sempre à guerra, nunca ao bem-estar. Dia virá em que até os banqueiros internacionais reconhecerão isso.

A GUERRA MUNDIAL

Nunca me foi possível descobrir um motivo aceitável para a guerra mundial. Parece nascida de uma complicada situação que os nela interessados foram criando. Tive informações seguras de que em 1916 as nações em guerra aspiravam à paz e receberiam com entusiasmo qualquer demonstração pacífica. Convencido de que era assim, custeei uma expedição a Estocolmo, a bordo de um navio que logo foi chamado a "nave da paz". Não me arrependo disso. O fato de um plano fracassar não é prova de que era absurdo. Nossos fracassos nos ensinam mais do que os triunfos. O que aprendi nessa expedição ultrapassou os gastos que tive e o tempo que perdi. Ignoro se as informações obtidas eram verdadeiras ou falsas. Não tem importância esse ponto. Mas ninguém duvida que o mundo lucraria muito mais se a guerra terminasse em 1916.

Os vencedores viram-se tão esgotados com os seus triunfos, como os derrotados com as suas derrotas. Ninguém auferiu vantagem da guerra. Quando, finalmente, os Estados Unidos entraram em conflagração, tive esperança de que a grande guerra pudesse fim a todas as guerras futuras; hoje estou convencido de que as guerras não podem acabar com a guerra com o perigo do fogo. Quando nosso país interveio na luta, tornou-se um dever para cada cidadão trabalhar furiosamente para levar a cabo a empresa, mas penso que os inimigos da guerra devem combatê-la até o momento em que ela rebente.

Minha oposição à guerra não é filha de nenhum princípio pacifista. Pode ser que o estado atual da civilização não permita a discussão pacifica dos problemas internacionais e que nesse sentido ainda se haja de lutar muito. Mas o fato é que nenhum problema se resolve por meio de uma luta. Resolve-o a obtenção de um estado de espírito que permita aos contendores discutir os motivos por que estão lutando.

AS USINAS A SERVIÇO DA GUERRA

Logo que entramos na guerra, toda a eficiência da indústria Ford foi posta à disposição do Governo. Até essa data recusamo-nos obstinadamente a aceitar qualquer encomenda dos países beligerantes. Foi sempre contrário ao teor dos nossos negócios interromper o encadeamento normal da nossa produção, salvo por motivo de força. Era ação contrária aos nossos princípios tomar parte a favor de um dos beligerantes, em uma guerra em que nada tínhamos que ver. Esses princípios desapareceram, uma vez que os Estados Unidos entraram na luta. De abril de 1917 a novembro de 1918 as nossas fábricas trabalharam unicamente para o Governo. Parte da nossa atividade conservou-se empregada na construção de autos, caminhões e ambulâncias, mas tivemos também de nos consagrar à confecção de produtos novos para nós. Construímos caminhões de 2 ½ a 6 toneladas. Fabricamos em grandes quantidades motores *Liberty*, carretas, capacetes de aço (tanto em Highland Park como em Filadélfia), botes tipo *Eagle* e fizemos copiosas experiências com armaduras, compensadores e couraças. Para a construção dos botes *Eagle* erguemos um pavilhão especial em River Rouge. Eram embarcações próprias para combater os submarinos, com 60 metros de comprimento e feitas de aço; tinham precedência sobre qualquer outro material bélico e deviam ser entregues com a maior rapidez possível. O modelo viera do Departamento da Marinha. A 22 de dezembro de 1917 fiz minha oferta para construir esses barcos. A 15 de janeiro de 1918 as combinações se concluíram e nessa data o Departamento da Marinha contratou a construção com a companhia Ford.

A 11 de julho lançamos à água o primeiro barco. O casco, como os motores, eram de fabricação nossa, não se empregando na construção, exceto nas máquinas, uma só peça de material forjado ou laminado. Os cascos eram inteiriços, estampados numa lâmina de aço, tudo feito em oficinas fechadas. Em quatro meses erguemo-las em River Rouge; ocupavam o espaço de 350 pés de largura por 100 de altura e estendiam-se por cinco hectares de terreno. Essa fabricação não foi dirigida por engenheiros navais; eram a simples aplicação dos nossos princípios em um novo produto.

Logo que veio o armistício, interrompemos esse serviço de guerra e voltamos ao trabalho da paz.

A EDUCAÇÃO DO HOMEM

Um homem hábil é um homem que pode fazer coisas, e sua habilidade para fazê-las depende do que ele tem em si. O que ele tem em si depende das suas qualidades ingênitas em função de que se faz para aumentá-las e disciplina-las.

Um homem educado não é o que memoriza datas históricas, mas o que pode realizar alguma coisa. Quem não pensa por si não é um homem educado, possua, embora, muitos diplomas oficiais. Pensar é o trabalho mais duro de todos; vem daí existirem tão poucos pensadores. É necessário evitar dois extremos: de um lado, a atitude de desprezo pela instrução; de outro, o esnobismo trágico dos que, pelo fato de haverem cursado um determinado sistema educativo, já se creem libertos da ignorância ou da mediocridade. Nenhuma escola nos poderá ensinar o que vai suceder no ano seguinte. Ensina-nos, apenas, os esforços que no passado se fizeram para isso ou aquilo, os fracassos e os êxitos. Seria muito mais útil a instrução se unicamente prevenisse os estudantes contra as teorias falsas sobre as quais os homens tentaram construir; poupar-se-iam assim numerosas e amargas experiências. Uma educação consistente em erguer em nosso espírito faróis que nos ponham a salvo dos erros verificados como tais no passado, seria utilíssima. Instruir-se não é absorver as teorias de uma banca de professores. A especulação, com ser interessantíssima e muitas vezes proveitosa, não constitui educação. Ser doutor em ciência hoje equivale a conhecer milhares de teorias não provadas, todas hipotéticas. Não conhecê-las é passar por "ignorante".

Se a instrução não passa do conhecimento de umas tantas conjeturas, qualquer um pode passar por instruído, estabelecendo suas hipóteses pessoais, e com a mesma razão chamando "ignorante" aos outros, porque desconhecem as suas hipóteses. O melhor que um indivíduo pode auferir da educação é o domínio das suas faculdades, o controle dos meios que: o destino lhe proporcionou e o aprender a pensar. Um colégio presta os melhores serviços se funciona como um ginásio mental, onde o músculo do cérebro se desenvolve e o estudante se treina no manejo do seu talento. É um erro pensar que a universidade proporciona essa ginástica mental; todos os educadores sabem disto muito bem. A educação real de um homem começa depois que ele deixa a escola. É a vida que nos educa.

Vários são os ramos do saber humano e o classificá-los em graus de valia depende do ambiente em que vivemos, ou da moda em vigor. Há moda em ciência, como em tudo mais. Na minha mocidade, a ciência se limitava às Sagradas Escrituras. Tínhamos na vizinhança indivíduos que as conheciam nos mínimos detalhes, e eram respeitados e afamados. O conhecimento da Bíblia gozava, então, de um alto crédito. Hoje, porém, é muito problemático que para conseguir fama de sábio baste decorar um livro.

Na minha opinião, o saber é alguma coisa que alguém aprendeu no passado e transmitiu aos pósteros, sob forma facilmente acessível. Para um homem de faculdades normais e bastante hábil para manejar essa ferramenta que chamamos «letras», lendo ou escrevendo, não existe no acervo mental de sua raça conhecimento algum que ele não possa adquirir – querendo-o. A única razão pela qual um homem não chega a saber tudo o que o espírito humano produziu, é que não há nem houve ninguém que o julgasse de grande utilidade. Há mais satisfação em fazermos mesmo nós as nossas experiências, do que em assimilarmos as já feitas. Poderia um homem acumular sabedoria durante tôda a sua vida e apesar de todo esse acervo, não apreender a época em que vive. Poderia, ainda, encher a cabeça com os «fatos» de todos os séculos, e não passar de urna cabeça transformada em caixa de fatos. Grandes, pilhas de fatos na cabeça não significam atividade mental. Um homem pode ser muito douto e inútil; ao contrário, outro pode ser indouto e utilíssimo.

O objetivo da instrução não é sobrecarregar com doutrinas, mas ensinar ao individuo como deve servir-se do seu cérebro para pensar. E frequentemente um homem pensa melhor quanto menos abarrotado está pelo conhecimento passado.

E› próprio da natureza humana crer que o homem não poderá aprender o que até agora ignorou. Entretanto, deveria ser evidente que a sabedoria do passado não pode servir de obstáculo aos nossos conhecimentos futuros. Se medimos o progresso da humanidade pelos conhecimentos que ainda estão por se adquirir, ou pelos segredos que ainda estão por explicar, bem pequeno se nos apresentará ele.

Ótimo caminho para embaraçar o processo humano é sobrecarregar a mente do homem com toda a sapiência do passado; isso faz que: ele sinta a cabeça pesada e julgue que nada mais há a aprender, amontoar coisas na cabeça é a mais inútil tarefa a que se possa dedicar alguém. Que poderemos fazer para ajudar a melhorar o mundo? Essa é a mira educacional. Se um homem alcança o seu próprio objetivo, é ele um homem. Se pode ajudar a dez, cem, mil outros homens a realizarem-se na vida, então vale muito. Seja embora um rústico, um iletrado, é um douto. Quando um homem, seja quem for, chega a ser mestre na sua própria esfera, conquistou o título de doutor e penetrou no reino da sabedoria.

A QUESTÃO DOS JUDEUS

Os meus Estudos da Questão Hebreia, a que nossos adversários chamam «campanha contra os judeus», «propaganda antissemítica», etc., de nenhuma explanação necessitam aos que os acompanharam. Seus motivos e objetivas devem ser deduzidos da obra mesma. Essa obra visa ,oferecei uma : contribuição para o estudo de um caso que profudamente afeta o nosso país uma questão de origem racial e que concerne a princípios e idéias antes que a pessoas. Nossos argumentos deverão ser julgados por leitores desprevenidos, sem preconceitos, bastante inteligentes para confrontarem nossas palavras com as suas próprias observações. E› perfeitamente néscio atacar-nos antes de demonstrar a nossa falta de lógica ou de base. O primeiro item a considerar é se é verdade o que afirmamos. E é justamente esse ponto que os nossos críticos procuram iludir.

Os que leram os nossos artigos verificaram que o intento não foi atacar nenhuma classe, senão combater em prol dos princípios básicos da nossa civilização; Notam-se neste país correntes de influência que estão determinando uma visível deterioração em nossa literatura, nossas diversões, nossa conduta social; o comércio desviou-se da sua base sã e em geral por toda parte baixa o nível moral do nosso *standard*.

Não é a robusta rudeza do homem branco, a licença rude dos caracteres "shakespearianos", mas a onda do sórdido orientalismo que sub-repticiamente se tem introduzido em todas as formas da vida – e em tão alto grau que é necessário detê-la. O fato dessas influências terem sua origem nas peculiaridades de uma raça não é opinião particular minha, mas geral, entre os próprios defensores da raça em questão. Muito louvor merecem os que começam a retirar a sua proteção a esses violadores da hospitalidade americana; apesar disso sobejam as ocasiões de acabar com as ideias de superioridade racial sobre a sociedade cristã, difundidas pela propaganda econômica e intelectual.

Não é pretensão da nossa obra dizer a última palavra sobre os judeus na América. Apenas chamo a atenção para o vinco que imprimem em nosso país. Outra será a crítica, quando o vinco se transformar. Hoje o caso está inteiramente nas mãos dos judeus. Se são tão avisados como pretendem, deverão cuidar de americanizarem-se, em vez de judaizarem os americanos. O espírito dos Estados Unidos é cristão, no sentido mais amplo do termo, e todo o seu futuro está em conservar esse caráter. Isso não induz nenhum sectarismo, porém, implica num princípio básico que difere de outros no sentido de trazer em conexão a liberdade e a moralidade, dando à sociedade um código de relações, de direitos e deveres de fundamento cristão.

O preconceito ou ódio contra pessoas não é nem americano nem cristão. Combatemos só as ideias, isto é, as falsas ideias que tendem a destruir os fundamentos morais da nação. Essas ideias surgem de fontes conhecidas e vivem por meio de métodos que facilmente são perceptíveis; para denunciá-los basta expô-los. Foi o que fizemos. E› necessário que o povo possa averiguar a origem das influências que lhe giram em torno. O povo americano quer compreender que o que nos aflige não é degenerescência, mas uma premeditada subversão. Essa intuição será a cura.

Essa nossa obra foi escrita sem o menor personalismo. Quando julgamos o caso a ponto de denúncia, denunciamo-lo ao povo americano. Afirmam nossos inimigos que nos animou o sentimento da vingança, e que de mêdo não continuamos a escrever. O tempo demonstrará que nossos críticos recorrem a essas marchas de flanco porque receiam encarar de frente a questão. Demonstrará ainda que somos os melhores amigos dos interesses do povo judeu, muito mais que os que o louvam de frente e o espezinham pelas costas.

CAPÍTULO XVIII

DEMOCRACIA E INDÚSTRIA

Não há talvez palavra de que mais se abuse hoje do que a palavra democracia, e os que mais a utilizam menos a compreendem. Desconfiei sempre dos homens que com fácil retórica discorrem sobre a democracia. Desconfio que desejem estabelecer um novo sistema de despotismo ou querem induzir os outros a fazer para eles aquilo que eles deviam fazer para si próprios. Sou pela democracia que a todos abre as mesmas perspectivas, de acordo com a capacidade individual. Se dedicássemos toda a atenção ao bem dos nossos semelhantes, ligaríamos menos importância a vazias formas de governo e mais ao que é preciso que se faça. Se pensássemos no bem publico não nos preocuparíamos com o sentimentalismo industrial, e menos ainda com o problema dos sexos, das massas ou classes, do fechamento das portas e tantas coisas que nada têm que ver com o real problema da vida. Tomaríamos em conta unicamente os fatos, pois o mal vem de fugirmos à realidade dos fatos.

Sentimo-nos chocados quando verificamos que nem toda a Humanidade é humana, que numerosos grupos de homens não revelam para com outros grupos sentimentos humanos. Grande esforço se faz para provar que essa atitude é peculiar de uma determinada classe, mas o fato é que é a atitude de todas as "classes" e o será enquanto os homens persistirem na falsa noção de "classes". Outrora, quando tudo se fazia para inculcar ao povo a ideia de que os "ricos" eram desprovidos de sentimentos humanos, generalizou-se a opinião de que as virtudes só floresciam entre os "pobres".

Entretanto, "ricos" e "pobres" são pequenas minorias, e nelas não pode caber toda a sociedade humana. Não há bastantes "ricos" nem bastantes "pobres" que justifiquem uma tal classificação. Há muito ricos empobrecidos sem que houvessem mudado de sentimentos, e muitos pobres enriquecidos sem que com isso o problema mudasse de aspecto.

Entre os ricos e os pobres está a enorme multidão que não é nem uma coisa nem outra. Uma sociedade só de milionários seria idêntica à sociedade atual; Uns iriam cultivar o trigo, outros fazer pão, outros construir máquinas ou dirigir trens – se não quisessem morrer todos de fome. O trabalho tinha que ser feito por alguém. Na realidade não há classes feras. Há homens que querem trabalhar e homens que não quer trabalhar. Muitas das "classes" estabelecidas não passam de pura obra de imaginação.

Vejamos certos jornais do capitalismo. Espanta o que eles pensam da classe operária. Nós, que dela fazemos parte, sabemos como são falsas tais ideias. Vejamos agora a imprensa operária. Espantar-nos-emos do que pensa dos capitalistas. Mas de ambos os lados há um grão de verdade. Um homem que é só capitalista e vive a especular com trabalho alheio, merece tudo que se diz contra ele. Pertence à categoria do especulador barato que furta no salário dos trabalhadores. Raras vezes as informações da imprensa capitalista emanam dos grandes diretores de empresas industriais; são obras de publicistas que escrevem o que lhes parece agradar aos patrões. Escrevem para agradar apenas. Na imprensa operária encontramos outra espécie de publicistas, afeitos a lisonjear as prevenções que- julgam comuns, a todos os operários. Ambos não passam de propagandistas, e a propaganda que não divulga fatos reais trabalha contra si mesma. E não pode deixar de ser assim. Não podeis por muito tempo pregar patriotismo a um homem, e furtá-lo: simultaneamente. Não podeis por muito tempo pregar o trabalho assíduo como um dever e fazer disso um tapa-olho para auferir proventos pessoais. Nem é possível ocultar a um trabalhador que lhe estais tomando um dia de trabalho em troca de frases.

É certo que para possuir opiniões justas o empregado deveria conhecer os fatos que dizem respeito ao patrão. Do mesmo modo o patrão deve conhecer os fatos que dizem respeito ao operário. E é duvidoso que ambas as partes conheçam todos os fatos. Esse é o ponto em que naufragam todas as propagandas; ainda as que aparentam um sucesso real. Não é desejável- que uma determinada classe de ideia suplante uma outra de ideias diversas. O de que precisamos é reuni-las todas e construí-las com base nesta fusão.

FEDERAÇÕES OPERÁRIAS E GREVE

Tomemos; por exemplo, as federações Operárias e o direito de greve.

Um só grupo é forte nas federações os operários que vivem das federações. Alguns deles são riquíssimos. Outros têm interesse em atuar sobre os negócios das grandes instituições financeiras. Outros são radicais em seu chamado socialismo, que raiam ao bolchevismo e à anarquia, pois os salários pagos pelas federações lhes permitem não trabalhar e consagrar o tempo inteiro e toda a energia à propaganda, subversiva. Todos gozam de um certo prestígio e poder que jamais alcançariam no curso normal da concorrência.

Se o pessoal diretor das federações fosse tão forte, honrado, são e sensato como é a massa que as constitui, o movimento teria tomado nos últimos anos uma cor diversa. Mas esse organismo diretor não se apoiou, salvo exceção, nas qualidades boas do operário; ao contrário, tem-se consagrado a explorar-lhe as fraquezas, principalmente as dos recém-imigrados, que desconhecem o que seja o espírito americano e o continuarão desconhecendo até que se libertem da tutela de tais chefes.

– Os operários, exceto os que se contaminaram com as ideias de "guerra de classes", aceitando a filosofia de que o progresso consiste em fomentar discórdias na indústria ("Se ganhas dez dólares diários, não te contentes, pede quatorze; se trabalhas oito horas, não sejas estúpido, reclama seis; exige mais, sempre mais!"), os operários, digo, possuem bastante senso para perceber que as condições se mudarão logo que aceitem e se pratiquem certos princípios. Os chefes das federações, nunca percebem isto. Querem que não se mudem as condições de injustiça, provocações, greves, ódios e, distúrbios da vida nacional. Teriam alguma utilidade tais funcionários se as coisas não fossem, assim? Cada greve lhes é um novo argumento; apontam-nas dizendo:

– Vedes? Não podeis passar sem nós.

O verdadeiro líder do trabalho é o que dirige o trabalho para uma alta em eficiência e valorização, em vez de desviá-lo para o caminho das greves, das lutas estéreis e da miséria. A união trabalhista que se justificará em nosso país será uma liga de todos cujos interesses são solidários e só repousam na eficiência do serviço que prestam.

– Estamos na véspera de uma transformação. Quando desaparecer a união dos "chefes unionistas", não haverá também a dos maus patrões que nada realizam em favor dos seus operários a não ser impelidos pela força. Se a cegueira dos patrões fôsse uma doença, o remédio seria o egoísmo do líder unionista; e vice-versa, quando um líder fica doente, o mau patrão vira o antídoto. Ambos, casos patológicos sem lugar numa sociedade bem-organizada e juntos desaparecerão.

O MAU CAPITALISTA E O MAU OPERÁRIO

Foi a voz de um desses patrões que disse um dia: "Chegou o momento de esmagar o trabalho; agora o meteremos no trilho". essa voz, juntamente com a que ateia a guerra de classes, acabará por emudecer: os produtores, dos desenhistas aos ferreiros, formam já uma união real e no futuro por si mesmos conduzirão seus negócios.

A exploração do descontentamento transformou-se num verdadeiro negócio, cujo fim não é levar as coisas a bom termo, mas alimentar o descontentamento existente. E o meio usado para isso é formular teorias e fazer promessas que nunca poderão realizar-se enquanto o mundo for mundo.

Não sou inimigo das organizações operárias. Não sou adversário de nenhuma espécie de organização que trabalhe pelo progresso. Mas há organizações tanto de patrões como de operários que visam limitar a produção.

O operário deve pôr-se em guarda contra uma série de noções perigosas tanto para êle como para o bem-estar do país. Espalha-se a ideia de que quanto menos um operário trabalha mais trabalho deixa para os outros.

BEM PRODUZIR É TUDO

É um erro julgar a vadiação produtiva. A ociosidade, longe de aumentar o trabalho alheio, aumenta-lhe a carga. Um operário trabalhador nunca tira trabalho de um seu colega; ao contrário é ele que, como consócio do industrial inteligente, concorre para o progresso do negócio e promove a expansão do trabalho. É lamentável que homens de boa-fé admitam que o mau rendimento do trabalho possa facilitá-lo a outros. Um minuto de reflexão basta para demonstrar o absurdo da ideia. A empresa de oportunidades sempre maiores para um trabalho honrado e bem-pago, é justamente a empresa onde cada homem trabalha, de modo a orgulhar-se do seu trabalho. E país de bases sólidas é aquele em que o operário trabalha honradamente, sem sabotar ou trair os meios de produção. Brincar com as leis econômicas é meter-se em becos péssimos.

DESPERDÍCIO DE ENERGIA HUMANA

O fato de que nove homens bastam hoje para um trabalho que exigia dez, não quer dizer que um fique sem trabalho; Simplesmente não trabalhará ali e o público se livrará da carga de mantê-lo, pagando a mais no preço da produção o custo desse homem desnecessário.

Uma empresa bastante avisada para organizar a sua produção de maneira a obter um rendimento máximo, e suficientemente honesto para cobrar ao público quase apenas o custo da fabricação, vive num surto permanente, que lhe permite empregar em novos trabalhos esse décimo homem. No primitivo trabalho, esse homem era inútil e agravava o custo da produção. O consumidor o pagava. Mas o fato de ser desnecessário naquele trabalho não significa que o seja em outro qualquer.

O público paga todas as más administrações. Mais da metade das perturbações que hoje afetam o mundo decorre do afrouxamento proposital da produção, da diluição do trabalho e da ineficiência – descasos que o público vai pagando com o seu dinheiro. Onde dois homens são pagos pelo que um só podia fazer, o público está pagando o dobro do que devia pagar. E é um fato que até há bem pouco tempo os habitantes dos Estados Unidos, homem por homem, não estavam produzindo na proporção dos últimos anos anteriores à guerra.

O QUE QUER DIZER O DIA DE TRABALHO

Um dia de trabalho é algo mais do que comparecer ao serviço durante um certo número de horas. É fazer algo que valha o salário vencido. E quando não há esse equilíbrio, quando o operário dá mais do que ganha, ou ganha mais do que dá, não tarda a manifestar-se uma perturbação. Estendei o mal a todo o país, e tereis um completo desastre nos negócios. As dificuldades da indústria emanam da ruptura dessa equivalência básica. A direção tem que dividir a culpa com o trabalho. Ela peca por inércia quando prefere contratar quinhentos homens adicionais, em vez de aperfeiçoar os seus métodos de modo que cem dos trabalhadores antigos possam passar para outro serviço. Como o público paga, o negócio vai florescendo e a direção não se preocupa com o que vier depois. A lei da equivalência tem sido rompida tanto por culpa dos industriais como dos operários

ERROS DAS GREVES E "LOCK-OUTS"

Pràticamente, nada se consegue por meio de reivindicações. Por isso as greves, ainda que pareçam triunfar, falham sempre. Se uma consegue elevar o salário e diminuir as horas de trabalho, trazendo assim uma nova carga para a comunidade, claro é que falhou. Tornou apenas a indústria menos apta a bem servir o público e diminuiu a sua capacidade de proporcionar trabalho. Isso não quer dizer que todas as greves careçam de justificativa. Basta que chamem a atenção para um mal para se justificarem. Uma greve pode ser de justiça, mas que se obtenha justiça por esse meio, nada mais duvidoso. O lamentável é que os operários necessitem recorrer a ela para obter o que lhes é devido. Nenhum americano devia ser forçado a recorrer à greve para fazer valer os seus direitos. Esses direitos deviam fazer-se valer naturalmente, por força própria. As greves justas são sempre ocasionadas pelos patrões que não estão à altura da função que desempenham. O emprego de energias humanas, a sua direção, o cálculo dos salários em proporção justa com a produção e o surto do negócio, não constituem pequeno trabalho. Um patrão pode ser inapto para o seu ofício, como um torneiro para trabalhar no torno. As greves justificadas indicam que o patrão deve mudar de ofício. O patrão inepto causa mais dano que o operário incapaz. Porque esse pode ser transferido para outro trabalho mais adequado, mas aquele fica sempre no seu posto, pela lei das compensações. Assim, a greve justificada jamais existiria se todos os patrões cumprissem a sua verdadeira missão.

GREVE DE SAPA

Há outra espécie de greve, a greve de "sapa", quando os operários são meros instrumentos de certos manipuladores que trazem em vista fins ocultos. Exemplo: Uma indústria alcança alto êxito por ter sabido atender às necessidades do público por meio de uma produção eficiente e hábil. Uma indústria assim constitui uma grande tentação para os especuladores. Se conseguem controlá-la, poderão auferir lucros enormes do honrado esforço dos seus criadores. Poderão suprimir dos salários a participação nos lucros, arrancar ao público, ao produto e ao operário até o último cent e colocar a empresa no nível sórdido de tantas outras. O motivo pode ser o lucro pessoal dos especuladores ou o desejo de alterar a política comercial de uma emprêsa, cujo exemplo põe em condição embaraçosa os, industriais incapazes da mesma clarividência. É impossível atacar de dentro uma emprêsa justa, onde não há motivos que justifiquem greve do seu pessoal. Recorrem-se então a outros meios. Tal indústria depende de numerosas fábricas estranhas, que lhe fornecem materiais. Se se conseguir' fechar essas, fábricas a indústria visada receberá um golpe certeiro.

E desse modo rompem greves nas empresas subsidiárias, e todas as tentativas são feitas para cortar os suprimentos à grande indústria. Se os operários conhecessem o jogo, negar-se-iam a tomar parte nele, mas ignoram-no e sem o querer servem de instrumento aos piratas. Um particular há, porém, que deveria pôr os operários de sobreaviso nesta espécie de greve: quando não há meio de se chegar a acordo, apesar dos mútuos esforços, é sinal certo da existência de um terceiro cujos interesses exigem a continuação da greve. As influências ocultas impossibilitam qualquer ajuste. E afinal, quando a greve termina com o triunfo dos operários, melhoram as suas condições de vida? Depois de haver entregue a indústria às mãos dos especuladores, consegue um tratamento melhor? Salários mais elevados?

Existe uma terceira espécie de greve: a provocada pelas interesses capitalistas com o fim de desprestigiar os operários. O operário americano tem fama de ser um crítico sagaz. Não se deixa embair facilmente pelos charlatães que prometem mundos e fundos. Teve sempre a cabeça em seu lugar, e utiliza-se dela. Compreende que a falta de razão não pode ser substituída pela violência. Graças à sua compostura o operário americano goza de prestígio não só em sua pátria, como em todo o mundo. A opinião pública respeita-lhe sempre as intenções e desejos. Entretanto, parece que há uma verdadeira obstinação em contaminá-lo de bolchevismo, lutando-se por arrastá-lo a absurdas atitudes de revolta que, forçosamente, transformarão em severíssima crítica a simpatia geral do público.

O QUE É MISTER FAZER.

Evitando greves, simplesmente, não é que se vivifica a indústria. É mister dizer aos operários :

– "Concordamos que tendes motivos de queixa, greve, porém, não é o remédio – ela apenas piora a situação, quer ganhe ou perca".

Talvez o operário compreendesse a verdade do acerto e renunciasse à greve. Mas bastará isso?

Não! Se os operários: abandonassem as greves, considerando-as ineptas para os fins em mira, seria isso aviso para que os patrões compreendessem, que a eles competia corrigir a situação anormal.

A experiência: das- indústrias Ford com operários, tanto nos Estados Unidos: como no estrangeiro, tem obtido resultados surpreendentes Ainda que não nutramos prevenção contra as federações, não nos submetemos a nenhum acordo, seja qual for, nem com as organizações patronais, nem com as operárias. Pagamos sempre um salário maior do que o indicado por qualquer federação e tratamos sempre de reduzir as horas da semana de trabalho. Não há, pois, nenhuma vantagem para os nossos operários em se agregarem a federação alguma. É possível que um ou outro seja federado, mas a maioria não o é isso não nos importa, é assunto que não nos preocupa. Respeitamos todas as federações, louvando-lhes os bons intentos e denunciando os maus. Quero crer que também elas nos respeitam, porque jamais tentaram interferir nas nossas relações com os operários. E sempre que agitadores radicais tentaram perturbar a nossa gente, foram olhados como curiosidades teratológicas das que se exibem nas feiras.

INCIDENTE EM MANCHESTER

Na Inglaterra chocamo-nos com a questão sindical, na nossa fábrica de. Manchester. Os operários de Manchester são quase todos sindicalizados e as restrições usuais da produção impostas pelo unionismo inglês estão lá em vigor. Havíamos tomado um corpo de fábrica onde trabalhavam numerosos carpinteiros federados. Imediatamente a federação pediu uma entrevista com os nossos diretores a fim de acordar condições. Como o nosso sistema é tratar diretamente com os operários e não com intermediários, recusamo-nos a recebê-los. Em vista disso os chefes ordenaram aos carpinteiros que se declarassem em greve. Os carpinteiros não aceitaram a determinação e foram expulsos da federação. Os expulsos moveram-lhe um processo para reivindicar a sua parte nos fundos comuns. Ignoro como terminou o caso, mas nunca mais ninguém tentou intervir em nossas operações na Inglaterra.

MODO DE TRATAR O OPERÁRIO

Não se julgue que prodigalizamos mimos aos nossos operários. Limitamo-nos a um equitativo toma lá, dá cá. No tempo em que aumentamos os salários, também aumentamos de vigilância, e averiguamos da vida particular de cada um, para saber o destino que davam aos seus salários. Tal medida, necessária na época, ensinou-

-nos alguma coisa. Mas não convinha transformá-la em serviço permanente e a abandonamos.

Não acredito na utilidade do contato pessoal com o operário, nem em manifestações de cordialidade. É muito tarde, hoje, para isso. Os operários querem alguma coisa mais do que os chamados bons sentimentos. Palavras sonoras não podem servir de base a condições sociais, estado positivo resultante das relações diárias de homem a homem. O bom espírito social se manifesta por medidas que aos chefes das indústrias custam alguma coisa, mas beneficiam a todos. É esse o caminho único para provarmos boas intenções e merecermos respeito. Propaganda, folhetos e conferências – isso nada vale. Só valem os sinceros atos de justiça.

Uma grande empresa é coisa demasiado ampla para ser pessoal. A personalidade do homem desaparece absorvida na massa que funde tanto o patrão domo os operários. Juntos criam eles uma larga organização produtiva, que dá ao mundo artigos em troca de dinheiro que assegure a subsistência a todos os participantes do negócio.

A ALTA MISSÃO DOS NEGÓCIOS

Há algo de sagrado num grande negócio que provê o bem-estar de milhares de famílias. Ao contemplar as crianças que nascem, os meninos que vão para as escolas, os jovens operários que com o fruto do seu labor se vão casando e abrindo novos lares; ao contemplar essa organização produtiva, capaz de tudo realizar, sente-se que a continuação de um tal negócio é um dever sagrado. A empresa supera o indivíduo.

O patrão é tão homem como o empregado e está sujeito a todas as contingências humanas. Enquanto for capaz de gerir a sua empresa, tem o direito de fazê-lo. Se for capaz de bem administrá-la dando aos seus operários a certeza de que podem contar com ele para que cada qual tenha a sua parte sem prejuízo da situação adquirida, então pode considerar-se no seu lugar: Não sendo assim, terá tanto direito de ocupar tal posto como uma criança. O patrão, como qualquer outro, só deve ser julgado pela sua capacidade. Ele pode ser para os seus operários apenas um nome em uma tabuleta. Mas no reverso está a empresa que é mais que um nome. A empresa produz subsistência – e isso é uma realidade. Pensa. Age. E o pagamento contínuo de salários fornece a prova da sua necessidade.

A HARMONIZAÇÃO

A harmonia perfeita é coisa numa empresa, e arrisca-se a ir longe quem procura tomar pessoal que se harmonize muito bem. Uma coisa é trabalhar harmoniosamente num objetivo comum, outra harmonizar os elementos individuais. Há organizações que gastam muito tempo e energia para conservar o sentimento da solidariedade mútua, de modo, que não lhes sobram forças para realizar seus fins. A organização é secundária, o objetivo é tudo. A única organização harmoniosa é a em que todos trabalham para a realização de um fim único. Um objetivo único, seriamente visado, sinceramente desejado é o grande princípio harmonizador.

Causa-me pena o homem frouxo que necessita ter em torno de si "uma atmosfera de bons sentimentos" para que possa realizar seu trabalho. Há muitos assim, e a não ser que adquiram bastante vigor moral para se arrancarem ao marasmo dos "bons sentimentos", todos falham. E não só nos negócios, mas falham também como homens. É como se nunca os seus ossos se solidificassem de modo a permitir-lhes porem-se de pé. Há também muita confiança nos bons sentimentos em nossas organizações industriais. Os homens gostam de trabalhar com pessoas que lhes sejam agradáveis. Ao cabo de tudo, isso inutiliza uma boa soma de qualidades úteis.

A CONSIDERAÇÃO PESSOAL

Que me não compreendam erradamente. Falando de "bons sentimentos", quero apenas referir-me ao costume de avaliar o valor das criaturas pela simpatia ou antipatia que inspiram. Suponhamos que não gostais de um homem. Representa isso alguma coisa contra ele? Poderá representar algo contra vós... Que é que a simpatia ou a antipatia tem de ver com os fatos? Todos os homens de bom-senso sabem que muitos há que lhes são antipáticos, mas que os superam em capacidade.

Aplicando isso a um campo mais vasto, à fábrica, concluímos que não é necessário que o rico ame o pobre, nem esse àquele. Nem que o patrão faça festas ao empregado e vice-versa. O que é necessário é que ambos procurem fazer-se mútua justiça, de conformidade com os méritos de cada um. Essa é a verdadeira democracia, e não a questão de saber a quem pertencem os tijolos, a argamassa, os altos-fornos ou os moinhos. E nada tem que ver a democracia com a famosa interrogação de todos os dias: "Quem deve ser o patrão?".

Isso equivale a perguntar: "Quem deve ser o tenor do quarteto?" Naturalmente que o que tem voz de tenor. Impossível, assim, pôr de lado a um Caruso. Suponde um sistema de democracia musical onde Caruso fosse relegado ao proletariado, isso teria feito surgir outro tenor para ocupar o seu posto? Os dons de Caruso deixariam de ser seus?

CAPÍTULO XIX

O QUE PODEMOS ESPERAR

Se as aparências não me enganam, estamos em pleno período de transformação. Ela se opera em torno de nós, paulatina e apenas entrevista, mas de modo irreprimível. Já vamos distinguindo as relações de causas e efeitos. Uma grande parte das chamadas perturbações – desmoronamento do que nos parecia instituição sólida – não passa de movimentos superficiais, indicativos de alguma coisa próxima da regeneração. Os pontos de vista do público, vão-se alterando, e basta-nos uma pequena mudança de ponto de vista para transformarmos um defeituoso sistema antigo num bom sistema futuro. Estamos substituindo aquela grande virtude de outrora, a firmeza que não era senão cabeça dura, pela verdadeira inteligência e simultaneamente abandonados o julgo do sentimentalismo inconsciente. O primeiro confundia progresso com dureza; o segundo confundia moleza com progresso. Agora, porém, já vamos tendo uma ideia mais nítida das realidades, convencendo-nos de que há no mundo todas as condições necessárias para o gozo pleno da vida, e que melhor as aproveitaremos quanto mais soubermos o que elas são e significam.

DEFINIR O ERRO: PRIMEIRO PASSO

Tudo que está errado (e nós sabemos quanta coisa está errada) pode ser corrigido por meio de uma clara definição do erro. Há tanto que escutamos uns aos outros, investigando o que falta nesse e sobra naquele, que fizemos um negócio pessoal do que não pode ser personalizado. Sem dúvida que a natureza humana entra largamente em nossos problemas econômicos. O egoísmo existe e dá cor a todas as criaturas humanas. A cupidez existe. A inveja existe. O ciúme existe.

Tanto mais prontamente teremos o campo aberto às ideias nobres, quanto mais rapidamente suavizarmos a luta cotidiana pelo pão, luta que já se vai tornando mais suportável, apesar da sensação de insegurança social. Quanto mais nos habituarmos à civilização tanto menos valor daremos ao que ela tem de supérfluo e frívolo.

AS COISAS INÚTEIS

Um aumento enorme de objetos acompanha o progresso do mundo. No pátio de um sítio americano encontramos mais trastes e utensílios do que em todos os domínios de um chefe africano. O enxoval de um menino de colégio consta de mais coisas do que as que há numa população inteira de esquimós. Os utensílios de uma cozinha, de um refeitório, de um dormitório formam um rol que quinhentos anos atrás espantaria um potentado amigo da ostentação. Esse aumento de acessórios da vida marca uma época na evolução da humanidade. Somos como o índio que vem à cidade com todo o dinheiro que possui e compra tudo quanto enxerga. Ninguém imagina a soma de energias que a indústria despende com o fabrico dessas pequenas inutilidades, feitas para serem compradas por meio de vício, pois não proporcionam a menor serventia, e que, como insignificâncias esperdiçáveis, terminam atiradas ao lixo. A humanidade irá abandonando esse estágio infantil de lidar com brinquedos e a indústria trabalhará unicamente em utilidades reais, dando-nos margem para contar com um futuro que já entrevemos, mas que a nossa moderna satisfação egoística não nos permite antecipar.

A INDÚSTRIA DO DINHEIRO

A idolatria do ouro é outra coisa que já está caminhando para o fim. Já não é uma distinção ser rico. Já deixou de ser uma ambição geral a riqueza. O dinheiro já não é desejado pelo seu valor em si, como outrora. Adoração do metal ou dos seus possuidores, isso já não existe mais. O que nos sobra além das nossas necessidades não nos honra.

Basta um momento de reflexão para compreendermos que um

montão de dinheiro nenhuma vantagem pessoal oferece. O ser humano, pobre ou rico, se nutre da mesma quantidade de tecido. Uma pessoa não pode ao mesmo tempo habitar duas casas.

Muito ao contrário, aquele que tem por finalidade ser útil, aquele que arquiteta planos, embora não realizáveis em vista das circunstâncias do momento, aquele que põe toda a sua ambição em fazer do deserto da indústria um campo de flores, esse fará que o dia a dia do trabalho desabroche em frescos e entusiásticos motivos humanos de alto caráter e eficiência; esse vê nos montões de dinheiro o que o agricultor divisa nos grãos que vai semear – o germe de novas e mais abundantes colheitas, cujos benefícios, como os raios do sol, forçosamente se hão de estender por igual sobre toda a humanidade.

Há dois loucos no mundo: o milionário convencido de que guardando o seu dinheiro adquire um poder real, e o reformador pobre, crente de que se pudesse tomar o dinheiro de uma classe para dá-lo a outra tudo se remediaria no mundo. Ambos seguem caminhos errados. Seria o mesmo que arrebatar todas as pedras de xadrez do mundo na ilusão de enceleirar assim grande soma de perícia. Alguns dos mais hábeis ganhadores de dinheiro da nossa época nunca aumentaram de um "penny" a riqueza da humanidade. Poderá um jogador de cartas, aumentar as riquezas do mundo?

Se todos nós criássemos riquezas dentro da nossa capacidade criadora, havê-las-ia suficientes para contentar-nos a todos. A real escassez de coisas necessárias à vida (não falo da escassez fictícia consequente à falta de dinheiro sonante no bolso dos indivíduos) deve-se unicamente à produção defeituosa. E produção defeituosa é puro efeito da ignorância de como produzir e do que produzir.

PRINCÍPIOS DIRETORES

Eis as convicções que temos como ponto de partida:

Que a terra produz ou pode produzir o suficiente para dar a todos uma larga subsistência – não a elementar, mas a que raia a abundância. Porque tudo provém da terra.

Que é possível organizar o trabalho, a produção, a circulação e a remuneração de tal forma que todos os colaboradores recebam a parte de riquezas a que fazem jus.

Que apesar das falhas da natureza humana nosso sistema econômico pode regular-se de modo que o egoísmo, embora subsistindo, seja impedido de ocasionar sérias injustiças econômicas.

ELEVAÇÃO DA INDÚSTRIA

A vida é fácil ou difícil conforme a capacidade ou incapacidade que se manifestam na produção e na circulação. Por muito tempo se julgou como certo que a indústria só existisse para produzir lucros. Era erro. A indústria existe para o bem geral. É uma profissão, e deve ter a sua moral profissional, com penalidades para quem dela se afaste.

A indústria precisa acrescer-se de espírito profissional. Esse espírito traz a integridade profissional não pelo receio a castigos, mas por nobre impulso interior; retrai-se das suas próprias violações e castiga-se. Os negócios algum dia serão um coisa honesta. Máquina que para a cada instante é uma máquina imperfeita e seu defeito está em si mesma. Homem que desfalece a cada hora é homem doente e a doença está nele, não fora. Assim nos negócios. Seus defeitos, oriundos de sua má constituição moral, impedem sua marcha e fá-los adoecer amiúde. Algum dia a moral da indústria será universalmente observada – e nesse dia a indústria revelará o que é: – a mais antiga e útil das profissões.

A EMPRESA FORD

Tudo o que as indústrias Ford fizeram – tudo o que eu fiz, procura provar com fatos que o serviço social, não o lucro, deve ser a mira suprema, e que a indústria que visa fazer o mundo melhor constitui uma nobre profissão.

Muitas vezes, ouço dizer que o notável progredir da nossa empresa – não digo "sucesso" porque isso me cheira a epitáfio e nós ainda estamos começando – é devido a algum acidente; e que os métodos que usei, embora bons em tese, só resultam na industria que adotamos e ainda dependem da nossa personalidade.

Dizia-se, outrora, que nossas teorias e métodos eram fundamentalmente errôneos. Não os compreendiam. Os fatos impuseram silêncio a essa opinião, mas subsiste a crença de que o que fizemos não poderia ser feito por nenhuma outra empresa – que fomos tocados pela vara de condão e que ninguém poderia (nem nós) fazer chapéus, ou sapatos, ou máquinas de costura ou relógios, ou o que seja da mesma forma por que fazemos autos e tratores. E, ainda, que, se nos aventurássemos em campo diverso, nós mesmos verificaríamos o nosso erro. Não concordo. Nada nos caiu do céu. O que dissemos neste livro o prova. Nada fizemos que outros não pudessem fazer. Nenhuma boa sorte nos favoreceu, exceto a que galardoa ao que põe a máxima diligência no seu trabalho. Nada houve em nossos inícios que pudesse ser tido como "favorável". Começamos do nada. O que possuímos ganhamo-lo – e ganhamo-lo graças a rijo trabalho e à fé em nossos princípios. Tomamos o que era um luxo e transformamo--lo, sem trapaça nem subterfúgios, em uma necessidade. Quando começamos a produzir carros, o país não possuía boas estradas, a gasolina escasseava e o público encasquetara que o automóvel era um brinquedo de ricos. Nossa única vantagem foi a de não encontrar o caminho atravancado de precedentes.

Começamos a fabricar de acordo com um credo – um credo novo no mundo industrial. O novo é sempre recebido como extravagância, como fantasia esdrúxula. Mas o trabalho mecânico em nosso credo, não é fixo. Muda sempre, e nós constantemente evoluímos em nossos processos sem que se alterem os nossos princípios diretores. Nem creio que jamais se venham a alterar, pois são universais e aptos a melhorar a vida de todos.

Se não fosse assim, eu abandonaria a indústria – porque o só ganhar dinheiro não me seduz. O dinheiro vale quando serve para provar com realizações práticas o grande principio de que a indústria só se justifica como serviço social, devendo dar à comunidade mais do que dela retira, a todos beneficiando. Isso o provei, eu com a indústria dos autos e tratores e quero prová-lo em outros campos: vias férreas e serviços públicos – não para meu regalo pessoal, nem pelo que nisso possa ganhar, embora seja impossível que com a aplicação dos meus princípios não advenham lucros maiores do que quando o lucro é a meta suprema. Quero provar que todos na Terra podemos ter mais, e viver melhor, graças ao aumento do índice de serviço social da industria. A pobreza não pode ser abolida por meio de formulas teóricas; tem que sê-lo à força de trabalho inteligente. Nossa empresa é uma estação experimental, onde se prova isso. Se ganhamos dinheiro, vale esse fato como prova última de que estamos no caminho certo. Esse argumento é dos tais que dispensam palavras e se demonstram a si próprios.

OS MANDAMENTOS DE HENRY FORD

No primeiro capítulo, estabeleci meu credo. Quero, agora, repeti-lo à luz do trabalho realizado sob suas normas:

1) Ausência de timidez quanto ao futuro e de veneração quanto ao passado. Quem teme o futuro, quem receia falhar, limita sua atividade. O insucesso é uma oportunidade para recomeçar de novo mais inteligentemente. Não há mal em um insucesso honesto; o mal reside no medo de falhar. O que se passou serve apenas como sugestão de novas sendas e novos meios de ir avante.

2) Despreocupar-se da competição. Quem pode fazer melhor uma coisa, esse deve ser o único a fazê-la. É criminoso tentar arrancar um negócio das mãos de outrem – criminoso porque é, com fito de lucro, rebaixar a condição de um semelhante e querer dominar pela força, não pela inteligência.

3) Antepor o fito do serviço social ao lucro. Sem lucro, impossível a industria. O lucro é justo. Empresas bem-conduzidas não podem deixar de dar lucros, mas esses lucros devem vir como recompensa ao bom serviço social. Não podem ser o ponto de partida, devem ser o resultado do serviço.

4) Manufaturar não é produzir barato e vender caro. É comprar matéria-prima em boas condições e, com o menor acréscimo de despesas possível, transformá-la em artigos de consumo, fazendo-os chegar ao consumidor. Jogo, especulações, espertezas não podem senão entravar a marcha dessas operações.

O ESPÍRITO DA INDÚSTRIA

Nós precisamos produzir, mas o que vale é o espírito da produção. O desejo real de serviço cria a produção que é um serviço social.

As bases de toda teoria econômica são a terra e os seus produtos. Ampliar a produção da terra, sob todos os aspectos, fazê-la à base da vida real – a vida que é mais do que comer e dormir – esse é o mais alto serviço, o alicerce verdadeiro de um sistema econômico. Já sabemos fabricar – o problema da produção foi solvido brilhantemente. Podemos fabricar grande numero de coisas, aos milhões. Nossa vila está mais que apta para absorvê-las. Inventos e processos novos abundam, esperando realização, e por meio deles a terra poderá tornar-se um paraíso. Estamos, porém, atrapalhados com as coisas a fazer – e nada fixados quanto às razões porque fazê-las. Nosso sistema de competição, nossa força criadora, todo o vigor das nossas faculdades parecem concentrados na produção material lucrativa.

Vigora a ideia de que o lucro pessoal ou de um grupo deve vir a expensas de outras pessoas ou grupos – e, entretanto, não há ganho positivo se tirarmos de A para dar a B. se o grupo dos agricultores pudesse esmagar o dos manufaturados, ganhariam com isso os homens do campo? Se acontecesse o inverso, lucrariam os industriais? Pode o Capital lucrar com o esmagamento do Trabalho, ou vice-versa? Nunca. A competição que destrói não beneficia a ninguém. A competição que traz a derrota de muitos e a tiraria dos maus não deve subsistir. Tal competição contraria o progresso. O progresso vem de uma generosa emulação. A outra, má, é pessoal. Só trabalha para a grandeza de um indivíduo ou de um grupo. Espécie de guerra, inspirada no desejo de "acabar" com alguém. Profundamente egoísta. Seu objetivo não é um produto de que se orgulhe, nem o desejo de exceder em serviço social, nem ainda uma larga ambição de mais ciência nos métodos produtivos. Move-a, apenas, a fúria de alijar o concorrente e monopolizar o mercado, para saqueá-lo. E isso só o consegue inferiorizando a produção.

A ROTINA E O PRECONCEITO

Libertando-nos dessa concorrência mesquinha, libertar-nos-emos de muitos preconceitos. Vivemos muito aferrados a métodos velhos, unilaterais – e precisamos de mobilidade. O hábito, a rotina, o mesmo canal para tudo! Quando uma mudança sobrevém, ou o canal se destrói param os negócios e surgem todas as más consequências da "depressão". O milho, por exemplo. Há milhões de alqueires de milho armazenados nos Estados Unidos sem saída visível. Certa quantidade é absorvida como alimento pelo homem e pelos animais – mas não todo. Antes da Lei Seca, uma parte vinha ao mercado transfeito em álcool, o que não era uma boa aplicação para tão precioso cereal. Por muitos anos o milho se escoava por esses dois canais, e quando se obstruía, os estoques cresciam. A ficção do dinheiro retardava o escoamento do estoque, mas ainda que o dinheiro abundasse não poderíamos consumi-lo todo.

Em casos tais, por que não descobrir outros empregos para o milho? Por que usá-lo só para animais e destilarias? Por que se arrepelar e chorar sobre a crise do milho? Não haverá outras aplicações para esse grão além de engordar porco e produzir *whisky*? Claro que sim. Deve haver tantos usos para o milho que ele apenas bastará para tudo; há, pois, que lhe abrir novos escoadouros de modo a evitar o seu desperdício ou perda.

Tempo já houve em que nos campos o usaram como combustível – abundava o milho e escasseava o carvão. Essa cruel maneira de consumir cereal deu origem a uma ideia: há combustível no milho. Óleo e álcool se extraem dele e é tempo que esse novo canal se abra às novas colheitas.

Por que só uma corda em nosso arco? Por que não duas? Se uma rebenta, fica a outra. Se a indústria do porco afrouxa, por que não transformar o milho em combustível para tratores?

Mais diversidade em redor de nós. O sistema de um trilho só, é mau – e isso acontece com o nosso sistema monetário. É um lindo sistema para os detentores do dinheiro. É perfeito para os caçadores de juros, os controladores de crédito, financistas que literalmente detêm a mercadoria chamada Dinheiro e as máquinas que o produzem. Deixá-los adorar o sistema. Mas o povo está compreendendo que o sistema é ruim e insuficiente, porque nos maus períodos bloqueia o caminho e impede a circulação.

Se há proteções especiais para usura, deve também havê-la para o povo. Diversidade de sendas, de usos, mobilidade financeira; isso constitui a melhor defesa contra as crises econômicas.

Semelhantemente com o Trabalho. Deviam existir esquadrões volantes de operários moços, aptos a intervir, conforme a emergência, no trabalho das minas, das colheitas, das fábricas ou estradas de ferro. Se as fornalhas de milhares de fábricas correm o risco de arrefecer por falta de carvão, e milhões de criaturas caem sob a ameaça do desemprego, alto negocio seria, para a indústria e para a humanidade, que acudissem o perigo esses esquadrões de voluntários. Há sempre alguma coisa a fazer no mundo; somente nós o poderemos fazer. O mundo inteiro pode estar desocupado, ou "fazendo nada", no sentido fabril. Poderá não fazer nada aqui ou ali, mas sempre haverá o que fazer. Precisamos corrigir isso, organizando-nos de modo que essa "alguma coisa a fazer" possa ser feita e a desocupação fique reduzida ao mínimo.

REABILITAÇÃO DO TRABALHO

Cada progresso começa de nada e sempre por via individual. A massa não pode ser melhor do que a soma dos indivíduos. O progresso inicia-se dentro do homem; quando o homem passa do simples interesse ao propósito firme, da hesitação à decisão, da imaturidade à maturidade de raciocínio, do aprendizado à mestria, de diletante do trabalho a trabalhador que encontra um verdadeiro prazer no que faz; quando o homem passa de uma unidade fiscalizada a um nobre ser que se fiscaliza a si próprio – então, sim, o mundo caminha! O progredir não é fácil. Vivemos numa era frouxa em que se quer que tudo seja fácil.

O trabalho que cria alguma coisa nunca será fácil. E mais sobe na escala das responsabilidades, mais duro será. O repouso tem seu lugar, sem dúvida. Cada homem que trabalha deve dispor do suficiente lazer. Possuir sua poltrona fofa, seu lar confortável, seu ambiente suave. Isso de direito. Mas não merece repouso enquanto não realiza o seu trabalho, e não o terá nunca acolchoado de repousos. Alguns trabalhos são desnecessariamente duros, e podem ser aliviados graças à habilidade de organização. Essa existe para dar aos homens um trabalho de homens. A carne e o sangue não devem suportar as cargas que o aço pode conduzir. Mas, faça-se o que se fizer, o trabalho sempre permanecerá trabalho e quem o executar sentirá que é trabalho.

O trabalho não poderá ser escolhido. O melhor trabalho de um homem não é o que ele escolhe – mas o para o qual é indicado. Hoje existem mais trabalhos de tipo baixo do que os haverá no futuro; e como existem, e existirão sempre, alguém há de fazê-los. Mas não há motivo para que um homem se veja castigado porque executa um trabalho servil. Pode-se dizer dessa classe de trabalhos uma coisa que não cabe a muitos dos chamados trabalhos superiores: é que são respeitáveis e honestos.

É tempo de escoimar o trabalho disso que o deprime, porque o homem não foge ao esforço que ele exige e sim à coima que o envilece. Devemos expelir essa coima, essa crosta de preconceito de onde quer que a encontremos. Não seremos perfeitamente civilizados enquanto não depurarmos da má nota as tarefas diárias. As invenções estão fazendo alguma coisa para isso. Já conseguiram arrancar o homem aos trabalhos mais pesados e mais consuntores, embora não conseguissem ainda aliviá-lo da monotonia, e temos esperança de descobrir meios de removê-la em nossa "estação experimental".

O SURTO DAS CAPACIDADES

A oportunidade para o trabalho é hoje maior do que nunca, e a de progredir, ainda maior. É verdade que o moço que penetra numa indústria encontra um sistema muito diverso do que era vinte e cinco anos atrás. O sistema é rígido; há nele menos jogos ou fricção; menos coisas deixadas à decisão arbitrária do indivíduo; o moderno trabalhador encontra-se metido numa organização que aparentemente lhe deixa pouca iniciativa. Apesar disso não é verdade que os "homens sejam meras máquinas". Não é certo que a oportunidade tenha desaparecido. Se o moço libertar-se dessas ideias e souber ver, verificará que o que supunha uma barreira não passa de um real apoio.

A organização industrial não é um plano para conter a expansão da habilidade, e sim um meio de reduzir o desperdício e as perdas devidas à incapacidade. Não é um plano para impedir que os ambiciosos, os de boa cabeça façam o melhor, mas um meio de evitar que os negligentes façam o pior. Quando a preguiça, o desleixo, o desinteresse são largados de rédeas, todos sofrem. As fábricas não prosperam e deixam de pagar salários suficientes. Nesse caso uma organização se impõe, que faça os negligentes produzirem melhor do que o fariam sem esse aguilhão – e isso no próprio benefício deles, física, mental, financeiramente. Que salários serão possíveis, se abandonarmos a incúria aos seus próprios métodos de produção?

Um sistema industrial que erguesse a mediocridade ao seu mais alto tipo e conduzisse a capacidade ao seu tipo mais baixo, seria um mau, um péssimo sistema. Mas um sistema, embora perfeito, deve ter indivíduos hábeis para manobrá-lo. Nenhum funciona por si. E os modernos exigem ainda mais cérebros que os antigos, embora não no mesmo lugar. Dá-se com os homens o que se dá com a força: antigamente, cada máquina se movia com sua força individual; hoje temos toda a força atrás. Na casa da força mental.

Cada negócio que cresce é uma fonte de novas situações para os homens de valor. E não pode deixar de ser assim. Isso não significa que as situações apareçam diariamente e às dúzias. Não. Elas são conseguidas depois de rijo trabalho, e o homem capaz, que sabe fugir ao anzol da rotina, se conserva sempre alerta, que finalmente as conquista e penetra na direção. O brilho aparente e sensacional não é o de que precisam os negócios, mas uma profunda, substancial firmeza. As grandes empresas se movem lentas e cautelosas. O moço de ambições deve olhar longe e deixar uma ampla margem de tempo entre sua ambição e o objetivo dela.

A VITÓRIA DO HOMEM

Há muita coisa em via de transformação. Estamos aprendendo a ser senhores, não escravos na Natureza. Mas, apesar disso, dependemos, ainda, largamente, dos recursos naturais e penso que nunca os poderemos dispensar. Extraímos carvão e minérios, cortamos árvores. Depois empregamos o carvão e os metais e ei-los destruídos; as árvores não se formam de novo dentro de uma vida humana precisamos senhorear o calor que existe em torno de nós e libertar-nos do carvão – e já o obtemos por meio da eletricidade gerada pelas quedas-d'água. Melhoremos esse método. E como a química progride, pressinto que encontraremos meios de transformar as substancias vegetais em matérias mais resistentes que os minerais – o emprego do algodão apenas se inicia. Melhor madeira também havemos de obter – melhor que a que cresce naturalmente. O verdadeiro espírito de utilidade o conseguirá. Mas cumpre cada um de nós realizar sinceramente a sua parte de cooperação.

....

Tudo é possível... "A fé é a substância das coisas que esperamos e o argumento das que não vemos".

HENRY FORD
de colaboração com
SAMUEL CROWTHER

HOJE
E
AMANHÃ

Tradução de
MONTEIRO LOBATO

PREFÁCIO

O magnífico acolhimento que o público dispensou ao primeiro livro de Henry Ford, MINHA VIDA E MINHA OBRA, anima-nos o seu segundo livro, a que poderemos chamar a verdadeira bíblia da Eficiência. Livro criador, do qual ninguém sai como entra – pois lava-nos das ideias falsas e dá-nos a compreensão nítida de que os maiores da indústria não passam de bom-senso e inteligência no trabalho.

Ford é o gênio mais benéfico ainda surgido entre os homens Descobriu a verdadeira significação da indústria e experimentalmente pô-la em termos de conciliar o velhor e, na aparência, irredutível antagonismo entre o capital e o trabalho. E tão certos se demonstraram os seus princípios que, em 20 anos, se tornou ele o homem mais rico de todos os tempos, sem que uma só criatura se ressentisse da sua vitória. Não venceu abatendo rivais, nem explorando a miséria do operário, nem sugando o consumidor. Não enriqueceu por meio de especulações e valorizações à custa do trabalho alheio. Enriqueceu enriquecendo a humanidade, enriquecendo e tornando feliz o operário, enriquecendo e facilitando a vida do consumidor.

A indústria, posta nas bases das suas geniais ideias, não conduz, *como até aqui, à formação de magnatas em troca da perpetuação ou agravamento da miséria humana. Conduz à extinção da miséria humana. Pela primeira vez, desde que o mundo é mundo, surge com Henry Ford a solução certa do problema da miséria. Estendida que seja a solução fordiana sobre todo o globo, estará extinto o terrível cancro.*

Nenhum país mais que o nosso precisa compreender e praticar o fordismo. Fazemos, pois, votos para que o Brasil ponha de lado o livro de S. Cipriano e adote como livros de cabeceira bíblias como MINHA VIDA e HOJE E AMANHÃ.

MONTEIRO LOBATO

CAPÍTULO I

AURORA DA OPORTUNIDADE

Há centenas de anos que o homem ouve falar em falta de oportunidades e urgente necessidade de repartir as coisas existentes. Mas cada um desses anos se abotoou e desabrochou de ideias novas, criadoras de nova série de oportunidades, de modo que já hoje possuímos um grande acervo de ideias comprovadas, capazes, se postas em prática, de arrancar o mundo do atoleiro em que jaz e banir toda a pobreza, proporcionando trabalho a quantos queiram trabalhar. Mas ideias velhas e gastas impedem essa solução das ideias novas. O mundo algema-se, venda os olhos e admira-se de que não possa correr.

O QUE VALE UMA IDÉIA

Tome-se apenas uma ideia – uma ideia pequenina em si e possível de ocorrer a qualquer pessoa, mas que coube a mim realizar – a da fatura de um pequeno automóvel, forte e simples, de construção barata e ao mesmo tempo suscetível de proporcionar altos salários aos que trabalham em sua construção.

A 1.º de outubro de 1908 fabricamos o primeiro. Em junho de 1924, o décimo-milionésimo. Em 1926, atingimos o décimo-terceiro milionésimo.

Embora interessante, talvez careça isso de importância. Tem importância, sim, o fato de um simples grupo de homens reunidos num barracão transformarem-se num grande corpo industrial que emprega duzentos mil homens, nenhum dos quais percebe menos de seis dólares por dia. Nossos revendedores dão serviço, por sua vez, a outros duzentos mil homens e como não produzimos tudo quanto é necessário, adquirindo talvez o dobro do que fabricamos, é possível afirmar que outros duzentos mil homens trabalham indiretamente para a nossa indústria. Não tomando em conta o grande número de pessoas empregadas na distribuição, condução e conservação dos nossos carros, isso dá um total bruto de seiscentos mil operários, diretos e indiretos, significando cerca de três milhões de criaturas, homens, mulheres e crianças, que tiram a subsistência de uma simples ideia posta em realização no decurso de dezoito anos. E é uma ideia que está na infância ainda!

Nenhuma jactância me move ao enfileirar estas considerações. Não falo de uma certa pessoa ou de um certo negócio. Falo de idéias, e essas cifras mostram o que uma simples ideia comporta de possibilidades. Toda essa gente necessita de víveres, roupas, calçado, habitação, etc. Reunida num mesmo ponto, com os agregados que lhes teriam de girar em torno para suprir-lhes as necessidades, dava a população duma cidade maior que Nova Iorque. E como isso se fez em menos tempo do que gasta uma criança para atingir a maioridade, vê-se que falta de senso é repetir o "*leit-motiv*" da escassez de oportunidades. Não penetramos ainda no sentido íntimo da palavra oportunidade, isso sim.

ROTINEIROS E PIONEIROS

Duas espécies de homens vejo no mundo – os pioneiros e os rotineiros. Esses atacam sempre àqueles. Acusam-nos de açambarcar todas as oportunidades, quando, de fato, nem rotineiros poderiam ser se o pioneiro não lhes rasgasse caminhos.

Refleti no vosso trabalho no mundo. Abristes o vosso lugar ou alguém o abriu para vós? Criastes o trabalho que vos ocupais ou o encontrastes criado? Descobristes, inventastes uma oportunidade – preferis tomar-lhes os frutos trazidos numa bandeja. Essa mentalidade não é americana. Vem de outras terras e pertence a raças inaptas para descobrir ou usar oportunidades e que sempre viveram do que lhes foi dado.

AS OPORTUNIDADES E A HONESTIDADE

Na geração anterior à nossa, contavam-se mil homens para cada oportunidade, enquanto que hoje em dia há mil oportunidades para cada homem. Os negócios na América mudaram nessa proporção.

Muito escassas eram as oportunidades quando as indústrias vagiam. Os homens só conheciam um caminho e todos queriam marchar por ele. Naturalmente que alguns se viram alijados para as margens, já que o número de homens superava o das oportunidades. Daí a crua dureza da competição de outrora.

Com a maturidade da indústria, entretanto, todo um mundo inédito de oportunidades se revelou. Pensai no numero de portas que cada progresso industrial abriu à atividade criadora. Disso resultou, através da concorrência feroz, que uma pessoa não pode ser bem-sucedida na sua própria oportunidade sem criar muito mais oportunidades do que as que pode abarcar.

É quase impossível compreender o surto da indústria sem admitir a primitiva escassez de oportunidades. Algumas formas de negócio parecem ter progredido, mas tal juízo vem da comparação com as que fracassaram.

Esse fato indica que, quando a indústria começou a evoluir sob a pressão das necessidades públicas (e foi esse o seu único impulso consolidador), alguns homens, revelavam visão ampla melhoraram aos de visão curta. Seus métodos eram, às vezes, imorais, mas não foi a imoralidade dos métodos que lhes deu a vitória e sim a visão curta. Seus métodos eram, às vezes, imorais, mas não foi a imoralidade dos métodos que lhes deu a vitória e sim a visão mais larga das necessidades publicas e dos caminhos e meios de atendê-las. E enorme deve ser o alcance dessa visão em qualquer ramo, para que a indústria assim possa sobreviver a métodos cruéis e desonestos. É um erro atribuir sucesso à desonestidade. Ouvimos falar em homens "muito honestos para vencer". Isso poderá ser para eles uma reflexão confortadora, porém não constitui razão para que falhem.

Os desonestos vencem algumas vezes, mas unicamente quando os serviços que prestam sobre-excedem à sua desonestidade. E outras vezes os honestos falham – por lhes faltarem qualidades que sirvam de complemento à honestidade. No sucesso do desonesto tudo quanto é tocado pela tara apodrece e cai.

Os que não crêem na oportunidade encontrarão lugar dentro de oportunidades que outros criaram; os que não podem dirigir a contento a sua atividade sempre julgarão possível subordiná-la à direção de outrem.

O PROGRESSO

Mas, pergunto, estamos nos adiantando muito depressa – não apenas no fabrico de carros, mas na vida em geral? Murmura-se, por aí, do operário sacrificado na engrenagem da tarefa, diz-se que o que se chama progresso se faz a expensas disso ou daquilo e, ainda, que a eficiência está destruindo todas as coisas belas da vida.

É fato que a vida está em desequilíbrio – e sempre esteve. Até bem pouco tempo muitas criaturas não tinham uma hora de lazer e naturalmente agora não sabem como usá-lo. Um dos nossos grandes problemas é encontrar um ponto de equilíbrio entre o trabalho e o lazer, entre o sono e a alimentação, descobrindo-se eventualmente por que motivo o homem adoece e morre. Voltaremos a isso depois.

Não há dúvida que caminhamos mais depressa do que outrora. Ou, precisando, que somos movidos com mais rapidez. Todavia, serão vinte minutos de automóvel, coisa mais cômoda ou mais penosa do que quatro horas de caminhadas a pé por caminhos poeirentos? Ao termo da viagem, qual dos dois processos deixa em melhor estado o viajante? Qual lhe deixa mais tempo e mais energia mental? E breve estaremos fazendo numa hora, por via aérea, o que hoje nos rouba dias de automóvel. Seremos, então, ruínas nervosas?

Mas essa depressão nervosa existirá na vida ou só nos livros? Muito falam os livros de depressão nervosa dos trabalhadores – mas confessam-na eles?

Consultai os que estão a lidar na tarefa da vida, do operário que viaja de bonde para o seu trabalho ao homem que atravessa o continente num dia. Vereis atitudes muito diversas. Em vez de se furtarem ao que já veio estão a olhar com esperançosa ansiedade para o que está vindo. Sempre boa-vontade para o sacrifício do hoje em prol do amanhã. Essa é a felicidade do homem ativo, do que não se encafua numa biblioteca, experimentando ajeitar o novo mundo a velhos moldes. Ide ao operário que segue no seu bonde. Consultai-o. Dir-vos-á ele que, poucos anos atrás, voltava para casa tão tarde e exausto que nem ânimo e tempo tinha de trocar de roupa – jantava e atirava-se à cama. Agora muda de roupa na oficina, regressa a casa ainda de dia, janta mais cedo e sai com a família a espairecer. E, dizendo isso, esse operário dirá que o tempo da compressão terrível já passou. Poderá o homem hoje ser mais mercantil no seu trabalho, mas o tempo do velho e exaustivo mourejar sem fim passou.

Os dirigentes, os homens que do alto estão mudando todas essas coisas, vos dirão o mesmo. Não estão sendo aniquilados, estão marchando pela estrada que o progresso segue e acham mais fácil seguir com o progresso do que procurar opor óbices à marcha das coisas.

E justamente é esse o segredo: só têm dor de cabeça os que estão experimentando puxar para trás o mundo, e enquadrá-lo, outra vez, em suas pequeninas concepções, o que é absurdo.

A palavra "eficiência" sofre guerra em virtude de muita coisa que, não sendo eficiência, se mascara com as suas feições. Eficiência significa apenas fazer o trabalho da melhor e não da pior maneira. É transportar morro acima, em carreta, um tronco de árvore, ao invés de carregá-lo a ombros. É o treino do operário e o proporcionar-lhe energias para que possa ganhar mais e viver com mais conforto. Os cules chineses, que percebem poucos cents por longas horas de trabalho, não gozam de mais felicidade que o operário americano, possuidor de sua casinha e seu automóvel. Não passam de escravos, enquanto que esse é um homem livre.

O QUE ESTAMOS FAZENDO

Na nossa organização industrial procuramos sempre aumentar as nossas reservas de força. Vamos às minas, às cachoeiras, aos cursos-d'água, no intento de captar fontes de força barata e adequada, passiveis de se transformarem na eletricidade que vai aumentar o rendimento da máquina e do operário, elevar-lhe o salário e baixar o preço de venda dos nossos produtos.

Entra nesse jogo grande cópia de fatores. É preciso tirar o máximo da força, da matéria-prima e do tempo – mira que aparentemente nos tem levado a campos diversos, como mineração, viação férrea, extração de madeira, navegação. Gastamos, às vezes, milhões de dólares apenas para economizar algumas horas de trabalho aqui e ali. Mas, realmente, só nos dedicamos a coisas diretamente ligadas ao nosso negócio – fabrico de carros.

A energia emprestada em nossa manufatura produz outra energia – a do motor encerrado dentro do automóvel. Matéria-prima no valor de 50 dólares que transformamos em 20 cavalos montado sobre rodas. A 1.º de dezembro de 1925 tínhamos, entre carros e tratores, aumentando o mundo com perto de 300 milhões de cavalos-vapor fixos, dos quais para cima de 9 milhões pertenciam aos Estados Unidos.

O fato de dotar o país dessa energia adicional é alguma coisa cujo efeito não podemos ainda bem apreciar, mas estou convencido de que a notável prosperidade do país em larga parte se deve a essa energia adicional que, libertando os movimentos do homem, também lhe liberta e estimula as ideias.

O progresso do mundo está na razão direta das facilidades de comunicação. Nós fizemos o país por meio dos automóveis, e não os possuímos. Não esquecer que não foram eles adquiridos de um bloco, mas gradualmente. O movimento de vendas tem sido gradual – e de fato nunca fomos capazes de superar os pedidos, sendo que com a nossa atual capacidade de dois milhões por ano mal poderíamos satisfazer às necessidades dos nossos fregueses se cada um quisesse adquirir um carro novo de seis em seis anos.

Isso é um aparte. A prosperidade geral do país, a despeito dos maus anos agrícolas, está na direta relação com o número de carros em uso. Coisa inevitável, porque não é possível injetar tanta energia móvel num país sem que se sintam os efeitos em todas as direções. Entre outras coisas, e de lado a sua função essencial, o automóvel familiariza o povo com o uso da energia móvel – ensina-lhe o que força é, e o põe a circular fora da concha onde vivia encaramujado. Antes do automóvel, muita gente vegetava, até morrer sem se afastar de casa mais de 50 milhas. Isto, porém, nos Estados Unidos, já se perde no passado, embora ainda seja o presente de outros países. Quando os representantes da Rússia vieram comprar-nos tratores, dissemos-lhes:

– "Não. Primeiro deveis adquirir automóveis e deixar que vosso povo se habitue a lidar com máquina e força, e a mover-se com desembaraço. Os autos vos trarão estradas e tornarão possível a remessa dos produtos dos campos às cidades".

Assim fizeram eles, comprando alguns milhares de autos, e anos depois, passaram a adquirir tratores em quantidade.

A VERDADEIRA CONCEPÇÃO DA INDÚSTRIA

A grande questão em tudo isso não é que o automóvel, ou o que seja, se torne bom e barato devido a um plano de produção eficiente. Isso o sabemos de há muito. O automóvel é particularmente importante pelas razões dadas, mas o que sobreleva a tudo é a descoberta duma nova concepção de indústria que torna sem sentido os termos "capital", "trabalho" e "público".

Por muitos anos ouvimos a expressão "lucro-causa" significando que alguém, chamado capitalista, provia-se de maquinaria, empregava homens (isto é, trabalho), pagando-lhe o mínimo possível, a fim de manufaturar coisas para vendê-las, pelo maior preço possível, a uma coleção de criaturas chamada "público". O capitalista vendia a esse público e embolsava os lucros. Aparentemente, vinha o público do ar e também tirava o seu dinheiro do ar, devendo ser protegido contra o capitalista espoliador. Também os operários tinham de ser protegidos, e algum inventou a noção do "salário indispensável à vida"... Tudo isso provinha dum falso conceito do processo industrial.

Acanhados negócios podem ser conduzidos com alicerces nesse sistema errôneo, mas não o podem os grandes, nem os pequenos se tornarão grandes assim firmados numa teoria que admite o esmagamento dos seus colaboradores. O fato evidente reside em que o público não vale por uma entidade à parte. O dono da indústria, os operários e o público constituem um bloco uno e, a menos que a indústria possa organizar-se com o fito de salários altos e preços baixos, destrói-se ela a si própria, pela limitação do número de compradores. Os seus próprios operários devem ser os seus melhores consumidores.

O progresso real da nossa empresa data de 1914, quando elevamos o salário mínimo de dois dólares e pouco a cinco dólares, porque então aumentamos o poder aquisitivo do nosso próprio povo, o qual, por sua vez, fez o mesmo a outro povo, e assim por diante. Essa ideia de alargar o poder aquisitivo por meio de salários altos e baixo preço de venda é que está determinando a prosperidade do nosso país.

Constitui a razão fundamental da nossa empresa e chamamo-la "salário-causa" (*wage motive*).

Mais altos salários não podem ser pagos a quem se limita a pedi-los. Se os salários subissem sem baixa correspondente no preço de custo, o poder aquisitivo não se alargaria. Não há "salário de vida", pois, a não ser que um equivalente em trabalho seja dado, nenhum salário pode ser alto bastante para que um homem viva dele. Também não pode haver um salário *standard*. Ninguém no mundo é bastante sábio para fixar um salário-padrão. A própria ideia de um salário-padrão pressupõe que a invenção e a organização tenham atingido seus últimos limites.

Pior mal não se pode fazer a um homem do que pagar-lhe um alto salário em troca de pequena soma de trabalho; esse salário alto agrava o preço das coisas e põe-nas fora do alcance desse homem. Também muito falso é dizer-se que o lucro consequente às invenções que baixam o custo pertença ao operário. Vem isso de outro errôneo conceito do industrialismo. Lucros pertencem, precipuamente, ao negócio, do qual os operários são um dos componentes associados. Se todos os lucros lhe fossem invertidos, os melhoramentos, de que adiante falarei, tornar-se-iam impossíveis. Os preços aumentariam, o consumo declinaria, e o negócio morreria. Os lucros hão de ser empregados de modo a promover a baixa do preço de custo, e as vantagens resultantes da baixa do custo hão de, em larga escala, caber ao consumidor, o que vale por aumentar os salários.

Isso pode parecer complexo, mas sua aplicação não nos trouxe nenhuma dificuldade.

A GRANDE INDÚSTRIA

Para efetuar economia, em material e força, suprimir o desperdício e assim plenamente realizar o "salário-causa", e unicamente animado pela ideia de utilidade geral, pode deixar de crescer. Não pode crescer até um certo ponto e parar; tem que crescer sempre ou decair. Grandes negócios, sem dúvida, podem ser criados da noite para o dia, pela fusão, por compra, de um grande número de pequenos negócios. O resultado poderá ser algo vultoso, um mostrengo, um museu de negócios, muito próprio para denunciar que curiosas coisas consegue o dinheiro. Grande negócio não é demonstração de força do dinheiro e sim demonstração de força de utilidade geral.

Grandes negócios devem significar os meios pelos quais os Estados Unidos ganham a vida. Todos os nossos negócios, por mais que se fragmentem, são inevitavelmente grandes. Grande país que somos, com grande população e grandes necessidades sempre apelaremos por grande produção e grandes suprimentos.

Não existe coisa trivial que não constitua aqui grande indústria. Bicicletas, por exemplo: mais estão sendo feitas do que quantas se fizeram no apogeu da sua indústria. E os negócios têm de crescer mais e mais, visto que de tudo temos suprimento insuficiente e caro.

FUNÇÃO DOS NEGÓCIOS

Tome-se o caso dos lavradores de Sudbury, Mass., menos de duzentos anos atrás. Conserva-se o relatório da sua reunião para resolver sobre as medidas tomadas pelos "mercadores e outros habitantes de Boston a fim de reduzir os exorbitantes preços das coisas necessárias à vida". O café era tido como razoável a 20 dólares a libra; sapatos de homem a 20 dólares o par (aos de mulheres não há menção, desnecessários que seriam, talvez); tecidos de algodão, por hora da morte; um alqueire de sal, valor de uma pequena fortuna.

Que foi que determinou a mudança dos preços naquele tempo e os determina hoje? Os negócios – isso é, a organização do suprimento.

Os negócios começaram mínimos e cresceram. Nada de misterioso nisto. Quando eram difíceis os transportes e as comunidades precisavam de baldes ou enxadas, muito mais fácil se tornava mandar fazê-los no lugar. Não seriam os melhores baldes, nem as melhores enxadas, mas eram os mais acessíveis. Ter a coisa perto representa um dos grandes elementos do negocio – ter a coisa perto de quem dela necessita. Em tempos mais recuados a praça era necessariamente a zona da manufatura. A maior parte dos objetos de uso se faziam na cidade. Todos os comércios cresciam em redor dos correios. O ferreiro forjava os instrumentos agrícolas. O tecelão fabricava a maior parte dos tecidos não feitos em casa Uma cidade era quase uma comunidade que se bastava a si própria.

Disso não se conclui que todos esses serviços fossem os melhores e os mais baratos. Qualquer vendeiro dir-vos-á que "manteiga ali da fazenda" não significa coisa alguma. A manteiga depende da mulher do fazendeiro que a faz. A melhor e a pior podem vir da mesma casa. As fábricas de hoje dão uma qualidade de manteiga em média muito superior. Era natural, pois, que, à medida que o país se expandia e os meios de permuta entre as comunidades se tornavam mais maneiros, e ainda porque os transportes se aperfeiçoavam, os melhores fornecedores obtivessem um sempre crescente campo de penetração.

Por esse motivo muitas das nossas grandes indústrias cresceram no Oeste, que era onde mais se avultava a população. Quando a indústria penetrou no campo, cresceu às maiores proporções nas zonas ricas de matéria-prima, minérios e combustíveis. A indústria alimentar estabeleceu-se na zona intermédia entre os consumidores e os produtores de alimentos. Essas grandes organizações de serviço surgiram de modo natural e lógico. Fê-las o povo. Um ou mais homens lançam a semente, mas só o povo as faz germinar e desenvolver-se.

E hoje, como o país cresceu, assim paralelamente avultam os negócios, e vamos aprendendo muita coisa. Vamos aprendendo que negócio é ciência para a qual todas as outras contribuem. Estamos na grande era de transição da vida penosa para a vida confortável. O que a árdua experiência nos ensinou acerca dos meios e caminhos relativos a essa transição, constitui a matéria deste livro.

CAPÍTULO II

HÁ LIMITE PARA OS GRANDES NEGÓCIOS?

Se o operário tornar-se apto para adquirir os produtos que fabrica, isso é, se predominar na indústria o "salário-causa", serão inevitáveis as grandes corporações industriais.

A ideia de pôr o operário em situação de adquirir o que produz tem suas restrições e aplica-se principalmente às coisas que lhe dizem respeito ao confôrto. Ninguém espera que possa o operário adquirir um órgão de igreja, um navio, um arranha-céu. Na sua qualidade de operário nada dessas coisas lhe seria de uso. Mas o é, por exemplo, a boa mesa, como também a boa roupa, a boa casa e uma razoável dose de divertimentos para si e sua família.

Não pode o operário conseguir tais utilidades por meio de nenhuma combinação política ou através de nenhuma organização de troca, ao molde das uniões laboristas, porque as coisas não são criadas pelas leis nem pela troca – fato que não parece suficientemente reconhecido. Muitos líderes laboristas estrangeiros, que me têm visitado, sem exceção só falaram de política, do mesmo modo que os líderes industriais só falaram de política defensiva. O principal interêsse dêles, ao que parece, reside em encontrar caminhos e meios para ajustar os desacordos entre o capital e o trabalho. Quem muito medita sôbre êsses têrmos começa a pensar em círculo e, por fim, se é operário, vai-se afastando da trilha da produção e, se é líder laborista, acaba ansioso por fechar o escritório e sair para a rua, a discursar.

IDEIAS FALSAS

Inoculou-se no povo o mêdo às grandes corporações. As razões dêsse temor devem-se em parte à incompreensão e em parte ao receio do Monopólio. Também muito amedronta o poder do dinheiro, confundindo-se grandes indústrias com grande fôrça de dinheiro. ideias atrasadas, fora dos tempos. ideias ainda da época em que, valendo um milhão de dólares por grande fortuna, aceitava-se que nenhum homem podia usar honestamente de tal soma. Quem quer que inicialmente deu curso a esta ideia mostrou-se bem curto de visão; do contrário reconheceria quanto mais fácil é ganhar dinheiro honesta do que desonestamente. O único ponto importante nisso está em que se confundem grandes indústrias com coisas de dinheiro, em vez de tê-las como instrumento de serviço social.

LIDERES NATURAIS

Permitam-me relembrar que tratamos do dia de hoje, e não do de ontem ou do de amanhã. O mundo sempre necessitou de chefes. Os chefes de ontem eram militares ou políticos. Pouco importa a forma de govêrno que um país tenha, o país prospera quando possui chefes e falha quando não os tem. A direção militar ou política jamais foi criadora. Só se consideravam vitoriosas as emprêsas militares ou políticas quando destruíam qualquer coisa já criada. Mas não há nenhum interesse em deblaterar contra o passado. Os líderes antigos se riam sem dúvida. dos líderes necessários no momento. Os tempos mudaram e hoje a liderança política ou militar não pode servir tão bem aos povos como a liderança industrial.

A razão do descrédito da direção política está no hábito em que caíram os povos de pedir a ela o que só a indústria pode dar. É o que não compreendem os reformadores profissionais. Julgam que à política é dado fazer o que só cabe à indústria, e propõem regulamentações de preços, disso e daquilo, certos de assim conseguirem a prosperidade.

Há o desejo da prosperidade decretada por leis – e é natural que seja assim, dada a ideia geral que vê o trabalho como o castigo da vida. Quem pensa com acerto, entretanto, sabe que o trabalho vale pela salvação da raça – moral, física e socialmente.

TRABALHO E PROSPERIDADE

Dá-nos êle mais que a subsistência: dá-nos a vida. De algum modo, porém, a prosperidade – e ninguém ignora quanto vale ser próspero – se relaciona tanto com os altos preços como com os altos salários, e desde que salários e preços podem, aparentemente (não mais hoje), ser elevados por meio de leis, nasce a confusão de que as leis possam substituir o trabalho

Ninguém em nossos dias desconhece que a verdadeira prosperidade se assinala pela redução de preços, caminho único de a normalizar em vez de a conservar em uma situação espasmódica.

Consideremos uns tantos princípios fundamentais. Primeiro: porque precisamos de prosperidade? Sendo ela a fácil e ininterrupta satisfação das necessidades do povo e sendo as necessidades do povo normais e várias, e os meios de supri-las amplos, a pergunta lógica é: Por que haveríamos de viver sem prosperidade? Ainda nos "tempos duros" temos tido à mão todos os elementos da prosperidade, donde se conclui que sofremos "tempos duros" graças à má condução dos negócios. As bases econômicas da prosperidade persistem sempre.

Mas os homens precisam ser conduzidos à prosperidade. A multidão é de capacidade fragilíssima, exceto para destruir. Nem tôdas as criaturas são voluntàriamente inteligentes; têm que ser instruídas. Nem todos compreendem que o meter inteligência no trabalho tira ao trabalho o caráter odioso; têm que aprender isto. Nem todos compreendem a sabedoria do bem. dispor os meios para um certo fim, do que preservar material (coisa sagrada, como produto que é de, trabalho anterior), do economizar o mais precioso dos bens, o tempo, têm que ser ensinados.

A indústria precisa contar com um generalato – e de altíssimo valor. E as grandes corporações surgem, inevitáveis, como consequência da liderança industrial, posta em lugar da liderança política.

LIMITES DO NEGÓCIO

Até que ponto deve crescer uma corporação? Há limites para a sua expansão? Devem ser regulamentadas em vista do interêsse público? Quais os perigos do monopólio? Devem os monopólios ser restringidos?

Essas questões recebem resposta de si mesmas, se observamos como surge uma corporação de utilidade geral. Antes de mais nada tem ela de propor-se à realização de um serviço social, e acompanhá-

-lo, e não fazer-se acompanhar por êle. Tudo no mundo, para ser feito às retas, tem que visar um objetivo e o tempo gasto em conduzir uma coisa às direitas jamais se torna perdido. É tempo ganho no fim. Mas aqui me pergunta alguém: Que devo objetivar? Respondo: Deveis tomar algo já conhecido e experimentar fazer melhor. E para isso o bom caminho será julgar das necessidades do público pelas vossas próprias necessidades.

Parti, então, de onde estiverdes e deixai que o público faça por si próprio o vosso negócio. O público, e sòmente ele, cria um negócio.

Se temos hoje bom aço é porque o público comprou aço no tempo que o aço era defeituoso, permitindo assim que os fabricantes o aperfeiçoassem. Temos bons transportes porque o povo de boa-vontade pagou transportes maus e permitiu que o lema se aperfeiçoasse. Possuímos ótimos automóveis porque os adquiria quando ainda no estágio experimental. Temas os variados produtos do petróleo porque o povo comprava e queimava, petróleo cru, possibilizando assim a expansão ulterior da indústria do óleo.

Desde que é o público que cria as industrias, a obrigação maior das industrias se estabelece para com o público, visto como que nelas trabalham fazem parte do público. Isso responde a um ponto fundamental: – para que cabem os lucros dos melhores introduzidos?

Suponha-se uma industria que, graças à sua eficiência, consegue reduzir os preços de venda. Essa indústria transfere aos consumidores os lucros advindos do seu aperfeiçoamento. Se um artigo se produz por um dólar a menos do que antes, um dólar deve ser abatido no preço de venda. Por esse processo crescerá sempre o número de compradores, e mais haverá compradores, mais crescerá a indústria. E mais crescerá ela, mais se habilitará a reduzir os preços e assim por diante.

É óbvio que, por eficiente que seja a ideia da produção econômica, não poderá uma indústria crescer, se com isso não se beneficia o público. Suponde que o dólar economizado no custo de produção para a conta de lucros e o preço de venda permanece o mesmo. Nenhum aumento traz isso para o volume do negócio. Fazendo, porém, que o público participe do lucro obtido, há para ele um benefício imediato, que logo reage sôbre a indústria. Preço mais baixo, indústria aumentada, milhares de homens empregados, salários aumentados, lucros acrescidos. Nada se dará, todavia, se invertermos todo o lucro nos salários. Para uma família de operários composta de cinco pessoas, mais lucro existe na baixa de preço das coisas do que no aumento da paga do chefe. Esse aumento vem por meio do aumento da indústria, e nenhuma se aumenta se não houver baixa de preços para o público.

A INDÚSTRIA BENÉFICA

O trabalho é mais do comprador do- que do vendedor. O eixo da roda deve ser a aquisição; Favorecei, facilitai a aquisição por parte do público. Isso gera trabalho. Produz salários. Fornece margens para a expansão do serviço social.

A carga toda está nos ombros da direção, porque o trabalho funciona sob qualquer sistema. Pouca ou nenhuma mudança há numa oficina, caso se sigam os melhores métodos ou se obtenham os melhores resultados dos materiais e do trabalho dos homens: um dia de trabalho é sempre a mesma coisa. A diferença entre os dias de trabalho reside no valor da produção, índice que só depende da direção.

Tomemos um negócio que tenha prosperado sob essa política de serviço social. Não se basta êle a si próprio – depende de outros, aos quais compra. Esses fornecimentos se veem ameaçados. A má direção industrial dos fornecedores de matéria-prima dá origem a greves que trancam o suprimento. Ou a antiquada política de sobrecarregar os preços impede o industrial de vender seus artigos a um preço satisfatório para ambas as partes. Nesses casos encontra-se ele à mercê dos maus líderes do trabalho, alheios à sua indústria, e dos aproveitadores que o suprem de matéria-prima. Obviamente, esse industrial deve proteger seus fregueses, necessitados de certa mercadoria ao preço que podem pagar e ameaçados de um preço que não podem pagar.

O negócio – o manufatureiro – tem imediatamente que decidir se fica o seu dever de serviço para com o público limitado por fôrças estranhas: ao seu contrôle ou se, pela extensão dos seus recursos, deve fornecer-se a si próprio do que necessita. Se delibera, como nós deliberamos, que tanto a quantidade como a qualidade do serviço permaneçam sob o seu próprio contrôle, então gradualmente adotará a política de manufaturar a matéria-prima que antes era adquirida, como nos aconteceu. E com o tomar sob as mãos as fontes iniciais da matéria-prima, vem a prova do serviço social.

Muitos lucros parcelados surgem – lucro-carvão, lucro-calcário, lucro-madeira, lucro-minério, lucro-alto-forno, lucro-transporte, etc. Deve o manufatureiro tomar para si todos esses lucros e juntá-los ao do produto final? Não, se é êle um verdadeiro industrial, orientado pela ideia de serviço; tomará para si apenas uma parte correspondente a uma remuneração legítima. Os lucros subsidiários transfere-os ao público. Os primeiros lucros que o público lhe deu habilitam-no a retorná-lo ao público, sob forma de um suprimento estável, a preços de custo estáveis e a mais baixo preço de venda. A prova do serviço prestado por um negócio está no grau de extensão dos lucros transmitidos ao público. A redução dos lucros num artigo corresponde a um imediato benefício geral.

Constitui tal indústria uma ameaça ou, um bem público? Deve ser um bem, sob pena de não expandir-se. Sendo-o, só se limita pela sua capacidade de servir ao público, capacidade que por sua vez só é limitada pela organização e pelos meios de transporte. Não sentimos dificuldade em dar direção à nossa indústria porque (como expliquei em *Minha Vida e Minha Obra*), não possuímos nenhum sistema rígido. À medida que crescemos e que um apêndice novo se cria, surge das fileiras o homem que o há de dirigir.

O limite real de uma empresa é o transporte. Se ela tem que transportar seus produtos para muito longe, restringe-se na sua capacidade de serviços e limita seu próprio tamanho. Transporta-se demais, há excesso de veiculação de desperdício.

Se altos salários e baixos preços valem por uma ameaça, então a grande indústria constitui uma ameaça. Quanto à empresa formada, não para prestar serviço, mas apenas vender seus estoques, isso é matéria que estudaremos noutro ponto.

VELHA E NOVA INDÚSTRIA

Povos há que julgam os grandes negócios perigosos pelo simples fato de serem grandes. Creem justa a ideia do velho sistema dos pequenos negócios locais.

Há um século era assim. Cada sapateiro, em sua cidadezinha, fazia sapatos – e bons sapatos. O segeiro local fazia todos os carros usados pelos moradores.

O ponto a ser frisado, relativo ao estabelecimento da indústria, é que, enquanto tôdas essas várias ideias novas se desenvolviam, o povo lhes pagava o desenvolvimento. Nenhum trator, malhadeira, automóvel ou locomotiva, nenhuma concepção industrial, ainda se desenvolveu sem que o povo lhe pagasse as despesas.

A velha ideia da indústria, consistente em um homem avantajar-se ao seu concorrente, já não é tida como à melhor, ainda pelos que a praticam;

A ideia americana de indústria tem fundamentos na ciência econômica e na moralidade social – isto é, admite que tôda a atividade econômica está sob a tutela de leis naturais e recolhece que nenhuma forma de atividade afeta de modo tão contínuo o bem-estar dos homens, como a industrial. Não pedimos regulamentação dessa atividade. O público por si mesmo a regulamenta.

Monopólio ou supremo contrôle de mercadorias parece uma impossibilidade entre povos ricos e esclarecidos. Povo que não admitiu uma taxa sôbre o chá lá pode admitir contrôle despótico e absoluto sobre as coisas necessárias à sua vida? Povo que libertou seus escravos pode lá escravizar-se? Ao fabricante de alfinêtes êsse povo permite que fabrique alfinêtes enquanto os fizer bons. Do contrário, outros virão fazê-los em seu lugar. O controlador-geral é sempre o público.

Grandes ou pequenos negócios surgem em resposta à procura e a procura cria-se em razão dos serviços prestados. Suprima-se o serviço social e a procura cessa. Estanque-se a procura – e que é dos grandes negócios? Todo o dinheiro do mundo não pode deter a competição entre os americanos. Fazer bem uma coisa estimula outros a fazerem-na' melhor.

A indústria cresce em vista da procura, mas nunca a sobre-excede. Não é possível controlar ou forçar a procura. Nenhum supercontrôle existe a não ser o do público a reagir conforme o grau de serviço que lhe prestam. Um só monopólio é possível: o que se baseia na prestação dos mais altos serviços pessoais. Essa categoria de monopólio constitui um bem. Nada de tentativa artificial para açambarcamento; apenas método de melhor fazer circular o dinheiro de todos.

GRANDES NEGÓCIOS E INICIATIVA PRIVADA

Mas, dar-se-á o caso de que o surto das grandes corporações tranque a iniciativa particular? E sendo assim para que lado se virarão os moços?

É preferível para um homem empregar-se no negócio de outrem ou criar o seu? A pergunta se legitima quando feita com plena ciência de dois fatos: há mais portas abertas na indústria privada hoje do que antes, os empregos, como carreira para um homem, competem com a indústria privada.

Os homens passam constantemente de um campo para outro. Em todos os grandes negócios encontram-se homens que vêm da indústria privada e vice-versa.

Os motivos da passagem da indústria privada aos empregados são vários. Uns se reconhecem inaptos para o esfôrço, e mais próprios para serem dirigidos do que para dirigirem o trabalho alheio, ou ainda adaptam o seu próprio trabalho às necessidades sempre em mudança do tempo. E tomam emprêgo onde possam servir sob alheia direção, contando com uma renda certa e livres de se entregarem a outros interêsses.

Há os que aceitam emprego por verem nos grandes negócios modernos o mais largo e convidativo caminho para as suas faculdades. O que levariam parte de sua vida a construir, encontram já construído por outros e em condições de necessitar dos seus serviços.

É essa a atração que os modernos negócios exercem sôbre os moços: eles podem começar numa organização cujos dias duros já se passaram e que se mostra apta a realizar o que êles haviam planejado, e a realizá-lo em escala mais alta, graças à experiência adquirida.

Nos negócios privados a atmosfera é de competição, ao passo que no emprego é de cooperação. As grandes indústrias modernas progridem em virtude da unificação da energia e do pensamento de muitos homens. Formam uma cooperação com base, não em preferências pessoais ou sentimentalismos, mas no interesse comum em tôrno da tarefa a ser executada.

E as oportunidades para adquirir posição técnica se tornam maiores no emprego do que na indústria privada, por haver maior número de lugares a ocupar e mais larga remuneração. Os salários se tornam cada vez maiores que os lucros da indústria privada. Os que pensam ter a indústria ciúme do progresso dos seus empregados estão errados. Porque a indústria só pode desenvolver-se caso seu corpo de empregados desenvolva tanto talento e energia como se negociassem cada um deles por conta própria. A indústria vive do vigor cerebral e físico dos seus colaboradores. E cada grande indústria necessita de mais e maiores homens do que o necessitariam numerosas pequenos negócios. Essa maior necessidade traz as mais amplas oportunidades.

Chegamos a um ponto em que há mas coisas a fazer do que homens para fazê-las. E foram as grandes indústrias que trouxeram esta situação.

Quando há mais homens do que oportunidades, sobrevém a luta feroz e desumana. Mas é um contrassenso em nossos dias admitir que isso seja da essência da indústria. Da condição em que se admitia o decréscimo das indústrias em virtude da concorrência, passamos à condição em que se admite que a competição só as aumenta – já que as oportunidades abundam onde outrora escasseavam.

Não. As grandes indústrias baseadas na ideia de serviço social regulam o seu próprio evoluir e crescer.

Se são baseadas na ideia de dinheiro apenas, então já o caso é outro.

CAPÍTULO III

GRANDES NEGÓCIOS E ARGENTARISMO

Os negócios – isto é, todo o lado; material da vida – veem se ameaçados por duas classes de criaturas que se julgam em oposição, embora realmente façam causa comum: o financista profissional e o reformador profissional.

Ambos visam à destruição dos negócios – e nisto fazem causa comum. Seus caminhos e objetivos variam, mas, de mãos dadas, tanto um como outro, procuram destruir os negócios com grande perícia.

Nada há a dizer contra o financista – o homem que realmente entende de dinheiro e de sua aplicação. Nada há a dizer contra o reformador que sabe o que quer, conhece os efeitos das mudanças a que visa e procura dar ao povo uma chance de melhorar.

Coisa muito diversa, porém, sucede com o financista profissional, que faz finança pela finança, sem ter em conta o bem-estar do povo. O reformador profissional, igualmente, faz reforma pela reforma e para sua própria satisfação sem um pensamento consagrado ao bem-estar público.

Essas ditas classes constituem positivamente uma ameaça. Arruinaram os primeiros a Alemanha. Os segundos, a Rússia. Não há, pois, escolher entre ambos.

Trabalhando diretamente ou por intermédio dos políticos, tais homens controlam hoje a Europa e são os responsáveis pela sua miséria. A Liga das Nações e acessórios, como a Suprema Côrte, achavam-se em tais mãos, e sob nenhum dos planos nesses grêmios ideados o povo terá sorte. E em especial opõem-se êles a qualquer plano industrial que vise ao bem público.

Os povos estrangeiros, que se contentavam de tomar sopas de resolução e tratados, estão hoje aprendendo a desprezar os ensinamentos do financista e do reformador, como nós o fazemos cá. À medida que progredirem no conhecimento dos princípios da verdadeira economia, os povos aprenderão que nenhum nexo existe entre a indústria e o argentarismo e que, voltar-se contra a indústria para lisonjear a fôrça do dinheiro, vale por tornar-se mero joguete nas mãos dos financistas.

A noção de que o dinheiro é o sangue da indústria (donde, se puderdes controlar o dinheiro, podereis controlar a indústria), tem aparência de verdadeira, em virtude de costumarmos a exprimir em dólares o que não é mensurável pelo dólar.

As indústrias Ford, por exemplo. Por motivos de contabilidade e efeitos da taxação, tem elas que ser avaliadas em dólares, de acordo com as praxes em vigor. Daí as grandes somas que correm impressas e as traduzem aos olhos do mundo. Em dez homens nove julgam erradamente que em tal parte possuímos tais e tais somas em bens de raiz. Possuíram sim, nossas usinas geradoras de fôrça, tornos, prensas, minas de carvão e de ferro, etc. Possuímos o equipamento mecânico necessário ao fabrico de automóveis e tratores, além de alguma da matéria-prima empregada nêles. O valor de tudo isso, entretanto, depende da eficiência da sua utilização. Quem pode dizer quanto vale uma caixa de ferramentas para o carpinteiro no seu trabalho?

Tomem-se quatro fornos, cinquenta máquinas de estampar, um sistema de transportes, uma dúzia de fornalhas de vidro, um monte de carvão, elevadores, barracões, ferro, madeira, a areia – o inventário completo de uma fábrica. Mas jamais vereis inventário expresso assim em coisas. Reduzem-nas a cifras de dólares, embora não haja dólares ali. Há fornos, maquinas, elevadores, materiais e construções, coisas avaliáveis em dólares mas que intrinsecamente valem mais que dólares. Assim que, se encherdes um barracão de dólares, não tereis a mesma capacidade de produção e uso do que o enchendo de máquinas dirigidas pelo espírito de organização.

Num balanço, todavia, essa capacidade mecânica representa-se em dólares, e nessa base uma certa sorna de dólares é pedida por ela. Mais de um negócio tem desabado vítima de ônus calculados sob a impressão de que o ativo era formado de dólares.

Tomaram-se coisas como dólares, em vez de tomá-las como coisas. Temos que aprender a profunda diferença que há entre finança e indústria. Nosso país é a terra das grandes indústrias. Mas como já mostrei, as grandes indústrias não dirigem, são dirigidas e estão à mercê da procura do público. Admira como pouca gente sabe distinguir entre finança e indústria.

No violento período da ação laborista, o patrão via-se sempre confundido com o argentário. Todo erro residia nessa confusão, porque o industrial não é o capitalista, apenas está sob o seu polegar. Nos últimos anos muitas indústrias foram conduzidas com base em dinheiro tomado de empréstimo, o que deu ao capitalista um alto contrôle sôbre elas. Bem duros dias tem passado o fabricante, metido entre o trabalho hostil e o capitalista rapace! Premido de cima por juros e dividendos, e empurrados de baixo pela exigência de mais dinheiro em troca de menos trabalho, poucas chances tem ele de prestar serviço social. E vê-se forçado a cometer abusos a fim de entesourar para o capitalista. Isso está mudando. A indústria não desfaz dos serviços que a finança pode prestar ao mundo, mas vai-se libertando do seu domínio. Quando a finança se propõe a servir à indústria (sua função legítima), então se integra no aparelhamento útil da Humanidade como simples peça.

INDÚSTRIA E FINANÇA

Vinte e cinco anos atrás muito se falou em grandes indústrias. Não o eram. Não passavam dos nossos primeiros mergulhos no dinheiro, coisa diversa de indústria porque grandes somas de dinheiro não podem criar grandes indústrias. Homens detentores de dinheiro estagnado, prevendo a aproximação da era industrial, procuraram assumir-lhe o contrôle. E por um certo tempo atroaram o país com as suas façanhas. Corretores de dinheiro raramente coincidem ser bons homens de indústria. O especulador não cria valores. A ideia, todavia, formou-se, de que o dinheiro pode tudo e tudo controla.

Passando em revista o quarto de século transato, poderemos contar as grandes indústrias de hoje que não existiam, indústrias que o argentarismo não pôde criar e não pode hoje controlar; isso nos mostra quão falsa é a ideia dêsse supremo contrôle.

Por séculos, com maravilhosa previsão, certos grupos hereditários manipularam a maior parte do ouro do mundo, controlando-o de lado, especialmente na Europa, onde empregavam a sua força para fazer a guerra ou a paz. O poder desses homens não residia no ouro, já que nenhuma fôrça existe no ouro; residia no contrôle exercido sôbre as ideias populares relativas ao ouro. Não há escravização ao ouro, mas sim às ideias sôbre o ouro. O contrôle do dinheiro existe – não o controle da Humanidade pelo ouro, mas o dêsse por um grupo de argentários. Por algum tempo isso valeu pela subordinação da Humanidade ao dinheiro. Hoje, entretanto, com o surto da verdadeira indústria, o dinheiro lentamente se recolheu à sua posição legítima de um dos raios da roda, não roda ele próprio.

Nenhum dinheiro pode hoje controlar o trabalhador americano, o criador – o homem que, com músculo ou cérebro, presta serviço à sociedade, produzindo.

Isso não quer dizer que dinheiro e lucros não sejam necessários à indústria. Ela necessita de lucros (veremos isso adiante) sob pena de perecer. Mas quando alguém tenta conduzir uma indústria com o fito único do lucro, sem ideia de serviço social, nesse caso, também perece o negócio, pois deixa de apresentar razão de ser.

AS DIFICULDADES EUROPÉIAS

A razão do lucro, embora a julguem sensata e prática, não o é absolutamente, porque, como expliquei, traz como objetivo o agravamento de preços para o consumidor e a baixa dos salários, fatores do definhamento e morte do mercado. Isso entra por muito nas dificuldades europeias.

As indústrias européias veem-se largamente controladas por financistas profissionais que pouco sabem da indústria. O trabalhador não espera tornar-se apto para, adquirir o que ele mesmo fabrica e vive agitado pelos reformadores que os deslumbram com a perspectiva de mais altos salários e menos horas de trabalho. O reformador quer o mesmo que o financista – alguma coisa em troca de nada – e, sem o saber, ambos se juntam para destruir na indústria a sua capacidade de serviço social. Por isso tanto falam os europeus na necessidade do comércio exterior. Os mercados internos não são construídos com base em indústrias bem-dirigidas, donde resultem salários altos e preços baixos para o consumidor. O operário vê-se reduzido à categoria de consumidor de fraca e restrita capacidade.

Isso não pode continuar. Já em quase tôdas as partes do mundo demonstramos com as nossas próprias indústrias o êrro de tal política. Os operários das indústrias Ford nos Estados Unidos possuem mais automóveis do que todos os carros em uso no mundo inteiro, nosso país fora. Nenhuma anormalidade há nesse fato, nem é ele devido aos nossos recursos naturais. Força é coisa que existe em toda parte. A Grã-Bretanha está cheia de carvão e quedas d'água. Os países europeus têm-nos a um e outras, ou a ambos. E possuiriam ainda a abundância de matéria-prima se as barreiras erguidas pela indústria dos financistas fossem derrubadas. Mas matéria-prima não constitui hoje fato de tanta importância como outrora. Vamos aprendendo a usá-la menos, graças ao acréscimo de sua resistência. Dia virá em que o ferro e o aço não serão medidos na base-tonelada, mas na base-resistência. Isso corresponde a um dos mais importantes passos do nosso desenvolvimento. Também vamos aprendendo a reutilizar o material já utilizado, como se verá em outro capítulo.

O motivo da obsessão europeia pela exportação está em que os reformadores profissionais, vindos de cima, destruíram juntos o poder de compra do povo, forçando a indústria a procurar escoadouros externos. Quer dizer que, depois de sugar o povo a que pertencem tentam sugar os demais. Mas pode haver um legítimo intercâmbio entre os povos. Basta que cesse essa competição mortal que dá ocasião a guerras. Se o mercado interno for criado (e em toda parte poderá sê-lo) o comércio de exportação tornar-se-á uma natural e sadia permuta de bens que num país falta e noutro sobeja. A atual luta pelos mercados estrangeiros deve-se em larga escala à exploração do povo de casa.

O DINHEIRO NA INDÚSTRIA

Torna-se claro, portanto, que confundir indústria com o argentarismo é fazer uma coisa de duas, unindo elementos que naturalmente se opõem. Uma indústria não serve simultaneamente ao público e ao argentarismo. De fato, o argentarismo sempre viveu mais de especulação ou negócios duvidosos do que de serviço industrial. Há sinais, todavia, de que tal coisa se está corrigindo.

Dinheiro posto em indústria como empréstimo sobre o seu ativo é dinheiro morto. Quando a indústria só opera com permissão dêsse dinheiro morto, seu principal propósito torna-se a produção de renda para os donos do dinheiro. O serviço social passa a plano secundário. Se a qualidade dos produtos torna arriscada essa renda, então deprime-se essa qualidade. Se o serviço social diminui a renda, corta-se no serviço social.

Dinheiro que não corre nenhum risco numa indústria e pede sua renda, haja lucro ou não, não é dinheiro vivo. Não está de coração no negócio, como parte integrante; é peso morto e quanto mais cedo libertar-se dele o negócio, tanto melhor. Dinheiro morto não constitui um sócio trabalhador, sim uma carga preguiçosa.

SERVIÇO SOCIAL

Dinheiro vivo num negócio em regra se acompanha do trabalho ativo do seu dono. Dinheiro morto é planta parasitária.

O princípio do serviço social da indústria tem feito caminho nos Estados Unidos, e espalhar-se-á pelo mundo, refazendo-o. Não foi a guerra, mas a aparente impossibilidade de restaurar condições anteriores à guerra, que deu ao homem os primeiros indícios da lição a aprender. Poderia ele ter aceito a guerra como um acidente ou um erro, mas não estava apto a ver nela o sintoma de uma doença mais grave. Os velhos embustes falharam A velha sabedoria provou sua insensatez. Os velhos móveis revelaram-se ineficientes Se perdeu uma sabedoria falsa e descobriu o nôvo princípio de sabedoria, podemos dizer que o mundo progrediu. Seus velhos princípios foram reprovados pela experiência. O progresso não se limita por uma certa fronteira através da qual passamos, e sim por uma atitude e um ambiente. Tudo quanto é falso não se desvanece num dado momento, nem tudo que é verdadeiro aparece.

Alguns homens sabem e outros sentem que a indústria é algo mais do que o dinheiro – e que o dinheiro é uma mercadoria e não um poder.

Negócio que começa a fazer combinações financeiras está morto. Às vezes torna-se necessário (embora com perigos) meter dinheiro para expansão, impossível de fazer-se com os lucros, e podem surgir emergências em que dinheiro adicional se torne necessário, mas isso é diferente de financiar por financiar – usando o negócio para fazer dinheiro através da finança e não através do serviço social.

A TENTAÇÃO DA FINANÇA

O ponto perigoso de um negócio não é o em que êle_ precisa de dinheiro; é o em que ele se torna atrativo para ser financiado – para transformar-se numa grande pilha de títulos. O público é crédulo e pode fàcilmente ser engodado. Exemplo: uma certa soma de títulos da Ford Motor Company do Canadá estava no mercado e podia ser adquirida a 485 dólares a ação. Alguns exploradores compraram, algumas ações e contra cada uma emitiram um cento do que chamam "ações bancárias", a dez dólares. Quer dizer, "venderam por mil o que compraram por 485 e o estranho é que o público não percebeu a armadilha e pagou dois dólares pelo que poderia comprar por um: Isso mostra como é fácil transformar um negócio bem-sucedido num instrumento financeiro.

Assim, é justamente quando uma indústria se torna mais ampla que suas mais fortes provações começam. O argentarismo aponta-lhe o caminho das largas emissões de títulos, isto é, de lucros em papel e não em produção, de ganhos obtidos com mistura de água no vinho. Eis a tentação a que muitas realizações sucumbem sob a ilusão de que é negócio. Mas não é negócio, é apenas meio de suicídio lento. Descobri, se puderdes, uma só grande indústria, próspera hoje, deliberadamente criada e nutrida pelo argentarismo. Os grandes negócios começam de baixo; crescem, porque atendem a uma necessidade e, se atraem a atenção do dinheiro, isso só se dá depois que crescem Um negócio que consegue avultar até o ponto em que desperta a atenção do dinheiro, deve continuar a marcha por seus próprios pés, sem, admitir a intromissão da finança.

A INDÚSTRIA DA DIVIDA

Outra rocha onde os negócios naufragam é a dívida. Dever é uma indústria. Atrair gente para a dívida é uma indústria. As vantagens do dever têm-se tornado quase uma filosofia. Talvez seja verdade que muita gente pouco se esforça se não está sob pressão de dívidas. Não são criaturas livres que trabalham por motivos livres. O motivo dívida é bàsicamente um motivo de escravo.

Quando o negócio penetra na dívida obriga-se a uma subdividida lealdade. As piranhas da finança, se querem meter um negócio fora do seu caminho ou amarrá-lo aos seus interesses, começam sempre por endividá-lo. Uma vez nessa trilha, fica o difícil servir a ambos e o público se vê sacrificado.

A indústria livra-se do domínio da finança guardando-se dentro dos seus próprios lucros. Negócio que existe como fonte de lucros para gente não empregada nele, possui bases falsas. Isso está sendo tão bem-compreendido que se tornou um credo do comercio que a utilidade do negócio é toda devida ao público e que os lucros cabem, primeiramente, ao próprio negócio, na sua qualidade de instrumento de serviço - e depois às pessoas a cujo trabalho e contribuições de energia deve ele o seu surto.

Mas nem a indústria, nem a finança, têm forças para compelir o público a comprar aqui ou ali. A intromissão dos financistas nos negócios industriais é um recorde de desastres. Se a finança tivesse o poder que os alarmistas lhe emprestam, a América, como a Europa, estaria repleta de camponeses esfarrapados.

Mas aqui o serviço social da indústria sempre; foi e sempre será controlado.

O CONTRÔLE DO DINHEIRO

O dinheiro não rege o trigo, o carvão e outras coisas essenciais à vida. Como o poderia fazer? Ele não as criou, Há duas vezes mais minas de carvão abertas do que as poderemos usar. Até pouco tempo atrás trigo não tinha preço no mercado. O dinheiro não é dono do carvão dos Estados Unidos. Não é dono das fazendas e dos fazendeiros. Seguindo sua tradicional política, poderia fazer escassear o carvão, e no entanto o temos na maior abundância. Poderia fazer escassear o trigo e o mundo está abarrotado de trigo.

Se podeis sair de casa e comprar um automóvel, não sucede o mesmo com uma tonelada de carvão. Sem embargo, a facilidade de prover-se de carvão é maior do que o pronto suprimento de automóveis. Não é matéria de contrôle pelo dinheiro; é matéria de mais sábios métodos e sistemas de negócio.

O verdadeiro caminho do negócio está em seguir a sorte do público e prestar-lhe serviços. Se há alguma economia na manufatura, dá-la ao público. Se há algum aumento nos lucros, dá-lo ao público sob forma de preço baixo. Se há alguma melhoria possível no produto, fá-la, custe o capital que custar, porque é o público que fornece o capital. Eis o verdadeiro rumo da direção das bons negócios e é bom negócio isso, já que não há melhor associação do que essa, do negócio com o público. É mais segura, mais durável e mais lucrativa do que a associação com o poderoso dinheiro.

A melhor defesa de um povo contra o seu controle pelo dinheiro está num sistema industrial forte, e saudável bastante para prestar os melhores serviços à comunidade.

Muito se fala hoje de negócios desonestos, mas não vem isto de que haja hoje mais negócios desonestos do que antes e sim porque estão fora dos tempos. A história dos negócios desonestos nos Estados Unidos começou, como os métodos imorais da competição, com a escassez das oportunidades. Negócios desonestos nunca se justificam, porém houve tempo em que eram explicáveis. Hoje não podem admitir-se, tantas são as oportunidades para o negócio honesto.

A organização da indústria para servir o público não impede a obtenção de lucros, como poder-se-ia imaginar. Estabelecendo princípios retos na nossa vida econômica não há diminuição de riqueza, mas aumento. O mundo é muito mais pobre do que devia ser, por ter-se transviado com a ilusão do ganho fácil em vez de mira exclusiva no serviço social. Construtores sempre construirão, padeiros farão pão, fabricantes produzirão, estradas de ferro transportarão, trabalhadores trabalharão, vendedores venderão e donas de casa comprarão. E por que algumas dessas coisas parecem às vêzes parar? Porque quando as coisas vão indo bem alguém diz:

– Eis o tempo de dar uma grande tacada. O povo começa a precisar do que temos para vender; aumentemos os preços, ele está de boas disposições aquisitivas e pagará mais.

Isso é criminoso, tanto como enriquecer com uma guerra Mas vem da ignorância. Uma parte da indústria compreende tão pouco as leis essenciais da prosperidade, que as épocas de renascimento lhes aparecem como períodos de rapinagem.

Muitos homens, porém já são bastante donos de si próprios para saber que rapinagem não é indústria – é morte. Quando todos aprenderem que os lucros têm que ser ganhos e não arrancados, não teremos a recear perturbações do poder do dinheiro ou outros. Teremos feito a prosperidade contínua e universal.

CAPITULO IV

JUSTIFICAM-SE OS LUCROS?

Em 1925 pagaram- as indústrias Ford de salários, cerca de duzentos e cinquenta milhões de dólares; suas compras responderam, provàvelmente, pelo pagamento de mais de quinhentos milhões; as suas agências e revendedores pagaram ainda mais duzentos e cinquenta milhões. Significa isso que a nossa empresa determinou o pagamento de salários na importância de mil milhões de dólares.

A partir do primeiro carro levamos perto de vinte anos para alcançar o milionésimo, a 10 de dezembro de 1915. A 28 de maio de 1921 alcançávamos o de número cinco milhões. A 4 de junho de 1924 fazíamos o décimo milionésimo. Desde aí as nossas usinas passaram a fabricar mais de dois milhões por ano.

Em 1922 compramos três vezes tanto como fabricamos. Hoje só compramos o dôbro. Erguemos o salário mínimo de 5 a 6 dólares por dia. Mas nossos carros estão sendo vendidos. 40% menos do que em 1914, quando a nossa média do salário orçava por 2 dólares e 40. Esses carros desceram de preço com firmeza enquanto o preço da maior parte das coisas aumentou. O carro de turismo pode ser comprado por cerca de 20 cents a libra, menos que o preço da libra de carne.

OS LUCROS REVERTERAM PARA O PÚBLICO

Os lucros das indústrias Ford, deduzida uma parte relativamente mínima, retornaram à indústria. O público constrói as nossas indústrias adquirindo nossos produtos. Subscreve, não ações ou debêntures, mas os artigos de nossa manufatura dados à venda. E nós sempre vendemos ao público por um preço mais alto que o custo da manufatura – embora reduzamos frequentemente os preços a ponto de anular o lucro, o que nos obriga a descobrir meios de reduzir mais o custo, de modo a fazer surgir nôvo lucro.

Cada ano traz o seu lucro. E quase que todo ele, cada ano, é invertido no negócio, de modo a habilitá-lo a ainda baixar mais os preços e aumentar os salários. Esses lucros postos no negócio não são aplicados em construções, terras ou máquinas, pois não consideramos o dinheiro do público invertido em nosso negócio como um emprego de capital vencedor de juros. É dinheiro do público e, tendo esse bastante confiança em nossos produtos para tomá-los em troca do seu dinheiro, creditamo-lo por essa confiança. Não nos julgamos no direito de sobrecarregá-lo com juros do seu próprio dinheiro.

Há todavia lucros e lucros. Há-os estùpidamente fixados e estùpidamente usados. Nesse caso eles destroem a fonte de onde emanam e se esvanecem. Um negócio que carrega demais no lucro definha tanto como um negócio deficitário.

NECESSIDADE DO LUCRO

Por mais aceito que seja o artigo que alguém produz, se é fabricado e vendido com prejuízo a indústria cessa. Nenhuma espécie de mercadoria ou qualidade de serviço social pode remediar o êrro econômico de vender com prejuízo. O lucro é essencial à vitalidade do negócio. À medida que ele cresce o custo de produção cai. Uma oficina sem serviço é mais difícil de manter-se que uma afreguesada. O dever de cada diretor de indústria é estimular o negócio, tornando possível ao povo obter o de que necessita pelo preço que ele possa pagar. Um nôvo surto de confiança e energia no país pode, por metade, ser, conseguido graças a uma baixa de preços, baixa ligada à diminuição do custo. Elevar preços é taxar o povo mais pesadamente do que o pode fazer um govêrno. Boa direção paga dividendos sob forma de bons salários, preços baixos e mais negócios; só a má direção pode ver num surto da ambição nacional apenas uma oportunidade para sobrecarregar o espírito empreendedor de mais pesadas cargas.

Isso deve ser evidente. Ninguémque fica rico depressa rico permanece. Meter-se na indústria para ficar fico é um desperdício de esforço. Nós temos um tipo de indústria cujo objetivo único é criar fortunas pessoais. Negócio que existe para tornar rico um homem ou uma família, e cuja vida não mais importa quando isso está realizado, não é negócio de base sólida. De fato, a cupidez habitualmente provoca tal inferiorização dos produtos, tal diminuição de utilidade geral, tal aumento de encargos para o público, que o negocio murcha antes que tenha contribuído para a fortuna de alguém

Uma organização precisa obter lucros para atender interêsses de pessoas que, embora metidas no negócio, não trabalham nele. São os papa-dividendos de fora. O que lhes toca não fortalece o negócio; é tirado dêle para ir aumentar a soma da ociosidade que está de fora. Há muita ociosidade que se justifica, não há dúvida.

Olhando do alto para a nação vemos milhões de crianças nas escolas; a educação e o lazer dessas crianças tornam-se possíveis pelo fato de estarem os homens no trabalho. O mesmo se dá com os velhos e os doentes. Há, porém, ociosidade que se não justifica e que também é custeada pelos que trabalham.

REMUNERAÇÕES DEVIDAS

Um negócio deve remunerar a todos quantos se ligam a ele. Deve pagar aos cérebros que o dirigem, à habilidade produtora, ao trabalho construtivo e também pagar ao público de cujo apoio vive. Negócio que não proporciona lucros, tanto ao comprador como ao vendedor, não é bom negócio. Se um homem não se sente melhor comprando do que conservando seu dinheiro no bolso, é que algo está errado. Comprador e vendedor devem, sob qualquer aspecto, ficar mais ricos após uma transação, ou a balança não está certa. Estendei esse erro de balança arruinareis o mundo. Temos ainda muito que aprender quanto à natureza antissocial de transações não justas nem proveitosas para todos.

Indústria, entidade orgânica que empreende produzir ou prestar serviço social, necessita de lucros, ou excessos, para conservar a sua vitalidade um pouco acima do nível do dreno. Esse excesso previne depressões nas épocas de crise e também permite a expansão do negócio. Crescer é necessário à vida e o crescer requer reservas.

Isso se aplica ao negócio, não ao seu dono ou diretor. Esse é pago, como qualquer outro operário, por fora do negócio. Os lucros pertencem ao negócio – para salvaguardá-lo em sua missão de proporcionar serviço social e permitir o natural crescimento. A principal consideração é o negócio – entidade que dá emprego a produtores e fornece coisas ou serviços de que o público necessita.

O princípio de serviço social requer que os lucros sejam medidos únicamente pela legítima reposição e necessária expansão. São esses os limites – limites flexíveis, porém limites.

PSEUDOPERIGOS DA EXPANSÃO

Ouvem-se às vezes queixas 'contra a expansão, dada como virtualmente perigosa. Se a expansão é empreendida com o objetivo de serviço social, o perigo é não expandir-se suficientemente, como já vimos noutro capítulo. Só há a recear os negócios que não estão se expandindo porque esses é que não estão prestando serviço social.

Tomemos a nossa emprêsa. Como temos usado dos nossos lucros? Que temos feito do dinheiro do público? Qual tem sido a nossa gerência?

O NOSSO CASO

A partir de 1921-22, quando foi escrita *Minha Vida e Minha Obra*, mais que dobramos nossa capacidade produtiva de carros e tratores. Dificilmente fabricamos uma só peça do mesmo modo e com o mesmo material do começo. Passo a passo alcançamos as fontes de matéria-prima. Mas nosso negócio é o motor e nada fazemos que não se relacione a ele. Com a Ford Motor Company of Canada, existem agora 88 fábricas, das quais 60 nos Estados Unidos e 28 no estrangeiro. Nenhuma delas fabrica um automóvel completo. Das fábricas americanas 24 são exclusivamente manufatoras e 36, de montagem ou mistas.

Nossas principais fábricas no estrangeiro estão em Cork, na Irlanda e em Manchester. Temos fábricas de montagem, algumas também manufaturando, em Antuérpia, Barcelona, Bordéus, Buenos Aires, Copenhague, Montevidéu, Pernambuco, Rotterdão, Santiago do Chile, São Paulo, Estocolmo, Trieste, Berlim, México, Iocoama e Havana. A Ford Motor Company of Canada tem filiais em Ford, Ontário, Calgary, Montreal, Regina, São João, Toronto, Vancouver, Winnipeg, Pôrto Isabel (Sul da África), Geelong (Austrália). As companhias filiadas são a Ford Motor. Company of Australia, com filiais em Gelong, Brisbane, Adelaide, Sydney, Porth e Hobart, na Tasmânia; a Ford Manufacturing Company, com fábrica central em

Geelong, na Austrália; Ford Motor Company da África do Sul, em Pôrto Isabel. Nossas fábricas nos Estados Unidos são em Banner Fork, Dearborn, Duluth, Flat Rock, Glassmere, Green Island, Hamilton, Highland Park, Holden, Clayton, Iron Mountain, L'Anse, Lincoln, Northville, Nuthallburg, Pequaming, Phoenix, Plymouth, Rouge Stone, Twin Branch, Kearny, Waterford, Ypsilanti e Chester. As filiais são em Atlanta Buffalo, Cambridge, Charlotte, Chicago, Cincinnati, Cleveland, Columbus, Dallas, Denver, Des Moines, Detroit, Fargo, Houston, Indianapolis, Jacksonville, Kansas City, Los Angeles, Louisville, Mênphis, Milwaukee, Twin City, Nova Orleans, Nova Iorque, Norfolk,. Kearny, Oklahoma City, Omaha, Filadélfia, Pittsburg, Portland, Oregon, São Luiz, Salt Lake City, São Francisco, Seattle e Washington.

Estamos com a seguinte linha de indústrias, todas relacionadas à do motor: aeroplanos, mineração de hulha, manufatura de coque, subprodutos de manufatura, fabrico _de instrumentos, fabrico de maquinaria de truques de carros e tratores, de vidro, couro artificial, fios de cobre, fordite, tecidos, baterias e geradores, papel, cimento, carrocerias de auto, força elétrica, água filtrada, farinha, cinema, hospital, agricultura, rádio, impressão, fotografia, forja, cultura de linho, turbinas, locomotivas elétricas, indústria florestal, moagem, olarias, distilação de madeira, produtos hidrelétricos, armazéns de secos e molhados, de calçado, de fazendas, de carne, estradas de ferro, escolas, navegação marítima ou lacustre, tratores e automóveis.

Esse extenso programa, que tanto diz respeito à produção como à distribuição, tornou-se possível porque o público aceitou os nossos produtos e nenhum passo foi dado fora dos seus interêsses e dos do salário. Nada construímos por construir. Nada compramos por comprar. Todas as nossas operações giram em torno da manufatura de motores.

SEMPRE VISANDO AO ARTIGO ÚNICO

Se os que nos vendem se recusam a manufaturar por preços que, de acordo com as nossas investigações, nos parecem aceitáveis, julgamo-nos no dever de manufaturar nós mesmos. Em muitos casos temos ido às fontes primárias; noutros, manufaturamos apenas para nos familiarizarmos com a indústria de modo a nos socorrermos dela em caso de necessidade. Às vêzes, também fabricamos apenas para verificar os preços que estamos pagando. Os mesmos princípios nos governam na distribuição. Temos navios de lago e de mar, além de uma estrada dÉ ferro, de modo a podermos medir os encargos do transporte. Tudo isso em benefício do público, porque, fora a estrada de ferro que constitui uma corporação à parte, cada ramo de indústria imiscui-se na indústria-tronco e as economias resultantes formam um lucro eventual para o público.

Temos fabricado, por exemplo, pneumáticos de borracha, embora nossa intenção atual não seja de nos metermos nessa indústria. O preço da borracha pode altear-se desordenadamente, e nesse caso estaremos livres de paralisar nossa produção por falta de pneumáticos.

Compramos pelo custo e não aos preços do mercado, e temos a certeza de prestar um serviço ao público procedendo assim; do contrário não seguiríamos essa prática. Em nossa produção impomo-nos tarefas, lixamos arbitràriamente os preços, e em regra conseguimos alcançá-los. Se fôssemos aceitando as coisas como as temos, nunca teríamos feito nada. Adotamos a mesma prática em relação aos nossos fornecedores – e invariavelmente também êles prosperam.

NOSSA INFLUÊNCIA SÕBRE OS FORNECEDORES

Um caso específico. Antes que essa política fosse adotada em sua plenitude, um fabricante fazia para nós um certo tipo de chassi por um certo preço. Não fabricava em grande escala e o seu lucro era insignificante. Calculamos e vimos que esses chassis deviam ficar pela metade do preço e impusemos-lhe esse preço. Foi a primeira vez que uma real pressão, visando preço baixo, se fez sentir sobre esse fornecedor, que julgava não ser possível fazer mais do que fazia como o seu pequeno lucro o indicava. É uma das singularidades da indústria citar-se o que foi feito no passado como prova do que se pode fazer no futuro. O passado é uma simples experiência de que devemos tirar proveito.

O fabricante, por fim, concordou em manufaturar pela metade do preço anterior – e pela primeira vez na vida aprendeu o que é indústria. Teve de aumentar os salários para conseguir trabalhadores de primeira ordem. Sob a pressão da necessidade viu que podia fazer redução aqui, ali e acolá e a conclusão foi que passou a ganhar mais do que antes, com grande melhoria de paga aos operários.

Frequentemente ouve-se dizer que a competição força o corte nos salários, mas não é assim. O corte dos salários não reduz custo, aumenta-o. A senda única que conduz à redução do preço do custo é pagar altos preços por alto grau de trabalho aplicado em indústria que preste serviço social.

DESENVOLVIMENTO DA EMPRÊSA

Os desenvolvimentos básicos mais importantes temo-los feito no emprego sempre maior da fôrça, tanto do carvão como da água, e com o remate da usina de energia Fordson, antiga River Rouge, teremos alcançado uma produção de 500.000 cavalosvapor. Todos os nossos passos visam à obtenção de força. Os outros desenvolvimentos de vulto têm sido a mineração do ferro da hulha, a extração de madeiras, a extensão da usina Fordson a conversor de matéria-prima e resíduos, a construção dum laboratório em Dearborn, a compra da Lincoln Motor Company, a expansão dos meios de transportes por água, terra e ar, a construção de .novas fábricas pelo mundo afora, e o ingresso nas indústrias do vidro, do cimento, do linho, do couro artificial e de numerosos compostos químicos. A utilidade pública dessa expansão revela-se pelo fato de somente dois subprodutos não serem utilizados por nós. Cimento, por exemplo. Fazemo-lo de escórias, mas não o produzimos que baste às nossas necessidades. Os dois produtos de que não utilizamos e vendemos são sulfato de amônia e benzol. Desse usamos apenas uma parte vendemos o resto, sendo tamanha a procura que a sua venda não constitui problema. Oitenta e oito estações de força suprem-se do nosso benzol, empregado ainda nos aeroplanos. Vendemos o carvão trazido nas viagens de retôrno dos nossos navios dos Grandes Lagos ùnicamente para diminuir o custo dos transportes.

Algumas dessas extensões têm sobrevindo como medidas de emergência. A manufatura do vidro, por exemplo. O automóvel evoluiu de carro aberto de verão para carro fechado, porém pouca gente sabe que perturbação trouxe essa mudança para a obtenção do vidro necessário, a nós que empregamos a quarta parte do vidro feito no país.

FÁBRICA DE VIDRO

Esse material escasseou e tivemos de adquirir a fábrica da Allegheny Glass Co., perto de Pittsburg, que tinha a reputação de produzir vidro de primeira classe. Ao tempo dessa compra, em 1923, fabricava ela seis milhões de pés quadrados de vidro por ano, dos quais 30% não se adequavam ao automóvel. Depois, apenas com um discreto aumento de máquinas e usando melhor as velhas, a produção subiu a oito milhões de pés, dos quais só 10% impróprios para o nosso uso. A principal mudança que introduzimos foi elevar a seis dólares o salário mínimo.

Nessa fábrica, para evitar que se interrompa a produção, conservamos os velhos processos, em vez de adotar os novos, estabelecidos em River Rouge. Se o leitor comparar os velhos processos com os novos, descritos no capítulo seguinte, terá uma ideia das economias que podem ser feitas em todas as indústrias quando a vontade de romper a rotina é grande.

A fornada ou mistura é mexida em cadinhos de argila, sem: capacidade para trezentos pés de vidro de polegada e meia. Quando o vidro está em ponto de vasas, o cadinho é removido da fornalha a guindaste e levado a uma mesa de lanço, onde seu conteúdo é derramado e acamado na espessura desejada. A lâmina é então aquecida a temperatura que permita o manejo. Segue-se depois o polimento.

Essa operação se faz em tabuleiros circulares, sobre os quais se fixam com argamassa as lâminas a polir. Nas máquinas que executam esse trabalho empregam-se sete graus de matérias raspantes, desde a areia bruta até o esmeril. Obtido o polimento, passam as lâminas à seção de brunir, onde grandes pranchas de feltro dão-lhes o brilho necessário. Tudo muito lento e eivado de desperdício.

A fabricação de cadinhos de argila para fundir o vidro é o único processo arcaico em vigor na empresa Ford. Faz-se à mão e com os pés. Primeiramente os operários amassam a argila com os pés descalços até uniformizar-lhe a consistência e eliminar os corpos estranhos. Depois amoldam o barro à mão, camada por camada, com muito cuidado para evitar lacunas. Ainda não se inventou aparelho que fabrique vasos de barro equivalentes aos feitos por processo manual. Em nossa fábrica nova resolvemos o problema de modo muito simples: suprimindo tais cadinhos.

A fim de completar a fábrica de Glassmere tivemos de adquirir uma pedreira em Cabot, 18 milhas distante. Com 40 homens extraímos, trituramos e carregamos de 8 a 10 vagões de sílica por dia. Utilizamos os mesmos homens que antes trabalhavam a intervalos na tarefa da cantaria; mas parecem outros homens, depois do salário de 6 dólares. Quase todos inexpertos – mas já decidimos que o obreiro não necessita de perícia. Vivem bem. Acodem à tarefa, trabalham, cuidam de si; muitos abandonaram as baiúcas em que viviam e estão construindo suas casas. E o rendimento humano, como dissemos, é duplo sob o novo método. O custo de produção fez-se baixíssimo, já que quase todo o trabalho o realizamos à máquina.

Uma bateria de perfurações abre na pedreira as grutas por onde entra a dinamite de desmonte. A pedra em fragmentos é recolhida e posta em vagonetes de aço por meio de pás movidas a vapor. Em seguida tratores levam os vagonetes à seção de britagem e moagem. Depois de moída a pedra é peneirada e lavada, descendo por gravidade aos caminhões que a transportam a Glassmere.

Ainda há mais: perfeita limpeza na pedreira e na britagem. Isso constitui ponto sério no nosso programa. Todas as operações tem que realizar-se com asseio, e se alguma máquina tende a produzir pó, como as de moagem, são resguardadas de modo a corrigir-se esse inconveniente. Não temos o direito de expor os operários ao pó, nem tampouco de empoar os arredores, encrostando as árvores.

IMPERIAL MINE

Para ter à mão uma fonte de minério, e assim economizar transporte, adquirimos a Imperial Mine, em Michigamme, a 80 milhas ao norte de Iron Mountain, centro da nossa exploração de madeiras.

Havia dez anos que estava parada mas pareceu-nos rica e em boa situação. Nesse primeiro ensaio de mineração seguimos a prática de sempre, colocando à sua testa um homem bem senhor dos nossos princípios e métodos.

A primeira coisa feita foi uma limpeza a fundo. O abandono tornara a mina um hervaçal. A tradição exige que todas as minas sejam sujas, mas não nos conformamos com isso: a sujeira é um luxo muito caro. Depois metemos mãos ao trabalho, e fomos aprendendo à proporção que avançávamos

O principal era que os mineiros ganhassem bons- salários vivessem com folga e conforto, ao mesmo tempo que nós obtivéssemos minério por custo mínimo – o que breve foi conseguido.

O acampamento mineiro parece uma colônia suburbana. Todo pintado, de cor clara, conserva-se sem a menor mancha Não o pintamos para esconder sujeira, pintamo-lo de branco e cinza claro para que, a limpeza se torne norma, e não exceção. As vivendas que existiam eram más e, embora não tencionássemos nos meter na indústria de edificação, tivemos de fazê-lo, não só nas minas como na exploração florestal. Construímos um pavilhão para os solteiros, com dormitórios antônomos, e casas portáteis para os casados, substituídas depois por pequenos hotéis. Alugamo-las a 12 dólares mensais, luz elétrica inclusive. A única escola existente situava-se numa granja. Construímos para ela um edifício próprio; montamos ainda um armazém de primeira ordem, no qual tudo se vende pelo preço do custo.

Passamos a pagar desde logo o nosso salário corrente, o que nos atraiu os melhor mineiros das redondezas e, como não podemos empregar mais de 225 em cada turno, temos oferta de homens equivalente a muitas vezes êsse número. Os mineiros trabalham oito horas seguidas e o revezamento dos turnos se faz sem perda de tempo.

Não pretendemos saber muita coisa a respeito de exploração de minas de ferro – ainda não tivemos tempo de acumular conhecimentos – mas parece-nos que é um campo suscetível do emprego de máquinas em grau maior que o usual.

Vamos caminhando devagar, porque desejamos dar a máxima segurança de trabalho aos nossos homens. O trabalho dentro da terra, já que não pode tornar-se agradável, que se torne seguro. E, o vamos conseguindo, pois o nosso índice de acidentes é muito baixo.

REGIME DA MINERAÇÃO

Tôdas as partes da mina e do acampamento gozam da absoluta ordem. Três andares possui ela, distanciados de 200 pés. O desmonte do metal é feito ao fim do trabalho de cada turno, para se evitarem acidentes. O minério transporta-se por ferrocarril elétrico; cai dos diferentes andares, por tubos, a um poço ao fundo da mina, de onde sobe à superfície em vagonetes puxados por uma rampa,. Sobe também por um grupo de elevadores.

O inspetor-geral examina com frequência as paredes e tetos de todas as galerias. Há ainda uma comissão de vigilância e o manejo dos explosivos faz-se mediante severas precauções.

Um extenso sistema de bombas esgota as galerias mais profundas e todas elas são aquecidas a vapor. Os mineiros vestem roupas próprias e botas impermeáveis. Depois do trabalho tomam todos seu banho de ducha e mudam de roupa, enquanto a de trabalho seca.

A mineração prossegue durante o ano inteiro, sendo o produto levado em ferrocarril até Marquette, onde nossos navios de lago o transportam à usina de River Rouge. Durante o inverno fica o minério armazenado à boca do poço principal. Tudo se realiza com máquinas especiais. A empresa não possui lá um só burro ou cavalo.

A produção do minério em 1926 atingiu a umas 200.000 toneladas e seu custo é muito mais baixo do que o de qualquer mina, que paga salários menores.

Além dessa já adquirimos outras jazidas da região.

Tal é o nosso sistema – e adiante o desenvolveremos – de fazer trabalhar o dinheiro do público. Esse dinheiro veio ter às nossas mãos sob forma de lucros. Serão iníquos os lucros?

CAPÍTULO V

IMPOSSÍVEL

Fato surpreendente é a tenacidade com que os homens se agarram a métodos em uso antes do advento da força motriz e das máquinas. A tradição única que havemos de levar em conta na indústria é a do bom trabalho. As mais mereceriam apenas o nome de momentos da experiência humana.

Ao libertar-nos das ideias velhas uma das primeiras que deve ser expelida é a noção de que não é necessário usar força motriz quando temos à mão trabalho barato. O trabalho não é um produto. Já ressaltamos anteriormente que os operários de uma indústria devem ser os melhores consumidores dos seus produtos – e enquanto isso não se realizar, torna-se impossível sequer o comêço da aplicação do "salário-causa". É erro afirmar que os homens só valem o que recebem em troca do seu trabalho e que o fabricante deve determinar os salários e preços pela "tabela corrente", isto é, pagar aos operários o mínimo e cobrar do público o máximo. Um negócio não pode ir às cegas. Deve caminhar para a frente, sob uma direção.

Parece a muitos incompreensível isso. O compreensível, o caminho fácil, é seguir a multidão e aceitar as coisas como as temos – e jactar-se de esperto quem consegue dar sua tacada. Mas esta não é a senda do bem-servir ao público. Nem tampouco a trilha do negócio sadio. Nem ainda o bom caminho de ganhar dinheiro. Homens há que por essas vias chegam ao seu milhão, ou dois – como o jogador às vêzes apanha a sua bolada. No verdadeiro negócio o azar não existe. O verdadeiro negócio cria os seus próprios clientes.

BEM-FAZER

Nossa ideia é que devemos descobrir o melhor meio de fazer as coisas, considerando todos os processos em voga como puramente experimentais. Se alcançarmos na produção um certo estágio, tido como notável em comparação dos anteriores, consideramos isso apenas como um degrau e nada mais. Ùnicamente um degrau. As transformações havidas nos indicam que outras, maiores, têm que sobrevir, dando-nos isso a certeza de que nem uma única operação a estamos fazendo com a perfeição com que deve ser feita.

Nenhuma mudança realizamos pelo simples gosto de mudar – nem deixamos de fazê-las sempre que o nôvo caminho se demonstra melhor que o antigo.

Temos como dever nosso impedir que se obstrua o caminho do progresso: o caminho da realização de um serviço melhor, com todos os seus reflexos no salário e nos preços.

Não é fácil fugir à rotina. Por esse motivo as nossas operações novas são sempre dirigidas por homens sem nenhum conhecimento anterior da matéria e, portanto, desacostumados a admitir impossíveis. Recorremos à ajuda de peritos técnicos sempre que é necessário, embora nenhuma operação seja por eles dirigida. Os peritos são peritíssimos em admitir impossibilidades. Nossa resposta sistemática ao seu "não se pode fazer" é "Faça-se".

A INDÚSTRIA DO VIDRO

Na questão do vidro, por exemplo. Vimos em páginas anteriores quais os métodos em uso na usina de Glassmere. Não diferiam êles, na essência, dos usados há séculos. A fabricação do vidro, é velha; possui tradições, sobretudo quanto aos cadinhos de argila em que a mistura se funde e dá o vidro. Tais cadinhos, já disse, têm que ser feitos manualmente. O operário amassa. a argila a pés nus e amolda-a à mão. A maquinaria já conseguiu substituir-se ao músculo no meter e tirar do forno os cadinhos; também já é ela que os transporta e ainda aplaina e brune o vidro; mas as operações não mudaram fundamentalmente. A máquina veio apenas substituir, no possível, a mão.

Nunca se havia examinado a fundo toda a operação a fim de apreender-lhe o verdadeiramente fundamental. É fácil substituir o esforço manual pelo mecânico – mas isso não resulta em plenitude de eficiência. O difícil é começar do princípio, seguindo o evoluir de um método que, em vez de substituir a mão pela máquina, tenda à realização integral do trabalho pela máquina, passando o homem a simples fiscal ou ajudante da máquina. É esse o conceito da máquina na indústria, em oposição ao conceito do trabalho manual.

Pareceu-nos a nós que poderíamos fabricar vidro laminado por um processo contínuo e sem nenhuma intervenção manual. Os peritos do mundo inteiro logo proclamaram irrealizável a coisa. Não obstante, incumbimos de tentá-la a homens que jamais haviam trabalhado em vidro, e em Highland Park iniciaram eles as experiências. Lutaram, está visto, contra todos os óbices apontados e ainda outros inéditos – mas venceram. Essa pequena fábrica produz 2 ½ milhões de pés quadrados por ano e a grande usina que,em vista do bom resultado das experiências, montamos em River Rouge, produz 12 milhões, ocupando metade do espaço da outra e um terço do pessoal. Apesar de não produzirmos ainda todo o vidro necessário ao nosso consumo, já economizamos uns 3 milhões de dólares anualmente no vidro que fabricamos, comparado com o que temos de adquirir de terceiros.

Eis o nosso processo. A massa se funde em grandes fornos, com capacidade, cada um, para 408 toneladas de material. A temperatura mantida equivale a um calor fundente de 2500° Fahrenheit e um calor refinante de 2300°. Os fornos são, de 15 em 15 minutos, carregados de areia, cinzas sódicas e outras substâncias químicas. O vidro em fusão sai numa corrente contínua sôbre um tambor de ferro que gira lentamente e passa sob um cilindro que o lamina com a espessura requerida. Desse tambor vai a um suporte movediço de 132m. de comprimento, a rodar na razão de 1,25m. por minuto, no qual o vidro se tempera numa gradativa baixa de calor.

A construção do *lehr* constitui problema árduo diante do qual só existiam fracassos anteriores. E nem nós o teríamos podido construir se não fôsse a nossa experiência em máquinas de precisão e sistemas transportadores. Não era pequena, coisa suportar uma lâmina móvel de vidro, com 132m. de comprimento, a resfriar-se da temperatura com que sai do cilindro, 1 400 graus, à que permita, a manipulação. O movimento tem que ser perfeitamente uniforme, e os cilindros, sobre os quais se move o vidro, têm que, estar perfeitamente alinhados e ajustados, de modo que em todo o percurso não sofra o vidro a menor torção. O problema do calor decrescente resolve-se com chamas de gás reguladas termostàticamente e dispostas a intervalos irregulares.

Ao termo da viagem o vidro é cortado em peças de 2,82m. de comprimento, o necessário para seis pára-brisas, sendo dali transportado automáticamente à seção de brunir.

As lâminas são montadas em estuque para que se conservem firmes e passam sob os discos polidores, sempre apoiados em suportes corrediços. Pelo centro desses discos desce a areia de mistura com água – areia que se afina à medida que o vidro segue seu caminho. Empregam-se no alisamento oito graus de areia e seis de esmeril.

Depois lavam-se as lâminas. O vidro passa aos discos brunidores, munidos de feltros e a trabalharem com a pasta de brunir. Findo o percurso, retorna o vidro pelo mesmo caminho, e assim se conclui a operação sem que intervenha qualquer toque manual.

A areia não é manejada à mão – areia ou demais substâncias polidoras. Nem os ingredientes entrados na composição do vidro. Um tubo pneumático os toma dos vagões e os distribui.

A areia de polir tem que graduar-se à medida que vai sendo usada, o que é feito pelo processo técnico da "levigation".

Ao chegar à fábrica é ela armazenada em grandes depósitos junto à via férrea. Antes de ser utilizada lava-se num tanque, de onde tubos pneumáticos a levam, através da fábrica, às moegas acessórias, aos fomos ou seção de polimento. Dessas moemos a areia cai por condutos inclinados aos primeiros polidores da série. Executado o primeiro polimento, cai a areia pelos bordos a umas calhas subjacentes e vai, pneumàticamente, à "levigation".

Nessa, flutua a areia num volume de água de algum vulto e começa a graduar-se por si mesma. Os grânulos maiores e mais pesados depositam-se no primeiro tanque, enquanto o resto continua a flutuar; por sua vez sedimenta-se no segundo tanque um segundo grau de areia e assim até o último.

A areia subministrada aos polidores por todos os depósitos, a partir do segundo, vai das calhas subjacentes ao depósito imediato onde se repete a operação e, do primeiro ao último, o líquido utilizado fornece ao seguinte a areia adequada ao polidor correspondente. O esmeril usado nos derradeiros polidores gradua-se da mesma forma.

O processo parece muito simples e é. Todo processo bem-concebido é simples. Dessa simplicidade e ausência do trabalho manual resultou uma segurança maior. O fabrico do vidro era considerado como perigoso. Pelo nosso sistema não se dá isso. Durante os dois últimos anos perdemos menos de uma hora por homem, por motivo de acidentes. E o índice tende a reduzir-se.

O ALGODÃO

Com a fixação se dá o mesmo. Seus processos chegaram até nós baseados numa tradição secular, tida como sagrada. A indústria têxtil foi das primeiras a utilizar-se da fôrça motriz; mas também foi das primeiras a empregar o trabalho das crianças. Muitos industriais de tecidos vivem crentes de que o preço baixo dos produtos não é possível sem baixa paga aos operários. Aperfeiçoamentos técnicos têm sobrevindo e notáveis; mas que alguém haja enfrentado essa indústria com absoluta largueza de visão e desprêzo da rotina, é outro caso.

Utilizamos, nós, mais, de 92.000m. de pano de algodão e acima de 23.000 de lã, diàriamente, e a menor economia em metro representa muito ao cabo de um ano. Por esse motivo já entramos pela indústria têxtil com as nossas experiências, menos com a ideia de remodelá-la do que de nos libertarmos das flutuações do mercado.

Demos por assente, a princípio, que nos era necessário o pano de algodão – porque até ali só havíamos usado dele em nossos carros, para capotas e fabrico de couro artificial. Montamos um parque de máquinas e iniciamos a fabricação experimental. Desligados, porém, que somos da rotina, principiamos por perguntar-nos:

– Será o algodão a matéria mais adequada para esses fins? Vimos logo que andávamos a usá-lo apenas porque fosse a matéria mais fácil de conseguir – não que fôsse a melhor. O linho, superaria, sem dúvida, visto que a resistência da tela depende da longura da fibra e a do linho é a mais longa e rija que se conhece. O algodão cultiva-se a milhares de quilômetros de Detroit. Teríamos que pagar-lhe o transporte em bruto, caso nos decidíssemos a tecê-lo – ainda teríamos de pagar o transporte do algodão já empregado nos carros até o ponto, muitas vêzes, de onde o tomássemos bruto.

O LINHO

Já o linho podia ser cultivado no Michigan e no Wisconsin, zonas muito mais à mão. A sua indústria, porém, andava mais presa a tradições do que a do algodão – e ninguém conseguira incrementá-la entre nós graças ao muito trabalho manual tido como indispensável.

Também os tecidos de algodão já constituíram um luxo outrora e seu consumo foi insignificante até o dia em que Eli Whitney inventou sua máquina; até então as sementes tinham de ser tiradas à unha, processo penoso e caro. Também a fibra do linho sempre se esfiou manualmente, na Irlanda, Rússia e Bélgica e onde quer que se cuidasse de linho. Métodos pouco diferenciados dos em uso no Egito dos faraós. É o que encarece os tecidos de linho e impede a sua cultura entre nós. Não temos, para bem nosso, bastante oferta de trabalho manual a preços ínfimos, possibilizadora de tais indústrias com base no trabalho barato.

Começamos em Dearborn nossas experiências e vimos logo que o linho pode ser trabalhado mecânicamente. E já passamos do período experimental ao industrial.

A princípio dedicamos a essa cultura 243 hectares de terreno. Aramos e preparamos o solo à máquina; semeamos, ceifamos, secamos e debulhamos à máquina; e finalmente desfibramos por igual processo, coisa ainda não feita até esta data.

O linho dá muito bem no Michigan e no Wisconsin, embora só tenha merecido atenção em vista da semente, produtora do óleo de linhaça. Para tecido nunca a cultura ali se desenvolveu, dada a concepção de exigir trabalho barato. É tido como indústria de campônios, sendo que antes da guerra o grande produtor estava na Rússia, país de abundante população afeita à miséria. Nosso país não lhe deu a necessária atenção, nem procurou descobrir onde se produzia ele melhor. Parece requerer clima úmido, mas quando aqui se haja estabelecido a sua cultura é certo que teremos tantas variedades quantas zonas climáticas possuímos.

Sempre se considerou como fora de dúvida que é indispensável segar o linho como se sega o trigo, essencial que é conservar as varas paralelas para facilitar as operações posteriores. Também se supunha que o cortar o linho deixa muita coisa aproveitável na soca, de onde o arrancá-lo à mão e, depois, conclusa a colheita, tirar a casca com a semente – o que faz perder-se boa quantidade dessa.

Temos, assim, para começar, duas operações manuais, caras e penosas – arrancar a planta e operar o "rippling". Experimentamos com certa máquina de arrancar, bastante complicada, mas vimos logo ser preferível cortar rente ao chão. Pelo nosso sistema não é necessário conservarem-se paralelas as varas após o corte, sendo preferível perder alguma semente a empregar o trabalho manual. Em virtude disso segamos à máquina, deixando nas varas a semente

A operação imediata é a velha maceração. Atam-se as varas em feixes e lá vão para a água durante semanas, com pesos em cima para que não sobrenadem. Podre que fique a casca, saem os feixes da água e vão à sêca. Tudo isso quer dizer trabalho manual e desagradabilíssimo, visto o mau cheiro do linho podre. O processo exige grande discernimento quanto à água adequada e quanto ao tempo de maceragem. A operação seguinte vale pela mais pesada e dispendiosa. É o desfibrar – separar a casca do lenho.

Com o nosso processo tôdas essas penosas operações manuais se suprimem; Após o corte deixamos na terra as varas por algumas semanas; depois as juntamos, como se faz ao feno. Em vez dê secar ao sol esse linho em decomposição, fazemo-lo passar por um forno, num transportador que o entrega à máquina que constitui o eixo do nosso sistema e substitui por completo o antigo desfibramento manual. Essa máquina possui seis seções, que se movem com velocidades distintas nos seus rolos de estrias e nos de cardagem. Passo os detalhes técnicos. Só importa saber que essa máquina separa as sementes e põe de lado a fibra reduzida a fio de linho e estopa.

Note-se a economia de trabalho e de produto. A máquina não se preocupa de como entram as varas, e daí a supressão do trabalho exigido pelo outro sistema. Com o trabalho de 8 horas e atendida por dois homens, essa máquina faz a tarefa de oito homens em 12 horas.

O linho assim produzido se fia em dois tipos, um fino e outro grosseiro. Para isso adquirimos máquinas fora, nas quais nossos homens já introduziram aperfeiçoamentos – e outros já se esboçam. Por exemplo: a prática antiga é fiar o linho em carretéis e depois passá-lo a bobinas definitivas. Nós o enrolamos diretamente nessas. Chegamos a obter, com o processo da seriação contínua, que o linho entre por um lado e saia a tela pronta do outro. Essa seção se ligará à de couro artificial, de modo que a continuidade não se solucione.

Temos esse trabalho de linho como uma das mais valiosas experiências a que estamos procedendo, graças às suas consequências para a nossa indústria e para a melhoria em eficiência da sua cultura.

Necessitamos anualmente da produção de mais de 20.000 hectares e o linho se adapta muito bem à mudança das estações. Há, pois, aqui, uma nova fonte de renda para o país, isto é, uma indústria nova. E há que contar ainda com o valor dos subprodutos: óleo de linhaça e estopa, ótima para a tapeçaria. Nossos químicos estão experimentando com os fragmentos ou resíduos, a fim de lhes apanhar vários compostos de celulose, empregáveis, líquidos, para o banho das capotas e, sólidos, para cabos e equipamento elétrico.

A indústria do linho pode e deve descentralizar-se, de modo a .fazer-se um complemento da agricultura inteligente, como a de cereais, tão distinta da do leite, da pecuária e da horticultura. O lugar adequado à montagem das máquinas desfibradoras seria a região do seu cultivo. Poderia criar-se uma indústria aldeã, própria para agricultores que dividissem o seu tempo entre o campo e a fábrica.

Também andamos a sondar o melhor caminho relativo ao fabrico da tela de lã que consumimos. Para começar pusemos um môço da nossa seção de desenho numa fábrica de tecidos, com instruções para que aprenda quanto possa a respeito de tecidos, menos a rotina. Mas não temos feito ainda senão pequenas mudanças nas máquinas usuais e a produção da nossa fábrica experimental é mínima comparada com as nossas necessidades. Já vimos, entretanto, que será possível realizar uma economia de quase 30 % nos tecidos de lã, o que vale por milhões de dólares ao ano. Sempre que podemos instalar máquinas para o fabrico de uma só coisa e que estudamos o melhor meio de a. fazer, as economias que se produzem surpreendem.

CAPÍTULO VI

APRENDENDO POR NECESSIDADE

Não damos nós um só passo investigador que se não relacione ao objetivo supremo da nossa indústria. Qualquer diversão redundaria provàvelmente em prejuízo do fim último dessa indústria, que é a fabricação de motores e sua montagem sôbre rodas. No laboratório técnico de Dearborn possuímos agora o necessário para fazer experimentalmente tudo quanto desejamos, pelo método de Edison – ensaio e erro.

Nossa tarefa já não é pequena, pois devemos dar toda a atenção ao possível esgotamento desse ou daquele material, à economia deles e ao descobrimento de sucedâneos. Com muita frequência pomos de reserva os resultados das nossas experiências para utilizá-los no futuro em caso de precisão. Se a gasolina, por exemplo, subisse de preço seria prático produzir combustíveis substitutos. Mas temos como o nosso principal dever não nos desviarmos da nossa trilha e de fazer bem as coisas, o que nos tem levado a vários terrenos. Na economia de trabalho e matéria-prima rara é a semana que se passa sem reforma, umas de pouca, outras de enorme importância. Só o método não varia. O curioso é que algumas das nossas maiores economias foram conseguidas no fabrico de peças que tinham aparentemente alcançado a perfeição.

Certa vez descobrimos que empregando mais dois cents de material numa pequena peça poderíamos reduzir-lhe o custo de 40%. A quantidade de material empregado custava, pelo novo método, dois cents a mais que pelo antigo; de tal modo, porém, se abreviava o trabalho que o custo da peça passou de $0,2858 a $0,1663 (calculamos os preços de custo até quatro decimais). Esse novo método exigiu dez máquinas adicionais, trazendo uma economia de 12 cents por peça, quer dizer, mais de 400.000 dólares por ano, dada a produção de 10.000 peças diárias.

Sempre havíamos empregado a madeira para o aro dos volantes. Era um desperdício, pois só podíamos usar madeira de lei, além de que nenhuma operação de carpintaria se pode fazer com precisão rigorosa. Enquanto isso, a fazenda de Dearborn produzia anualmente toneladas de palha, posta fora ou vendida a preço vil. Dessa palha conseguimos extrair uma substância que batizamos de *Fordite*, muito parecida com a borracha vulcanizada. O aro do volante e ainda mais de 40 peças do equipamento elétrico dos automóveis passaram a ser feitos desta palha, consumindo-se a produção anual da fazenda em 9 meses.

O processo é o seguinte: misturamos a palha com uma base de goma, enxofre, sílica e outros ingredientes e esmoemos essa massa a quente durante 45 minutos. Depois, por compressão, sai ela dos moinhos em forma de chouriço cortado em troços de 1,32 m. prontos para serem capeados por uma substância fina, semelhante à borracha. Em seguida passam para os moldes, onde por uma hora sofrem a quente pressão de 500 quilos por centímetro quadrado. Saídos das formas e resfriados adquirem uma dureza permanente de pedra.

Esses volantes vão depois à seção de aperfeiçoamento, onde são brunidos. Por esta forma ficam-nos eles por metade do custo anterior e ainda poupamos a madeira.

No carro de turismo empregamos 14m. de cinco tipos de couro artificial para a capota, cortinas e assentos. O emprego do couro animal seria impossível, já pelo custo, já porque não se matam animais em número suficiente ao nosso consumo. Cinco ou seis anos gastamos para inventar um couro artificial que nos satisfizesse plenamente. Tínhamos que conseguir uma boa composição de revestimento e depois obter a produção contínua. O fato de fabricarmos o couro artificial necessário para o nosso consumo não só nos – daria independência - objetivo primordial – como ainda nos traria um lucro superior a 12.000 dólares diários. Conseguimo-lo, por fim.

A tela entra por uma série de estufas em forma de torres, em cuja base estão os depósitos da composição revestidora. O líquido derrama-se na tela em marcha e espalha-se por igual por meio de facas. Recebido o banho, sobe a tela às tôrres até 9m., numa temperatura de 200 graus. Ao descer já está seca. A operação repete-se nas sete estufas sucessivas.

Vai depois à prensa de estampar, onde recebe a granulação por meio de uma pressão de 700 toneladas. Uma nova estufa dá à tela assim preparada um banho final que lhe acrescenta brilho e flexibilidade.

A composição é uma mescla de óleo de rícino, algodão, nitrato dissolvido em acetato de etila e benzol. Muito volátil, o que explica a rapidez da sêca. As estufas desprendem o vapor do acetato de etila, do álcool e do benzol, o qual é recolhido por um aparelho de nossa construção, o que nos permite recobrar 90% desse fumo. O fabrico da tela revestida é contínuo: quando um rolo chega ao fim coze-se o outro, de modo que a operação não para nunca.

O tratamento a quente do aço é de grande importancia, pois permite o emprego de peças mais leves graças à maior resistência. Operação delicada. As peças não devem ser nem muito brandas, pois se gastariam; nem muito duras, pois se quebrariam. O grau de dureza depende do destino delas. Mas o tratamento de grandes quantidades de peças, de modo que cada qual possua a dureza adequada está longe de ser elementar.

Pelo sistema antigo se fazia conjeturalmente, mas nós não nos permitimos o "mais ou menos" humano. Nos nossos começos alcançamos uma certa precisão no preparo do aço, equivalente a progresso sobre os métodos em voga. Utilizávamos operários com ligeira técnica e obtínhamos resultados uniformes, graças ao contrôle mecânico. O trabalho, porém, era exaustivo, em virtude do calor – e com isso não podíamos nos conformar. Trabalho rude deve caber às máquinas, não ao homem. Além disso as peças retas, como os eixos, não escapavam do entortamento ao resfriarem-se, exigindo uma correção que as encarecia.

Incumbimos um môço de aperfeiçoar todo o processo. Ao cabo de um ano, ou dois, não só pudemos reduzir um número de operários como inventamos um aparelho centrífugo de temperar, no qual as peças se resfriam uniformemente. Os eixos não mais entortam e a operação corretiva se suprimiu. O forno elétrico em substituição ao de gás foi um dos nossos maiores melhoramentos. Em vez de 4 fornos a gás, servidos por 6 homens e um chefe, com capacidade para 1 000 bilhas por hora, 2 fornos elétricos produzem, com 3 homens, 1300.

Para o tratamento a quente do aço a seção dos eixos utiliza um grande forno de dois andares. Um balancim de marcha lenta faz avançar as barras, no andar inferior, com intervalo de um minuto, 28 minutos gasta a barra para mover-se completamente através do andar inferior do forno, e durante esse tempo sofre ela um calor constante de 1480° F., temperatura graduada mecânicamente.

À proporção que as barras chegam ao extremo do forno, um homem as toma com tenazes e as coloca numa máquina giratória, onde se temperam em solução cáustica à razão de 4 por minuto, o movimento giratório faz que o abaixamento da' temperatura seja pràticamente instantâneo em toda, a superfície da barra. Essa operação assegura uma dureza uniforme e evita a deformação que causaria um resfriamento desigual.

As barras temperadas são conduzidas por um transportador ao andar de cima e vão retrocedendo até saírem, sob um calor de 680° F. Toda a operação consome 45 minutos.

Poderá o processo não parecer importante, mas a supressão do processo corretivo nos trouxe uma economia de 36 milhões de dólares em 4 anos.

Para o carro e o caminhão 162 temos que forjar aço na quantidade de meio milhão de quilos por dia. À custa de experiências constantes conseguimos economizar muito milhões de dólares, reunindo em uma só várias operações de forja e também estendendo o uso das máquinas de estampar ou dar forma ao aço por pressão em vez de percussão.

Nas máquinas de forjar, pesados martelos ou pilões caem sobre a barra de aço aquecida. São necessárias três séries de operações, exceto nalguns casos, para dar ao aço a forma desejada. A barra se coloca primeiro entre dois cunhos onde se realiza a compressão até o ponto requerido. Depois passa à máquina seguinte que a amolda, corta, recorta e separa. O grupo de martelos pilões a vapor compõe-se de 96 unidades; o pilão do menor pesa 400 quilos e o do maior 2 537.

Não há divisão de trabalho entre os martelos. Para forjar uma manivela coloca-se a barra de aço candente sôbre um troquel ondulado que num golpe lhe dá a forma desejada. Resulta um produto ainda tosco que se apura nas máquinas de rebarbar, constituídas de oito prensas a trabalharem sobre uma fita transportadora que vai carreando os resíduos. Essa fita também serve para o transporte das peças pequenas, que são apanhadas ao saírem da seção, classificadas e acondicionadas em caixões, enquanto os resíduos se despejam em vagões próprios para esse fim.

A operação mais difícil da forja é a realizada com a árvore motriz que suporta o coxinete: não obstante se faz numa só máquina.

Maquinaria interessante é o laminador dos objetos de aço, o qual aproveita os fragmentos ainda utilizáveis, dá-lhes o corpo adequado e se faz *in loco* para economia de transporte.

A moldagem do alumínio em fusão em formas rígidas parecia impossível. Nas formas de areia o ar expelido pelo metal infiltra-se pela areia, mas nas formas rígidas forma bôlhas de metal. Descobrimos, por fim, o meio de evitar isso. A forma é colocada em cima do vaso que contém o metal fundido, qual uma tampa. Depois o operador aplica um sistema de ar comprimido ao metal e o força a subir à forma. O ar contido nessa foge por pequeninas furas e como o fundo da forma é a primeira parte que se enche, o metal se solidifica de cima para baixo, sem que se formem bôlhas.

Fio de cobre isolado é material dispendioso – e nós o consumimos muito. Isso nos levou a fabricá-lo, estando hoje a nossa produção em 150 quilômetros diários. Usamos a máquina comum de laminar, porém muito aperfeiçoada e simplificada. A operação começa com fios de cobre de 0,0075m, os quais são estirados através de 9 furas ou troquéis de ferro temperado, de calibres decrescentes. Ao sair do último o fio está com 3/32 polegadas de diâmetro e enrola-se em carretéis sob uma velocidade de 217m por minuto.

A operação de estirar o arame desenvolve muito calor, que removemos por meio duma corrente de água a correr sobre o troquel, o que lhe dá dureza. Para abrandá-lo antes que vá ao estiramento seguinte usamos o forno elétrico, fechado hidráulicamente. O fio mergulha na água sobre uma plataforma giratória que o leva ao forno, onde entra para um cilindro hermeticamente fechado, que durante uma hora o mantém à temperatura de 1 045° F. O ar é extraído para evitar a oxidação.

As máquinas que realizam o segundo estiramento são providas de oito diamantes furados, através dos quais passa o fio, reduzindo-se em cada qual de alguns milésimos de polegada. Esses diamantes custam 300 dólares cada um e duram seis meses sem desgaste apreciável. O troquel final deixa o fio em condições de receber a camada isoladora, consistente em cinco banhos de esmalte dielétrico e uma capa de algodão. A esmaltagem é contínua e automática. Quatro homens cuidam facilmente de 8 rolos de arame ao mesmo tempo.

O fio sofre, centímetro por centímetro, um exame verificador dos defeitos da esmaltagem e depois vai às máquinas de capear. Essas máquinas são munidas de 18 bobinas de fios de algodão, que giram em tôrno do fio, recobrindo-o de uma capa uniforme muito firme. Quatro homens dirigem 72 fusos desses, onde tudo é automático.

Os métodos de moldar tijolos de bronze foram-se aperfeiçoando de tal modo que não lembram mais a antiga; fundição. A fusão se faz em 12 fornos elétricos, com capacidade para mil quilos de metal, fusível em 70 minutos. O forno permanece imóvel até que o derretimento se opere; depois entra à oscilar para que a mescla se uniformize. Quando o metal fundido alcança uma temperatura de 2 2000 F. Tira-se dele uma amostra que vai aos laboratórios de análise, enquanto o resto se esvazia em moldes de argila refratária.

A seção está provida com tudo quanto é preciso para, um trabalho rápido e eficiente. Em vez de apertar a areia à mão nos moldes, basta comprimir um botão para que um aparelho elétrico execute o trabalho. A areia deve agitar-se e aplastar-se sob forma de massa firme; também isso se faz à máquina melhor do que à mão.

O molde tem que dividir-se em duas partes que se ajustem perfeitamente. Outrora polvilhavam-se essas partes com licopódio, o que encarecia o processo. Nós usamos um preparado da mesma eficácia e mais barato. Uma corrente de ar vibratória e um simples arranjo de engrenagens opera a abertura das formas.

Preparados os moldes, um transportador contínuo os leva ao ponto onde vão receber o metal em fusão. Para que o metal não fugisse por entre a fenda dos moldes costumava-se outrora meter pesos sobre eles, rude tarefa para o músculo humano. Nós o fazemos mecanicamente.

Mais adiante abrem-se os moldes e extraem-se as peças fundidas, enquanto as formas voltam automaticamente para trás.

Os tijolos assim obtidos vão ter a grandes laminadores cilíndricos que os pulem.

Toda essa seção é automática e segura. Duplos tornos automáticos trabalham em cada 8 horas 6.000 tijolos, com tanta precisão que apenas sofre refugo de 1,3% do total.

Nas máquinas de furar eliminamos sua característica mais perigosa: confundir a mão do operário com a peça de metal.

Para a classificação ou inspeção dá longitude das peças há uma máquina com três jogos de discos, dispostos de maneira que o inicial colha as peças demasiado grandes, o segundo as de tamanho justo e o terceiro as de tamanho inferior, tudo regulado até decimilímetros.

Que significa tudo isso? Significa apenas que em 1918 essa seção produzia em média 350 peças por operário, com perda de 3%, e hoje produz 830 peças por operário, com refugo de 1,3%.

No fabrico de molas conseguimos um progresso idêntico em matéria de precisão e economia de trabalho humano. A laminagem é tão perfeita que os modelos são intercambiáveis. As lâminas endurecem em óleo e se temperam em nitrato a 875° F.

Em 1915, a seção empregava 4 homens para a produção de 50 molas diárias; hoje 600 homens fazem 18.000 por dia.

Temos inspetores em cada etapa do trabalho, para a verificação dos defeitos, mas poucas vezes tem que intervir o seu discernimento. Estamos trabalhando para conseguir a inspeção mecânica. Uma corrente, por exemplo, de 20.000 volts faz o serviço da inspeção dos eixos com mais precisão e sete vezes mais depressa que pelo sistema antigo. Manejado por um só homem esse novo calibrador elétrico substitui 7 calibradores dos antigos, com os operários correspondentes. A prova elétrica consome 10 segundos e indica erros de decimilímetros.

Assim procedemos em tudo. Consideramos nosso dever utilizar o dinheiro do público em seu proveito, procurando sempre obter um produto melhor e mais barato.

CAPÍTULO VII

O QUE É STANDARD?

Em matéria de standard há que ir devagar, pois que é muito mais fácil fixar um standard errado do que um certo. Certas estandardizações marcam apenas inércia; outras, progresso. Daí o perigo de falar ligeiramente a respeito.

Dois são os pontos de vista: o do produtor e o do consumidor. Suponha-se, para exemplificar, que certa comissão do governo examinasse todas as indústrias para descobrir quantas variedades do mesmo produto se estavam fabricando, e suprimisse as inúteis, estabelecendo um standard. Beneficiar-se-ia com isso o público? Em nada, a não ser em ocasião de guerra, tempo em que toda a nação tem que ser considerada como uma unidade produtiva. Em primeiro lugar, não é provável que se pudesse reunir uma comissão de técnica bastante segura para estabelecer standards, visto como a técnica só se obtém dentro de cada indústria e não fora. Em segundo, supondo-se que o primeiro obstáculo fosse removido, tais Standards, embora trouxessem uma economia passageira, acabariam transformados em barreiras do progresso. Os fabricantes passariam a atendê-los, em vez de atender ao público, e o engenho humano se esgotaria em vez de apurar-se.

Não resta dúvida que alguns standards são necessários. Uma polegada, por exemplo, deve ser sempre uma polegada. Quando compramos a peso ou a metro devemos saber quanto compramos. Todos os sapatos nº 9 do país devem ser do mesmo tamanho. Um litro só pode ser um litro e um quilo um quilo. Nesses particulares a estandardização é um bem e contribui para o progresso. O mesmo se dá quanto à qualidade. Um tipo de cimento deve ser sempre o mesmo, de modo a dispensar exame por parte do comprador. O que se vende como «pura lã» deve ser lã pura. Sêda tem que ser sêda.

O pequeno comprador sem meios de verificação precisa confiar na qualidade do artigo anunciado. Isso não só é conveniente como evita a concorrência desonesta dos que vendem um artigo inferior como superior.

Mas ao tratar do estilo dos produtos a coisa muda. Os desconhecedores dos processos e problemas industriais gostam de imaginar um mundo estandardizado, no qual todos vivêssemos no mesmo tipo de habitações, vestindo as mesmas roupas, comendo as mesmas comidas e agindo e pensando do mesmo modo. É difícil de calcular quanto duraria um mundo assim, pois que com a equiparação do pensar ao não pensar a direção (*leadership*) desapareceria.

A finalidade da indústria não colima uma estandardização automática do mundo em que o cérebro se torna inútil. Quer, ao contrário, um mundo em que as criaturas tenham ocasião de empregar o cérebro, libertas da preocupação obsedante de prover a subsistência. Não é fim da indústria amoldar o homem por uma mesma forma; nem tampouco elevar o trabalhador a uma falsa posição de supremacia. A indústria existe para servir ao público, do qual o trabalho faz parte integrante. Existe pata libertar o corpo e o espírito da vida aflita, abarrotando o mundo de produtos bons e baratos. Até que ponto se podem estandardizar esses produtos é problema que à iniciativa individual, não ao Estado, incumbe resolver.

A mais forte objeção que se possa fazer contra o grande número de: estios e modelos, é que tal variedade afeta a produção econômica de qualquer empresa. Mas se as empresas se especializam cada qual em seu modelo, a economia e a variedade poderão caminhar juntas. E ambas são necessárias.

Em seu verdadeiro sentido a estandardização equivale à reunião das melhores vantagens do produto às melhores vantagens da produção, de modo que sob o menor preço possa ser oferecido ao público o melhor produto.

Estandardizar um método equivale a escolher entre muitos o método melhor para o caso. A estandardização não tem nenhum sentido, se não significa um esfôrço para algo superior.

Qual o melhor meio de fazer uma coisa? Simplesmente a soma de todos os bons meios descobertos até hoje. Esse total é o standard. Mas decretar que o standard de hoje será o de amanhã, isso excede à nossa força e autoridade. Em torno de nós vemos todos os standards de ontem. Quem os confunde com os de hoje? O standard de hoje suplanta o de ontem e será suplantado pelo de amanhã. Eis um fato que os teóricos desprezam quando imaginam ser certo standard um molde rígido, capaz de conter todos os esforços e perpetuar um aspecto. Se semelhante coisa fosse possível, deveríamos usar hoje os modelos em uso há cem anos, pois não faltou resistência à adoção dos atuais que os substituíram.

Hoje, ao impulso da habilidade do engenheiro, a indústria melhora ràpidamente todos os nossos standards, e em vez desse fato constituir óbice para o progresso torna-se a base do dia de amanhã.

Se considerarmos a estandardização como o melhor que conhecemos no momento, porém sempre aperfeiçoável, estaremos no caminho certo. Mas se a tivermos qual uma prisão, nesse caso o progresso periga.

Já vimos em meu livro anterior que nenhuma usina é bastante grande para fabricar duas espécies de produtos. Nossa organização não basta para construir duas classes de automóveis sob o mesmo teto. Há 7 anos adquirimos a Lincoln Motor Car Company, menos porque precisássemos dela do que por motivos pessoais. Nosso modelo T – o Ford é o nosso negócio básico e dele fizemos um produto de consumo universal. Já não temos nenhuma ideia de fazer o mesmo com o Lincoln. Seu standard não é mais elevado que o do Ford; apenas diverso. Ambos estão estandardizados no sentido de que todos os nossos aperfeiçoamentos têm que dispor-se de modo a adaptarem-se a eles sem mudança essencial. Sem dúvida todas as peças são intercambiáveis – vantagem do trabalho mecânico ainda não de todo aperfeiçoado. E› sempre possível conceber uma máquina que execute um trabalho melhor e mais precisamente do que à mão.

Mas o ponto capital é que, embora sejam os dois modelos propriedade da mesma emprêsa, não são fabricados sob o mesmo teto, por vários motivos. Um é de baixo preço e prático; o operário que o constrói pode adquiri-lo. Com o *Lincoln*, o objetivo não é o mesmo e não está ao alcance do seu operário. Embora não seja um artigo de luxo, pois presta excelentes serviços, não constitui artigo de utilidade corrente. Há uma escala de serviços, do mesmo modo que existem diversas qualidades de criaturas humanas. Certo homem receberá em paga do seu esforço o necessário para adquirir certa classe de artigo, enquanto outro homem obterá pelo seu esforço o necessário para adquirir outro artigo de preço mais alto. Isso em nada viola o princípio do "salário-causa"; antes estende esse princípio a todas as espécies de serviço. Devemos nivelar por cima, não por baixo. Fiéis a esse princípio impediremos que a estandardização se torne um perigo.

Para uma fabricação econômica é essencial que as peças sejam intercambiáveis. Nós não fabricamos carros Ford num certo lugar. Só em Detroit construímos uma certa quantidade para o consumo local Fabricamos as peças, sendo os carros montados nos pontos de destino. Tal concepção implica necessàriamente uma precisão de fabrico desconhecida outrora. Se as diferentes peças não se ajustassem com precisão, a montagem final seria impossível e a maior parte da economia visada se perderia.

Estas considerações nos levam a falar da necessidade duma precisão absoluta de fabrico, levada a um decimilésimo de polegada.

No comum não se pode obter calibre tão rigoroso – e está claro que só nos casos excepcionais nos atemos a tamanho rigor – mas para quase todos os nossos trabalhos a tolerância não vai além de um milésimo de polegada. Para obter tal precisão apelamos para o único homem no mundo, que fez da precisão o objeto exclusivo dos seus estudos: Carl E. Johansson. Contramestre dos arsenais suecos de Elkistuna, teve ele a ideia de combinar os calibradores usados no fabrico de carabinas de modo que um pequeno número de "blocks" pudesse controlar um grande número de dimensões. O primeiro calibrador de Johansson foi concluído em 1897 e hoje são tidos esses aparelhos como os mais precisos do mundo. Adquirimos os direitos da sua fabricação para a América, bem como a fábrica de Pough-Keepsie, Estado de Nova Iorque. Além disso Johansson entrou para o nosso corpo técnico a fim de que prosseguisse em suas investigações.

Tais calibradores são peças retangulares de aço temperado, retificado e polido, de superfícies absolutamente lisas e paralelas, realização mecânica importantíssima, dado o problema que era: a obtenção de tal paralelismo entre duas superfícies de aço. O professor J. Hjelsley, diretor do Departamento das Matemáticas da Universidade de Copenhague, declara que as superfícies desses calibradores constituem o que a mão do homens ainda construiu mais próximo do plano teórico.

As suas superfícies possuem propriedades extraordinárias, friccionadas com a mão e sobrepostas, aderem entre si com uma força equivalente a 33 atmosferas. Os sábios têm proposto várias teorias para explicar o fenômeno: pressão atmosférica, atração molecular e presença de uma camada líquida, extremamente delgada, entre as superfícies em contato. Talvez as três causas reunidas. Dois calibradores friccionados e aderidos por deslizamento resistiram a um esfôrço de tração equivalente a 210 libras – o que prova existir algo além da pressão atmosférica como causa de tamanha aderência.

Diferem entre si, jogos diversos desses calibradores, de um decimilésimo a um centimilésimo de polegada. O decimilésimo é a menor margem de precisão aplicada ao fabrico de instrumentos, mas parece grosseira perto dos calibradores Johansson. O recorde entre eles foi estabelecido por um jôgo que marca diferenças de um milionésimo de polegada. E› de tal delicadeza que o calor do corpo do operador, a diversos pés de distância, afeta os resultados. Esse jogo de calibradores é único no mundo.

Bem que seja o nosso monopólio de tais calibradores, temo-nos esforçado por aperfeiçoar-lhes os métodos de fabricação e reduzir-lhes os preços, para que se ponham ao alcance de todas as oficinas – provando isso que não há incompatibilidade entre a quantidade e a qualidade da produção.

Em nossa usina de Highland Park temos 25.000 máquinas e na Fordson, mais 10.000. Temos ainda outras 10.000 dispersas pelas outras fábricas. De tempos em tempos há necessidade de aparelhar novas sucursais em diversas regiões do Globo; somos forçados assim a ter à nossa disposição peças de recâmbio para essas máquinas – o que nos levou a abordar um importante aspecto da estandardização. Uma operação em nossa usina de Barcelona deve ser executada do mesmo modo que em Detroit, pois não podemos sacrificar o lucro da nossa experiência. Um homem que trabalha na rede de montagem de Detroit deve poder ocupar instantâneamente o lugar correspondente na de Iocohama ou São Paulo. Cada uma de nossas máquinas só executa a sua operação, embora no caso das máquinas automáticas essa operação se desdobre em diversas. Os planeadores de máquinas têm a tendência de as estabelecer sem atenção a urna outra. Cerca de 90% das nossas são estandardizadas e a adaptação delas a urna só operação é coisa de detalhes. Exemplo: uma operação exige numa lâmina de aço um furo de 7/S de polegada de diâmetro. Outrora isso se fazia onerosamente e com lentidão. Tínhamos 30 perfuradeiras que exigiam muitos homens, além de que se perdia muito material. Substituímo-las por uma perfuradeira Standard, para a qual os nossos homens projetaram um novo jogo de ferramentas, fazendo-a realizar uma tarefa muito diversa da que realizava até então. E verificamos que já tínhamos aberto furos numa extensão de 500 milhas antes que o novo processo, econômico de tempo e trabalho, fosse criado.

Possuímos 800 máquinas especiais cujo fim é atender às necessidades do nosso trabalho. A classificação geral das máquinas standard compreende 250 epígrafes distintas, cada uma subdividida em tipos e variedades que ascendem a milhares. Sob a epígrafe "Tornos", "Trituradores", "Polidores"; "Prensas", "Perfuradores", etc., aparecem listas de centenas de variedades, cada qual de seu tamanho e modelo próprio. Sem embargo, com uma produção superior a 8 000 carros diários, há menos dinheiro invertido em instrumentos de duração precária do que quando só produzíamos 3 000.

Esses instrumentos estandardizados são o produto de vinte anos de esfôrço. E o sistema se desenvolveu a tal ponto que o nosso instrumental se obtém com tanta facilidade como a ferragem comercial comum. O mesmo acontece com o equipamento necessário à construção da maquinaria produtora. Engrenagens, chaves, transmissões, alavancas, pedais e os outros elementos de uma máquina então já estandardizados – e pela combinação destas peças standard se constrói até a máquina mais especializada.

Modelos complicadíssimos só exigem a fundição especial do arcabouço. A nova polideira de vidro exemplifica isso. O mecanismo impulsor do disco se compõe de uma engrenagem, eixo e volante – tudo standard. Essa simplificação do equipamento mecânico é a base sobre que descansa o nosso programa fabril.

O mesmo sistema é seguido em todas as sucursais da emprêsa. Os transportadores nela usados e as cadeias respectivas são sempre standards. Todo o material já vem em tamanhos standards. Reproduzimos em papel azul toda a maquinaria, com as diversas indicações sempre colocadas no mesmo lugar das páginas para que não se perca tempo em procurá-las. Uma série de livros intitulada Ford Tool Standards contém todos os dados necessários e retraça a história completa e minuciosa da nossa experiência em todos os ramos. Esses livros têm permitido a economia de milhares de dólares, ajudando muito útilmente a formação técnica dos novatos. Sua mais alta importância, porém está em permitir que conservemos a unidade do trabalho no conjunto da nossa empresa.

Esse sistema de estandardização da maquinaria e do instrumental apresenta inúmeras vantagens. O problema do instrumental mecânico (*machine tool*) se reduz a um simples caso de ferragem comum, apenas um pouco mais oneroso. Na construção por esse processo, de maquinaria especial, são possíveis imensas economias, e caso um modêlo não resulte satisfatório suas peças principais podem ser aproveitadas. O equipamento das sucursais torna-se muito simples, como se torna simples a sua conservação. A economia resultante pode ser imaginada.

As vantagens da estandardização refletem-se na produção, e sua desvantagem só se cifra no gasto que uma mudança de standard determina, o que aliás se compensa com o lucro a que a melhoria do standard dá lugar. Temos realizado muitos aperfeiçoamentos em modelos, materiais e métodos de fabrico; mas lucro passamo-lo todo para o consumidor. Nossos modelos de carro apresentam-se o melhor que podem, visto cada peça ter de fabricar-se à luz de três princípios, nesta ordem de importância: 1) resistência e leveza; 2) economia no fabrico; 3) aparência.

Poderão perguntar: "Será preferível o sacrifício do útil ao artístico ou vice-versa?" Mas de que serviria um bule de chá que não despejasse bem, em virtude da bela ornamentação do seu bico? De que serviria uma pá que ferisse a mão do operário com os artísticos lavores do cabo? Se a decoração prejudica a função de um objeto útil, ele deixa de ser uma coisa artística ganharia em ser posto de lado, qual um trambolho.

Tem-se dito que o comércio e a indústria do automóvel são fatais à arte, mas não é verdade. Quando a arte se divorcia da utilidade é que nela existe algo de falso. Indústria e arte não são incompatíveis, mas torna-se necessário muito critério para conservá-las em justo equilíbrio. Um automóvel é um produto moderno e tem que construir-se, não para representar o que não é, mas para realizar o trabalho a que se destina.

Em 1925 fizemos certas mudanças no nosso carro, a fim de aumentar-lhe o confôrto. No motor não tocamos: é o coração do carro. Ao todo, 81 modificações de maior ou menor importância. Nenhuma se fêz levianamente. O novo modêlo antes de ser adotado esteve em prova por todo o país, em trabalho efetivo durante meses.

Após nos decidirmos às modificações, o passo imediato consistiu em planejarmos o modo de fazê-las.

Fixamos uma data para o começo das transformações. A seção de planejamento teve que calcular com exatidão a quantidade de material necessário para assegurar a plena produção até essa data, de modo que a mudança não determinasse sobras de peças. O mesmo cálculo foi feito para as nossas 32 usinas associadas e 42 sucursais.

Enquanto isso os engenheiros tiveram de fazer centenas de desenhos para a construção dos novos moldes e instrumentos necessários. Era preciso que a produção não se detivesse e para isso escalonamos as mudanças, modificando uma seção após outra, de modo a não perturbar o fabrico.

Tudo isso parece Muito simples, mas tivemos de desenhar 4 759 "punchs" e matrizes, além de 4 243 máquinas e acessórios, construindo 5 622 "punchs" e matrizes e 6 990 máquinas.

O custo do trabalho subiu a 5.682.387 dólares e o do material a 1.395.596. A montagem em 13 sucursais dos novos fornos de esmaltar custou 371.000 dólares e a substituição do equipamento mecânico ficou, em 29 sucursais, em 145.650. Quer dizer que tais modificações nos custaram mais de 8.000.000 de dólares, além do tempo perdido para a produção.

CAPÍTULO VIII

A LIÇÃO DO DESPERDÍCIO

Se de nada nos servíssemos, nada esperdiçaríamos. Parece evidente, mas observe-se isso a uma outra luz. Se de nada nos servíssemos não esperdiçaríamos tudo? Abstermo-nos do uso não é uma forma do desperdício. Se um homem padeceu miséria durante os melhores anos da sua mocidade pensando numa velhice pacífica, conservou ele ou esperdiçou os seus recursos? É, em suma, construtiva ou destrutivamente econômico?

Como havemos de medir o desperdício? Em regra o avaliamos sob o aspecto material. Se uma dona de casa adquire o dobro dos alimentos necessários à sua mesa e deita fora o excesso, diz-se que é esbanjadora. Mas se a dona de casa não põe à mesa senão metade do necessário, poderá ser chamada econômica? De nenhum modo. Essa mulher revela-se ainda mais pródiga do que a primeira, visto como esperdiça valores humanos. Tira aos seus a força que lhes é necessária na luta da vida.

Sêres humanos são valores mais preciosos do que as coisas materiais – embora de comum não se pense assim. Tempo houve em que a sociedade enforcava um homem que furtava um pedaço de pão Hoje esse delito é tratado de modo diverso; a sociedade agarra o ladrão, encarcera-o e priva assim o mundo de uma unidade capaz de produzir milhares de pedaços de pão; e ainda faz mais: entra a empregar no seu sustento infinitamente mais pão do que o furtado. Não só desperdiça a força produtiva desse homem, como tira de outros produtores o necessário para mantê-lo na inação. Haverá mais flagrante desperdício?

Certo que é necessário – e o será ainda no futuro, enquanto não se difundir a ideia de que os lucros da desonestidade são menores que os da honradez; mas não existe razão para considerar um cárcere como um túmulo de vivos. Sob uma inteligente direção, não a direção política – todos os cárceres do país se transformariam em unidades industriais, pagariam aos presos salários mais altos do que, livres, ganhariam fora e provê-los-iam de boa alimentação, prestando ao Estado um serviço ótimo. Já temos prisão com trabalho, mas em regra trabalho maldirigido e degradante.

Um criminoso é um parasita; mas depois de prêso e sentenciado é um grande desperdício persistir em considerá-lo como tal. Podemos transformá-lo num produtor e até num homem. Todavia, como tão pouco valorizamos o tempo humano e tanto valorizamos as coisas materiais, não ouvimos falar do desperdício da energia humana nos cárceres, nem no terrível desperdício que é suprimir o apoio natural de muitas famílias, deixando-as a cargo da comunidade.

Prestamos um serviço à comunidade conservando nossos recursos naturais à custa de nos abstermos de usá-los? Não. Seria aferro à velha concepção de que uma coisa vale mais que um homem. Nossos recursos naturais são amplos, dadas as nossas necessidades presentes. Não temos que nos ocupar dele aqui, e sim do desperdício do trabalho humano.

Tomai um filão carbonífero em uma hulheira. Enquanto permanece no seio da terra não possui nenhuma importância. Mas desde que um bloco de carvão é extraído e enviado para Detroit, torna-se algo muito importante, porque representa uma certa quantidade de trabalho humano, empregado em extraí-lo e transportá-lo. Se esperdiçarmos um só pedaço de carvão ou se dele não tirarmos toda a utilidade de que é suscetível nesse caso esperdiçamos o tempo e a energia dos homens que o extraíram.

Os materiais nada valem em si. Só adquirem importância quando chegam às mãos do industrializador.

Economizar porque são materiais e economizá-los porque representam certa quantidade de trabalho pode parecer a mesma coisa; bem examinado o caso vê-se que não é pequena, a diferença. Se considerarmos os materiais como trabalho, utilizá-losemos com mais cuidado. Em nossa empresa, não esbanjamos nenhum material, na fiúza de que possuímos meios de recuperar o desperdício. Porque essa recuperação implica trabalho. O ideal é não ter desperdícios a recuperar.

Possuímos um grande departamento de recuperação que nos rença. Se considerarmos os materiais como trabalho, utiliza-1os que esta seção aumentava, avultando em rendimento e eficiência, começamos a fazer-nos uma pergunta.

– Por que motivo havemos de ter tanta coisa a aproveitar? Não estaremos dando maior atenção à recuperação dos desperdícios do que ao próprio desperdício?

E, atentos ao caso, pusemo-nos a examinar os nossos processos. Algo do que fazemos para poupar trabalho humano já foi exposto atrás, e adiante direi do que fazemos com o carvão, a madeira, a energia motriz e os transportes. Neste capítulo falarei do desperdício existente, que já conseguimos eliminar na importância de 80 milhões de libras de aço por ano. Essa quantidade de metal representa o nosso lixo de outrora, que tinha de ser recuperado à custa de um desperdício de trabalho no valor de três milhões de dólares anuais. Tal econonia realizou-se de modo tão simples que só nos admiramos de não havermos pensado nisso antes.

Exemplos: Tínhamos o hábito de recortar o cárter dos nossos motores em fôlhas de aço da exata largura e comprimento dessa peça. Este aço nos custava $0,0335 a libra, em virtude da mão de obra que exigia o seu preparo. Hoje compramos fôlhas de 3,75 metros de comprimento ao preço de $0,028 a libra; reduzimo-las a 2,72 metros – a parte recortada servindo para fazer outra peça – e tiramos de cada uma delas cinco cárters numa só operação. Economizamos assim 4 milhões de libras de aparas de aço por ano, com uma redução nas despesas de uns 500.000 dólares.

O suporte do para-brisa é de forma um tanto irregular e nós o recortávamos em fôlhas retangulares de aço de 18x32 1/2 polegadas. Obtínhamos 6 suportes por fôlha e certa quantidade de resíduos. Hoje, com o uso de folhas de 15 1/2x32 1/2, cortadas sob um ângulo de 7 graus, obtemos os mesmos seis suportes, mas ganhamos dez tiras próprias para pequenas peças. Isso economiza 750.000 quilos de aço por ano.

O suporte em forma de cruz do reservatório de óleo era moldado em aço, saindo ao custo de $0,0635. Agora, cortamos em separado os dois ramos da cruzeta sem nenhum desperdício e os soldamos. Passaram a sair-nos a $0,0478..

O coxinete de direção, que é de bronze, tinha antes, 3 milímetros de espessura. Verificamos que metade dessa dimensão fazia o mesmo trabalho – donde a economia de 60.000. quilos de bronze, ou mais de 30.000 dólares por ano

O suporte do farol é uma cruz de 0,187m.x0,87 m. e dela recortávamos 14 numa lâmina de 0,162m.x0,875m. Reduzindo o tamanho do suporte a 0,178 m.x0,078m. obtemos hoje as mesmas 14 de uma lâmina de 0,128 m.x0,875 m., com economia de mais de 50.000 libras de aço por ano

Antes recortávamos a polia do ventilador em fôlha de aço: nova; hoje tiramo-la de certo sobejo, com lucro de 30.0-.000. libras de metal por ano.

Com ligeiras modificações em 12 pequenas peças de latão poupamos por ano cérea de um milhão de libras desse material:

E assim por diante.

Essa política é aplicada a tudo. Verificamos que em muitas fôlhas de metal e barras adquiridas- sob certas dimensões não sòmente pagávamos o custo e os resíduos que ficavam nas fábricas, como ainda perdíamos metal útil, obtendo menos peças dé cada fôlha ou barra e aumentando os nossos resíduos. De modo que de todos os lados havia desperdício. Já estamos há um ano nos ocupando disto e apenas no comêço.

O resíduo é coisa a evitar-se e só devemos pensar na sua recuperação quando não existir outro remédio. Considerávamos, por exemplo, os trilhos usados dos carris como resíduo de aço só próprio para a fusão. Agora os fazemos passar pelo laminador, obtendo excelentes barras; próprias para muitos fins. Estamos a desenvolver essa ideia e a estender as suas aplicações. Por outro lado, o aço que agora consideramos como resíduo sobe a mil toneladas ou mais por dia. Antes vendiamo-lo a Pittsburg, donde o recomprávamos transfeito em aço novo, pagando dois transportes. Hoje temos em River Rouge uma série de fornos elétricos e um grande laminador, de modo que nós mesmos recuperamos esse resíduo e ganhamos o transporte. Se não é possível evitar de todo o resíduo, ao menos que se economize o desperdício de trabalho que seu transporte e aproveitamento consomem.

A recuperação de materiais nas oficinas desenvolveu-se até constituir uma grande indústria, que permite o emprego de homens de aptidão física abáixõ da média e, pois, incapazes de servir nas oficinas de produção o que representa uma nova forma de lucro. A simplificação das ferramentas e máquinas (ver 'capítulo anterior) muito favorece a recuperação – todos os serviços de uma -indústria devem prestar-se um mútuo apoio.

Milhares de ferramentas partidas e máquinas estragadas vão ter diàriamente às oficinas de consêrto. O valor das correias enviadas a reparo sobe a mais de 1:000 dólares por dia. Tôdas se consertam ou se reconstituem, sendo os resíduos empregados para fazer os cintos de uso dos lavadores de vidros, ou entregues aos sapateiros para que virem solas de sapatos.

Ferramenta quebrada de toda espécie – tenazes, chaves, cisalhas, mandris, tesouras, brocas, martelos, calibres, serras, plainas, etc. sofrem o reparo preciso e voltam às oficinas. Tais reparações não são remendos. São reconstruções segundo desenhos originais, respondendo a todas as exigências técnicas.

Essa seção possui um registro de todas as nossas operações mecânicas, e da classe e tamanho exato de todas as ferramentas em uso. Por ele. Sabemos incontinenti o que é possível fazer duma ferramenta estragada. Em regra há vantagem em refazê-la em ponto menor.

Todas as ferramentas de aço são classificadas antes de 'serem refeitas. Os cabos de toda espécie são recuperados – o de uma pá, por exemplo, reduz-se a vários cabos de chaves de parafuso ou formões. Picaretas, grades, pás, alavancas, vassouras – tudo se recupera. Tubos, válvulas, charneiras. Quinhentos galões de pintura velha são recuperados diàriamente e utilizados em empregos mais brutos. O aproveitamento do óleo usado na têmpera do aço sobe a 2.100 galões diários.

Resíduos de metais ou ligas, como o cobre, o latão, o chumbo, o alumínio, a solda de estanho, o ferro e o aço são refundidos, depois de uma fácil classificação.

Até a areia dos moldes de fundição recuperamos, menos pelo seu valor intrínseco que pelo valor da matéria já .transportada Resíduos de óleo: parte volta a ser lubrificante; parte vira combustível. Descobrimos um processo de diluir o cianureto empregado no tratamento a quente dos metais,. e também um cimento revestidor das polias – que reduz o deslizar das correias e poupa assim energia.

Velhos tijolos refratários que se quebram voltam a ser tijolos. A escória da fundição dá os seus produtos. No departamento fotográfico se recuperam os sais de prata dos reveladores – o que representa uma economia anual de 10.000 dólares.

A grande quantidade de papel e trapos que se juntava em nossas usinas, bem como o cavaco das seções de carpintaria, :preocupavam-nos. Pensámos em transformar tudo em papel, mas disseram-nos que só a madeira mole dá papel. Não obstante montamos um moinho para reduzir os resíduos da carpintaria a pasta e obtivemos bons resultados. Nossa fábrica de papel utiliza hoje 20 toneladas de detritos por dia, produzindo 14 de papelão macio e 8 de papelão rígido – um papelão impermeável, criado pelos 'nossos laboratórios, e tão resistente que uma tira de 10 polegadas suporta o pêso de um *Ford.*

Empregamos máquinas estandardizadas,. aperfeiçoadas e adaptadas de maneira a nos permitir uma produção contínua com o mínimo de trabalho humano. 37 homens apenas bastam para assegurar o funcionamento da fábrica de papel, composta de 5 instalações separadas.

Uma parte da produção é empregada nos carros e o resto na embalagem de peças – o que nos economiza muita madeira.

Os altos-fornos dão por dia 500 toneladas de escórias; 225 se transformam em cimento e o resto, depois de moído, é empregado na pavimentação.

No fabrico do cimento, para evitar o pó, usamos um processo úmido, que já começa a ser adotado por outros fabricantes.

À medida que a escória sai do forno, uma. corrente de água fria a toma e a deixa esquirolada em ponto de sal grosso. Essa massa, onde a escória.entra, na proporção de 10 a 40%, é aspirada e vai por um tubo de 1.300_pés à fábrica de cimento, onde cai nos elevadores de secagem, eliminada a água, as escórias seguem em correias de transporte contínuo às moegas de armazenamento. Como esta escória contém 1.% de ferro,' é ele retirado em caminho, por meio de possantes ímãs, e volta ao forno.

Das moegas a escória passa ao moinho onde, de mistura com calcário moído e água a 30%, se reduz a pó. Antes que a mescla deixe o moinho está ela tão fina que na quase totalidade passaria por um crivo de 200 malhas por polegada quadrada. A mistura apresenta a densidade-do creme e segue por aspiração aos depósitos, depois das competentes análises e correções.

Desses depósitos passa a fornos giratórios de 150 pés de diâmetro e é intensamente aquecida; o cimento sai em forma de tijolos e depois, adicionado dum pouco de gesso, reduz-se a pó.

A fábrica produz-nos umas 2.000 barricas diárias. Pequena parte vendemos aos nossos empregados, que assim obtêm um cimento a preço inferior aos do mercado.

O importante disso tudo, repetimos, é o aproveitamento do trabalho humano de modo a valorizá-lo cada vez mais.

Foi com esse mesmo fim que compramos 200 navios ao govêrno. Tinham sido feitos pela *Emergency Fleet Corporation* para uso de guerra, e **não havia oferta comercial para e**les. Desmontamo-los em nossa usina de Karny e utilizamos os motores em nossas fábricas menores, pois eram ótimos. Não tencionávamos ganhar dinheiro com isso - nem os compramos com tal fim. Fizemo-lo para não vermos perder-se tamanha quantidade de tão bom material tanto trabalho quando havia meio de evitar isso . Compramo-los tendo em mente, não o "lucro-causa", mas o ``salário-causa"

A indústria está obrigada perante a sociedade a conservar os materiais de todas as maneiras possíveis. Não só para reduzir o custo do artigo fabricado como para não esperdiçar materiais cuja produção e transporte constituem uma carga crescente :para a sociedade.

Hoje em dia as emprêsas de fabricação só existem para fabricar seus próprios produtos. Não se ligam à comunidade.

Cada vez, entretanto, se torna mais evidente que as grandes empresas fabris podem ser muito mais úteis à sociedade do que o são. No fornecimento de combustível e energia, por exemplo. Pelo sistema atual o carvão transportado a uma fábrica se queima precisamente debaixo de suas caldeiras, só sendo aproveitado em parte. Um milheiro de vagões de carvão é entregue às usinas duma grande aglomeração industrial e é tudo. Num tempo em_ que o carvo se tornar mais escasso, o fornecimento de combustível às usinas, e casas particulares constituirá dois negócios distintos.

Algum dia – e sempre com o objetivo de economizar o trabalho humano – uniremos essas atividades, hoje separadas. Todas as manifestações da vida devem e podem ser complementares.

CAPITULO IX

FONTES DE PRODUÇÃO

Consideramos a indústria, antes de tudo, como um problema de administração – coisa que se confunde com direção. Não podemos suportar esse tipo de direção que dá ordens aos berros entorpece o trabalho dos homens em vez de dirigi-los. A verdadeira direção procede discretamente, guiando. Tem por fim utilizar as máquinas de modo a simplificar as operações e suprimir a necessidade de dar ordens. Se a direção não começa na mesa de desenho seu efeito nunca se fará sentir nas oficinas.

Quem dirige é o trabalho, não o homem. E o trabalho planeja-se na mesa de desenho, onde se subdividem as operações de modo que cada homem e cada máquina só realizem uma coisa. Regra geral flexível, que há de ser aplicada com discernimento e bom-senso. Se se pode construir uma máquina que realize várias operações ao mesmo tempo, seria um desperdício ter várias máquinas para o mesmo fim. Se um homem pode fazer duas coisas ao mesmo tempo, deve fazê-las.

Imaginam por aí, vulgarmente, que o pivô do nosso sistema consiste no emprego de plataformas móveis e transportadores. Mas nós só recorremos a esses meios onde quer que facilitem o trabalho. No fabrico de faróis, por exemplo, não nos servimos deles porque a natureza das peças lhes contra-indica o emprego. Já em muitas seções os transportadores nos são úteis em extremo, sobretudo nas de montagem.

A questão é conservar todas as coisas em movimento, de modo que o trabalho vá ter ao homem e não o homem ao trabalho. Essa é a verdadeira base do nosso método, sendoos transportadores uma das suas consequências.

A chave nossa força produtiva está na inspeção, que ocupa mais de 3% do pessoal. Isso simplifica a direção. Todas as peças se inspecionam em cada etapa do seu fabrico.

Se se quebra uma máquina, aparece imediatamente a turma de mecânicos que tem de repará-la. Os homens não deixam o serviço para apanhar uma ferramenta; ela lhe é levada. Mas pouco disso acontece porque o contínuo trabalho de limpeza e conservação impede que se quebrem máquinas e se precise recorrer a ferramentas. Se este caso se dá, entretanto, nenhum atraso sobrevém. Cada seção possui o seu equipamento de prontidão. Outrora tínhamos as ferramentas em grande armazém especial, diante de cujas janelas os homens se enfileiravam para recebê-las. Vimos logo que nos custava 25 cents do tempo de um homem o simples fato de, por esse processo, muni-lo duma ferramenta de 30 cents. Suprimimos o armazém central. É absurdo pagar a um homem para que espere que lhe deem uma ferramenta. Isso não é servir bem ao público.

Agachar-se para colhêr uma ferramenta ou peça também não é movimento produtivo; daí o pormos todo o material ao nível da cintura dos homens.

Nosso sistema de direção não constitui um sistema; consiste em planejar os melhores métodos de realizar cada trabalho e também planejar o trabalho. Só o que pedimos aos operários é que realizem o trabalho que lhes pomos na frente, trabalho que jamais excede ao que um homem pode fazer sem grande esfôrço durante 8 horas. E, bem pago, o operário nos atende. Quando a direção se torna um "problema" é sinal de organização defeituosa do trabalho.

Naturalmente que se os operários se submetem a algum contrôle externo, limitador da quantidade diária de trabalho nesse caso a direção se torna impossível, não se podendo pagar altos salários para a produção de coisas baratas. Fracassa então o "salário-causa".

Com mira posta na eliminação de movimentos inúteis tão fatal numa fábrica, como num coxinete – começamos, tempos, atrás, a construir a usina Fordson, o coração da nossa indústria. Há 4 anos compunha-se ela de um forno de fundição, várias oficinas e uns 3.000 operários .

Depois adquirimos terrenos e erguemos os edifícios necessários à construção dos barcos *Eagle*, de uso contra os submarinos (ver *Minha Vida e Minha Obra*). Hoje ocupa essa usina 405 hectares de área, possui 1.500m. de beira de rio e emprega mais de 70.000 homens.

Não está em nosso programa a construção de fábricas muito grandes. Achamos que as pequenas também exercem uma função e temos a respeito experiências valiosas. Mas a Fordson trabalha matérias-primas, e com intuito de evitar transportes suprimíveis agrupamos nela as montagens mais pesadas, como a dos motores, e também a totalidade da construção do trator Fordson.

A razão da existência da Fordson é o transporte.

O rio Rouge não é bem um rio – não obstante, conseguimos utilizar integralmente sua força. Hoje está dragado e os navios dos. Grandes Lagos, bem como pequenos navios de mar chegam aos nossos cais. Construímos uma baía de grande extensão, de modo que o transporte fluvial se acha hoje a serviço nosso. Minérios e madeira do Alto Michigan chegam diretamente das nossas minas e matas à fábrica. Além disso é ali o ponto terminal da Detroit – Toledo – Ironton, via férrea que nos liga às nossas jazidas de carvão e se cruza com 9 importantes estradas de ferro. Em vista disso podemos com toda a economia trazer à Fordson toda a nossa produção.

A fábrica foi planejada com ideia única de simplificar-se à manipulação do material bruto e possui o que chamamos a "Linha Alta", verdadeira coluna vertebral do seu sistema de transporte. Consiste ela em um edifício de 12m. de altura por 1.000 de comprimento; com cinco linhas férreas e duas vias de rodagem, protegidas, a atravessarem o edifício em toda extensão. A linha exterior, mais próxima dos armazéns de carvão e minério, ergue-se sobre arcabouço de suspensão, o que permite a descarga dós vagões por gravidade. Sob estas linhas, estão os caixões móveis que abastecem os fornos e outras unidades. Todo o espaço subjacente às linhas é plenamente utilizado. Aqui, oficinas onde se fabricam peças de locomotivas, ali, armazéns de ferramentas ou material, depósitos de carros, etc. Noventa quilômetros de via férrea suplementar permitem a circulação de trens por toda a fábrica.

A maior parte do carvão,, minério,. pedra, cal e madeira vem em barcos e tudo. sé há disposto para facilitar um regime de armazenagem permissor de que a produção da fábrica não se prejudique no inverno por ocasião do congelamento das águas. Os primeiros caixões armazenadores estendem-se por meio quilômetro com capacidade superior a 2 milhões de toneladas.

Os barcos que entram descarregam à razão de 1.050 toneladas por hora, mediante aparelhos que erguem 12.000 quilos por vez. Esses primeiros caixões se ligam entre si por, meio de pontes condutoras de 156m. as quais transportam o material de um para outro ou para a Linha Alta, onde se acham os caixões móveis que o distribuem.

Nosso recorde de descarga é de 115.000 toneladas de minério em 10 1/2 horas. O tempo médio de descarga de um navio vai a 11 horas e está sendo reduzido.

Considere-se a importância de tudo isso à luz da produção (Não falaremos agora da usina de força. Basta saber-se que estamos centralizando na Fordson a produção de energia para Highland Park, Dearborn, Lincoln, Fiat Rock, e via férrea, e que 40% dessa energia sai, como subproduto, dos altos fornos.) Vejamos as operações. O carvão chega das nossas usinas do Kentucky e armazena-se sob a Linha Alta quando não segue diretamente para os fomos de coque, sendo pulverizado em caminho.

Possuímos 120 fornos de temperatura alta, com capacidade para 2.500 toneladas diárias. São fornos de subprodutos onde recuperamos os produtos que nos servem, e além desses o sulfato de amoníaco, que vendemos, como acontece também ao nosso benzol.

O carvão entregue à fábrica nos fica a 5 dólares a tonelada, mas convertido em coque e derivados passa a valer 12 dólares.

Construímos ainda uma fábrica de tintas e vernizes para utilizar esses derivados. Parte do gás oriundo da destilação serve para aquecer os fornos, de modo que a operação se faça contínua. Outra parte vai para Highland, e o resto é vendido para a empresa local do gás – o que mostra como as indústrias úteis à comodidade podem ligar-se a essa. O alcatrão e o óleo mineral empregamo-los em nossa indústria.

Junto aos fornos de coque encontram-se os de fundição, abastecidos de minério, coque e calcário por meio dos caixões móveis da Linha Alta. A carga desses fornos se faz à razão de duas toneladas de minério, uma de coque, meia de calcário e três e meia de ar. O produto obtido, desdobra-se em uma tonelada de ferro, meia de escória e cinco e meia de gás – ou 200.000 pés cúbicos. Nada disso se perde.

O gás, depois de filtrado, vai para o serviço dos pequenos fornos e para a usina de energia, da qual constitui o principal combustível: As cinzas também se aproveitam. Outrora eram tidas como resíduos, apesar de se constituírem pela metade de ferro puro. Nós as levamos à usina de transformação, onde, misturadas a retalhos de ferro, formam massas densas, suscetíveis de fusão. O processo permite não só a recuperação de enorme quantidade de ferro como ainda economiza o trabalho antigo da remoção do resíduo.

Quando essa usina principiou a funcionar já tínhamos em acúmulo cinza suficiente para o fabrico de 600.000 blocos de cilindros. O funcionamento dos fornos exige poucos operários, visto tudo se realizar por processos automáticos Perfuradeiras elétricas abrem: furas na argila dos fornos no momento do despejo e um canhão de ar comprimido as tapa de novo com balas de argila. E como já vimos atrás as escórias vão à fábrica de cimento.

A fundição se procedia outrora em Highland Park, mas hoje toda ela se faz na Fordson para evitar o transporte e a necessidade de novo aquecimento do metal. A área que a Fordson ocupa anda por 12 hectares e tudo ali se faz por meio de transportadores. O solo é pavimentado e mantido em perfeito estado de limpeza; tubos aspirantes de pó e ventiladores mantêm a pureza e frescura do ambiente. Na realidade, coisa nenhuma recorda ali as velhas fundições.

Essa usina não se divide em seções. Tudo se entrelaça por meio de transportadores para que a operação seja contínua.

O fabrico dos moldes forma uma cadeia sem fim que alimenta os transportadores, os quais levam os moldes aos pontos de despejo do metal líquido. Constroem-se também moldes sobre trasportadores, os quais se concluem alguns metros antes de alcançar o despejo. O retorno permite aos blocos fundidos resfriarem-se antes de atingidos os pontos de abertura dos moldes. Aí são extraídos e limpos, seguindo sempre em transportadores, e ainda quentes, para os tambores rotativos onde se alisam por fricção.

O bloco do motor constitui a peça mais pesada do carro. Fabricávamo-la em Highland, o que valia por perda de tempo e trabalho, visto têrmos de remetê-la para lá e depois transportá-la às nossas sucursais mais próximas de Fordson do que de Highland Park. Isso nos levou a montar essa peça ali mesmo, operação que se realiza num edifício de 240 x 180 metros; quatro rêdes móveis de montagem permitem que esse trabalho seja contínuo.

O ponto de partida é o alto-forno, e o término, o vagão que o levará a destino.

O bloco depois de fundido, sai da fundição num transportador e dirige-se às redes de montagem. Enquanto caminha, vai sendo trabalhado; colocam-se-lhe as peças e o bloco chega ao fim transformado em motor. Tudo sem a menor interrupção. Dessa mesma usina saem as peças do trator. Vão dali a sua seção e saem por si mesmas da fabrica, rumo aos vagões de remessa.

Nossos processos atuais diferem nos detalhes dos que descrevi em "*Minha Vida e Minha Obra*". Mas os princípios são os mesmos. Reunindo tudo na Fordson pudemos reduzir muitíssimo o tempo empregado na fabricação – vindo daí o dizer-se que entregamos os nossos tratores ainda quentes!

Ao contrário do carro, o tratar sai completamente concluido da usina. Forma um todo tão compacto que se tornaria mais oneroso expedi-lo em peças para as estações de montagem.

Já de alguns anos, como notei, possuímos fornos elétricos de 5.0 toneladas para o aproveitamento dos resíduos de aço. Estamos agora montando outros e um laminador, de modo que além de fundir o nosso aço possamos laminá-lo e, se convier, fabricá-lo.

Tenho grande fé no aço. Nosso modelo T vingou graças ao aço vanádio, único que oferecia a resistência requerida. Estamos a estudar diversos tipos novos e creio que a leveza e resistência necessárias ao aeroplano metálico serão obtidas por meio dele. Temos que estar prontos para fabricar todas as qualidades que a nossa indústria exigir.

Quando começarmos a perceber algumas das possibilidades que encerra esse material, veremos então que a verdadeira idade do aço ainda não chegou. Transportamos hoje muito metal em nosso país, quase todos os produtos de aço de que nos utilizamos são muito pesados. Sempre que empregamos dois quilos de aço comum onde meio quilo de aço especial faria o mesmo efeito estamos impondo ao público um fardo inútil que se traduz por preços mais altos, consumo menor e salários diminuídos. O aço tem mais futuro que qualquer outro metal.

Consequência curiosa de atribuir o trabalho à máquina em vez de pedi-lo ao homem é a crescente necessidade de operários peritos na construção de novas máquinas e no reparo das velhas. Muita gente clamou que o aperfeiçoamento das máquinas destruiria a alta mão de obra. Os fatos estão provando o contrário. Mais do que nunca necessitamos agora de bons mecânicos e cada vez mais se acentua a procura de especialistas. A construção e o reparo de maquinismos constitui em nossa empresa uma grande indústria que emprega milhares de homens.

À medida que aumentamos nosso acervo de conhecimentos mecânicos, o maquinismo produtor requer cada vez menos vigilância por parte dos operadores; já a sua construção, ao contrário, exigi-lo-á mais. Com o equipamento mecânico que possuímos só podemos construir uma pequena parte das máquinas que usamos; por isso nos temos limitado à construção de máquinas especiais, de desenho nosso. Não obstante construímos algumas das grandes máquinas da nossa usina de energia, O condensador das turbinas pesava 96 toneladas. Também essas turbinas fabricamo-las, não só porque desejávamos introduzir certas mudanças como porque ninguém no-las podia fornecer com a urgência desejada.

As economias obtidas na Fordson são enormes, embora, por falta de metro comparativo, não possamos calcular-lhes a importância.

CAPÍTULO X

VALOR DO TEMPO

O dinheiro invertido em matéria-prima ou artigos manufaturados é considerado comumente como dinheiro vivo. Mas o dinheiro só é vivo quando empregado no negócio; um estoque excessivo de mercadorias é dinheiro que dorme, constitui um desperdício, redundante, como todos os outros, em preços elevados e salários baixos.

O fator tempo intervém na indústria desde o instante em que a matéria-prima sai da terra até o em que o produto passa às mãos do consumidor. Esse fator rege todas as formas de transporte e tem de ser tomado em alta conta num esquema racional de serviço. O método de economizá-lo e utilizá-lo é tão importante como a aplicação da força motriz e a divisão do trabalho.

Se hoje ainda trabalhássemos segundo os métodos de 1921, teríamos de manter uma disponibilidade de matéria-prima, e de produtos definitivos, no valor de 120 milhões de dólares para aquela, e de 50 milhões para esses. Quer dizer, num total de 200 milhões de dólares. Em vez disso só temos nessa inversão um capital médio de 50 milhões; nossa existência de matéria-prima e produtos manufaturados são, pois, menores do que quando a nossa produção orçava pela metade de hoje.

A partir de 1921 nosso negócio cresceu muito, mas, apesar disso, toda essa enorme expansão foi paga com o dinheiro que, pelo velho sistema, estaria amontoado em nossos armazéns sob forma de ferro, aço, carvão ou carros conclusos. Não possuímos hoje um só depósito de carros!

Adiante narraremos como isso se faz; o assunto agora é o fator tempo na indústria. Ter à mão o dobro do material de que se necessita (o que vale por armazenar o dobro do trabalho humano preciso) é exatamente o mesmo que assalariar dois homens para fazer a tarefa de um, desperdício que constitui um crime contra a sociedade.

Igual crime é levar ao consumidor um produto através de 500 milhas, quando há meio de fazê-lo caminhar só 250. Via férrea que faz um transporte em 10 dias, podendo fazê-lo em 5, rouba à sociedade.

Nosso país desenvolveu-se graças ao transporte. As grandes linhas férreas transformaram a nação. Nenhuma barreira política se opunha ao nosso comércio e as estradas de ferro destruíram as barreiras naturais. A indústria fabril se concentrou, naturalmente, no Este, onde se encontravam as jazidas de ferro e carvão e, portanto, se aglomeravam os consumidores de produtos fabris. Hoje, porém, temos tantas cidades de uma costa à outra, e tanta população, que nossas estradas de ferro não bastarão ao movimento caso persista o velho sistema de concentrar a Este todas as indústrias.

GRANDES USINAS

Uma grande usina pode às vezes dar lucro. A nossa Fordson o dá, porque consegue reunir economicamente toda a matéria-prima que elabora. Graças aos nossos métodos, os seus produtos só se oneram com o mínimo transporte. Mas se a Fordson não elaborasse enormes quantidades de matéria-prima, não daria lucro nenhum. Obtém-no em virtude da rapidez do transporte. Em regra, uma grande usina é onerosa. As pequenas, que fabricam uma só coisa e dispõem de energia barata, resultam mais econômicas. Pelo menos é o que a nossa experiência demonstrou, como veremos adiante. O custo da força motriz e do transporte são os elementos essenciais

O DESPERDÍCIO NO TRANSPORTE

Nunca, se repetirá demasiado que o verdadeiro remédio contra o desperdício está na prevenção. Fazer voltar a, saúde ao corpo enfermo vale menos do que não deixá-lo3,

adoecer. Recuperar os resíduos após a produção representa um serviço prestado ao público: mas equivale a serviço maior evitar que esses resíduos apareçam.

O desperdício de tempo difere do de material por não ser recuperável. É o menos difícil e dar-se e o mais difícil de remediar, porque não se torna visível, a juncar o solo, como o outro. Em nossas indústrias consideramos o tempo como energia humana. Se adquirimos mais material do que o necessário, armazenamos energia humana e, provàvelmente, lhe depreciaremos o valor. Especulando, podemos jogar na alta, com esperança de um lucro cômodo – pobre cálculo e miserável negócio, porque no fim de certo tempo os lucros da especulação se equilibram com as perdas e o resultado líquido desaparece – além de que a comunidade, sofreu um prejuízo seguro com o falseamento das naturais leis do comércio. Por outro lado, é também um desperdício limitar demais as provisões de matéria-prima e de produtos, pois que isso deixa a indústria à mercê de acidentes. Há um ponto de equilíbrio, o qual depende sobretudo das facilidades de transporte.

Não pode haver facilidades no transporte se não for evitado o embarque de quantidades supérfluas de mercadorias. O país só possui as estradas de ferro suficientes ao transporte das mercadorias que devem ser transportadas; não as possui para o transporte desnecessário. Ter meios de transporte em excesso constitui um desperdício. Antes de pensar em desenvolver nossas estradas de ferro temos que aprender a bem usá-las.

Nós, por exemplo, fabricávamos, outrora, em Highland Park, e de lá expedíamos carros completos; mas quando a produção chegou a 1.000 carros diários produziu-se no embarque uma congestão nunca observada antes. O caso podia ser resolvido, ou empatando-se alguns milhões de dólares em vagões novos e em acréscimos de linhas, ou descobrindo-se nova maneira de embarcar os carros Hoje, pelo método antigo, seria impossível a expedição de 8.000 carros diários e se o conseguíssemos teríamos de dá-los à venda por preço muito maior.

A indústria moderna tem bases muito diversas das de outrora. Na era em que escasseavam as possibilidades, não é surpreendente que fosse tido como meritório criar trabalho para alguém; mas hoje, sob o regime do "salário-causa", há mais trabalho a realizar que homens para realizá-lo. Consequentemente, criar para um homem uma tarefa desnecessária equivale a pedirlhe que contribua para rebaixar os salários e elevar os preços. Poderia parecer que quanto mais se aumentasse o tráfego das estradas mais prósperas as tivéssemos, e que, ampliando suas redes e seu material rodante, as estradas consorciariam sua prosperidade à das usinas metalúrgicas, fábricas de vagões e indústrias conexas.

Isso corresponderia à realidade só no caso em que os transportes efetuados fossem necessários. Se transportamos trigo a um moinho situado a 500 mimas, e se de lá reconduzimos a farinha ao ponto de partida, perpetramos um desperdício, a não ser que a economia da moagem do trigo nesse ponto supere o preço do transporte duplo. O desperdício no transporte refletese no preço do pão, o seu consumo será menor, o agricultor ganhará menos, o tráfico diminuirá, tornar-se-á menos próspero, bem como tudo que dele depende.

O nosso princípio se aplica a qualquer negócio que dependa do transporte e bem insignificante é o número dos que não dependem.

A rapidez do transporte é em si um fator que afeta o valor do produto transportado. Se uma empresa ferroviária deixa que as mercadorias se acumulem, em vez de se escoarem incessantemente, além da perturbação no valor da mercadoria em transporte, a empresa ver-se-á com uma sobrecarga de capital morto, isto é, inútil, sob forma de material supérfluo.

OUTRAS FORMAS DE DESPERDÍCIO

Tratar as mercadorias sem cuidado vale por outra forma de desperdício, porque é absurdo que tenhamos de proteger a mercadoria a transportar em vista de razões outras além da natural trepidação dos trens. A empresa ferroviária tem por função receber as mercadorias e levá-las a destino com o máximo cuidado – função que parece esquecida. Em regra somos obrigados a acondicionar as mercadorias não só de modo a resistirem ao trepidar dos trens, como a se defenderem de outros ataques. Isso se dá sobretudo no transporte marítimo. O trabalho e o material empregados na embalagem são enormes – evidente desperdício de trabalho humano e madeira.

Em nossas indústrias tivemos que arrostar com todos esses problemas, e sempre o fizemos com mira no transporte. Em vez de expedir carros completos, estabelecemos 31 fábricas de montagem em vários centros comerciais do país. Só expedimos peças, o que exige dessas fábricas a montagem do chassi, da carroceria, esmaltagem, acolchoagem, etc. Algumas dessas sucursais fabricam coxins, molas, carrocerias fechadas, trabalhando sob um mesmo sistema e com ferramentas estandardizadas. No total, essas fábricas facilitam trabalho a 26.000 homens. Estabelecemos recentemente um novo tipo de fábrica de montagem; consta de um só pavimento, com transportadores dispostos de modo que o transporte e a manipulação se eliminem no possível. Esse novo tipo redundou em maior eficiência. A produção cresceu sem aumento de trabalho. Na fábrica de Chicago a distância maior que qualquer material caminha, sem ser elaborado, é de 6 metros – a que vai do vagão ao primeiro transportador.

O sítio onde se estabelecerem essas fábricas de montagem determina-se, sobretudo, pelo preço local da energia motriz e o preço por que sai o trabalho e a remessa dos carros para uma região dada. Muitas vezes a economia duma fração de cent, no transporte duma só peça, faz-nos escolher esse ou aquele local. Nossa usina de Saint Paul pode abastecer toda a região Oeste do Mississipi, com um gasto de transporte inferior ao de qualquer fábrica de Este. Por isso é em Saint Paul que fabricamos todas as peças que não podem ser feitas noutra parte a um custo compensador das vantagens do transporte para lá. As peças de um motor se classificam e se dividem com atenção às diferentes tarifas. Uma só peça de primeira classe, posta numa caixa inteira de peças de quinta classe, pode fazer que todo o carregamento pague pela tarifa da primeira. A embalagem e o embarque se inspecionam cuidadosamente no interesse da economia. O trabalho mais ou menos apurado de uma peça também afeta a sua classificação tarifária. Nesse caso nos utilizamos da tarifa mais baixa, expedindo tal peça não de todo acabada.

Há alguns anos sete carrocerias formavam a carga completa de um vagão *standard* de 10 metros; transportadas hoje em peças, cabem 130 carrocerias em cada vagão – quer dizer que pagamos um, onde antes pagávamos 18 vagões.

EQUILÍBRIO DE PRODUÇÃO

Tudo vive em trânsito em nossa empresa – matéria-prima e produtos acabados. Nossa produção sendo de 8.000 carros, nossas diferentes seções: devem fabricar, cada dia os materiais necessários ao seu fabrico: Sabemos exatamente quantas máquinas e homens nos serão necessários para atingir um certo número de carros: num dado momento, e também sabemos como levar em conta as variações do consumo, sem risco de vermos acumularem-se estoques. Uma fábrica, qualquer que seja, não deve nunca ter estoques para mais de

30 dias, salvo se se trata de fundição; os altos-fornos necessitam de estoque correspondente à duração do inverno.

O tempo médio, transcorrido entre a expedição da fábrica e a chegada às sucursais de montagem, é de 6 dias e 16 horas; isso quer dizer que há sempre em trânsito peças equivalentes à produção de mais de 6 dias. Se a produção está em 8.000 carros diários, haverá em trânsito um "material flutuante" suficiente para a montagem de 48.000. Desse modo os departamentos de produção e tráfico devem: trabalhar estreitamente unidos, para que todas as peças apropriadas cheguem às sucursais ao mesmo tempo, pois a falta de uma só classe de parafuso deteria todo o trabalho de montagem de uma sucursal. A situação exata do material flutuante pode ser determinada a qualquer hora do dia.

EXPEDICÃO ESTANDARDIZADA

O problema da coordenação se simplifica por meio de vagões *standard*, dos quais temos tipos vagão standard para os eixos dianteiros, por exemplo, carrega exatamente 400 eixos. As quantidades limitadas de peças menores se incluem na expedição das maiores – mas sempre em lotes estandardizados e de modo a apanhar tarifa mais baixa.

Esse método simplifica, o trabalho de escritório. Não há que encher fôlhas de expedição. Temo-las já impressas e só especificamos a quantidade em certos casos de remessas excepcionais.

No momento da expedição telegrafamos à sucursal dando o número do vagão. Temos um serviço de trânsito que não o perde de vista, e zela para que tudo corra normalmente até que a remessa entre em território da sucursal. Ali passa ao controle do serviço de transporte da sucursal, que a acompanha até o desembarque. Nunca nos fiamos nas estradas. Temos agentes nos pontos de junção, e outros, para evitar que se deem atrasos. Nosso serviço de trânsito conhece os horários e se houver atraso de mais de uma hora a administração é logo avisada.

CICLO DE PRODUÇÃO

Nosso ciclo de produção dura precisamente – das minas ao vagão de embarque – 3 dias e 9 horas, em vez dos 14 dias que antes tínhamos como recorde de rapidez. Tendo-se em conta a armazenagem do minério durante o inverno, e outras armazenagens de peças ou maquinismos, necessárias em vista de razões especiais, nosso ciclo médio de produção não passa de 5 dias. A tendência, porém, é melhorar sempre.

Eis como se desenrolam as operações. Suponhamos que um dos nossos barcos de minério chega à Fordson às 8 horas da manhã de uma segunda-feira. Esse barco leva 48 horas para vir de Marquette ao cais. Dez minutos depois já seu carregamento está na Linha Alta, de rumo aos fornos. Na terça-feira, ao meio-dia, o minério já está transformado em ferro e logo depois em aço. A partir desse momento seguem-se 58 operações, que se realizam em 55 minutos. As três da tarde o motor está pronto, provado e em caminho da sucursal. Chega a essa e entra na rêde de montagem às 8 horas de quarta-feira. Ao meio-dia o carro, pronto, é entregue ao comprador. Se o motor, em vez de ter sido enviado a uma sucursal, segue para Detroit, a entrega do carro se fará terça-feira às 5 horas.

Essa celeridade se torna possível graças ao sistema de transporte interno da. Fordson, ao desenvolvimen da estrada de, ferro Detroit, Toledo & Ironton, à dragagem do rio e ao transporte por água, feito pelos nossos barcos. Anos antes o rio Rouge, (que deságua no Detroit e por esse comunica com os Grandes, Lagos) não passava de um rio tortuoso e de pouco fundo, medindo de 22 a 30m. de largura, pelo qual só podiam chegar à usina barcaças de 900 toneladas. Fazia-se necessário baldear a carga dos vapores lacustres para essas barcaças e rebocá-las. Abrimos um canal que reduz de 3 milhas a distância entre o lago e a nossa baía. O canal e o rio medem hoje 90 m. de largo e 7 de fundo, o que basta às nossas necessidades.

Desde que se terminou a dragagem, passamos a construir urna frota para os Grandes Lagos, e já temos vários navios, entre eles o *Henry Ford II* e o *Benson Ford*, que oferecem originalidades.

OS NAVIOS FORD

São acionados a motores Diesel e construídos de modo que não somente possam transportar a maior quantidade possível de minério, como ainda ofereçam aos oficiais e tripulação alojamento equivalente ao de um hotel de primeira classe. Medem 183m. de comprimento e carregam 13.000 toneladas de carvão: ou ferro. Como todas as nossas indústrias, esses navios são organizados de modo a necessitarem do mínimo de pessoal. Asseio meticuloso: Casa de máquinas revestida de esmalte branco ou cinzento-claro, com guarnições de níquel. Camarotes da oficialidade e da tripulação revestidos de madeira de lei; numerosos quartos de banho; aquecimento e tudo mais elétrico – bombas, cabrestantes, etc. Esses barcos só trabalham nos Grandes Lagos; mas sempre que nos é possível estabelecemos nossas sucursais junto a rios navegáveis. As de Mênfis e Saint Paul ficam às margens do Mississipi; a de Jacksonville, nas do Saint John, servida de cais, e a de Chicago, à beira do Calumet. A sucursal de Green Island situa-se em Troy, próximo à confluência do Hudson com o Mohawk, ligando à de Kearny por meio dos barcos que navegam no Hudson. É mais fácil carregar navios do que vagões e nesse caso o transporte fluvial se torna mais barato e rápido que o terrestre.

Uma ampliação posterior permitiu abastecer as sucursais da costa do Atlântico, que se encontram em Norfolk, Jacksonville, Nova Orleans e Houston, por meio de vapores que transitam pelos Grandes Lagos e canais. Esses barcos vêm ter à costa tão ràpidamente como os trens de ferro se ainda nos permitem dispensar a embalagem dos motores e peças grandes . O sistema de carregálos é o mesmo usado para os vagões.

NAVIOS DE MAR

Estamos agora organizando nessas bases uma frota de mar. Parte dela já está em tráfego, assegurando o abastecimento de nossas sucursais da Europa, América do Sul e costa do Pacífico. O fato de embarcar nesses navios as peças "soltas" nos economiza 20.000 dólares de acondicionamento em cada viagem, além do lucro do espaço. Temos cinco unidades em serviço e iremos aumentando a frota à medida do necessário. Para o transporte transatlântico o embarque efetua-se em Kearny e em Norfolk, e para o serviço desses barcos adquirimos um estaleiro em Chester.

Nos navios de mar, bem como nos de lago, pusemos em prática nossas regras habituais de asseio, de salário e de economia de mão de obra. Pagamos um salário mínimo de 100 dólares mensais, dando bom alojamento e boa comida – o que torna a paga ainda melhor que a dos operários de terra. O capitão e os mecânicos são pagos conforme o grau das suas responsabilidades. No total, esses salários são superiores aos pagos em qualquer parte. E procedendo assim ganhamos dinheiro, visto que a soma dos salários pagos num navio não tem importância; só tem importância o pleno rendimento do grande capital invertido nele.

Se um navio se detém 2 semanas num porto, para descarregar e carregar, a perda sofrida será provávelmente maior que a soma dos salários de um ano. Homens malpagos e irresponsáveis não se preocupam com o que ocorre no navio, nem com o tempo que ele fica nos portos. Já os bem-pagos estão sempre atentos a que os barcos não cessem de funcionar. Sabem que disso depende a sua permanência no emprego, pois o movimento dos nossos navios é registrado com tanto rigor como o de uma via férrea. Controlamos os movimentos de cada um e os atrasos têm que justificar-se. Por isso não se detêm eles mais de 24 horas num pôrto.

No transporte por mar podem realizar-se inúmeras economias. Somos tão, novatos nessa matéria que apenas principiamos a entrever os grandes desperdícios usuais nesse serviço. Notamos que há, em terra excesso de intermediários que recebem comissões, direitos de corretagem, etc., e ainda que não se procura aplicar aos transportes os métodos científicos. A carga e descarga se fazem, mais ou menos, como há cem anos, com grande desprezo do fator tempo. O trabalho no mar é tão importante como em terra havemos que reconhecer, isto é, em matéria de paga, agir consequentemente.

A indústria moderna – a vida moderna – nãopode permitir-se a lentidão dos transportes.

CAPÍTULO XI

A ECONOMIA DA MADEIRA

Extrair alguma coisa de nada é o ideal do tipo comum do reformador social Mas não sabe como realizar isso, e, com efeito; não é possível por muito tempo obter algo de nada. Mas é possível obter algo do que antes não valia nada, e a essa ideia se filiam os nossos esforços para economizar a madeira. Estamos tratando de empregá-la o menos possível. Cada mês o seu consumo em nossa empresa é menor, apesar do aumento em nossa produção; ainda assim o consumo é grande e por isso procuramos o máximo rendimento de cada árvore abatida. Tratamo-la toda como madeira, e do que não pode ser aproveitado como tal extraímos produtos químicos, utilizáveis na nossa indústria.

Não somente economizamos madeira como ainda: transporte, pois só transportamos madeira e não a água que nela se acumula. E só transportamos madeira trabalhada, em peças prontas para a montagem. Em vez de pagarmos o transporte de futuros resíduos, recuperamo-los *in loco*.

Nossa tarefa madeireira principiou em pequena escala, há 6 anos. Hoje economizamos cerca de 30 milhões de metros cúbicos por ano, graças ao aproveitamento da madeira velha –, e só adquirimos 4/10 da empregada em nossa embalagem. Nas nossas matas e serrarias decidimos, em vez de desperdiçar metade da árvore – uso corrente – não desperdiçar sequer um centímetro cúbico. Também decidimos que não há razão para que o trabalho florestal seja um trabalho rude e malpago. Estabelecemos o nosso salário geral e em vez de míseros lenhadores temos no trabalho homens sérios e dignos.

O DESPERDÍCIO DA MADEIRA

A indústria madeireira tem o desperdício como tradição – e daí os preços altos e o salário baixo dos que lidam nela. Cortam-se as árvores brutalmente, deixando no solo as folhas como ótimo facho para os incêndios. Quando um tronco chega por fim à serraria, cortam-no em tamanhos, comerciais sem preocupação do desperdício. Há duas perdas aqui: a do tronco na serraria, e a das tábuas na indústria, pois os tamanhos comerciais não se baseiam no emprego que vão ter essas tábuas e sim na rotina.

Toda a indústria de madeira carece de coordenação. Por que se há de comprar uma tábua de 3m., se só se vai usar de 1 1/2? Por que se não há de fazer a embalagem com a menor quantidade possível de madeira? E, sobretudo, por que os grandes consumidores, cujas necessidades não são bastante fortes para levá-los à indústria madeireira, não se põem de acordo com as serrarias para obterem tamanhos especiais, em vez dos comerciais? Por que, ainda, há de ser tido em desprezível conta um caixão de embalagem, como se só fosse próprio para lenha?

A economia da madeira tem que fazer-se tanto na mata como na oficina. Nós empregamos hoje, nos carros, menos madeira do que antes. Substituímo-la pelo aço sempre que é possível, só com o fim, de economizá-la. As nossas reservas de ferro são inesgotáveis, enquanto as de madeira só poderão durar 50 anos. Com a adoção do nosso sistema essa reserva durará um século.

Tempos atrás considerávamos a madeira simplesmente como madeira; mas a nossa orientação quanto a desperdícios levou-nos a atentar nela. Usávamos a serragem e os cavacos como combustível, e parecia à primeira vista que estávamos obtendo desse resíduo o máximo rendimento; mas sobreveio-nos a interrogação do costume: Por que há de haver tanto resíduo?

A resposta à interrogação nos levou ao aproveitamento de toda a madeira que nos chega às oficinas sob forma de caixas de embalagem; nos levou também à montagem de serrarias e destilação e nos levou ainda a mudar para as florestas as nossas seções de carpintaria de Detroit, com o objetivo de economizar no transporte.

APROVEITAMENTO DA MADEIRA USADA

Vejamos o aproveitamento da madeira na fábrica. Seis anos atrás empregávamos para o transporte cêrca de 1.600 tipos de caixões e engradados, cada qual do seu tamanho. Temos agora 14 tamanhos, e o acondicionamento se faz e cada caixa sob um *standard* de arrumação. E estamos reduzindo ainda mais a madeira, pelo emprego, sempre que é possível, de sacos de aniagem e caixas de papelão. Em vista disso gastamos hoje um terço da madeira que gastávamos quando a produção era a metade.

Em todas as nossas fábricas e sucursais adotamos o método rigoroso de abrir caixões sem estragar as tampas. Não permitimos o uso de talhadeiras e para os caixões pesados temos um aparelho de garras que ergue a tampa inteira sem nenhum estrago. Todos os restos e retalhos de madeira vão para a seção de aproveitamento, em Highland; velhos vagões de estrada de ferro, bem como moirões fora de uso, são ali recuperados sob uma técnica muito interessante.

A madeira chega a essa seção sob todas as formas e tamanhos, sempre cravejada de pregos. Antes de mais nada classificamo-la em leve e pesada. Essa, de 2 centímetros para cima de espessura, entra no transportador sul; a leve, no transportador norte. A entrada do transportador sul há uma máquina que "barbeia" as tábuas dos seus pregos entortados e de difícil arrancamento. Isso economiza o trabalho de endireitá-los e arrancá-los um a um – ou de serrar as pontas das tábuas, com perda de madeira.

As tábuas finas sofrem no transportador norte o mesmo tratamento, barbeiam-se e, sem outro preparo, seguem para a oficina de caixas, Os pregos cortados em nada prejudicam o serviço.

Quando o arrancamento dos pregos se impõe, usamos um dispositivo muito simples, que, depois de afrouxá-los, os arranca de uma vez, aos 6 ou 8. As tábuas vão em seguida à serraria, onde, à proporção que as cortam nas dimensões requeridas, separam-se as defeituosas. Ali se desdobram ainda as muito grossas.

A madeira cortada segue assim sempre pelos transportadores, até a fábrica de caixas, onde outros transportadores levam para outras seções a madeira que não se destina a caixas. O resíduo que fica nos transportadores cai num tubo e entra numa máquina de produzir serragem – a qual é aspirada e segue em tubos para os fornos.

A fábrica de caixasfornece sarrafos de todas as dimensões necessárias à embalagem, tábuas de certas peças, e ainda produz tábuas novas .

Os pedaços pequenos de madeira dura são utilizados de diversos modos. Uma remessa de cem motores, por exemplo, requer 750 pés de madeira pesada, para embalagem e reforço. Alguns dos tacos de reforço têm o tamanho fixo de 2,55 metros; usamos "gatos" de metal para obter esses tabuões por meio da junção de tábuas menores.

Não menos interessante nessa seção é o fato de os homens que nela trabalham serem em regra de capacidade inferior à média, homens que não podem trabalhar em serviço mais exigente ou pesado. De modo que reunimos o aproveitamento do material ao aproveitamento desses homens.

Chegamos, em assunto de madeira, a criar uma indústria importante. A luta contra o desperdício nos leva sempre muito longe nos resultados e na surpresa. É assim que, se soubermos tirar partido dos subprodutos, o produto ficará de graça, e não se sabe mais qual deles realmente é o principal. Isso nos ocorreu com a madeira. No intuito de aproveitar os resíduos – pois empregamos por dia uns 300.000m. de madeira – compramos 202.350 hectares de matas ao sul do Michigan e 48.564 no Kentucky. A maior parte dessas terras pouco aproveita aos seus donos em virtude das dificuldades do transporte; mas nós gostamos de comprar propriedades em abandono e fazê-las renascer.

EXPLORAÇÃO FLORESTAL

A primeira compra foi a de uma concessão feita pelo governo a um sindicato, constante de uma área onde se alternam florestas com jazidas de ferro. Depois adquirimos 28.329 hectares no L'Anse, onde havia uma serraria, 35 casas e uma pequena via férrea destinada à exploração das matas. Reconstruímos essa via, alargando-lhe a bitola e ligando-a à rede geral. Por essa mesma época adquirimos 12.141 hectares no Pequaming, a 14 quilômetros dali.

Nosso trabalho concentra-se em Iron Mountain, que é uma típica cidade madeireira e mineira, quase abandonada depois que a madeira escasseou. Uma jazida de ferro e uma serraria foram as únicas, indústrias que lá encontramos. Tudo foi refeito. Temos hoje nessa zona 5.000 homens; os armazéns fechados se reabriram, e os moços da cidade deixaram de emigrar, pois nela encontram os nossos 6 dólares diários. Em suma: a vida voltou à cidade morta, não por virtude de algo novo, mas graças à utilização do que existia, mas era considerado sem nenhum: valor.

Só cortamos as árvores acima de 20 polegadas, ficando as abaixo desse índice a desenvolver-se para futura exploração. Cortamo-las com serra circular acionada por pequeno motor de gasolina, serviço que, se faz na vigésima parte do tempo requerido pelo corte manual e muito mais rente ao solo, donde resulta o aproveitamento da madeira outrora perdida, nos tocos.

A causa principal da destruição das matas é o incêndio, em regra causado pelo acúmulo de ramagens secas que acompanha o corte. Nós queimamos esse resíduo ainda verde, embora os velhos experientes jurassem que era isso impassível. É o melhor sistema de proteção contra o incêndio que descobrimos até hoje. Custa-nos 1 dólar e 25 por 300 m. quadrados; mas facilita-nos de tal modo o trabalho de remoção da madeira que esse custo se reduz a 50 cents – o que não é muito pagar pela segurança da mata e pelo mais rápido revestimento vegetativo do solo.

Quase que só utilizamos tratores, No campo de Sidnaw os tratores rendem seis vezes mais que os cavalos, pois carregam cargas duplas e dão 3 viagens por dia.

No L'Anse e ao Pequaming os carris penetram na mata e a põem em ligação com as serrarias e a estrada de ferro geral. Já aumentados de 48 quilômetros essa via.

Nossos acampamentos e terreiros, conservam-se limpos, como as nossas fábricas. A vida, sã e higiênica. No começo essa limpeza desagradou aos velhos madeireiros, mas os novos a recebem com agrado.

O acampamento é servido de água corrente, luz elétrica e aquecimento a vapor. As velhas choças desapareceram. Os trabalhadores dispõem, durante as horas de lazer, de uma sala de recreio, ou cassino, servido de cinema e rádio, coisas nunca vistas ali.

Ganham 6 dólares por dia, cobrando-se-lhes um aluguel mínimo pela moradia e pelo, sustento. Feito o desconto, sobram-lhes 4 dólares vantagem evidente, que há atraído os melhores homens das redondezas. E com tudo isso o custo da produção se torna muito baixo.

Os troncos chegam a Iron Mountain por via férrea ou barcos. Possuímos várias serrarias, mas a maior é a de Iron, com capacidade para 90.000 metros cúbicos diários.

Em 1924 introduzimos um novo método de serrar que tornou irrisórios os velhos, tanto se reduziu o estrago da madeira. Consiste ele em serrar diretamente nos tabuões brutos as peças da carroceria do nosso automóvel Até então fazíamos isso em tábuas secas em estufas e aplainadas tábuas obtidas com grande perda da madeira dos troncos.

Hoje serramos o tronco sem esquadrejá-lo. Desdobramo-lo em planos paralelos, sem atender à tortuosidade da madeira Sobre as pranchas colocam-se em seguida os diferentes modelos de peças a recortar, de modo que até rente à casca se aproveite a madeira, com todas as suas irregularidades. Se há um nó, basta apenas, para evitá-lo, ajeitar os modelos. Depois é serrar pelos contornos. Obtemos assim um rendimento médio de 30% a mais do que quando esquadrejávamos os troncos. Para as peças pequenas utilizam-se os galhos acima de 4 polegadas de diâmetro, outrora só empregados na destilação ou como lenha.

Calculamos que em virtude desse método nossas florestas poderão durar um terço mais, e trouxe-nos ele ainda uma economia de 20.000 dólares diários.

Uma vez serradas, vão as peças, às estufas de seca, em número de 52, onde ficam durante 20 dias, mais ou menos, conforme o caso. Ultimamente reduzimos o tempo de seca à metade.

Existia a lenda de que não se podia recortar peças na madeira verde porque empenavam ou "ventavam". Vimos que isso só se dava devido ao mau amontoamento da madeira e ao mau processo da seca.

De tudo resultou uma economia de 50%.

SUBPRODUTOS DA MADEIRA

O mais notável de Iron Mountain é a usina de energia que subministra força e calor às serrarias, às estufas, à carpintaria e aos alambiques. Essa energia é em grande parte obtida pela utilização dos subprodutos.

Essa usina apresenta certas particularidades>. As fornalhas são feitas de modo que possam empregar qualquer combustível: serradura, alcatrão, pó de carvão, resíduos, petróleo, etc. O forno das chaminés passa por um conduto às seções de carbonização e destilação onde o seu calor é utilizado na secagem da madeira e em diferentes operações químicas. Calorias de ordinário perdidas encontram aplicação.

À nossa energia motriz se juntam 900 cavalos obtidos com a barragem do rio Menominee, a 2 milhas de distância, onde 3 turbinas verticais se ligam aos geradores elétricos. É a mais bela das nossas usinas, toda revestida de mármore, com as ferragens niqueladas.

A destilação se faz pelo processo Stafford, apto ao emprego de qualquer celulose. Detritos, serradura, cavacos, palha, cascas, etc., tudo se converte em carvão e subprodutos.

A primeira fase da destilação consiste em trasladar a matéria-prima do tanque, onde é lavada, à serraria da seção química. Ali se separa toda a madeira ainda aproveitável como madeira e só o resto é enviado à secagem, feita em recipientes cilíndricos giratórios de 100 pés por 10, dentro dos quais corre rim tubo onde circula o gás quente provindo das chaminés da fábrica. Secos que estejam os resíduos, passam automaticamente aos fornos revestidos de argila refratária. Ali se desdobram em carvão e ácido pirolenhoso, saindo cada qual pela sua via.

Os vapôres produzidos se condensam, mas não os gases. Esses vão para um recipiente em forma de tôrre, de 50 pés de altura, onde a parte condensável é recuperada sob forma de ácido pirolenhoso, indo o resto para as fornalhas da usina como combustível.

Saindo do forno, o carvão cai num transportador e vai a um resfriador hidráulico giratório, recipiente de 2 metros de diâmetro com uma série de tubos através dos quais corre água fria. Dos resfriadores passa o carvão aos acondicionadores, onde é estabilizado, de modo a impedir-se a combustão espontânea. É peneirado em seguida; o grosso vai ter aos depósitos e a poeira à fábrica de briquetes, cuja secagem é também feita por meio da fumaça das chaminés.

Do ácido pirolenhoso podem-se extrair numerosos subprodutos – alcatrão, álcool metílico, ácidos e óleos voláteis. O álcool metílico passa à refinação e se transforma em ácido metílico puro e acetona, produtos usados como dissolventes e desnaturadores.

Graças a esse tratamento, cada tonelada de resíduo dá 135 libras de acetato de cálcio, 61 galões de álcool metílico a 82%, 610 libras de carvão, 15 de alcatrão, óleos pesados e creosoto, além de 600 pés cúbicos de gás – num valor recuperativo de 12.000 dólares por dia.

Iremos ainda longe por esse caminho. Em nosso país há madeira suficiente para tudo, se a soubermos empregar.

CAPÍTULO XII

RETORNO À INDÚSTRIA RURAL

Sempre se admitiu que a expansão da indústria determina o surto de grandes conglomerados fabris onde vêm trabalhar inúmeros operários que à noite voltam para seus antros – casebres e choças. E muita gente bem-intencionada opõe-se à expansão da indústria porque nela só vê esse miserável aspecto.

De fato assim é, na indústria que só visa a lucros. Suas fábricas, concentradas em certos pontos, abrem-se e fecham-se, conforme estão ganhando muito ou pouco. Sob tal regime o operário nunca possui dinheiro bastante para bem morar; a deficiência dos transportes o obriga a residir perto da fábrica ou .a despender boa parte do seu ganho e das suas energias viajando em veículos apinhados de gente. Tem que gastar nisso o que poderia inverter em confôrto. E será assim enquanto a. indústria permanecer no sistema de concentração e ater-se ao "lucro-causa" em vez de "salário-causa".

Mas o remédio não será encontrado em nenhum sentimental esquema de alojamento humano. Sim na aplicação da teoria do salário à edificação das casas – meio de as termos baratas e boas. E seus donos poderão obter lucros, porque toda operação bem-organizada produz lucros. É sempre nocivo o recorrer ao sentimentalismo caridoso, e ainda mais para sanar situações criadas pela indústria. Bem organizada essa, tem que zelar de si mesma e de todos que se lhe relacionam. Caridade é apenas manto que cobre a chaga, não a cura.

CONCENTRAÇÃO INDUSTRIAL

A grande indústria, todavia, não recorreu à concentração por necessidade essencial. E, realmente, em essência, à grande indústria não convém concentrar-se num ponto, porque outros fatores, além do peso dos transportes, contra-indicam tal política. Possui ela mercados muito distantes e nunca é proveitoso transportar para muito longe produtos pesados. Não obstante, o que ainda há poucos' anos recebia o nome de grande indústria procurava a concentração.

Industrias similares sempre tendem ao agrupamento num mesmo sítio, e a grande indústria não fez mais do que prosseguir no caminho da pequena – como se a diferença entre ambas fosse apenas de tamanho. Há certas classes de negócios que se inflam, adquirem vulto e são tomados como grandes negócios – mas não passam de pequenos negócios atacados de elefantíase . O verdadeiro negócio cresce em força, não em gordura. Não possui a debilidade dentro do tamanho. É realmente grande, diligente e forte. Todo negócio verdadeiramente útil tem que crescer em recursos e força – elementos que decaem quando cessa o serviço social prestado.

Nenhuma razão existe para construir uma fábrica numa grande cidade, ou perto dum "mercado de trabalho" mas existem razões para não fazê-lo.

Começamos nós, como se vê em *Minha Vida*, num pequeno telheiro de Detroit, e alguns anos depois nos passamos à casa maior na mesma cidade. Quando chegou o momento de maiores ampliações mudamo-nos para Highland Park, então simples arrabalde de Detroit, e por vários anos ali construímos o nosso carro. O desenvolvimento foi tão rápido que tomamos o partido muito lógico de alargar a fábrica. Nessa época adquiríamos muito mais material do que o podíamos fabricar e embora Highland se tornasse depois uma grande fábrica, por muito tempo não passou de mera oficina de montagem. Ao atingirmos a produção de 1.000 carros diários; o que determinou o congestionamento das vias de transporte locais, começamos a refletir se era sensato ter uma usina tão grande.

Encaramos o problema sob todas as luzes. Em primeiro lugar não nos pareceu conveniente, para o negócio em geral, a concentração num só ponto de tanta capacidade aquisitiva, consequência natural do salário alto que distribuíamos, porque os compradores dos nossos produtos deviam também gozar dessa derrama de dinheiro. E ainda porque os operários se estavam amontoando, com lucro único para os aproveitadores da situação.

Em segundo lugar, tão grande chegou a ser o número dos nossos operários que tínhamos de escalonar as horas de entrada e saída, pois do contrário o transporte deles seria impossível – e esse sistema de entradas e a produção.

SISTEMA DE PAGA

Por muito tempo também não pudemos determinar um dia de paga, em vista dos inconvenientes gerais resultantes para nós, para nossos operários e para a comunidade. A distribuição de milhões de dólares num dia certo de cada semana levava as casas de negócio a acumularem sortimentos para serem vendidos nesse dia, e ainda chamava de todos os lados especuladores de toda sorte, ansiosos por se aproveitarem do momento em que todos os operários tinham dinheiro no bolso. De outro lado isso nos impunha a manutenção de grande número de pagadores, e ainda na melhor das hipóteses os operários perderiam algumas horas à espera do pagamento. Para evitar tantos percalços pagamos hoje por grupos – podendo dizer-se que o serviço de paga é contínuo. A qualquer hora do dia, em nossas fábricas, o pagador está funcionando.

Vencemos a dificuldade de manejar grandes massas de operários, mas isso não basta. Vale mais evitar as dificuldades do que superá-las e verificamos que além de ser mais fácil dirigir fábricas pequenas, nelas o custo de produção é menor. Toda modificação de método que determine subida do custo – por utilitariamente social que o pareça – é má. Mas não vale a pena insistir nisto, pois toda a modificação na realidade inteligente reduz o custo da produção.

Voltemos atrás e examinemos a teoria da fabricação e do grande negócio no particular relativo ao afastamento das grandes cidades.

A direção não é qualquer coisa que está num escritório a muitas milhas da usina produtora. Forma corpo com o produto e, passo a passo, retrocede com ele às fontes da sua produção. Uma boa máquina é algo estimável em si; mas uma máquina só merece ocupar o espaço que ocupa quando contribui exata e planejadamente para realizar o que a direção concebeu. Máquina não trabalha a olho. Costumam louvar o trabalho manual como melhor que o mecânico; mas hoje atinge esse à precisão de milésimos de polegada e não varia nunca. Se uma máquina, ou uma série, exige que a operação se conclua manualmente, é que há defeito de organização.

O QUE VALE A MÁQUINA

Tempo houve em que se pensava que máquina era só máquina – objeto que o seu dono podia empregar para fazer dinheiro. Sabemos hoje que máquina significa um sistema de aplicar energia. Um homem pode, com o martelo, e a sua deterioração substitui a deterioração do punho cerrado. Já o martelo mecânico faz muito mais que o de mão; põe muito mais força a serviço do operador. Ao acionar um martelo mecânico realiza ele uma quantidade de trabalho tão maior que com o outro, que pode ganhar maior salário e ainda produzir por menor custo.

A máquina não pertence ao homem que a compra, nem ao que a faz funcionar. Pertence ao público e só é proveitosa quando a empregam em seu proveito, quando a empregam para obter artigos bem-fabricados, bem-estudados e baratos, de modo a plenamente lhe satisfazerem as necessidades. Nem os operários, nem os proprietários podem esperar lucros por meio do funcionamento da máquina a não ser que ela beneficie o público. Havemos que ir aprendendo isso, que a máquina é uma empregada do público, e só útil enquanto o serve.

Chama-se fábrica à instalação que dispõe de energia e a utiliza para acionar certo número de máquinas necessárias ao fabrico de certo produto. E também esta fábrica só é remuneradora enquanto útil ao público. Tal fábrica pode criar a energia de que necessita e realizar dentro dos seus muros todas as operações necessárias para a obtenção do produto completo, ou adquirir energia e fazer só uma parte das operações.

O sistema a adotar determina-se pela natureza do serviço público que ela conta prestar. Dizer que tal fábrica elabora seus produtos desde o estado de matéria bruta até o fim, não quer dizer nada, a não ser que no decurso desse processo elaborativo se siga um método tendente a dar um artigo melhor e mais barato do que o obtido por outro qualquer método. Só o produto governa – isto é, só o público é que governa. Zelar para que assim seja, eis a função essencial do cérebro diretor.

Fazemos todos nós muita coisa inútil pelo simples fato de seguirmos a rotina. Anos atrás, uma vez concluso o carro, "experimentávamo-lo" antes de o acondicionar. A prova era coisa imprescindível. Mas é evidente que sendo todas as peças feitas com exatidão, e sujeitas a exame, as máquinas que resultam do seu ajustamento não devem necessitar de prova final. Os dólares saem todos iguais do mesmo cunho; o mesmo deve ocorrer a carros "cunhados", como os nossos.

O método de fazer peças para reuni-las sob forma de carro suscitou uma questão: as peças serem fabricadas num mesmo ponto? Parecia iniludível a necessidade da fabricação una, sê-lo-ia, de fato, se nossa fábrica principal produzisse carros inteiramente montados. Mas verificada a inconveniência disso, desvaneceu-se a razão de tudo fazer numa só grande fábrica.

LOCALIZAÇÃO DAS FÁBRICAS

Também era tido como fora de dúvida que as fábricas deviam localizar-se perto do "mercado de trabalho", em vista de julgar-se também fora de dúvida que a fabricação tinha de ser intermitente. Com efeito, se uma fábrica tem de estar a abrir e fechar as portas continuamente, ser-lhe-á vantajoso contar com um grupo de bons operários sem serviço, prontos para ingressar na fábrica sempre que essa os chame. Mas um "mercado de trabalho", um centro operário significa uma região densamente populosa, e se o desemprego é tido em conta de fenômeno natural, tal centro não pode prosperar. As condições de vida afastam-se da normalidade, sobretudo no que respeita à higiene.

Os obreiros de ganho precário, trabalhando este mês e vadiando à força no mês seguinte, acabam endividando-se para com os fornecedores e senhorios, o que lhes vale por agravação do preço de tudo: quem compra a crédito, não pode discutir preço. Demais, a conversação dum centro urbano sendo dispendiosa, os impostos avultam e sobe o valor do terreno.

Assim, para libertar-nos desses inconvenientes e trazer ao equilíbrio a indústria e a agricultura, como ainda para melhor espalhar o dinheiro dos nossos salários altos, principiamos a descentralizar.

Iniciamos as experiências nas indústrias rurais, há sete anos, adquirindo um velho moinho em Northville, às margens do rio Rouge, e transformando-o em fábrica de válvulas. O Rouge nesse ponto não passa de um riacho, mas apesar disso pensamos desde logo em utilizar-lhe a força e agora estamos montando uma turbina, que nos fornecerá parte da energia necessária. Sem tocar no moinho, mandamos para lá, de Highland, 35 bons operários com as máquinas necessárias. Nossa ideia era atrair os homens das redondezas, sendo aqueles 35 apenas um núcleo inicial e experimentado.

Dividimos a fabricação de uma válvula em 21 operações e hoje empregamos nisso 300 homens – e as válvulas que em Highland nos saíam a 8 cents, preço tido como baixo, se produzem em Northville a 3 1/2 , num bloco de 150.000 por dia.

Esse, um aspecto do caso. Outro mais importante é que os operários moram alguns quilômetros longe da fábrica e vêm ao serviço de auto. Muitos possuem granjas ou casas de campo e delas não os arredamos. Apenas agregamos a indústria à agricultura. Um deles possui uma granja que dá serviço a dois caminhões, um trator e um auto fechado. Outro, com auxílio da esposa, ganha mais de 500 dólares cada estação, vendendo suas flores.

A todos permitimos que se ausentem para o trabalho das granjas; mas graças aos recursos das máquinas agrícolas não precisam eles afastar-se por muitas semanas da fábrica, e não perdem assim um precioso tempo, de braços cruzados, à espera da época da colheita. Adquiriram mentalidade industrial e não se contentam mais com ser galinhas chocas.

Hoje só tomamos operários locais, não fazendo vir nenhum de Detroit, e a transformação operada em Northville é notável. Em virtude da capacidade aquisitiva que os nossos salários criam, o comércio local aumentou, as ruas melhoraram e toda a cidade renasceu. Eis o infalível resultado da política do "salário-causa".

Anos atrás o rio Rouge movia muitos pequenos moinhos montados ao longo das suas margens; mas quando nos estabelecemos em Northville só havia um em Nankin. A força motriz do rio esperdiçava-se e os núcleos de população diminuíam. Os melhores elementos emigravam para Detroit, atraídos pelos salários altos. Mas corrigimos tudo isso.

Em Waterford, perto de Northville, montamos uma fábrica de um só pavimento, na qual 50 homens constroem as medidas e calibres usados pelos nossos inspetores. A água vem de meia milha distante por um condutor subterrâneo, que abrimos. Atravessa uma turbina ligada a um gerador elétrico, produzindo-nos 47 cavalos de força. A turbina, como em todas as nossas instalações, acha-se fora da fábrica, dentro de uma cabina envidraçada, que deixe ver às gentes o que se pode fazer com a energia hidráulica.

Descendo o rio encontra-se a fábrica Phenix, onde há seis metros de queda d'água da qual obtemos 100 cavalos. Ali construímos interruptores para os geradores elétricos, empregando resíduos da Fordson e da pequena fábrica de Flat Rock, no rio Huron. O trabalho é leve e, salvo algumas operações que exigem mecânicos, realizam-no mulheres das redondezas. Neste momento lá estão em serviço 145 mulheres e 9 homens – moradores até 15 quilômetros de distância da fábrica. Não admitimos as casadas a não ser quando têm maridos inaptos para o trabalho, e damos preferência às idosas, porque lhes é mais difícil encontrar trabalho do que às jovens. Uma delas viaja todos os dias 23 quilômetros para vir à fábrica e raramente falta; tem o marido enfermo e cuida de 4 filhos. Trabalhando 8 horas diárias por semana de 5 dias, sustenta a família em melhor pé do que quando o marido trabalhava – e ainda cuida da casa. Não tem outros conhecimentos além dos caseiros, mas nossas operações não requerem muita instrução.

Nessa fábrica nenhuma operação existe que não possa ser aprendida em uma semana.

Muitas dessas mulheres mantêm chácaras e gozam da permissão de deixar a fábrica e ir atendê-las sempre que for preciso. Quarenta por cento delas possuem criadas. A maior parte do trabalho realisam sentadas diante de correias transportadoras. Essas mulheres produzem 8.900 unidades completas cada 8 horas e, se necessário, poderão chegar a 10.000, graças ao equipamento atual. Em Highland tais peças nos saíam a 36 cents; ali nos ficam a 28. As mulheres parecem gostar do serviço; há sempre pedidos de colocação e nenhuma deixa o emprego a não ser para casar-se. Ganham o mesmo que os homens, isto é, 6 dólares diários.

Rio abaixo encontra-se a fábrica de Plymouth, também localizada no sítio dum velho moinho. Aproveita uma queda de 4 ½ metros, que dá 26 cavalos. Principiou fabricando interruptores, mas depois que transferimos esse trabalho à Phenix, elabora pequenas tarraxas, das quais empregamos 4.000 por dia. Essa pequena instalação fornece-nos 2.000 tarraxas a 10% menos do que teríamos de pagar. Além disso, menores, pois empregamos um aço especial, escolhido em vista do trabalho que a tarraxa tem de realizar – donde nova economia na duração da peça. Ocupam-se nisso 35 homens, todos operários rurais localizados nas redondezas, onde possuem chácaras ou hortas, algumas delas bem grandes.

A fábrica de Nankin é a menor que possuímos. Compramos o secular moinho que lá existia e o transformamos em usina, conservando seu aspecto característico, salvo a sujeira. Tudo nele é automático, de modo que só exige 11 operários. As peças construídas são mínimas, de modo que a produção de um dia pode carregar-se de bicicleta – mas é enorme a produção. Só de uns pequenos parafusos empregados nas bobinas, 124.000 por dia. Os operários residem perto da usina, a qual lhes fornece às moradias força e luz elétrica. O custo da produção orça por 15% menos do que quando fazíamos tais peças em Highland Park.

Temos no rio Rouge nove sítios próprios para pequenas fábricas, que iremos montando, pois a experiência mostrou como realizam elas o equilíbrio entre a agricultura e a indústria, além de baixarem o preço da produção.

A contabilidade e gerencia torna-se muito simples. Os livros mostram quanto material entra, quantos artigos manufaturados saem e quantas pessoas nelas trabalham. Não precisamos saber mais. Nas fábricas menores o diretor se ocupa também dos livros, e nas maiores possui para isso um ajudante. Nenhuma possui escritório, nem pessoal burocrático – dispendiosa inutilidade.

Está longe de ser impossível que com a maquinária automática e a difusão da força motriz o fabrico de muita coisa se possa fazer nos lares. O mundo passou do trabalho manual em casa ao mecânico nas oficinas. Por que não levaremos o trabalho mecânico para os lares?

No rio Huron temos outras fábricas desse mesmo tipo. Em Flat Rock, a 30 quilômetros de Dearborn, há um dique, que também serve de ponte, e uma fábrica que a princípio destinamos ao preparo do vidro e depois passou a fazer faróis. Situa-se em pleno campo; emprega 500 homens, em dois turnos, e produz 500.000 faróis por mês. A direção ocupa só dois homens.

Em Ipsilanti, a 30 quilômetros da foz do Huron, temos uma fábrica maior, que produz 700 cavalos-vapor. O dique foi erguido à beira de um lago e também serve de ponte.

Em Hamilton geramos 5.000 cavalos, e a fábrica está hoje dando trabalho a 2.500 homens, desse modo se destacando da classe das fábricas campesinas. Manipula rodas e certas peças pequenas, atingindo aquelas o número de 14.000 por dia.

Em Green Island, no Hudson, temos uma instalação elétrica de 10.000 cavalos e empregamos 1.000 homens dos arredores. Vimos que o mais econômico seria montar toda a fábrica sob um mesmo teto e construímos um edifício de 300 metros de comprimento.

Também certas sucursais de montagem fabricam peças, como a de Saint Paul, que é a maior e utiliza uma obra iniciada pelo governo. Durante a guerra empreendeu esse a construção duma represa de 172 metros para rebalsar as águas do Mississipi, acima de Saint Paul, de modo a tornar o rio ali navegável. Feita a represa, viu-se que encerrava ela possibilidades de fonte de energia e deu-se começo ao seu aproveitamento. Mas a construção parou e nós arrendamo-la do governo.

É a segunda instalação de energia que o governo começa e nós concluímos. Tem a queda-d'água uma altura de 10 metros, e do lado de Mineápolis existem eclusas por onde passam barcaças de rio. Do lado de Saint Paul a água penetra na usina de energia através de grades coadoras, que impedem vão pertubar as turbinas o gelo e os detritos carreados. A água que cai de 10 metros entra por meio de reguladores automáticos e move 4 turbinas horizontais, de 6 metros de diâmetro cada uma, párea 4.500 cavalos.

A sucursal de Los Angeles constrói carrocerias e quantas peças pode fazer em melhores condições que em Saint Paul e Detroit. Para os assentos consome algodão do Imperial Valley e do Arizona, em quantidade anual correspondente à produção de 1.822 hectares. É isso outro exemplo de como beneficia a comunidade o baseamento da indústria no "salário-causa".

Só o "salário-causa" explica todas as nossas ampliações aqui e no exterior. Sua resultante positiva está em reduzir o custo da produção, mas de muito valor também é essa demonstração da indústria de serviço público que se espalha por todo o país, não só com mira na redução do custo como ainda para melhormente redistribuir o dinheiro pago em salários.

Nunca instalamos uma usina em qualquer sítio sem que se elevassem a capacidade aquisitiva e o tipo de vida da comunidade e sem que nossas vendas ali aumentassem. Não devemos esperar viver da comunidade, mas sim com ela. Os resultados porém que obtivemos no exterior, em países de salários baixos, são ainda mais notáveis, como adiante se verá.

CAPÍTULO XIII

SALÁRIO E HORAS DE TRABALHO

Somos por princípio contrário a tarefas penosas; não fazemos suportar ao homem o que pode ser suportado pela máquina. Há diferença entre trabalhar duramente e trabalho duro. Quem trabalha duramente produz algo, ao passo que o trabalho duro é o menos produtivo. Um homem, a rigor, não pode ganhar a vida com suas mãos, salvo nos ofícios de arte. Incumbe à direção organizar o trabalho dos homens de modo a tornar possível o pagamento de salários altos. Mas o ponto de partida do salário alto está na vontade de trabalhar. Sem isso, toda a organização resulta impotente.

Reina muita confusão sobre salários, dia de trabalho, lucros e preços, confusão na maior parte oriunda da má-vontade de alguns pelo trabalho – sejam argentários, industriais ou obreiros. Também pode ocorrer que os três grupos tratem de conseguir o impossível, isto é, viver sem trabalhar. Quase todas as teorias socialistas, quando despidas dos enganadores adornos, reduzem-se a fórmulas de viver sem trabalhar – fórmulas que falham num mundo que o é o que é. Delas só resulta pobreza, visto como não são produtivas.

O homem que tem saúde, força e habilidade é o verdadeiro capitalista. Se pode aproveitar do melhor modo suas condições, chega a ser patrão. Se as apura ainda mais, chega a patrão de patrões, isto é, diretor de uma indústria.

O SALÁRIO CRIA O MERCADO

Examinemos a questão dos salários. Um homem sem emprego é um cliente estagnado; não trabalha e, pois, não pode comprar. Um homem malpago é um cliente de pequena capacidade aquisitiva; não pode comprar. A depressão dos negócios, as crises, se originam da fraqueza aquisitiva. E essa provém da insegurança ou insuficiência dos salários. O remédio consiste em fortificar o poder aquisitivo do público, o qual se radica nos salários.

Nosso país não poderia prosperar se só contasse com a força aquisitiva daqueles cuja renda independe do que recebem em troca do seu trabalho, e esse trabalho se evidencia nos salários. Os salários produzem com efeito a continuidade do trabalho. Reduzindo-se os salários, reduz-se o trabalho, porque se reduz a procura de que o trabalho depende.

A questão dos salários é mais importante para os negócios do que para o próprio trabalho; afeta à indústria mais que à mão de obra. Salários insignificantes destruirão a indústria antes que prejudiquem o elemento operário.

A antiga teoria que ainda perdura em matéria industrial é que a escala dos salários depende da força de resistência do operário em face da força monopolizadora do patrão. Com essa teoria ambas as partes saem perdendo. Dela nasceram as sociedades laboristas e a luta social que joga as armas do boicote e do lockout. Bastam essas duas consequências para demonstrar a idade da teoria; não obstante, toda uma classe de operários patrões ainda a elas se aferram com igual tenacidade.

É preciso tornar evidente aos homens que semelhante teoria não passa de adaptação da sua lógica aos seus erros. A antiga teoria dos salários é um mero reflexo do espírito de rapina que outrora animava a indústria. Não há nenhum "salário-padrão", exceto o estabelecido mediante a energia, a capacidade e o caráter de todos quantos tomaram parte no negócio. Salário-padrão será o que a direção industrial e a própria indústria criam. A responsabilidade de facilitar dados para a nova teoria dos salários pesa mais sobre os diretores industriais do que sobre os economistas.

Um negócio que entre as boas coisas que produz não inclua uma constante e proveitosa escala de salários, não é negócio produtivo. Negócios cujos dividendos são desproporcionados aos salários que paga, sofre perigoso desequilíbrio – do mesmo modo que o que transformasse em salário cada dólar de lucro.

Três fatores intervêm no problema: o diretor, o operário e o negócio. A esse nunca haveremos de perder de vista, proporcionador que é de trabalho ao operário e utilidades indispensáveis ao público.

O acertado aumentou de salário produz-se em consequência da aplicação do "salário-causa". A maneira de conjurar a depressão do negocio é reduzir os preços e aumentar os salários. Uma coisa sem outra de nada vale ou, antes, indica que a vida encareceu. Salário elevado e preços reduzidos indicam maior capacidade aquisitiva e portanto um maior número de clientes. A redução dos salários não é o remédio contra o escasso consumo; redu-lo ainda mais, com a diminuição do número dos possíveis consumidores.

Um dos fins da indústria é, ao lado de abastecer aos consumidores, criá-los novos. E cria-se novos consumidores descobrindo-se o de que o público necessita, fabricando esse artigo a um custo razoável e pagando por sua fabricação salários bastante altos para que permitam o rápido escoamento do artigo.

Mas para pagar salários altos não basta querê-lo, nem o seu tipo tem grande relação com o que os operários possam pedir. É preciso ir fundo, penetrar nas raízes do negócio, compreender a ideia última em que ele se fundamenta.

Temos ouvido criticar muitíssimo a indústria que toma o lucro como móvel o salário. É o único móvel industrial de importância, único suscetível de prestar os serviços máximos.

O TIPO DOS SALÁRIOS NÃO DEPENDE DO TRABALHADOR

A questão do salário não começa no operário e não depende dêle. Começa na mesa de trabalho do patrão. Antes de tomar o papel para tracejar um projeto, tem o patrão que saber o que quer. Vai criar um artigo útil ao público ou um cuja utilidade única seja constituir um mero artigo de venda? A diferença é grande.

Se alguém se decide a dar algo útil ao público, tem que planejar lentamente e com segurança, fazendo ensaios até conseguir um produto bem adequado. Só então possuirá uma coisa digna de ser industrializada. O passo imediato será descobrir a maneira de bem realizá-la, tarefa essa que não tem fim, pois congloba a qualidade do artigo, o preço e os salários. O modelo projetado – tratando-se de artigo de uso corrente – tem que ser tal que possa ser feito mecanicamente. Tratando-se de artigos de luxo é fácil pagar altos salários incorporando-os ao preço de venda. Mas se esses pretensos artigos de luxo forem feitos em grande escala, a preços populares, passarão para a categoria dos artigos de utilidade corrente. Foi o que se deu com os automóveis.

Se abordarmos a fundo o problema dos salários, descobriremos logo métodos de fabricação que tornem vantajoso para a indústria o pagamento de salários altos. Mas isso só pode ser resolvido na mesa do patrão, investigando-se caminhos e meios de aperfeiçoar os métodos em todas as direções – na compra, no fabrico, na venda, no transporte – de modo a reduzir-se o preço de custo e a aumentar-se o salário.

O preço justo não é o que o público possa suportar. O salário justo não é a menor soma que um homem possa aceitar pelo seu trabalho. Preço justo é o mais baixo por que possa vender-se um artigo e salário justo o mais alto que a indústria possa pagar. E so uma coisa poderá conduzir a isso: a inteligência do industrial. Tem ele que criar clientes e, se é fabricante de artigos de uso de consumo vulgar, conduzir a indústria de modo a que seus próprios operários se tornem seus melhores clientes. Nós, por exemplo, contamos com 200.000 fregueses de primeira ordem em nossa empresa: os nossos operários. E cada dia os adquirimos novos, entre os operários das industrias que nos servem.

A cada dólar que pagamos de salário correspondem dois de materiais ou peças construídas fora. É um círculo de compra e venda que não se interrompe. Pagar salários altos produz o mesmo efeito que lançar uma pedra num espelho-d'água imóvel.

Como haver real prosperidade, se um operário não pode adquirir o produto que fabrica? Formam eles uma parte do público da emprêsa. Esse princípio devia ser aplicado em toda parte; porque não é verdadeiro somente aqui. A maior desgraça da Europa está no desprezo dessa concepção – ninguém lá procura transformar o operário em freguês do que fabrica. A Inglaterra tanto vendeu mercadorias para o mercado exterior que jamais pensou a sério em criar o mercado interno.

Reduzindo os salários reduzis o número de vossos compradores. Se não comparte o patrão a sua propriedade com os que lha criam, breve se achará sem fregueses. Por isso cremos que o bom negócio consiste em elevar sempre os salários, nunca reduzi-los. Gostamos de ter muitos clientes.

Mas a compra do trabalho equivale à compra de qualquer outra coisa: deveis receber e correspondente ao vosso dinheiro. Cada vez que deixardes um operário dar-vos uma soma de trabalho inequivalente ao salário que lhe pagais, estareis contribuindo para reduzir esse salário e para tornar a vida mais difícil ao assalariado. Não podereis, por exemplo, fazer maior mal a um homem do que permitir-lhe que folgue nas horas de trabalho. A razão é clara e devia evidenciar-se a todos: menos um homem trabalha, menos cria força aquisitiva – isto é, diminui o número de pessoas que requerem seus serviços.

Não pode existir um "tipo de salário" geral. Salário com base num determinado tipo de vida é destrutivo, porque implica serem todos os homens iguais e poderem acomodar-se num certo tipo de vida. Por felicidade os homens não são iguais e por felicidade ainda poucos desejam viver hoje como viviam o ano passado. Toda tentativa para fixar um "salário de vida" vale por insulto à inteligência, tanto dos patrões como dos operários. Ignoramos qual seja o salário justo – e quiçá o ignoraremos toda a vida; fixá-los, porém, sem atender aos fatos circunstantes, corresponde a entorpecer o progresso. O mundo nunca olhou a indústria do ponto de vista do "salário-causa", isto é, sob um ângulo permissor desse ponto de vista. E enquanto não adquirirmos alguma experiência nessa ordem de ideias, pouco saberemos de salários e de sua tarifa.

SOCIEDADES LABORISTAS

As limitações da produção impostas pelas sociedades laboristas tornam-se impossíveis num negócio bem-conduzido, porque não passam de réplicas à má direção. Se um industrial vende seu produto por preço demasiado alto, atento mais ao lucro do que ao custo da produção, pagará salários baixos porque não sabe que qualidade de homens necessita. Por meio de seus preços limita o seu mercado e não há razão para que seus operários, por seu turno, não limitem o rendimento da atividade assalariada. Por que bem trabalhar para um patrão incapaz de bem dirigir seu negócio, a modo de elevar a paga?

Em nossa empresa vamos diminuindo constantemente a relação entre o número de operários e a unidade de rendimento. Sempre que podemos organizar o trabalho e utilizar as máquinas de forma que um homem execute hoje o que ontem ocupava três, operamos a mudança – sem que os dois homens vagos sejam despedidos. Entre nós ninguém pensa que as melhorias tragam no bojo diminuição de emprego, porque todos estão vendo que não é isso o que se dá. Sabemos que essas melhorias, diminuindo o preço de custo, contribuem para alargar os escoadouros, criando assim novos empregos e salários ainda maiores.

Prestar serviço, à luz industrial, não consiste apenas em criar máquinas e no bem utilizá-las. E bem dirigir é mais do que bem manejar operários. O segredo consiste na produção a baixo custo de artigos ótimos, feitos mediante trabalho bem-pago e vendidos com lucro. Ninguém pode gabar-se de dirigir a contento o seu negócio se não alcança todos esses objetivos.

A teoria de que a eficiência técnica e o aperfeiçoamento dos métodos de- produção ocasionam crise de trabalho é perniciosa e anda muito difundida. Muito difundida, mesmo porque o ofício de pregá-la aos obreiros constitui o negócio de muita gente. Repousa na ideia de que não há no mundo senão uma escassa quantidade de trabalho a realizar. Os mentores profissionais dos operários insistem no fato de que a eficiência traz como resultado menos trabalho e menos empregos. Dizem eles que se dois homens bastam para fazer o que antes requeria oito, seis ficarão sem serviço.

O absurdo desse raciocínio foi inúmeras vezes demonstrado e em parte nenhuma melhormente do que em nossa emprêsa. Vejamos, para exemplo, o que ocorre na Inglaterra. A crise do trabalho inglês acompanha passo a passo a expansão da campanha versus eficiência. O pedreiro inglês, interessado pela sorte do seu companheiro sem trabalho, deixa-se facilmente convencer de que se assentar apenas a metade dos tijolos que antes assentava, o patrão chamará o segundo pedreiro para perfazer o serviço. Julga, pois, criar dois lugares onde só existia um, e julga diminuir assim os males da crise do trabalho.

Mas de fato não cria um segundo lugar. Apenas agrava a crise, tornando o serviço de alvenaria tão caro que pouca gente poderá permitir-se a construção de casas. Em vez de criar um posto para seu amigo, o mais certo é perder o seu em virtude da "crise de construções". E embora o país reclame casas, poucas se erguerão. Poucas se erguerão porque os pedreiros não asssentarão os tijolos correspondentes a um bom dia de trabalho e isso aumenta o custo da casa. Resultado: o operário, que poderia morar nessa casa com os seus, não pode pensar nisso.

A obstrução do serviço diminui as possibilidades O caminho a seguir pelo pedreiro inglês, para criar trabalho aos colegas de oficio, seria realizar tal soma de trabalho num dia que a indústria da edificação resultasse econômica e procurada. E como todo o país necessita de mais vivendas, também reclamaria mais pedreiros.

A PARTE DO INDUSTRIAL

Os nossos princípios têm que aplicar-se à direção industrial. É evidente que o pedreiro não deveria proceder da maneira acima indicada. Mas muito se fala dos deveres do operário e com isso vamo-nos esquecendo de apontar os deveres dos patrões, quando a verdade é que o mau operário não passa duma consequência lógica do mau patrão, ou da má direção industrial. O operário não criou a teoria do conseguir algo em troca de nada: apenas copiou a que via fazer o patrão.

Industrial que paga a seus operários o menos possível e dá ao público o menos que pode pelo máximo de dinheiro que é possível obter, encontra-se no mesmo caso do pedreiro que só assenta metade dos tijolos que podia assentar.

Creem muitos fabricantes, sinceramente, que estão pagando os salários mais altos que o negócio comporta. É possível que assim seja. Mas ninguém sabe o que pode pagar se o não experimenta.

O SALÁRIO FORD

Em 1915 elevamos .o. nosso salário mínimo de 2,40 a 5 dólares diários – e foi ai que, podemos dizer, realmente se iniciou a nossa alta produção. Não só conquistamos grande número de clientes como ainda passamos a descobrir tantos caminhos de economizar que logo em seguida pudemos estabelecer o programa dá redução de preços. Quando alguém se empenha vivamente num trabalho, torna-se notável o número de descobertas que vai fazendo pelo caminho. A primeira é que não se pode fabricar um artigo bom e barato com operários mal-pagos. A obtenção de bons obreiros reduz logo o preço de custo do artigo.

Nós não estabelecemos uma escala de salários a não ser quanto à fixação do mínimo em 6 dólares, – mínimo que nos impusemos com fito de aumentar nosso negócio pela diminuição do preço de custo. Começamos com um mínimo de 5 dólares e mais tarde verificamos que podíamos elevá-lo a 6. Mas não temos nenhuma norma para fixar o valor de qualquer tarefa; pagamos de acordo com o valor do homem, sendo que mais de 60% dos nossos operários vencem paga superior à mínima.

Estabelecemos o dia em 8 horas, não porque seja a terça parte do dia,

Mas porque verificamos que é dentro desse tempo que o operário produz seu melhor rendimento. Aos domingos ninguém trabalha em nossa empresa, exceto os guardas. Do mesmo modo que o salário, a duração do dia de trabalho é questão que à gerência industrial incumbe resolver.

Outra coisa que estabelecemos é não permitir que nenhum operário se considere fixo numa tarefa determinada, de modo a não poder trabalhar noutra. Temos assim uma imensa reserva de homens aptos para qualquer serviço. Em nossos registros se inscrevem nomes de homens de todas as nacionalidades e de todas as profissões, desde aviadores até zoólogos.

Colocamos os operários novos onde mais deles necessitamos, sem atender aos conhecimentos que possuem. Preferimos, todavia, que trabalhem em suas próprias profissões e para isso temos um fichário adequado.

Quando, por exemplo, abrimos os moinhos de Dearborn, os moleiros iniciais vieram de Highland Park, onde se ocupavam de outro serviço. Jardineiros hábeis na conservação dos gramados do *Dearborn Golf Course* também saíram de nossas fábricas. Um dia necessitamos dum técnico experimentado em baixo-relevo. Fomos ao fichário de profissões e descobrimos um escultor de talento a trabalhar numa perfuradeira.

Sempre nos afastamos do "patriarcalismo". Não fiscalizamos os nossos homens no relativo ao emprego do que ganham. Cremos que um homem deve apartar reservas suficientes para enfrentar os maus momentos e assim ajudar-se a si próprio; nos casos, porém, em que a doença esgota essas reservas, fazemos empréstimos por intermédio de uma seção especial.

Em 1919 estabelecemos em Highland Park armazéns para evitar que exploradores destruíssem com a sua especulação o lucro dos nossos homens. Temos hoje farmácias, armazéns de secos e molhados, açougues, lojas de fazendas e calçado. Também vendemos combustível. Ao todo dez armazéns que fazem um movimento de 10.000.000 de dólares por ano, vendendo em média 25% mais barato que os outros. Só damos a consumo gêneros de primeira ordem, muitos deles provindos das nossas propriedades. Parte do pão passa pelos moinhos e procede das nossas fazendas, como também os legumes.

Não construímos casas, exceto em Dearborn, onde tivemos de enfrentar as especulações, e nas nossas minas e florestas, que as possuíam insuficientes.

PARTICIPAÇÃO DE LUCROS

A instituição de uma certa participação de lucros apresentou numerosas dificuldades. Mas organizamos um sistema de certificados de depósito que parece resultar satisfatório. Esses certificados são títulos intransferíveis de 100 dólares. Os subscritores adquirem-nos a prestações. Esses títulos rendem 6%, cifra que pode acrescer-se dum dividendo suplementar a juízo do Conselho de Diretores. Já chegaram a ser votados suplementos de 14% e já atinge a 22.000.000 de dólares o dinheiro neles empregado.

Isto não passa de detalhes que na realidade coisa nenhuma tem que ver com os salários. Nenhum serviço indireto prestado ao assalariado pode substituir o salário. A aplicação do "salário-causa" exige que se paguem os mais altos, como único meio de incrementar a indústria por meio do aumento da força aquisitiva do público.

Necessariamente o trabalho de muitos homens tem que ser pura repetição de movimentos, pois de outro modo não se pode conseguir sem fadiga a rapidez da manufatura que faz descer os preços e possibiliza os altos salários. Algumas das nossas operações são excessivamente monótonas, mas também são monótonos muitos cérebros; inúmeros homens querem ganhar a vida sem ter que pensar – e para esses a tarefa unicamente de músculo é boa. Possuímos em abundância tarefas que exigem cérebro ativo – e os homens que no trabalho de repetição se revelam de mentalidade ativa não permanecem nele muito tempo.

Anos de observação desautorizam-nos a afirmar que a prática do trabalho monótono seja nociva à saúde. Parece até que tal gênero de trabalho é mais favorável à saúde. Parece até que tal gênero de trabalho é mais favorável à saúde física e mental que o outro. Demais, se os operários não se comprazem nesse trabalho, pedem remoção.

Em 1913, em Highland, tínhamos, por mês, 39,9% de remoções. E em 1915, após a elevação do salário a 5 dólares, essa percentagem caiu para 1,4%. Em 1919 subiu para 5,2% descendo hoje a 2%. Sobre os 70.000 operários da Fordson o número de dispensas não passa de 80 por dia, em regra por motivo de doença ou má conduta.

Para aplicar plenamente o principio do "salário-causa", a sociedade tem que aliviar-se dos improdutivos. As grandes indústrias, bem organizadas, não podem prestar serviço se não adotam o trabalho automático, trabalho que, em vez de constituir uma ameaça para o mundo, permite aos velhos, aos cegos, aos estropiados, uma produção igual à dos sadios, dissipando assim os terrores que a velhice e a doença inspiram.

Necessitamos nessa época de mais homens criadores do que nunca. E esse sistema é suscetível de universalizar-se, como veremos em outro capítulo.

CAPÍTULO XIV

O VALOR DA FORÇA MOTRIZ

Na Armênia dez dos nossos tratores, introduzidos por uma comissão de socorro, araram 405 hectares de terreno em 11 dias. Esse trabalho teria requerido 1.000 bois e 500 homens, de que se não dispunham.

Em Marrocos os indígenas debulham ainda o trigo apisoando as espigas dentro de sacos. Três homens preparam assim uns dois alqueires por hora. Uma debulhadeira movida a trator produz 90 alqueires por hora. Quer dizer que numa hora a máquina realiza o mesmo trabalho que 135 marroquinos.

A Rússia padece de períodos de fome, apesar de suas imensas extensões de terra cultivável, porque a sua gente não pode, com os métodos primitivos, obter uma produção tal que, além de atender às necessidades rurais, permita o abastecimento das cidades ou das zonas assoladas pela seca. E se nas circunstâncias atuais fosse possível obter toda a produção necessária, ainda ocorreria um óbice: não poder transportar-se. Quando os sovietes nos pediram auxílio, aconselhamo-los a comprarem automóveis antes de tratores, para que possuíssem meios de transporte. Assim o fizeram. Depois levaram tratores e hoje possuem milhares em atividade. Calcula-se lá que um trator realiza o trabalho de 100 bois e 50 homens. A economia é maior ainda do que parece, porque só o sustento dos bois consumiria boa parte da colheita. Não foi difícil ensinar aos campônios o manejo das máquinas, e o jovem campônio russo sente hoje uma verdadeira veneração romântica por elas.

As provas oficiais do trator verificadas na Inglaterra mostram que, levados em conta todos os elementos, sai o aramento com ele por metade do que saía com cavalos.

A MISÉRIA DO TRABALHO MANUAL

Que significa isso? Os camponeses de muitas partes da Europa e do Oriente são mais pobres do que é possível imaginar-se. Nossos mais miseráveis mendigos – até nossos vagabundos, pobres de profissão – gozam mais dos bens do mundo que a maior parte desses campônios. Ainda os que em nosso país não querem ou não sabem trabalhar, não são tão pobres como o campônio europeu ou o cule asiático.

A causa disso está em que usamos uma tão grande soma de força motriz que até o mais indolente americano se beneficia com os seus efeitos. E note-se que apenas empregamos uma parte da energia que devíamos empregar – e com enorme desperdício.

Uma coisa sobressai logo: que em nosso país utiliza-se de muito mais força motriz por individuo do que em qualquer outro país, e ainda que em nossas fábricas o seu emprego é também muito mais extenso do que em qualquer outro país.

A FORÇA DO TRANSPORTE

A tudo, porém, sobreleva o fato de empregarmos muitíssimo mais força no transporte do que na fabricação. Podemos avaliar a energia empregada na indústria em 50.000.000 de cavalos, enquanto que só a nossa emprêsa, até o dia 1.° de dezembro de 1925, havia dotado o transporte com 292.007.030 cavalos. Claro que nem todos os veículos em cômputo nesse total estão em funcionamento, mas 80% estarão e os teremos de acrescentar a força motriz produzida por todos os demais carros de outros fabricantes e pelas estradas de ferro.

O efeito produzido pelo transporte rápido e barato é profundo. Não faz muito tempo um homem de recursos medianos vivia até morrer sem arredar-se cem milhas do lugar do nascimento. Seu modo de vida diferençava-se muito pouco do de seu pai e talvez do de seus avós – o que aliás ainda ocorre em quase todo o resto do mundo. Na América já não é assim. A frente: de todas as grandes fábricas podem ver-se dezenas de carros pertencentes a operários, cujas chapas revelam procederem de meia dúzia de Estados, diversos. Ninguém jamais negou que a melhor instrução é a obtida por meio de viagens – mas outrora viajar não passava de um privilégio de ricaços. Hoje todo mundo viaja. As fronteiras dos nossos Estados nada significam; não poderia rebentar uma guerra entre eles porque não os temos enclausurados, ou de interesses opostos. Nossa Guerra Civil não poderia repetir-se. Se a Europa tivesse transportes baratos e cômodos, as atuais barreiras entre os países desapareceriam com rapidez, tão intoleráveis se tornariam.

Não é de estranhar pois que o transporte haja transformado o nosso país. As vias férreas construíram-no, criando a locomoção barata e cômoda; mas ao automóvel ficou reservada a obra de destruição de todas as barreiras, já que não depende de trilhos e se insinua por toda parte. Foram-se as regiões isoladas. Não mais possuímos Estados ou cidades de ligação com o mundo, exceto nalgum ponto das montanhas; o número de criaturas isoladas é zero em comparação ao total demográfico. Assim também as necessidades do povo crescem incessantemente e o tipo geral da vida se vem elevando nos últimos 15 anos com mais rapidez que em todo o nosso passado.

Consiste a civilização num alto *standard* de vida? Ignoramo-lo. Mas cremos que a civilização expressa pelo bem-estar material constitui base do bem-estar intelectual, visto que sem independência econômica não pode existir independência intelectual. Se um homem gasta 12 horas para ganhar o pão de cada dia, não lhe sobrará muito tempo para pensar com lucidez.

É natural e justo que essa nova era em que estamos entrando se distinga pela inversão no transporte de grande parte de nossas reservas de energia. O automóvel não vale por si mesmo; vale como meio de tirar partido da energia.

Nossa civilização, pois, tal como a temos, repousa na energia barata.

O EMPREGO DA ENERGIA

O país começou empregando a energia hidráulica mas só aproveitava pequenas quantidades, isto é, as captáveis por meio da roda-d'água, aparelho de mínimo rendimento. Mas logo abandonou essa energia, com a entrada em cena do vapor, passando a utilizar-se do carvão. Hoje, com a facilidade barata e comoda do transporte de energia sob forma de eletricidade, podemos manejar qualquer quantidade de força hidráulica com todas as vantagens da produção avultada e rendosa Aprendemos que o carvão não só pode queimar-se para produzir calor como ainda é um corpo químico muito valioso, não passando o calor de mero subproduto. A sua energia calórica empregamo-la para produzir vapor que por meio de turbinas se transforma em energia elétrica. Temos, além disso, o motor de combustão interna, para óleos voláteis, e o Diesel, para óleos densos.

Possuímos mais fontes de energia do que nunca e estamos procurando outras. Sempre mais, mais energia.

DESVIRTUAÇÃO POLÍTICA

As dispendiosas e pequenas usinas de energia de utilidade pública estão cedendo o passo às grandes, centrais. Começamos a ver que é antissocial o conceito político e financeiro que nos orientava em matéria de energia. Nossas comissões públicas, com a sua regulamentação de preços, o que fazem é favorecer as potências financeiras, que só veem nas usinas de força motriz pretextos para emissão de títulos. Emitem-nos e embolsam os lucros, não servindo ao público, mas aproveitando-se dos privilégios ou monopólios consequentes à regulamentação do Estado.

Nós, o povo, pagamos impostos para sustentar comissões cuja única missão é impedir que a má direção dê seus resultados lógicos nas empresas de utilidade pública, isto é, arruine-as. É mais um exemplo de como os reformadores mal-informados tornam-se joguetes dos financistas astutos. Tais comissões surgem a pedido dos reformadores a fim de salvar o povo das cargas excessivas impostas pelas corporações de utilidade pública. Mas o povo deixar-se-ia esmagar pela carga? O povo reforma uma corporação maldirigida de um modo muito simples: não comprando os seus produtos. Mas as comissões, nomeadas para salvar o público, apenas salvam as corporações.

Temos, pois, um estado de coisas em que a corporação de serviço público se garante, independente de melhorar seu organismo diretor. Isto vai contra os interesses do público, porque não mete a má empresa no dilema: ou bem-servir ou desaparecer.

O interesse público exige que, as corporações nadem como devem nadar, ou naufraguem. Para que preocupar-se com a opressão ao público, se o fato de prestar-lhe mau serviço destrói mais rapidamente a má empresa do que o faria a lei? Felizmente os homens começam a compreender que os verdadeiros lucros da produção de energia se hão de ganhar dando-a ao público ao preço mais barato e ao modo mais conveniente. Tais lucros, ao lado dos obtidos por meio de manobras financeiras, mostram que miséria são eles.

FUNÇÃO DA MÁQUINA

A fonte da civilização material reside no desdobramento da energia. Se a temos à mão, nada menos difícil do que encontrar-lhe emprego. Um dos meios de aplicar a energia é a máquina, e assim como é frequente considerar o automóvel em si mesmo, e não como meio de utilizar energia, o mesmo se dá com a máquina em geral.

Fala-se em "era da máquina". Era da energia, sim, devíamos dizer, pois a importância do nosso tempo está na sua capacidade de aumentar e baratear a produção de modo que todos possamos gozar dos bens do mundo. O caminho para a liberdade é o caminho das possibilidades para todos. É o meio de substituir frases vazias por sólidas realidades. A máquina não passa de mero incidente. O seu papel resume-se em libertar o homem dó trabalho penoso. Liberta ela assim a energia humana, que pode então desenvolver seus recursos intelectuais e espirituais, lançar-se à conquista das mais elevadas regiões do pensamento e realizar as coisas mais nobres. Amáquina é o símbolo da dominação da natureza pelo homem.

Basta viajarmos um bocado pelo mundo para verificarmos que a escravidão reina por toda parte onde a máquina não penetrou. Vemos homens e mulheres carregando ao ombro água, madeira e pedras. Vemos artesãos mourejando longas horas para conseguirem resultados mínimos. Verificamos a desproporção trágica entre o extenuante labor do campônio e a magra colheita que seu esforço arranca da terra. Contemplados horizontes incrivelmente limitados, níveis de existência mais baixos que o dos animais, uma pobreza a frisar com o trágico. Tal é a condição dos povos que não aprenderam os segredos da energia e o método que nos permite utilizá-la: a máquina.

A MÁQUINA LIBERTA

Para libertar-se e poder dar-se a objetivos mais nobres, o homem escravizou animais e ensinou-lhes a transportar fardos. A junta de bois e o cavalo representam o domínio da força bruta pela inteligência do homem. A vela dos barcos pôs fim à escravidão dos homens de remo. O uso do cavalo veloz veio em consequência de uma confusa percepção do valor do tempo.

Agravou o homem, desde modo, sua servidão ou cresceu em liberdade?

É certo que muitas vezes tem sido, empregada a máquina para explorar os homens, não beneficiá-los. Mas a sociedade jamais aceitou isso como justo. Sempre o combateu e, à medida que se alargava o uso da máquina, nunca cessou a sociedade de embaraçar o seu uso abusivo. O emprego normal e justo da máquina torna o seu abuso desvantajoso e finalmente impossível.

AS NOSSAS USINAS DE ENERGIA

É essa a nossa ideia da importância da máquina, atrás da qual se encontra a energia, especialmente a hidrelétrica. Nossa empresa já possui nove usinas de força, duas delas do governo – arrendadas em estado de barragens apenas, para que se não perdesse o trabalho começado. Nesse momento aumentamos nossa usina do rio Rouge, cujo rendimento atingirá logo a 500.000 cavalos.

Adquirimos minas de carvão para que se não interrompa, acaso, o nosso abastecimento desse combustível, como sucedeu em 1922; tivemos de fechar as portas por vários dias, deixando sem trabalho centenas de milhares de homens, porque os chefes mineiros e os chefes patronais não se punham de acordo sobre salários e condições de trabalho.

MUSCLE SHOALS

As represas que nos arrendou o governo encontram-se uma em Saint Paul e outra em Green Island, como vimos em capítulo anterior. Também fizemos oferta relativa à grande instalação de Muscle Shoals, sem que o Congresso deliberasse sobre o caso. Trata-se de uma grande unidade de energia hidráulica capaz de desenvolver várias centenas de milhares de cavalos-motor, construída pelo Estado durante a guerra, com o fim de fixar o nitrogênio atmosférico. Não foi concluída a instalação, que representa o empate de enorme soma de dinheiro e, o que é mais, paralisação de força potencial numa região do país que muito necessita dela. Em "*Minha Vida*" revelamos nossas intenções a respeito; mas, posteriormente, retiramos a oferta, em vista de razões expostas numa entrevista ao *Collier's Weekly*: Há mais de dois anos fizemos uma das melhores ofertas, a melhor que nos era possível fazer. Nenhum andamento lhe foi dado. Um simples negócio econômico, dos que se decidem numa semana, transformou-se num complicado negócio político. Mas nós não somos políticos, nem tencionamos vir a ser.

Interessava-nos muito, e ainda nos interessa, a usina de Muscle Shoals, porque a consideramos um valor nacional que diz respeito a todos nós como cidadãos deste país. Tenho duas ideias sobre Muscle Shoals: fazê-la funcionar como unidade industrial complexa, ou como usina de nitratos fertilizantes. A fabricação de nitratos não ocuparia desde logo toda a força que seria utilizada, no restante, para outros fins. Antes de tudo, porem, a nação deve olhar zelosamente para tal usina, como uma das suas fontes defensivas mais importantes, visto como, em caso de guerra, de lá é que sairão os explosivos. É vergonhoso, pois, que se tenha tornado o seu caso um joguete de política. O melhor modo de mantê-la como fonte de energia defensiva, é fazê-la funcionar como unidade industrial na paz. Seu uso adequado daria ao Sul o impulso e as facilidades de que ele necessita.

AS NOSSAS HULHEIRAS

Temos, ao todo, 16 minas, situadas no Kentucky e na Virgínia Ocidental. Quando, há anos, adquirimos a primeira, fizemo-lo certos de que íamos penetrar numa indústria desconhecida para nós e que se achava sob a influência dos sindicatos, longe, portanto, dos verdadeiros princípios industriais. Além disso, indústria das mais atrasadas. O problema que enfrentamos consistia em pagar aos mineiros o nosso salário geral, assegurando-lhes serviço o ano inteiro e tratando com eles diretamente, não por meio dos seus representantes.

Antes de mais nada limpamos as minas e os arredores; nunca vimos razão para a sujeira. As casas que não mereciam restauração substituímo-las por boas casas novas, dotadas de quarto de banho.

Acabamos com as ruelas malcalçadas e escuras, iluminamo-las e construímos um estabelecimento de recreio. Em suma, tudo fizemos para transformar os tristes lugarejos em pequenas cidades confortáveis. Depois estabelecemos o nosso regime de altos salários, de que resultou passarem os nossos mineiros a ganhar o dobro dos seus colegas. Esses homens entraram a revelar-se excelentes criaturas, pois só necessitavam que se lhes desse oportunidade de o serem. Alargou-se-lhes a visão, ampliou-se-lhes o conceito da vida. Só em um dos nossos acampamentos mineiros já há 200 possuidores de automóveis.

Durante os meses de verão expedimos hulha pelos lagos para o abastecimento do Noroeste. Isso nos ajuda a manter permanente o trabalho das minas durante todo o ano. A redução de pessoal por causa da exigência das estações faz-se mínima, sem que dispensemos um só homem ou baixemos os salários. Aos retirados da mineração pomos a limpar os arredores das jazidas e os povoados; a outros mandamos à Fordson, onde ficam até que a mina os reclame de novo.

Uma das calamidades dessa, como de outras indústrias, é o operário ver-se a braços com o desemprego temporário, por falta de serviço da sua profissão. Entre nós nenhum homem adstringe-se a um só ofício; são mobilizáveis para qualquer outro, ainda que nunca tenham ouvido falar dele. Não é conveniente para o país ter homens que se considerem a si mesmos só como mecânicos, maquinistas ou mineiros. Ninguém perde em possuir várias cordas em seu arco. Tencionamos criar indústrias perto das minas para ter à mão empregos intercambiáveis e o certo é acabarmos produzindo nas minas grande parte da nossa força motriz.

O carvão nos custa menos que no mercado, embora não tenhamos feito grande coisa para organizar novos métodos detrabalho. Com frequência poderíamos comprar carvão depreciado; mas não queremos ganhar com o prejuízo alheio; não somos uma empresa de especulação.

O QUE FAZEMOS DO CARVÃO

No emprego dá hulha na Fordson temos todas as vantagens da grande indústria, pois podemos tratar o carvão como corpo químico, empregar em nossa indústria seus derivados e queimar o resto como combustível. Essa destilação nos permite reduzir a hulha, que nos chega à fábrica por 5 dólares, a um preço de custo muito mais baixo.

Depois de longas experiências nos convencemos de que o modo mais econômico de empregar o vapor é a turbina e hoje temos na Fordson oito de 62.000 cavalos. Algumas já estão funcionando e a todas construímos nós mesmos com características especiais. Uma delas está no gerador, menor um terço que os correntes dá mesma capacidade e isolado com mica. Produz uma corrente de 13.000 volts.

Cada urna dessas unidades produz tanta energia como toda á usina de Highland Park.

O equipamento das caldeiras se compõe de oito unidades, com fornalhas de boca dupla, para carvão e, pó e gás provindo dos altos-fornos. O gás que entra sete metros acima, proporcionam-se de tal modo que atingem a temperatura máxima antes de alcançarem os tubos da caldeira. Depois circulam os gases através dos caloríficos superiores até a superfície da caldeira e passam à chaminé do escapamento. Sem embargo, muito pouco fumo sai pelas chaminés, tão completa se faz a combustão. Com esse processo não só se produz um calor máximo, como ainda a média do calor que se transfere para a água é de 90% . Outra economia obtida é a supressão de cinzas e escórias, que tanto abundam com o emprego do carvão bruto.

Quando se expõem as caldeiras a tão alta temperatura, as paredes das fornalhas costumam gretar-se, o que acresce o custo da sua conservação. Para evitar isso, em parte, suspendemos as caldeiras a um arcabouço de aço, em vez de apoiá-las em base de cimento.

O uso de combustíveis que assim se combinam na combustão, junto à prática de alimentar as caldeiras com vapor condensado (com adição de água, destilada para compensar as perdas), permite o seu funcionamento contínuo, noite e dia, durante 6 meses ou um ano, em vez da parada habitual de 2 em 2 meses.

As únicas ferramentas empregadas na seção das caldeiras consistem num rodo, num atiçador e numa pá. Mas são niquelados e se guardam numa redoma de vidro. Todo o interior do departamento está pintado de cinzento-escuro ou esmaltado, e os operários usam uniformes e gorros brancos. Cada homem atende a 4 fornalhas, limitando-se a regular a entrada do gás e do carvão, de modo a manter nas caldeiras uma pressão constante.

TURBINAS DE VAPOR

O vapor gerado, penetra nas turbinas, à pressão de 105K. por 6 centímetros quadrados, numa temperatura de 600°F. Dirige-se contra certo número de paletas de aço, dispostas em leque de círculo completo. E como a corrente de ar regira um ventilador, assim o vapor aciona o rotor da primeira turbina. Se se deixasse o vapor tocar imediatamente as paletas do rotor seguinte, tenderia ele a fazê-lo rodar para trás; para evitar isso passa por um dispositivo interferente que lhe muda a direção. O vapor caminha assim em ziguezague, acionando sucessivamente 19 rotores. O trajeto comporta 15 fases de expansão progressiva com a consequente queda da pressão. Para utilizar o vapor expandido as paletas de cada rotor vão-se ampliando do primeiro ao último. As do último medem 26 polegadas de comprimento e as do primeiro, 3 1/2 apenas.

Como esse sistema de empregar o carvão é muito mais eficaz que qualquer outro, estamos abandonando a nossa usina de energia de Highland – que era nosso orgulho – e também aperfeiçoando grandemente a Fordson, que nos parecia, ao construí-la, ontem, inaperfeiçoável. Talvez numa década já estará antiquada – e então a sacrificaremos também.

Hoje só precisamos de 500.000 cavalos para os usos da Fordson e da Highland; porém breve toda a nossa energia será necessária a ambas as fábricas, aos fornos elétricos e às estradas de ferro que estamos eletrificando.

APROVEITAMENTO DO CARVÃO

O seu baixo custo mostra a relação que pode ter uma indústria com a região onde funciona. Em qualquer grande centro fabril é possível que a hulha empregada nas fábricas possa também utilizar-se para o uso doméstico. Quer dizer que cada pedaço de carvão pode ser utilizado duas vezes, uma na fábrica, outra nos lares. Um vagão de hulha chegado a uma fábrica poderá ser utilizado para todas as suas necessidades; os corpos químicos, gases, alcatrão, etc., podem ser extraídos e o coque restante pode ser entregue ao consumo doméstico.

É coisa que já realizamos. Durante vários invernos demonstramos que não só é possível usar o carvão duas vezes, como ainda vender o coque a preço muito inferior ao usual. Se todas as grandes usinas assim o fizessem, obteriam maiores lucros e suprimiriam um desperdício. Que preciosos elementos durante tantos anos consumiram nas grelhas das fornalhas e desapareceram em fumo! As usinas modernas não só economizam os elementos da hulha, e com eles enriquecem outros campos de atividade, como deixam entrever novos horizontes. Pois tais usinas são suscetíveis de se tornarem verdadeiras instituições de utilidade pública. O excesso de gás produzido poderá ser posto à disposição da comunidade. Do mesmo modo, adubos químicos provenientes do carvão podem ser utilizados pela agricultura.

E isso incide grandemente no problema dos transportes. A medida de uma melhor e mais intensa utilização da matéria-prima cresce o emprego da energia elétrica. Hoje vemo-la nas cidades, a iluminá-las e a atender ao problema do transporte e das comunicações. São grandes serviços, além dos prestados nas fábricas. As multidões operárias vão e vêm do trabalho em bondes elétricos. Quando estão nas oficinas, a corrente é ao'bretudo intensa nos cabos que trazem energia à fábrica. Quando vêm para o serviço ou saem dêle, é nos cabos das vias de transporte que a corrente se intensifica. Quando os homens não estão na fábrica, estão nos bondes, nos trens, nos carros. Nada mais simples para essas usinas, antes e depois das horas de trabalho, do que aplicar sua energia motriz às necessidades do transporte.

Isso são sugestões que fazemos de passagem, todas possíveis e muitas já em aplicação, tendentes a ligar a indústria ao serviço da comunidade.

Nossas grandes fábricas possuem nas suas fontes de energia um modo de alçarem-se ao nível das instituições públicas no mais amplo sentido.

Utilizar a energia à maneira duma cadeia significa barateá-la ao extremo, e o emprego inteligente da energia barata equivale a grande serviço público e a grande prosperidade.

E tudo isso poderá ser obtido com o que hoje se desperdiça!

CAPÍTULO XV

EDUCAR PARA A VIDA

Certa vez um persa apareceu de visita à nossa escola industrial. Sua cultura era notável. Tinha tomado vários graus em escolas superiores da América e da Europa, dominava muitos idiomas e vinha de concluir um curso de estudos especiais numa das nossas universidades. Não se ilustrava por mero capricho, e sim no intuito de beneficiar os seus concidadãos, tendo vindo de visita às nossas fábricas antes do regresso à pátria, ao saber que nelas trabalhavam muitos persas. Ao terminar a visita, disse ao nosso diretor, tristemente:

– Minha educação começou com palavras e terminou com palavras e ao voltar à Pérsia nada levo que possa oferecer ao meu povo.

Tinha razão. Educara-se à margem da vida. Aprendera o conteúdo de certo número de livros, mas não aprendera como melhorar as condições de vida do seu povo. Nem sequer sabia como ganhar sua própria vida, a não ser ensinando a outros as palavras que havia aprendido. Pouco mais poderia fazer do que um fonógrafo, cuja manutenção, aliás, custaria muito menos que a dele. Não obstante, submetera-se a exames e fora qualificado como instruído. Instruído para o que? Era a pergunta que a si mesmo se fazia.

EDUCAÇÃO UTILITÁRIA

Somos partidários do que se pode chamar educação utilitária, mas não do que existe com esse nome. Cremos que antes de mais nada um homem deve habilitar-se para ganhar a vida, e que toda a educação que não tenda a isso é inútil. Também cremos que a verdadeira educação levará o homem ao trabalho, em vez de o afastar dele – e lhe facilitará os meios de conquistar uma vida melhor para si e mais útil aos outros. O que costuma passar por educação utilitária não vai além duma instrução fragmentada em retalhos de todo inúteis.

Se educamos um menino para que espere lhe caiam do céu as coisas; se lhe conformamos o espírito para que considere a vida qual um benévolo sistema providencial; se o preparamos a fim de que peça favores aos demais em vez de recorrer às suas próprias forças, para a criação do que necessite; nesse caso o que semeamos não passa de sementes de servilismo – a inteligência se deforma e a vontade se atrofia.

Ressaltamos isso porque é coisa muito comum. Sem intenção, talvez, amimamos uma educação débil, com base no providencialismo da vida. Admito uma Providência que, de um plano invisível, presta o seu apoio aos esforços sinceros do homem. A experiência humana parece demonstrar isso. O esforço do homem parece às vezes advir de uma corrente superior de energia, que age nos momentos críticos para completar uma obra ou dar um torneio favorável a circunstâncias na aparência desfavoráveis. A experiência humana parece não deixar dúvida a esse respeito.

Mas essa Providência não é uma serviçal dos fracos – ajuda apenas aos que dão de si o esfôrço máximo. Os homens dessa têmpera poderão aparecer débeis por um momento, nunca o serão por natureza; parecê-lo-ão por inverterem toda a sua força numa causa ou tarefa. Essa força abstrata, pois, que empunha os fios últimos e dá o toque final; essa Providência, como dizem os homens, só vem em auxílio dos fortes que, havendo prodigalizado toda a sua força, se sentem esgotados num certo momento. Daí o velho adágio: Ajuda-te que Deus te ajudará.

Consideramos como parte do nosso dever industrial – isso é, parte do serviço que mantém o salário-causa – ajudar as criaturas a se ajudarem. E temos como forma particularmente mesquinha de autoglorificação, isso que se denomina caridade – pois em vez de ajudar, deprime. O doador de esmolas recebe a barata satisfação de ser tido como bondoso e generoso, coisa inofensiva em si, caso não inutilizasse a quem recebe a esmola. Criatura que de alguém recebe algo em troca de nada, passa a esperar isso de todos.

A caridade cria parasitas, e não há diferença nenhuma entre o zangão rico e o zangão pobre. Ambos constituem sobrecargas da produção. Será necessário toda uma geração para apagar rios povos europeus os efeitos causados pelos donativos.

Por esse motivo jamais pensamos em fundar uma universidade, ou alguma outra coisa que se aparte do que conhecemos a fundo. Dedicamo-nos, em vez, a instruir rapazes e homens feitos na prática e nas ideias da nossa própria indústria, crentes de que por essa forma prestamos um serviço maior. A respeito da matéria possuímos planos bastante vastos, embora ainda não amadurecidos. Parece-nos problema muito sério saber o que fazer desses esplêndidos animaizinhos, já responsáveis, que são os meninos de 16 a 20 anos.

Nosso primeiro esforço foi no sentido de ajudar aos rapazes que não tinham possibilidades de ajudar-se a si próprios. Na "*Minha Vida*" tratei do assunto com mais amplitude. Criamos a Escola Industrial Henry Ford em outubro de 1916 e admitimos órfãos, filhos de viúvas e quantos não tiveram ensejo de adquirir uma profissão. Planejamos uma escola que não somente se bastasse a si mesma, como ainda proporcionasse aos alunos meios de ganhar, dentro dela, o mesmo ou mais do que em qualquer emprego fora.

AS ESCOLAS FORD

Temos hoje nessa escola 720 rapazes, 50 órfãos de mãe e pai, 300 só de pai, 170 filhos de empregados nossos e 200 de outras categorias. Já graduamos 400, a maior parte dos quais se colocaram em nossa empresa. A principio recebem os rapazes uma bolsa de 7,20 dólares por semana, quantia que se eleva até 18 dólares – e ainda têm eles direito a uma refeição diária e dois dólares por mês, como reserva para depositar num banco. A bolsa média é de 12 dólares por semana, inclusive as férias, que são de 4 semanas.

Outorgamos essa bolsa aos rapazes a fim de que possam prover ao sustento de suas mães enquanto cursam a escola. A lista dos que esperam vaga ascende hoje a 5.000. desde o início a escola se dirigiu mediante três princípios: 1.º) conservar os rapazes, não os transformando prematuramente em operários; 2.º) educação acadêmica conduzida *pari-passu* da educação industrial; 3.º inoculação no rapaz do senso da responsabilidade, fazendo-o trabalhar em artigos de utilidade. Nada se faz por fazer, apenas.

A instrução se divide em duas partes: uma semana nas classes, outra nas oficinas. As classes se entrelaçam tão intimamente ao trabalho prático, que os estudantes podem dominar um tema em muito menos tempo que em qualquer outra casa de ensino. A fábrica de Highland Park constitui o livro de texto e o laboratório da nossa escola. As noções de matemáticas se convertem em problemas concretos nas oficinas. A geografia se liga estreitamente às atividades da exportação e as classes de metalurgia possuem todos os elementos, desde altos-fornos até seções de tratamento a quente dos metais, para observações e estudos relacionados aos das classes. O curso acadêmico compreende inglês, desenho mecânica, matemáticas, inclusive trigonometria, física, química, metalurgia e metalografia. O curso industrial compreende a aplicação prática dos princípios aprendidos nas classes, bem como um estudo completo de cada tipo de máquina empregada no fabrico de ferramentas.

Os rapazes produzem algumas peças do carro Ford e grande variedade de ferramentas, bem como delicados instrumentos de precisão. A maior parte dos motores isolados, visto nas nossas salas de vendas, são feitos por esses rapazes com peças rejeitadas.

Todo o trabalho executado na escola é adquirido pela nossa empresa, quando a inspeção o aprova. Isso faz que a escola se mantenha por si mesma, além de que acentua nos alunos o senso da responsabilidade.

Como o rapaz normal prefere brincar a trabalhar ou estudar, estimulamos os esportes e a ginástica, conjuntamente com o estudo. Durante as semanas de classe passam eles uma hora por dia no campo de ginástica sob instrução competente. A escola tem suas equipes de futebol, beisebol, basquetebol, de eficiência reconhecida entre os concorrentes locais. O grande salão de recreio fica à disposição dos alunos cada sábado.

Quando um rapaz se gradua, aos 18 anos, está apto ao desempenho duma profissão bem-paga, por meio da qual pode obter o dinheiro suficiente para continuar sua educação, se o deseja. Em caso inverso, já se acha detentor de conhecimentos suficientes para dirigir um serviço em qualquer parte, ou na nossa empresa. E embora tenham por intermédio da escola adquirido os seus conhecimentos, conjuntamente com a sua subsistência, não ficam, depois do grau, obrigados para com a empresa, se bem que em regra nela permaneçam espontaneamente.

Para nossa escola não se selecionam os rapazes porque sejam hábeis ou promissores. Escolhem-se os necessitados de dinheiro e oportunidades, e sem o curso dela muitos naufragariam na vida. O que se graduou com mais idade tinha 25 anos e vários deles já estão se destacando. Um é hoje capataz. Outros se acham como ajudantes dos chefes de serviço, com chances de rápido acesso. Os que andam nas máquinas e nas oficinas trabalham tão bem que breve subirão de posto. O fato mais significativo, entretanto, é o prazer com que os capatazes recebem os jovens graduados da nossa escola.

Não admitimos nela rapazes fisicamente defeituosos, embora haja exceções. Lembro-me de dois, anquilosados por paralisia infantil. Uma vez admitidos, recebem todos os nossos cuidados. Certo rapaz, por exemplo, foi atropelado por um automóvel, advindo-lhe disso tuberculose óssea no joelho. Sofreu várias operações e esteve no hospital Ford cerca de um ano – mas não por caridade. Foi debitado pelo tratamento e o pagará um dia. Também tivemos um sino-filipino que fugira de casa e depois de atravessar o Pacífico foi bater em Detroit, onde o recolheu a polícia. Tinha ouvido falar das nossas indústrias e quis trabalhar nelas. Era um caso excepcional e o admitimos. Revelou-se mau estudante e breve enfermou. Enviamo-lo ao hospital, onde fez uma conta de 75 dólares. Essas contas não as deduzimos da paga dos estudantes, a não ser que o peçam. Mas o filipino quis pagar sua conta. Amortizou-a semanalmente, e quando concluiu o pagamento tinha-se de tal modo habituado a economizar que todas as semanas fazia um depósito no banco. Era um vagabundo que por fim abandonou a escola – mas a esse tempo já possuía no banco 540 dólares, tendo chegado a Detroit com 75 cents.

Há quatro anos que os graduados ganham em média de 8 a 9 dólares diários, ou sejam 2.500 por ano – quantia que me parece um soldo maior que o que vencem o comum dos graduados pelos outros colégios. Se atendêramos a outros motivos escolheríamos os rapazes de modo diverso, mas o que desejamos é ajudar os mais necessitados.

ESCOLA DE APRENDIZAGEM

Muitos dos nossos graduados passam para a outra escola – a de aprendizagem, cuja importância cresce dia a dia. A empresa tem necessidade vital de hábeis construtores de ferramentas. Nossa maquinaria acha-se disposta de modo que a maior parte das operações se possam aprender em menos de um dia; mas para bem conservá-la, e ainda para construir máquinas novas, temos necessidade de bons mecânicos. Em virtude disso abrimos essa nova escola a fim de preparar homens de 18 à 30 anos para essa especialidade técnica. O curso dura três anos e está aberto a qualquer operário menor de 30 anos. Essa escola também se sustenta à própria custa. Os aprendizes passam 8 horas por dia nas salas de ferramentas, guiados pelo capataz e um instrutor especial. Recebem ainda todas as semanas lições de matemáticas e desenho. Ao escrever estas linhas existem nessa escola 1.700 inscritos, recebendo de 6 a 7 dólares e 60 por dia – dinheiro que ganham plenamente.

Toda essa educação pode classificar-se como utilitária e tem que sê-lo – mas não impede a nenhum aluno de aperfeiçoar-se. Muitos, é natural, contentam-se com a curso da nossa escola. Outros, e em grande número, prosseguem seus estudos nas escolas noturnas. E tantos pedidos tivemos de remoção de homens do trabalho noturno para o diurno, de modo que pudessem os postulantes cursar tais escolas, que fomos obrigados a estabelecer como regra não fazer tais remoções. Parece-nos injusto forçar a trabalhar de noite muitos homens só que a outros convém trabalhar de dia.

A ESCOLA DE SERVIÇO

A terceira seção do nosso curso educativo é a Escola de Serviço, cujo fim é, em parte, preparar estudantes estrangeiros para o serviço nas nossas sucursais, e em parte difundir a ideia dos nossos métodos de produção. Não possuímos segredos industriais. Se algo fazemos que outro fabricante possa aproveitar, nosso desejo é que o faça. Temos esta política na conta de um dever.

Desejaríamos criar em todos os países grupos de operários perfeitamente conhecedores dos modernos transportes e da força motriz, operários de espírito bem claro quanto à técnica da produção industrial de hoje.

Para proporcionar ao estudante uma sólida base a esse respeito fazemo-lo trabalhar sucessivamente em várias seções. Os instrutores os procuram durante o trabalho, observam-nos e, fazem-lhes perguntas. Para o perfeito funcionamento do sistema é em absoluto necessária a cooperação de capatazes, fator que temos conseguido da maneira mais satisfatória. Também é preciso um esforço sincero e consciente por parte dos alunos – e os temos observado.

A nenhum é permitido que passe de uma seção para outra sem que esteja bem senhor do seu trabalho. Esse senhoreamento varia conforme o ambiente de onde procede o aluno. Mas a tenacidade dos rapazes acaba sempre vitoriosa.

O curso é de dois anos e os alunos percebem 6 dólares diários bem ganhos. Temos hoje nessa escola 450 alunos, muitos já graduados em outros colégios; desse total 100 são chineses, 84 hindus, 20 mexicanos, 20 italianos, 50 filipinos, 12 tchecos, 25 persas, 25 porto-riquenhos, 25 turcos, muitos russos e um lote de filhos do Afeganistão.

Os chins formam entre os nossos melhores estudantes; lentos, mas muito conscienciosos. Os menos adaptáveis, de qualquer país que provenham, são os possuidores de ideias preconcebidas. Neles o progresso é lento e difícil. Não obstante, tudo fazemos para levá-los a práticas industriais de mais eficiência para os povos de onde procedem Agindo dessa forma parece-nos que estamos auxiliando de modo prático a solução dos problemas internacionais.

CAPÍTULO XVI

REMEDIAR OU PREVENIR?

Muita gente aceita a pobreza como uma condição natural. Nada mais antinatural. Nos Estados Unidos não tem razão de ser. Nem todos os homens podem ser diretores de empresas, como nem todos os homens podem saltar valas de metro e meio de largura; mas com a subdivisão do trabalho e a abundância de tarefas que não exigem perícia, todos têm possibilidades de ganhar a vida. Algumas criaturas fracassando sempre, se deixadas sob a própria direção. Milhares de agricultores deviam estar trabalhando nas fábricas, pois gastam mal seu tempo na labuta agrícola, em virtude de não possuírem o senso da direção. Milhares de homens, que em pequenos negócios se estão esforçando penosamente para viver, sem nunca triunfarem, muito bem desempenhariam certas funções numa grande fábrica, sob a direção de outrem. Subsistem, ainda, os maus efeitos de um mau sistema industrial, baseado no torpe princípio do "lucro-causa" – serviço precário ou intermitente, baixa momentânea de compradores, alta de preços.

A CARIDADE NÃO É SOLUÇÃO

Em nenhuma dessas hipóteses a caridade resolve coisa alguma. Opera antes como um veneno. Em certos casos, homens mulheres e sobretudo crianças têm que ser ajudados, mas são casos menos numerosos do que parecem. Além disso, o simples fato da possibilidade do recurso à filantropia faz tais casos se multiplicarem, visto como caridade significa esperança de alguma coisa em troca de nada. Quanto aos casos realmente merecedores de auxílio, podem eles, sempre, resolver-se de modo individual, com acato ao amor-próprio do protegido, o que não acontece com a caridade organizada. Se não podemos ensinar a certas criaturas o segredo de vencer, podemos guiá-las ao bom caminho. Com o tempo virão os resultados desse socorro indireto.

Eis por que temos como principio evitar tudo quanto se assemelhe à caridade. Há alguns anos empreendemos reorganizar um orfanato, indo nós em pessoa, uma vez por semana, observar como as coisas se passavam. Pusemos na direção criaturas que tinham fama de competentes na matéria – mas que não revelaram a menor noção do que deve ser um asilo de crianças.

Pareciam considerá-lo como um presídio infantil. Não houve remédio senão dissolver o asilo e colocar as crianças em casas de família. A mais enfermiça de todas foi recebida por uma alemã que já tinha 6 filhos!

Raro contribuirmos para subscrições, mas às vezes examinamos algumas. A última para a qual contribuímos foi o hospital de Detroit. Meu filho o desejava e eu respondi:

– Podemos fazer duas coisas: dar algo e esquecermo-nos da instituição ou dar muito, intervindo nela para conseguir que se sustente a si própria.

O HOSPITAL FORD

Adotamos a última hipótese como a solução mais útil, e hoje esse hospital vale por uma experiência tendente a verificar se tais instituições podem viver por si mesmas com a necessária dignidade. Já falamos dele em *Minha Obra*, mostrando que nada tem com a nossa empresa. Possuímo-lo e administramo-lo, unicamente para provar certas teorias que julgamos benéficas ao público.

Os hospitais, indiscutivelmente, correspondem a uma necessidade pública. Mas por toda parte percebemos descontentamento a respeito dos seus médicos e da sua administração. Todo mundo tem a impressão de que o tratamento, a proteção aos doentes e a higiene devem ser organizados sobre melhores bases. Cirurgiões de renome nacional estudam hoje uma nova classificação dos hospitais de acordo com a sua utilidade.

Não encontramos nenhuma razão para que um hospital, bem-administrado não proporcione nas melhores condições possíveis, o melhor serviço médico-cirúrgico, estabelecendo tarifas fixas e fazendo a instituição bastar-se a si mesma.

Como a unidade no hospital é constituída pelo leito, isto é, pelo quarto do doente, pusemos um carpinteiro e a madeira necessária à disposição de um técnico para que construísse um quarto de doente ideal. Devia ocupar o espaço justo, nem mais um centímetro, e ter banheiro. Foi logo estabelecido o *standard* dessa unidade. A segunda parte consistiu em erguer um edifico que abrigasse essas unidades e seus acessórios. O resultado foi o atual edifício de pedra e tijolo – o hospital Ford.

Eis em que consiste o nosso sistema. O corpo clínico, composto de uma centena de médicos e operadores, é pago pelo hospital e não pode clinicar fora. Há 6 serviços principais: medicina, cirurgia, obstetrícia, pediatria, laboratórios e radiologia, cada qual dirigido por um prático de reconhecida competência. Houve no começo tendência de só tomarem-se diplomados pela Universidade John Hopkins, mas o hospital se desenvolveu e a direção deixou de ser representativa de uma só escola. Hoje provém ela das melhores escolas dos Estados Unidos e do Canadá, inclusive membros do Royal College of Surgeons.

As enfermeiras são diplomadas e empregadas só no hospital. Percebem o salário Ford, mínimo de 6 dólares por 8 horas, e se encarregam de 4 a 6 quartos, segundo o estado dos doentes. O serviço doméstico é feito por criadas, de modo que as enfermeiras não se distraem com serviços alheios à sua missão. Havendo junto a cada unidade um quarto de banho com água gelada, fria e quente, e tendo elas à mão a roupa branca necessária, não lhes é difícil dedicarem-se, da melhor maneira, aos enfermos. Trabalham 8 horas, em vez das 12 antigas, e não têm motivos para se queixar da tarefa ou se estafar.

ESCOLA DE ENFERMEIRAS

O ano passado provemo-nos duma escola de enfermeiras, abrindo o *Clara Ford Nurses' Home*, e depois a *Henry Ford School of Nursing and Hygiene*, instituições propostas a formar enfermeiras e especialistas sem outra preocupação além do cuidado dos doentes. Esses estabelecimentos estão mais bem montados que a maioria dos hotéis de primeira classe. Situam-se no mesmo terreno do hospital, mas afastados. A seção de residência consta de 309 moradias individuais, todas decoradas e mobiliadas do mesmo modo, agrupadas em torno de elevadores. Possuem uma sala e uma cozinha para cada grupo com o fim de dar a sensação do verdadeiro lar. No primeiro andar, 8 pequenas salas ligam-se a um salão comum de visitas, onde as moças podem receber suas amigas. As salas de jantar, cozinhas, lavanderia, rouparia, etc., ficam no subsolo. Atrás do estabelecimento há um jardim, disposto entre as duas alas. Todo o edifício é arquitetado de modo a proporcionar às enfermeiras uma completa mudança de ambiente ao deixarem as salas de estudo ou o hospital.

A arquitetura da *School of Nursing* é análoga à do *Nurses' Home*. Consta de dois andares de 120 pés por 50. Ao lado das classes e laboratórios encontram-se dois campos de esporte, piscina e *hall* de ginástica.

Enquanto no hospital, as enfermeiras são obrigadas a cumprir à risca o seu dever. Seguimos nesse pormenor as mesmas normas adotadas para com os operários e contramestres das fábricas: bom salário, poucas horas de trabalho e as maiores facilidades para a obtenção do máximo rendimento.

O hospital possui, além do serviço interno, seções de consultas e, embora aceite a cooperação de médicos e cirurgiões de fora, a assistência e a cirurgia só são feitas pelos médicos da casa. Os honorários se fixam de antemão e de acordo com a tabela.

REGIME INTERNO

Os quartos *standard* são pagos à razão de 8 dólares diários, com direito a assistência e comida.

O hospital abriu-se em 1919, com pedidos para 500 leitos. Cada doente, ao entrar, é objeto de um profundo estudo médico, do qual resulte o mais perfeito diagnóstico, e ainda de exame de sangue, radioscopia, etc., tudo quanto permita a investigação médica, nos casos especiais. Esse trabalho consome umas duas horas para cada cliente e custa 15 dólares.

Cada doente é um doente particular. A norma da casa tem como inviolável a vida privada dos seus clientes. Em seu quarto só podem entrar os médicos ou as enfermeiras de serviço, além das pessoas de fora que o doente queira receber. Doente é doente e não objeto de exposição.

O hospital não estimula, nem impede o seu uso pelos ricós. Todos pagam a mesma coisa, pois todos são para o hospital simples doentes – e pagam adiantado, embora nunca haja repelido ninguém que necessitasse dos seus serviços. Sempre se encontram meios para que o enfermo reúna, de um modo digno, os recursos necessários. Para nós a dignidade faz parte da saúde do cliente.

O hospital ainda não se basta a si próprio, mas consegui-lo-á com o tempo, depois de passado o período de experiências. É natural que nessa fase o tesouro geral da Humanidade o subvencione. Nosso objetivo principal não é conseguir que tal instituição pague, mas apenas que se equipe para a sua missão. Todo o lucro será invertido nele.

Julgamos ter descoberto alguma coisa, relativamente à direção de um hospital; mas uma pergunta nos ocorre: Por que havemos de precisar de hospitais? Não poderão ser evitadas a maioria das doenças?

O MEL DA HUMANIDADE

Essas interrogações nos conduzem a problemas mais amplos. A alimentação, por exemplo. Para gozar boa saúde é mister boa alimentação. As abelhas fazem suas rainhas por meio da alimentação selecionada. Os efeitos da alimentação sobre a saúde, a moral e a mental, constitui hoje um problema difícil e inquietante.

A ciência começa a ver que a doença nasce da alimentação. Entretanto, nada temos progredido nesse rumo, embora muitos trabalhos importantes estejam surgindo. Os homens que bem cuidam do seu regime alimentar pouco adoecem, ao contrário dos que o desleixam.

Os melhores médicos parecem concordar em que a cura da maior parte das indisposições se consegue mais com regime alimentar do que com remédios. Por que não evitarmos que a doença apareça? Isso nos conduz ao seguinte: se a má alimentação produz a doença, a boa produz a saúde. Sendo assim, devemos procurar essa alimentação perfeita. Quando a encontrarmos o mundo terá dado o seu maior avanço.

Isso tardará a vir – esse alimento justo. Talvez nem exista na terra, hoje. Quiçá coexista nalgum dos alimentos conhecidos, ou numa combinação de alimentos. Ou ainda venha dalguma planta que está a evoluir. O certo, porém, é que tal alimento será encontrado. Já o teria sido, se se tivesse feito uma ardente tentativa para esse fim, mas só agora começamos a dar importância à alimentação.

Toda essa matéria tem que resolver-se com base na indústria. A ciência que trabalha isolada não caminha tão depressa como quando forma corpo com a indústria. Os sábios necessitam de direção, do mesmo modo que todos os outros homens. Uma descoberta científica vale muito em si mesma, mas só se torna útil ao mundo quando se industrializa. Dai a um grupo de homens um objetivo, e cedo ou tarde eles atingirão. Mas não lhes pergunteis se a coisa visada é realizável – eles provarão incontinenti a sua impossibilidade. Se, entretanto, lhes insinuarmos o que desejamos, e se permanecermos atrás deles com os recursos necessários, esses homens estudarão o problema dia e noite até que o resolvam. É o que temos a fazer no relativo à alimentação.

Um dia descobriremos condições de vida que farão inúteis os hospitais.

CAPÍTULO XVII

COMO EXPLORAR UMA ESTRADA DE FERRO

Há 5 anos que a Detroit – Toledo - Ironton é nossa. Muito se falou e escreveu dessa estrada, tantas vezes mudou de mãos ou reorganizou-se – umas doze, sem que nunca desse lucro para os acionistas. Dava-o, sim, aos banqueiros, cada vez que a reorganizavam.

Mas a Ironton nos dá lucro e mais daria se certa lei não limitasse a 6% o juro do nosso capital. Somos limitados em nossas indústrias por leis concebidas em parte por teóricos mal-informados, que não podem compreender a verdadeira função dos lucros, em parte pelos que veem nessa regulamentação da indústria uma das necessidades da finança bancária.

Eis os prós com que tomamos a estrada:

1.º) Independência completa do controle bancário.

2.º) Um tráfico intenso, alimentado pelas nossas exportações.

3.º) Ligação direta com todas as grandes linhas férreas do país. A estrada sempre teve essa ligação, mas não se aproveitava dela.

Vejamos agora os contras:

1.º) Pessoal completamente desmoralizado.

2.º) Má-vontade do público em relação à empresa.

3.º) Uma estrada sem pé nem cabeça, que não começava nem terminava em parte alguma.

4.º) Linha e material rodante em péssimo estado.

Do caos reinante, quando a adquirimos, fizemos uma estrada que, sem ser de primeira ordem, salvo para seu pessoal e dirigentes, produziu em 1925 mais de 2 1/2 milhões de dólares de lucro, isto é, a metade do preço que demos por ela.

Esse resultado não trouxe nenhuma arte mágica, nem veio em consequência das reformas e eletrificação que apenas iniciamos.

Pouco aumento houve de material rodante. O que houve foi mudança de sistema administrativo. Limitamo-nos a:

1.º) Instituir o perfeito asseio na linha e dependências.

2.º) Conservar o material em boas condições.

3.º) Estabelecer salários altos, exigindo trabalho correspondente.

4.º) Abolir todo o formalismo e divisão de funções.

5.º) Proceder honradamente com o público e nossos colaboradores.

6.º) Realizar todos os melhoramentos com o nosso próprio dinheiro.

O importante nesse caso não é o lucro que a estrada passou a dar, mas sim o estar desempenhando a sua função com a máxima eficiência, a um preço muito mais baixo que a tarifa média anterior e ao mesmo tempo pagando os salários mais altos do país. O importante é o repúdio da rotina e das velhas fórmulas.

Não adquirimos a estrada pelo desejo de possuir uma. Nem tínhamos intenção de dedicar-nos a essa indústria. Aconteceu apenas que o seu privilégio de zona interferia com os nossos planos de ampliação da Fordson. A empresa queria tanto dinheiro por uma pequena parte dos seus terrenos que nos pareceu mais barato adquiri-la toda. Feito isso, tratamos de dirigi-la de acôrdo com os nossos princípios: Ignorávamos se esses princípios seriam aplicáveis à direção de uma via férrea, mas suspeitávamos que sim e os fatos nos deram razão.

Nossas fábricas se encontravam em Detroit, lado a lado dessa via férrea. Quer dizer que ela poderia ter feito outrora tanto negócio como hoje. E› verdade que despendemos mais dinheiro do que poderia ter feito a antiga e desacreditada administração mas também é verdade que se lhe houvessem utilizado melhor os recursos teria a empresa aumento de negócios, podendo reconstruir-se com elementos próprios.

Ao terminar o ano financeiro de 1914 (junho) atingia a velha estrada uma relação entre a despesa e a receita de 154%; quer dizer que gastava três cents para ganhar dois. Estava capitalizada, em 1913, a 105.000 dólares a milha. Ninguém sabe quantos milhões foram levantados sob sua garantia. Na reorganização de 1914 os portadores de bônus pagaram 5 milhões de dólares de imposições. Foi a sorna que demos por ela, embora pudéssemos ter dado menos. Pagamos o que nos pareceu justo, nosso sistema habitual, conquanto esse preço superasse o do mercado. Correspondeu ele a 60% do valor nominal das obrigações, oferecidos na praça a 30 e 40%, sem compradores. E de fato nenhum título jamais emitido por essa empresa dera dividendo, nem se cotou na bolsa por falta de pretendentes.

Fizemos oferta com base numa avaliação prévia, sem visar a um «bom negócio». Mas a nossa experiência administrativa é bastante grande para permitir-nos obter lucro de qualquer versão de capital que façamos. Toda transação comercial deve satisfazer as duas partes, e tanto é erro pagar mais do que vale como pagar menos.

Adquirida a estrada, aplicamo-lhe imediatamente os nossos princípios de administração, muito simples todos eles!

1.º) Realizar o trabalho de modo mais direto, sem atender a formalismos e a nenhuma das subdivisões ordinárias da autoridade.

2.º) Pagar bem aos homens e exigir deles 48 horas semanais de trabalho, só isso.

3.º) Por todo o material no melhor estado possível e insistir na limpeza absoluta de tudo, para que todos aprendam a respeitar seus instrumentos de trabalho, o local deles e a si mesmos.

NOVOS MÉTODOS

A administração ferroviária. em vista das tradições e das exigências legislativas, tornou-se extremamente complicada.

Uma estrada importante subdivide-se em numerosos setores de autoridade, o mesmo se dando com muitas outras empresas industriais. A Ford Motor Company só se divide em dois: escritórios e oficinas. Não possui linhas rígidas de autoridade. Só se pede ao pessoal que trabalhe. O mesmo fazemos na estrada. Suprimiu-se a divisão do trabalho entre os homens; hoje podemos ver um maquinista limpando um carro ou trabalhando na oficina de reparos. Os guarda-chaves funcionam como guarda-linhas em toda a sua seção; os agentes de estação pintam-nas ou consertam-nas quando é necessário. A ideia é que a um grupo de homens foi dada a tarefa de fazer funcionar uma estrada e como há boa-vontade tudo se faz. Se um técnico de qualquer coisa tem à mão trabalho da sua especialidade, realiza-o; se não o tem, realiza ‹outro qualquer, por mais inferior que seja.

Abolimos o departamento do contencioso e todas as divisões administrativas. Suprimimos o escritório de Detroit com todos os seus procuradores e agentes, além duma longa série de funcionários executivos. O contencioso custava 18.000 dólares por ano. Hoje custa 1.200. O novo sistema é resolver no ato todas as reclamações numa base justa. O pessoal burocrático consta hoje de 90 homens: os de ação executiva, reunidos em dois edifícios e os da contabilidade, num só e pequeno. O inspetor do tráfego apresenta informações sobre tudo que vê. Ninguém espia o outro, porque espiar não constitui tarefa de ninguém. Só o trabalho governa, não as convenções. A antiga empresa mantinha 2.700 empregados para movimento de 5 milhões de toneladas. Hoje temos 2.390 para 10 milhões, inclusive os homens duma grande oficina de reconstrução de locomotivas.

As sociedades operárias nunca nos fizeram objeções de qualquer espécie, pois nossos homens percebem salários superiores à mais elevada tarifa sindical. Nem sabemos se nossos operários são associados, nem tais sociedades se preocupam conosco. Estamos fora de causa e de greves.

A LIMPEZA

O asseio constitui ponto sério do nosso programa. A primeira coisa que fizemos foi limpar a estrada de um extremo a outro e pintar os edifícios. Aos dormentes substituímos na razão de 300.000 por ano e os trilhos de 27 quilos mudamos por trilhos de 36 e 40. O novo empedramento da linha deve ser tão perfeito como se fosse cortado à faca. Nenhum empregado pode fumar no serviço. As locomotivas se reconstroem ao custo médio de 40.000 dólares, e praticamente sofrem restauração completa, de modo a parecerem novas. E nesse estado tem que se conservar; não se admite que na cabina do maquinista se encontre um martelo de tamanho que possa eventualmente deteriorar as máquinas, as quais se limpam depois de cada viagem.

Dai a um homem uma bela ferramenta – boa de qualidade e reluzente – e ele aprenderá a conservá-la assim. É difícil conseguir bom trabalho a não ser com boas ferramentas e ambiente limpo.

Não é isso detalhe de alguma importância; é método de importância capital. Cria o espírito trabalhador, atua tão fortemente com o salário alto. O trabalho não corresponderá ao salário se não lhe estabelecerem condições propícias. Todos os armazéns são uniformes e cimentados; as ferramentas e peças colocam-se em prateleiras do mesmo tipo e um vagão de abastecimento refaz os estoques todos os meses. Os armazéns, bem como as estações, depois de pintados se conservam em perfeita limpeza, varridos, pelo menos, três vezes ao dia. Hoje as máquinas são limpas por meio de um aparelho construído na Fordson, que economiza 3 homens e gasta 2 ½ horas menos. Locomotivas e maquinaria das oficinas reluzem como automóvel novo. Diz-se que um empregado da Detroit – Toledo – Ironton traz sempre na mão um chumaço de algodão. É a insígnia da estrada. Mas uma vez sujo esse chumaço de algodão, não é jogado fora; é recuperado na fábrica e volta novo.

OUTROS PORMENORES

Muito se debate a respeito do salário ferroviário. Entre nós é assunto morto, visto como nossos salários vão sempre além do que o operário espera. Cada novo homem que admitimos entra ganhando 5 dólares durante 60 dias. Depois passa a 6.

Salvo alguns casos, os homens que temos hoje são os mesmos da antiga companhia. Não gostamos de mudar de gente. Sempre que adquirimos qualquer coisa conservamos os antigos empregados que tenham boa-vontade e queiram seguir nossos métodos. Muitos poucos se rebelam e a esses deixamos irem-se. Em regra são vadios que querem emprego mas não trabalho.

O chefe do tráfego de um dos nossos mais importantes setores principiou a trabalhar como simples ajudante, aos 16 anos. Ganhava 10 cents por hora e às vezes ficava 90 dias sem os receber. Seu pai era inspetor da mesma seção, superintendendo, conjuntamente com outros três, numerosos capatazes. Hoje este chefe de tráfego encarrega-se de todo o ramal e não há nenhum inspetor. No lugar desses temos alguns capatazes auxiliares, que em vez de receberem ordens agem por conta própria. Quando pusemos em prática o novo sistema, esse chefe de tráfego disse a um dêles:

– Não é melhor que V. pregue logo um prego ou atarraxe um parafuso onde falta, do que ficar "fazendo cera", à espera de que venha ordem para isso?

Todos trabalham. Nenhum se limita a dar ordens. Quem se aproxima de uma turma não sabe quem é o chefe. Julgamos os homens unicamente pelos resultados da sua ação. Num setor dirigido por um moço trabalhava-se sempre de maneira perfeita; os trilhos sempre retos; os dormentes em bom estado; o lastro ótimo e os edifícios irrepreensíveis. Elevamos logo o salário desse moço, sem dizer-lhe nada. Ao receber o primeiro cheque com cifra nova, levou-o ao inspetor.

– Meu cheque está errado – disse. Só então soube do aumento.

A seção imediata não ia bem, mas logo que a notícia correu passou a trabalhar melhor. Achamos que o certo é pagar de acôrdo com a capacidade, e onde homens realizam a mesma tarefa e um recebe mais, é que há razão para isto. Desse modo raro recebermos pedidos de aumento de salário; o meio de obtê-lo é merecer, não pedir. Tampouco temos seção de reclamações. Quem tem algo a reclamar dirige-se logo ao chefe. Descarrilamentos constituem em todas as estradas um assunto delicado, e sob os antigos métodos sempre a culpa recai nos guarda-linhas. Na nossa estrada esses homens são admitidos a se justificarem e raramente se apura a sua culpabilidade.

No princípio houve algumas dificuldades em certas turmas de trabalhadores. Quase todos eram estrangeiros e descobrimos que nelas a melhor recomendação consistia em ser parente de um capataz. Hoje não admitimos que parentes trabalhem juntos. Recebemos nas turmas um número crescente de moços de elevada instrução, convencidos de que o trabalho manual pode realizar-se em condições decorosas e dignas.

Isso é particularmente notado nas turmas das pontes. Antes formavam-se essas turmas sem atenção à. residência dos seus homens os quais tinham de dormir em vagões sujos, sem regresso às casas senão nos domingos. Hoje dividimos a linha em trechos de 80 quilômetros e para cada turma escolhemos homens que vivam no seu perímetro; desse modo, usando automóveis rápidos, todos podem dormir em suas casas.

O moral dessas turmas era abatido; hoje ergueu-se. Esse sistema nos permite economizar 7 cozinheiros e despesas consequentes, lucro que revertem em favor do salário dos restantes, permitindo-lhes manter verdadeiros lares.

Não temos acesso por antiguidade. Tal coisa não se justifica. Se um homem trabalha há muito tempo deve ser melhor trabalhador que um novato; mas se a sua experiência só lhe ensina a se esquivar do trabalho, o interesse público exige que o novato lhe passe à frente. Na maioria das estradas os maquinistas em geral são velhos em virtude das regras estabelecidas. Nós temo-los moços – e numerosos. Nunca nos preocupou a idade em nenhum serviço. A ausência de regras nos ajuda muitíssimo. Um chefe do depósito das máquinas, com 68 anos de idade, disse um dia:

– Às vezes um carro vem com a nota "Rush" e não há no depósito nenhuma locomotiva para tirá-lo do desvio. Se nos velhos tempos eu pedisse máquina e homens para fazer esse serviço, responder-me-iam logo que o fizesse eu mesmo, pois andar desviando vagões não era da conta dêles. Hoje qualquer máquina à mão me atende. Os homens de hoje ganham para trabalhar e não para discutir regulamentos.

OS SALÁRIOS PAGOS

Os salários são pagos por semanas de 48 horas, sem que haja horas extras. Não usamos o trabalho por peças. O operário que menos ganha percebe 1.872 dólares anuais por 2.496 horas de serviço. Segundo as estatísticas da *Interstate Commerce Commission*, a retribuição média dos ferroviários era, em 1923, de 1.588 dólares por 2.584 horas de serviço. Quer dizer que os menos remunerados da Detroit – Toledo – Ironton ganham mais 25 dólares por mês. Os nossos condutores de trens percebem de 3.600 a 4.500 dólares em vez de 3.089 a 3.247, média das outras estradas; nossos guarda-freios, de 2.500 a 2.820 em vez de 2.368 a 2.523; os maquinistas, de 3.600 a 4.500 em vez de 3.248 a 3.758. O salário médio dos empregados nas nossas oficinas é de 8,11 dólares e dos trabalhadores, de 7,26.

Além desses salários dispõem os nossos homens de um sistema cômodo de colocar dinheiro. O desejo de capitalizar é justo, e constitui uma grande iniquidade da organização moderna que o operário não possa colocar o seu dinheiro na empresa onde trabalha.

Nosso sistema começou a funcionar em outubro de 1923 e até hoje já recebeu inscrições no valor de 600.000 dólares. Estes bônus são pagos com salários e podem ser tomados em número que não exceda ao terço da paga. Não se lhes garante nenhum juro fixo, mas concedemos 6% aos que necessitam retirar o dinheiro. É essencialmente um sistema de participação nos lucros de acordo com as leis que regem a matéria.

Os lucros da Detroit – Toledo – Ironton se devem em parte à clientela da Ford Motor e em parte à nossa melhor repartição de tarifa entre ela e as estradas de tráfego mútuo. A estrada antiga não possuía movimento de vulto que lhe permitisse discutir tarifas e aceitava a imposição das outras, ainda que com prejuízo. Hoje tudo mudou.

Em 1920, sob o regime antigo, a estrada, tinha uma despesa 125% sôbre a renda; no nosso primeiro ano reduzimos isso a 83 e hoje está em 60%, cifra abaixo da média das melhores estradas americanas.

Nossa experiência tem sua importância. Durante muito tempo, com efeito, as estradas americanas estiveram em guerra ou com o seu pessoal ou com o público, e numerosas vezes com ambos. E esta luta fê-las perder de vista a sua verdadeira missão. Tenho fé na ferrovia particular e estou crente que o tempo de nenhum modo santifica hábitos adquiridos. Sob o seu regime é possível dirigir qualquer negócio de modo que pague altos salários e preste bons serviços ao público.

CAPÍTULO XVIII

A AVIAÇÃO

Agregamos as nossas indústrias a do aeroplano, visto sermos fabricantes de motores e toda espécie de transporte nos Interessar. Na realidade ainda não os construímos; apenas fazemos experiências pára conseguir um aparelho de manejo tão fácil como o automóvel, podendo ser fabricado e vendido por preço muito mais baixo, de modo a colocar-se ao alcance de todos. Além disso, absolutamente seguro – *fool proof*, á prova de loucos.

Vamos indo devagar, como é nosso costume. Trabalhamos em vários modelos, empregando-os em duas linhas aéreas, estabelecidas em Dearborn a Cleveland e a Chicago. Essas linhas, com exceção dum serviço postal que contratamos, só transportam nossas mercadorias. Fabricantes exclusivos de motores que somos, não tencionamos explorar a indústria do transporte aéreo. Apenas as mantemos porque sem linhas de funcionamento regular, é-nos impossível conseguir os dados relativos à velocidade e rendimento necessários a uma verdadeira produção industrial. Só poderemos iniciá-la quando estivermos perfeitamente seguros do que vamos fazer. Quando isso? Só o futuro dirá. Mas o desenvolvimento do aeroplano está sendo mais rápido que o do automóvel. A esse introduzimos num mundo desafeito a lidar com máquinas, o que hoje já não se dá. O passo que vai do automóvel ao aeroplano não é tão grande como o que vai do carro de tração animal ao automóvel. Não temos que convencer o público das vantagens do transporte aéreo, porque o público já o deseja. O problema resume-se em torná-lo seguro e barato, bem como provar que o aeroplano de acrobacia está para o aeroplano comercial como o auto de corrida, para o caminhão de serviço.

O aeroplano militar, desenvolvido com a guerra, exige grande destreza dos seus pilotos, tal qual o auto de corrida. Tem que ser muito rápido e ágil, e possuir piloto que o manobre em todas as circunstâncias. Noventa por cento da sua eficácia reside no piloto.

Nós não cuidamos de aparelhos de guerra, embora reconheçamos o papel que no futuro vai representar a aviação nesse campo; julgamos prestar melhores serviços, tanto para a guerra como para a paz, aperfeiçoando o aeroplano comercial, pois, uma vez bem-estabelecido, não será difícil produzir tantos aparelhos de guerra quantos se necessitem, havendo ainda a facilidade de obter-se numerosos pilotos.

Esta obra aérea não a iniciei eu. Foi meu filho Edsel, presidente da Ford Motor, quem primeiro se interessou por ela, gastando muito tempo para convencer-me das suas possibilidades comerciais. A direção da nova indústria competirá a ele. Minha geração deu o automóvel. À seguinte incumbe dar o aeroplano.

Possuímos, a título subsidiário, a Stout Metal Airplane Company, produtora de um monoplano metálico. Temos um aeroporto em Dearborn, bem como uma torre de amarração para dirigíveis. Também tínhamos uma fábrica especial de aviões rígidos, recém-destruída pelo fogo. Hoje reconstruímo-la muito melhorada.

AEROPLANOS E DIRIGÍVEIS

Damos mais atenção ao aeroplano, que ao dirigível, embora, convencidos de que ambos terão o seu papel. O primeiro parece mais adequado às comunicações rápidas; o segundo, ao transporte pesado. Nossa ideia geral – embora não definitiva – é que os dirigíveis se encarregarão dos longos trajetos aéreos, utilizando-se dos aeroplanos como abastecedores. Estudamos pois ambos.

Nosso princípio fundamental era que o aeroplano, antes de comercializar-se, tinha que evoluir até que pudesse manter-se no ar por si mesmo, tanto física como financeiramente.

O monoplano metálico nos atrai em virtude da simplicidade da construção e possibilidade de fabricar-se em série. Já o biplano exige muito trabalho manual, o que nos desinteressa. O aeroplano metálico também pode ser deixado ao léu, com qualquer tempo, sem que se deteriore.

Nosso interesse pelo dirigível se prova com a torre de amarração que erguemos, de 68 metros de altura. Mas até agora temos trabalhado pouco neles e nem sequer estreamos a torre. Toda a nossa atenção está no mais pesado que o ar.

Começamos nas seguintes bases: um avião comercial devia ter, primeiro, capacidade para realizar o máximo de toneladas-quilômetro por cavalo-vapor, e, segundo, conservar-se no ar o maior número de horas possível. Em consequência disso esperávamos e contávamos obter dos aparelhos o seguinte:

1.º) Absoluta resistência de estrutura sob todas as condições de tempo e à prova de fogo ocasional.

2.º) Absoluta segurança de funcionamento, obtida, possivelmente, por meio de vários motores.

3.º) Velocidade de 160 quilômetros por hora com plena carga em vôo horizontal e não empregando mais de 3/5 da energia máxima.

4.º) Colocação do piloto na frente do aparelho, para que bem enxergue o seu caminho quando as vias aéreas se tornarem muito frequentadas.

5.º) Carga útil mínima de 4 libras por cavalo-vapor, para 6 horas de voo.

6.º) Capacidade para funcionar, carregado, 20 horas por dia.

Dois requisitos essenciais têm que ser realizados antes que possamos ter uma aviação verdadeiramente comercial. Primeiro, obter o motor ideal para avião, com resfriamento aéreo e sem ignição elétrica. Segundo, descobrir um aparelho de orientação absolutamente seguro, que com certeza terá base no rádio. Muito estamos trabalhando e só o tempo dirá a última palavra.

AS LINHAS FORD

Nossas primeiras linhas aéreas inauguraram-se em abril de 1925, com aparelhos metálicos e motores *Liberty*. Daí para cá realizamos todos os dias o trajeto Detroit – Chicago (418 quilômetros), ida e volta, e o trajeto Detroit - Cleveland (204 quilômetros), também ida e volta. Isto é, um total de 1.244. Não tivemos um só acidente, nem o serviço se interrompeu um só dia, sendo muito raro que nossos aviões não cheguem à hora certa.

As cargas transportadas variam de 430 a 679 quilos por viagem, além de 680 litros de gasolina, 63 de óleo e um piloto a mais, em voo de instrução. Em certo caso um dos aparelhos voou até Cleveland levando um Ford completamente montado.

Nossa experiência mostrou muito claramente que o custo do transporte aéreo pode encaixar-se dentro dos limites comerciais, fazendo-se o serviço com rapidez e segurança.

Durante os três primeiros meses de funcionamento a velocidade média, entre Detroit e Chicago, foi de 154 quilômetros por hora, caindo a 149 nos dois meses seguintes, em que reinou mau tempo, com ventos que apanhavam o aparelho de través. Outra causa da diminuição da rapidez está em que os aviões partindo às 12 horas, iam contra o vento e com ele não se beneficiavam no regresso, visto que esse vento cai às 5 horas e o aparelho chega ao Porto Ford às 6,30. Essas médias, obtidas com o motor *Liberty* comum, trabalhando na velocidade normal, temo-las como ótimas, sobretudo considerando que só tivemos uma descida forçada até hoje. As viagens efetuaram-se com uma carga útil de 1.223 quilos.

Neste momento fazemos estudos de um grande aparelho de três motores, podendo voar com um deles parado. Mas para o transporte comercial aéreo, já tão próximo, bastará um motor apenas, salvo para a travessia de regiões montanhosas, ou quando, a aterragem seja difícil. As linhas de passageiros empregarão, talvez, aparelhos de três motores ou mais.

Avião em terra constitui peso morto, exatamente como um auto na garagem, ou um navio nas docas. Passa para a ativa quando entra a voar e nisso se fica o maior numero possível de horas diárias.

No transporte aéreo comercial não será preciso ter mais de um aparelho em terra para cada um em voo, e até menos. Sem embargo, isso só se tornará possível quando os motores e outras peças se tornem intercambiáveis, de modo que se possa imediatamente trocar a que está falhando. As peças dos aviões que estamos fazendo são, até certo ponto, assim, e sê-lo-ão totalmente, quando criarmos o nosso modelo definitivo.

O futuro da aviação não está em proporcionar emoções ao público, e sim em transportar gente e cargas de um ponto para outro.

Tais são, em resumo, as nossas ideias a respeito. O aeroplano, breve, entrará pela nossa vida adentro. O que sairá disso ninguém sabe. Se nem sequer sabemos ainda tudo o que o automóvel pode dar...

CAPÍTULO XIX

O PROBLEMA AGRÍCOLA NÃO PASSA DE PROBLEMA AGRÍCOLA

Que é a agricultura? Indústria de produzir alimentos, meio de vida ou tema de conversa? Que é um agricultor? Costumamos falar deles como se todos fossem iguais e sabemos que assim não é. Há agricultores de cereais, de algodão, criadores de gado, cultivadores de frutas e hortaliças, para não falar dos que fazem um pouco de tudo.

Todos têm um traço comum: trabalham sem ligação numa indústria que não percebe que é indústria.

A antiga fazenda bastava-se a si mesma. No tempo da escassez de possibilidades o problema de conseguir casa e comida sobrelevava a todos os outros. Um agricultor não pensava em ganhar dinheiro e na realidade não o ganhava. O pouco de que necessitava, além do que podia produzir *in loco*, adquiria as mais das vezes por troca *in natura*. A tradição agrícola não é uma tradição financeira, mas apenas de subsistência.

Hoje desapareceram das fazendas a roca e o tear de mão. Os fazendeiros adquirem suas roupas. A propriedade agrícola, graças ao automóvel, ao telefone e ao rádio já passou da fase de isolamento. O agricultor saiu do seu minúsculo mundo individual e estreito, penetrando no da indústria, mundo bastante rico para exigir como utilidades correntes o que o velho fazendeiro tinha como luxo. O agricultor pretende lucros como os tem o industrial e afirma que trabalha mais que ele. O mundo, entretanto, não paga pela quantidade de suor vertido; paga pelos resultados. Se a indústria os obteve é que soube empregar a organização e a força motriz.

Nós cultivamos em Dearborn alguns milheiros de hectares de terra; também possuímos uma vacaria de 300 cabeças e, perto das nossas minas de Kentucky, em terreno de montanha que se supunha completamente estéril, cultivamos hortaliças e frutas. Eu mesmo passei numa fazenda bom pedaço da minha vida. Em toda parte estamos em contato com a agricultura em virtude da venda dos nossos carros e tratares. Não ignoramos, pois, as necessidades dela.

O PROBLEMA AGRÍCOLA

Existe um problema agrícola que ninguém ainda formulou por completo. Esse problema cifra-se na descoberta de um meio que permita ao agricultor viver. Há quem pense na elevação de preço dos produtos agrícolas e no abaixamento do preço de tudo mais. A redução de preços é sempre benéfica para o público, mas nunca a elevação, especialmente tratando-se de alimentos. O problema é, pois, confuso. E nem podia deixar de ser. Desde que começamos a considerar certa instituição estabelecida como um problema, esse problema realmente não existe, porque a instituição está morta. A autópsia diz de que morre um homem, mas não lhe restitui a vida. A antiga classe dos agricultores morreu. Temos que admitir esse fato e tomá-lo como ponto de partida para organizar coisa melhor.

Seria um erro ajudar o agricultor a iludir os fatos sustentando-o com estimulantes. O verdadeiro mal está em que o mundo progrediu e a agricultura ficou parada. Tornou-se um negócio pequeno em um mundo de grandes negócios. E o pior e que seu trabalho só ocupa uma parte do ano, num tempo em que havemos de aproveitá-lo todo. Se o tempo vale mais para um homem do que para uma galinha choca, a agricultura não oferece ocasião de empregá-lo totalmente. Gasta ela 15 dias ou um mês de cada ano para habilitar a natureza a produzir e para colher o que a terra produz. Durante o resto do tempo o agricultor cuida de trabalhos estéreis, que o ocupam, mas nada lhe rendem.

Examinemos a fazenda equilibrada que tira várias colheitas e cria certa quantidade de gado. As que se ocupam das hortaliças, fabrico de manteiga, criação de porcos, cultura do algodão, etc., estabelecem-se em bases diferentes. Consideremos o tipo médio da fazenda bem equilibrada. e dirigida pelo sistema usual. Essa fazenda compreenderá um certo número de campos em, que as colheitas se alternarão da maneira comum. Se o agricultor possui mentalidade moderna, terá poucos cavalos ou nenhum, e em vez disso automóveis, tratores e máquinas agrícolas.

Graças a esse aparelhamento o trabalho de arar, plantar e colher não consumirá mais de 10 ou 15 dias no ano. Todo o seu trabalho (a não ser na horticultura) não durará mais de um mês. O resto do tempo, ele o passará cuidando do gado e comerciando com carne ou leite. Parte da colheita vende diretamente, parte vende transformada em animais. Grande soma do seu trabalho tem que fazer-se à mão, especialmente a que se relaciona com os cereais, visto como o pequeno vulto da produção não justifica o emprego de muita máquina. Não pode, pois, tirar partido de nenhuma das economias da produção avultada e labutará da manhã à noite no mourejar diário. Eu sei o que significa a palavra "labutar" porque já vivi numa fazenda.

O agricultor que só tira uma colheita, subsiste todo o ano com um mês e meio de trabalho apenas. O resto do tempo fica a ver como a natureza trabalha para ele. O mal-estar de hoje consiste em que, como prêmio do seu trabalho, até o agricultor bem equilibrado pouco ou nada faz. É isso um estado transitório consequente à guerra, ou a agricultura antiga está no fim?

A indústria tem de superar-se a cada momento; o industrial que não caminha ao compasso dos tempos fica à margem e nem sequer lhe percebemos a queda. A guerra, o lucro extraordinário, a perturbação mundial, a especulação em terrenos – consequências da alta de preços – serviram para apressar a crise agrícola que tinha de vir mais cedo ou mais tarde. A guerra não mudou tanto a situação da agricultura como a mentalidade do agricultor; depois da guerra passou ele a esperar da lavoura, além da subsistência, alguma coisa mais. Eis a origem do problema.

O agricultor quer viver tão bem como o homem empregado na indústria, mas a agricultura não lhe proporciona esse tipo de vida. Nunca proporcionou. Pouca gente tem ganho dinheiro nela. Os agricultores de uma só colheita, podemos afirmar, nunca fizeram dinheiro. Começaram em terras virgens e com as suas colheitas venderam a fertilidade do solo – isto é, seu capital. Seus melhores negócios sempre consistiram mais na venda das terras do que das colheitas. Cada comprador sucessivo adquiria menos que o anterior e pagava mais. Cada ano que transcorria, a terra diminuía de fertilidade. Hoje está de tal modo alto o preço da terra e são tantos os impostos, que esse sistema mineiro de explorar o solo ficou sem margem. Sistema mineiro, dissemos, porque o é, visto como se limita a extrair certa coisa do solo.

Esse tipo de agricultura não e conveniente para o país; os Estados agrícolas já mostram grande numero de fazendas abandonadas, exatamente como os Estados petrolíferos mostram poços em abandono.

O agricultor que possui uma fazenda de tamanho regular e que bem aproveita as estações e cria gado, parece que já ganhou outrora alguma coisa, mas hoje pretende ser isso impossível com os salários atuais. No entanto, o salário agrícola é menor que a média do salário industrial embora seja dado em troca de trabalho muito mais rude.

A AGRICULTURA NÃO ENRIQUECE

Mas, pergunto, terá ganho dinheiro algum agricultor? Suas terras valorizam-se e isso lhe fez ver dinheiro ao vendê-las. Outras vezes conseguiu essa valorização sob forma de hipoteca. Mas terá vivido sòbriamente e mesmo os que julgam ter ganho dinheiros apenas acumularam no banco o equivalente a baixos salários pessoais. Ainda nas propriedades tidas como rendosas é difícil dizer se o lucro foi obtido com a venda das colheitas ou com a venda do gado. Não podemos tomar os preços da guerra para cálculo dos lucros agrícolas; mas ainda assim não subiriam a muito porque os dólares da guerra tinham pequena capacidade aquisitiva. Antes da guerra ganhou-se algum dinheiro na exploração das terras virgens; exceto, porém, essas operações e exceto ainda o aumento do valor das terras, é duvidoso que o dinheiro que se diz ganho diretamente na agricultura iguale aos salários ganhos num trabalho comum durante o mesmo período de tempo.

Existe algum remédio para essa situação? Dizem os agricultores que estão pagando demais pelas coisas que compram; que os preços dos seus produtos estão desproporcionados com os da indústria. Dizem ainda que se eles auferem pouco dos seus produtos os consumidores os pagam caríssimos. Mas suponhamos que se reduzem os preços dos produtos industriais e o custo da sua distribuição. Advirá disso uma situação em que o agricultor tenha lucros? Nenhuma modificação na distribuição equiparará os lucros da agricultura com os da indústria. Uma mesma soma de energia produzirá mais lucro na indústria do que na agricultura, continuando ela no pé em que se acha.

O CRÉDITO AGRÍCOLA NADA RESOLVE

Dar mais crédito ao agricultor não é ajudá-lo. Está ele hoje pagando muito dinheiro de juros de hipotecas ou descontos a prazos curtos e impostos. Agravá-lo ainda mais com novos juros seria aumentar o custo da sua produção e recuar ainda mais a possibilidade de lucros. Muitos fazendeiros estão crentes de que o dinheiro substitui a boa direção, mas poucos negócios doentes se curam com o remédio do dinheiro. Um negocio pode achar-se com pouco dinheiro em alguma circunstância extraordinária que nada tem que ver com os lucros; quando, porém, os lucros são insuficientes para permitir melhorias, deixando ainda uma margem de sobras, então é que existe alguma coisa errada no negócio – e tomar dinheiro por empréstimo só servirá para retardar ou fazer chegar tarde a descoberta do verdadeiro mal. Em regra, tomar dinheiro é um vício, e embora seja muito agradável para um agricultor conseguir dinheiro sempre que o deseja, isso só o fará ir de mal a pior.

O trabalho inteligente e não o dinheiro é o segredo da produção. Empréstimos não possuem nenhuma prestigio mágico, coisa que devia ser evidente para todo mundo, pois a situação agrícola piorou depois que o agricultor pôde levantar quanto dinheiro quis. A série de desastres agrícolas e execuções hipotecárias servem para demonstrar o mau estado dessa indústria e provar como de nada adiantaram os empréstimos. Ninguém ara com dinheiro, nem semeia, cultiva e colhe com dinheiro. Os problemas da agricultura são problemas de produção, e nunca financeiros.

Analogamente, suas dificuldades não provêm dos mercados. Os remédios propostos nesse caso equivalem na ineficácia aos remédios financeiros. Para podermos comerciar temos antes que produzir, e por mais hábil no comércio que se torne um agricultor, não consegue, por isso, melhorar-se como agricultor.

Os problemas centrais da agricultura consistem em fazer a terra produzir. Se certa área produz 12 alqueires de trigo por hectare, nenhum recurso comercial permitirá que esse cultivador concorra com outro que obtém 36 alqueires por hectare.

Há, não resta dúvida, muita melhoria a fazer-se no comércio dos produtos agrícolas e hão de conseguir-se tais melhorias. Mas só quando a produção se aperfeiçoar. O verdadeiro negócio começa sempre na produção; uma vez conseguida ela como é mister, as melhorias comerciais surgem consequentemente. A mesma pressão da produção força a uma melhor distribuição. Comerciar não é mais do que entregar ao consumidor os frutos da produção, e quando a distribuição é imperfeita o ponto de partida para descobrir o mal se encontrará na produção.

O TRABALHO INÚTIL

Considere-se a produção agrícola. A primeira coisa que salta à vista é a soma de trabalho inútil invertido nela. Durante 15 dias ou, no máximo, um mês, o agricultor ocupa-se da produção e da colheita. Durante o resto do tempo cuida do gado ou de tarefas acidentais.

Demos que certa boa granja possua bom lote de gado; mas o fazendeiro que não se especializa não pode ter mais de 25 vacas e em regra não tem mais de meia dúzia. Não pode ter essas vacas com limpeza, o que tanto o prejudica como ao público. Ordenha-se à mão, o que é caro e sujo. Leva todos os dias o leite ao mercado, o que também é caro, dado o pequeno vulto da produção. Se 10 ou 20 fazendeiros duma zona reunissem o seu gado, já seria possível montar um estabelecimento moderno e higiênico, no qual a leiteria tomasse logo aspecto industrial. Poderiam dispor-se as coisas de modo que o trabalho e ordenha das vacas se fizessem à maquina, com um mínimo de trabalho manual. A eletricidade desempenharia o papel desse.

Nossa vacaria de Dearborn é dirigida exatamente como se fosse uma fábrica. Temos um edifício de cimento perfeitamente limpo, lavado todos os dias, onde estão as vacas. Todas as tarefas se fazem mecanicamente, e com o mesmo numero de homens que em regra tomam conta de 25 vacas tomamos conta de 300; pagamos os mesmos salários da fabrica e só pedimos 8 horas de trabalho. A boa organização faz que o trabalho desses homens seja tão eficaz que nos permite pagar-lhes bem.

É um desperdício fantástico de tempo e energias o cuidar de gado em pequena escala. Os fazendeiros podiam ganhar muito mais associando-se. Teriam produtos mais baratos que os consumidores, a preço de custo menor para os produtores.

De fora o gado, só fica à agricultura o trabalho da terra, serviço para um mês.

A VERDADEIRA SOLUÇÃO

Então se revela o caráter real da agricultura: um trabalho parcial ou auxiliar, um trabalho de um mês – e entra ela na regra comum que o trabalho de um mês não pode bastar a doze.

O verdadeiro problema da agricultura, pois, consiste unicamente em descobrir o trabalho suplementar que lhe permita ganhar a vida nos onze meses restantes. Tal é a verdade, por mais rude que seja.

Como já expus atrás, a descentralização da indústria é chamada a proporcionar aos agricultores essa ocupação suplementar. Até aqui a agricultura e a indústria se consideram; como ramos distintos da atividade humana. Hoje vemos que se completam. Mas há uma formidável carga de tradições a alijar. Um cavalo, por exemplo, constitui hoje um animal de recreio de muito cara conservação numa fazenda. São precisos três anos para obter um cavalo apto para o trabalho, enquanto que nalgumas horas se constrói um trator. O cavalo come o ano inteiro; precisamos do produto de 16 hectares para alimentar 8 cavalos de tiro. O trator só come enquanto trabalha.

Em Dearborn, no tempo de arar, estendemos em fila 50 a 70 tratores, manejados por homens vindos da fábrica.

Todas as operações essenciais se realizam desse modo e o trabalho total consome uns 15 dias por ano, mantendo-se o solo em perfeito estado de produtividade.

Assim, pois, os agricultores terão de descobrir ocupações suplementares. A agricultura possui suas temporadas de marasmo, como as tem a indústria. Não há nenhuma razão para que ambas não se completem. Haverá assim mais mercadorias, mais gêneros alimentícios para todos e a menor preço.

Encontrar-se-á trabalho bastante para todos os nossos fazendeiros? Não é trabalho que falta. Ninguém pode fazer ideia da massa de trabalho que haverá a realizar em nosso país, se conservando-se baixos os preços, os salários e os lucros se elevarem.

Mas tudo isso não se fará num dia. A indústria também não se transformou num dia. Começaremos a industrializar a agricultura quando os agricultores por si mesmos se convencerem de que a terra não se trabalha por meio de leis ou de dólares, e que os problemas agrícolas são apenas problemas agrícolas, e nada mais.

CAPÍTULO XX

COMO EQUILIBRAR A VIDA?

No primeiro capítulo formulamos esta pergunta: "Estaremos caminhando muito depressa?"

A impressão geral parece ser de que o único término a que se pode chegar com rapidez é a destruição; e como estamos a caminhar depressa, para lá seguimos. Será assim? A maior parte dessa falada rapidez não se emprega em abreviar o trabalho de cada dia?

O que realmente preocupa a maioria das criaturas é como empregar o seu tempo disponível. Outrora essa preocupação constituía o privilégio da chamada "classe ociosa", se bem que os velhos obreiros também permanecessem ociosos parte do ano por escassez de trabalho. Mas esse tempo disponível dificilmente poderia ser chamado ócio, visto como o ocupavam com o trabalho de manter juntos a alma e o corpo. Hoje, em nossas indústrias, vemos que 8 horas durante 5 dias na semana proporcionam toda a produção que é necessário pedir a um homem. Nossos operários dispõem de lazer, o que muito contrasta com os bons tempos antigos, anteriores à aplicação da força motriz na indústria. Veja-se o testemunho de um tal Samuel Coulson, prestado perante uma comissão do parlamento inglês em 1822, a respeito de crianças suas que trabalhavam numa fábrica:

P.– A que horas da manhã iam as crianças para o serviço, nas épocas de muito trabalho?

R. – Durante umas seis semanas entravam às 3 da madrugada e saíam às 10 e 10 1/2 da noite.

P. – Não era muito difícil despertar essas crianças para um trabalho tão penoso?

R Sim; tínhamos de levantá-las ainda a dormir, sacudi-las de rijo, pô-las em pé e vesti-las. Mas nada disto se dava nas épocas de trabalho normal.

P. – Quanto tempo dormiam as crianças?

R. – Às 11 horas iam para a cama, depois de tomarem algum alimento. Minha mulher passava a noite em claro, a fim de não perder hora, de madrugada.

P. – Esse trabalho fatigava as crianças?

R. – Sim e muito; nós chorávamos até; para dar-lhes de comer tínhamos que gritar, sacudi-las e, às vezes continuavam a dormir com o pão na boca.

Isso no "bom tempo antigo". O problema de saber como empregar seus ócios não preocupava essas crianças. Tampouco preocupava os adultos, pois o dia de 12 horas de trabalho era corrente, e o de 16, frequente. Tais criaturas, sim, caminhavam muito depressa. Hoje só caminham depressa as máquinas, as quais, entretanto, têm que ser atendidas por homens de inteligência clara e livre, exigindo-se ainda inteligência clara e livre para a direção do conjunto. De outro modo voltaria a indústria à sua fase homicida.

EQUILÍBRIO DA VIDA

O trabalho incessante obscurece o cérebro da mesma forma que o ócio contínuo. Temos que achar o equilíbrio – preocupação nova no mundo.

Em dias não remotos os homens se classificavam em dois campos: os que trabalhavam e os que se divertiam. É muito fácil trabalhar sem tréguas, embora depois de algum tempo a inteligência desapareça desse trabalho. Não é tão fácil divertir-se constantemente, mas compreendo que lá se chegue. O trabalho de cada dia constitui o eixo de todas as coisas. Sem esse trabalho, impossíveis os agradáveis ócios. Divertimentos por si sós não podem fazer caminhar o mundo.

A importância de tudo isso compreendi-a há muito tempo por experiência própria, e desde então venho procurando o ponto de equilíbrio da vida. Nos começos, naturalmente, não existiu nenhum equilíbrio. Tudo era trabalho, e trabalho incessante. Devia ser assim. Sempre encontrei diversões ao meu alcance e a maior foi o meu próprio trabalho. Mas em principio é mau esse interesse por uma só coisa. Destrói a perspectiva.

Podemos encontrar distrações nas árvores e nos pássaros, nos passeios pelo campo, nas viagens de automóvel, em colecionar coisas velhas dos nossos avós, ressuscintando-lhes o ambiente. Eles sabiam ordenar alguns aspectos da vida melhor que nós. Tinham mais gosto. Punham mais beleza no trivial da vida. O bom não morre nunca. Por isso adquirimos dois velhos albergues, um em Massachusetts e ouro perto de Detroit, e os estamos reconstruindo no estilo da época.

Esses veneráveis albergues, com os seus belos salões de baile, recordam qualquer coisa desaparecida do nosso viver moderno: os encantos da verdadeira dança. Hoje a dança comercializou-se; saiu das casas e dos salões de baile para os restaurantes mal-arejados, onde se exercita no pouco espaço que existe entre as mesas.

AS VELHAS DANÇAS

O velho baile americano era decente e higiênico. Nas quadrilhas e no *two step* circular havia ritmo e graça de movimentos. Reinava a cordialidade da gente que se conhece. Puras festas sociais. Não se pode dizer o mesmo das danças modernas. Duas pessoas dançam hoje dançam juntas toda a noite. Outrora dançariam com doze pares diferentes.

Quando moço sempre gostei de danças. Mas as do meu tempo estão fora da moda – o xote, a polca, a valsa, a quadrilha, a gavota, a giga, etc. Quando tratamos de restaurar o nosso salão de bailes, vimos que os moços de hoje já não conheciam tais danças, e os velhos – os mais necessitados de dançar – estavam entorpecidos. julgavam-se velhos demais. Nunca somos bastante velhos para não dançar. Certo número de setuagenários, homens e mulheres, vêm hoje aos nossos bailes, e um violinista de 85 anos não só toca como também dança enquanto toca .

No prédio novo do nosso laboratório de Dearborn reservamos um angulo que forma um salão de baile suficiente para 70 pares.

Formamos uma orquestra. Tínhamos trazido da Hungria um címbalo sem saber quem o tocaria. Um moço húngaro das nossas oficinas soube disso e pediu para experimentar. Revelou-se um perfeito músico e já não trabalha na fábrica. Possuímos também um saltério – o pai do piano – que se toca por meio de martelinhos, e ainda um violino e um saxofone. Demos caça e reimprimimos todas as velhas musicas que pudemos encontrar; a maior parte delas só existia na memória dos velhos violinistas, que as tocavam evocando os antigos bailes campestres.

Pusemo-nos em busca dos: violinistas de antanho e reunimos uns 50 de várias regiões, os quais tocaram para nós, menos pela sua arte do que pelo que as músicas evocavam. Estamos formando uma musicoteca de antigas músicas de baile, tendo Edison e outros, fixado algumas em disco de fonógrafo.

O curioso é ver como os violinistas renascem por influência dessa música. Há mais de três décadas, quando no albergue Botsford havia bailes todas as semanas, reunia-se um grupo de violinistas considerados como de primeira ordem. Tratamos de descobri-los. Haviam prosperado, todos, e viviam já fora do movimento. Por meio de uns, descobrimos outros e por fim reunimos toda a velha orquestra num sarau magnífico. Os velhos tocaram durante duas horas, esquecidos da velhice. Havia algo em sua música que os moços (aliás, muito melhores artistas) não sabem dar. O mais velho de todos tocava e dançava a um tempo – e tinha 85 anos.

ESCOLA DE DANÇAS ANTIGAS

Esses bailes nos divertem muito. Temos classes de danças duas vezes por semana. Todo mundo deve aprender a dançar com a máxima perfeição. Uma das mais belas qualidades das nossas danças antigas estava na sua linha de correção. Seguimos com rigor todas as regras. As moças não entram sós na sala; devem preceder aos cavalheiros. Ninguém levanta o dedo de longe para pedir uma contradança, nem "corta" a sala. Tudo é regulado pela etiquêta, constante de um manual que escrevemos.

Ninguém lhe arrosta os preceitos. Aceitam-nos todos, com prazer, e isso mudou um pouco os hábitos correntes, que frisam a grosseria.

A nossa experiência constitui um êxito. Demonstrou que, se damos às gentes liberdade de escolher, preferem elas a música melodiosa e as danças harmoniosas, em vez da música discordante e das danças sem beleza.

Nosso repertório compreende nada menos de 14 danças : o *two steps*, o *two steps* de círculo, a valsa, o xote, o minueto, a quadrilha de lanceiros e a varsoviana, além das combinações. São danças que têm de ser dançadas! Elas não suportam a improvisação.

Nunca pensamos em empreender uma cruzada contra a dança moderna, como se disse. Apenas dançamos da maneira que mais nos agrada. A tentativa tornou-se popular e muita gente de fora aparece querendo seguir o curso.

OS VELHOS ALBERGUES

O Wayside Inn, em Sudbury, Massachusetts, é um dos mais velhos do país – país novo onde nada é muito velho. Ali se hospedaram Washington e Lafayette, o que junto aos *Tales of a Wayside Inn*, de Longfellow, fez esse albergue incorporar-se à alma da nação. Ao vê-lo posto à venda, compramo-lo, menos por motivos pessoais do que a fim de conservá-lo para o público. Esse albergue simboliza o espírito pioneiro – o verdadeiro espírito; da América. Se algum dia o perdermos, se chegarmos ao extremo de recear fazer uma coisa porque ninguém a fez antes, ou porque dê trabalho o fazê-la, nesse dia teremos cessado de progredir e estaremos no caminho da volta.

Admiro profundamente os homens que fundaram o país; acho que devemos conhecê-los melhor e melhor compreender a sua força de ânimo. Podemos, está claro, ler-lhes a história; mas ainda que seja verdadeira, o que nem sempre acontece, isso não basta para nos dar uma imagem perfeita do passado. O meio único de mostrar como viviam nossos avós e ter a sensação exata de coro eram eles, consiste em restaurar o ambiente em que viveram.

Os mais velhos dentre nós podem ainda ajuizar do modo de vida dos pioneiros, mas as gerações novas já se encontram num mundo bastante diverso. Sabem de automóveis, aeroplanos e rádio – mas nada dos pioneiros e seus empreendimentos.

A princípio nossa intenção foi apenas restaurar o albergue. Mas, como está situado numa via pública, era impossível evitar que seus arredores fossem explorados. Tivemos de defender esses arredores, comprando os terrenos circunvizinhos.

Conseguimos repor o velho albergue no seu estado primitivo; um só aposento não é da época, o "quarto de Edison", que mobiliamos ao gosto do tempo em que Edison nasceu.

Houve muito trabalho a realizar. Tivemos que restaurar as velhas chaminés, tapadas a tijolo, e hoje lá vemos 16, enormes, feitas para receber toradas de lenha que três homens carregam com dificuldade. Todos os assoalhos foram refeitos.

A iluminação antiga era a velas, dispostas em candelabros fixos nas paredes ou apoiados em suportes. Haviam-nas substituído pela luz elétrica. O retorno ao processo antigo não era prático, devido aos riscos de incêndio. Tivemos que restaurar os candelabros e deixar a luz elétrica, mas imitando perfeitamente as velas.

Depois saímos em busca de muitas relíquias que tinham desaparecido do albergue e fomo-las achando. Um cofre, por exemplo, foi encontrado no Kansas.

Restauramos a velha Bíblia e a guardamos na sua caixa, onde viverá longos anos.

O relógio de há muito estava parado. Fora construído na Inglaterra em 1710 e tinha fitas peças inservíveis. Reformamo-las e guardamos as peças velhas numa caixa .

Desee modo, palmo a palmo, deixamos o albergue no estado em que se achava quando Washington ali estêve pela Revolução. A mobília não nos ocupou grande coisa. Tínhamos uma boa coleção de móveis da época e além disso lá encontramos muitos que só precisavam de hábil restauração.

Depois de arrumado o albergue, demos começo ao trabalho de repor os terrenos circundantes no seu velho aspecto, e estamos em vias de restaurar duas antiquadas instalações de serras, uma delas encontrada em Rhode Island. Havia perto um moinho de aveia movido por roda-d'água. Retornamo-lo ao estado em que se acharia durante a Revolução, pondo a roda embaixo, e temo-lo hoje a moer trigo, milho e centeio. Também estamos reconstruindo uma velha oficina de ferreiro e breve a teremos em função, com a sua bigorna, suas tenazes e bancos da época. Talvez reconstituamos outras oficinas, porque as velhas indústrias aldeãs encerram boas lições.

No pátio do albergue estamos reunindo carruagens e arreios do tempo. Uma das mais interessantes é a sege do "governador Eustis", na qual se diz que Daniel Webster e Lafayette viajaram para assistir à inauguração do monumento do Bunker Hill, em 1825.

Temos também uma coleção de arados e outros instrumentos agrícolas, com bois para tirá-los, como na era dos pioneiros.

Com o tempo faremos desse lugar, não um museu retrospectivo, mas uma demonstração viva da maneira de viver dos nossos avós. Arrastados pelo impulso da indústria moderna, ganhamos de um lado o que perdemos de outro. Mas nosso lucro foi bem superior à perda. Podemos conservar o lucro e restaurar muito do perdido.

A "CASA DAS 16 MILHAS"

O albergue de Wayside representa o país de 250 anos atrás. Na estrada do Grand River, a 16 milhas de Detroit, outro albergue existe, conhecido outrora por "Casa das 16 milhas", e depois rebatizado para "Botsford Inn", do nome de seu proprietário, Frank Botsford. Remonta a um século e está há muito tempo fechado É um belo espécime de albergue rural antigo numa região relativamente nova, pois o Michigan povoou-se muito depois de Massachusetts.

Compramo-lo e restauramo-lo, abrindo-o ao público. Conservamos a velha cozinha com o seu enorme fogão e o assador em volta. Mas temos uma cozinha moderna ao lado, de modo que podemos passar instantâneamente de um século para outro.

Por muito tempo andamos a colecionar velhos objetos americanos e hoje temos em Dearborn muitas salas cheias.

Queremos reunir um pouco de tudo. Espécimes de todas as carretas e carruagens antigas, desde a carriola coberta do pioneiro até o último tipo da caleça inglesa. Ferramentas agrícolas, instrumentos de música e toda espécie de artigos caseiros. Um dia será Dearborn um museu, onde se possa contemplar o quadro completo da evolução da nossa maneira de viver desde as suas origens.

CAPÍTULO XXI

PARA QUE O DINHEIRO?

De visita às nossas fábricas, um industrial estrangeiro disse:

– Nos lá necessitamos fixar de antemão os lucros, pois do contrário não nos habilitaríamos a prover os gastos. A não ser que calculemos com base em certo rendimento e certo lucro, não nos é possível conduzir um negócio. Como se faz aqui?

A pergunta era sincera e feita de boa-fé; mas revelava o carro posto à frente dos bois. Admitia o ganho ou não de certo lucro, em vez de admitir a prestação de certo serviço, deixando que o lucro cuide de si.

Nós consideramos o lucro como a inevitável consequência do trabalho bem-realizado. Dinheiro não passa de um produto de que necessitamos, talqualmente o ferro ou o carvão. Se considerarmos o dinheiro de outra forma, as dificuldades são inevitáveis, pois que então passará ele a primar sobre o serviço – e um negócio que não põe o serviço acima de tudo, não cabe na nossa república.

O vulgaríssimo erro de confundir o dinheiro com o negócio se produz em virtude do jogo no mercado de valores, ou bolsa, cujas cotações são tidas como o barômetro dos negócios. Daí a conclusão vulgarmente tirada de que um negócio é bom se há movimento de alta em seus títulos e que é mau se aos jogadores de bolsa ocorre promover-lhes a baixa.

O JÔGO DE TÍTULOS

Mas o mercado de valores nada tem que ver com a indústria, nem com a qualidade dos artigos fabricados, nem com o rendimento da produção, nem com o comércio do produto. Nem sequer aumenta ou diminui o capital empregado na indústria. Apenas realiza uma função secundária.

Do mesmo modo pouco tem que ver com os dividendos. Grande parte do movimento comercial se realiza sem atenção aos dividendos. A não ser para quem coloca o seu dinheiro sobriamente, o dividendo carece de importância; pelo menos não é o objetivo principal. Alguns dos valores mais "ativos" não pagam dividendos. Os lucros buscados no tráfico de valores, nenhuma relação apresentam com os lucros obtidos pela indústria mediante a produção de artigos. O preço das ações só depende do número de pessoas que as querem adquirir.

A situação da bolsa pode ser de grande importância para os funcionários e dirigentes de uma companhia que se dedique ao jogo de valores, e trate de ganhar dinheiro com as ações da companhia em vez de ganhá-lo prestando serviço ao público. Tais companhias de agiotas carecem de importância: brilham por um momento e murcham. Mas servem para convencer muita gente de que o mercado de valores tem alguma relação com o negócio, quando o certo é que, ainda que não mudasse de dono um só título, não se produziria a menor transformação nos negócios da América. E se amanhã todos os títulos mudassem de mãos, a indústria não teria nem um cent a mais ou a menos para inverter em trabalho.

Consequentemente, toda essa atividade bolsista influi tanto como o beisebol nos interesses fundamentais dos negócios. É uma função secundária, sem relação com os princípios básicos dos negócios e que nada lhes fornece do que eles necessitam. Revelam apenas uma relação esporádica e acidental com o valor das coisas. Se se suprimisse a especulação em títulos, a natural compra e venda de valores seria muito simplesmente adstrita a uma qualquer seção bancária.

Parece-nos que os fios que ligam a um negócio as pessoas alheias a ele, obrigam-no com frequência a transformar-se em fábrica de dividendos. Quando a função principal de uma indústria é produzir dividendos em vez de utilidades, o persistir, nela torna-se erro fundamental. O negócio pende para o acionista, com desprezo do consumidor, o que nega o objeto supremo da indústria.

O acionista ausente é uma das parcelas principais, embora não visíveis no cálculo do custo de vida.

Tudo isso encontra defesa, como é natural: diz-se que os valores nominais representam uma contribuição facilitadora do funcionamento da indústria. Sem embargo a história não dá apoio a tal justificativa. Quando, por exemplo, as ações preferenciais se tornam uma sobrecarga para a produção, os lucros da indústria passam a ser lucros privados, deixam de ser lucros públicos, o que não pode ser defendido de maneira nenhuma. Sabemos de um caso em que foi elevado de 50 dólares o preço de um artigo a fim de atender ao pedido dos acionistas.

Indústria não é dinheiro; baseia-se em ideias, trabalho, organização, elementos que não se exprimem por dividendos, e sim por utilidade, qualidade e eficiência dos produtos, coisa que o dinheiro não cria, mas que criam dinheiro.

Todo negócio prospera quando o dinheiro passa dos compradores ao produto, deixando de ser uma carga para o negócio ou para o público. Dinheiro que não faz isso é pesado ao negócio; seu principal objetivo torna-se aumentar-se a si próprio, sem nenhum lucro para o público.

Não nego, todavia algum valor às especulações da bolsa: homens de boas qualidades perdem nelas o que possuem e se veem obrigados a retornar ao trabalho. O hábito de especular desvia a inteligência de muitos homens, do seu legítimo negócio. Tudo o que os faça retornar a ele é um bem. A riqueza não cresce em virtude das atividades da bolsa; apenas muda de dono. Especulação não cria riqueza; põe-na como premio a um jogo. Atribuíram-me certa vez a opinião de que o mercado de valores era coisa favorável aos negócios. O repórter omitiu a razão e dei: "porque faz voltar ao trabalho os homens que se arruínam nele".

O IDEAL DE SERVIÇO

Outrora só se concebia que o negócio beneficiasse aos seus donos. Hoje, entretanto, a opinião virou e admite-se que o objetivo do negócio seja beneficiar os que trabalham nele, sobretudo os assalariados. ideia tão errônea como a que concebe o negócio como simples produto de ações próprias para especular na bolsa. Obtivemos um muito curioso exemplo desse conceito nos ensaios de alguns colegiais que vieram trabalhar em nossas fábricas durante as férias.

Bem sugestivo o que eles escreveram, pois eram rapazes vivos, indagadores, inteligentes, sem outra parcialidade além dessa parcialidade perfeitamente humana que nos põe ao lado do operário contra a empresa. Fora um ou dois, todos declararam que as relações entre operários e patrões eram boas, como eram boas as condições do trabalho, etc. Nenhum teve uma palavra para o produto. Se um hospital fosse encarado sob esse critério, a informação resultante diria do confôrto da sala dos médicos, do bom trato concedido às enfermeiras e da cômoda e agradável forma que estavam ordenadas as horas dos internos, sem emitir palavra sobre o serviço por esse hospital prestado aos doentes. Quer dizer que os rapazes admitiram que á indústria se deve julgar pelos benefícios que presta aos que trabalham nela, como se o mérito das escolas pudesse ser medido pelo lucro pessoal dos professores, ou a mérito dos hospitais pela renda obtida pelos médicos. As escolas têm que ser julgadas pelos seus produtos – os alunos que saem delas; e o hospitais pela sua obra – os doentes que neles se curam.

Não há muito, na indústria, tudo ia a benefício do proprietário; hoje tudo se leva a benefício do operário. No entanto jamais julgaremos devidamente uma indústria se a não medirmos pelo índice de serviços que ela presta ao público. A questão dos lucros e salários não terá jamais solução perfeita enquanto não for admitida a utilidade pública como objeto supremo da indústria.

A fábrica justifica sua existência pela sua utilidade social. Se negligencia elementos vitais como o salário, desqualifica-se e não pode ter unidade nenhuma, porque são coisas que caminham juntas.

A QUEM CABE O LUCRO?

O objetivo do negócio não consiste em ganhar dinheiro para o proprietário ou para o operário. Capitalistas e laboristas de visão curta pensam de igual modo em matéria de indústria; só discordam a respeito de quem há de levar o bolo.

Examinemos as ações de cada um deles. Em primeiro lugar havemos de concordar que qualquer produto ou processo digno de expansão nasce por obra de homens que para ele trabalharam movidos apenas pelo amor da perfeição – nunca pelo fito de lucro.

Em segundo lugar temos de admitir que o desenvolvimento do negócio, quando atinge um certo ponto, se capitaliza Os homens de dinheiro nele enxergam uma nova oportunidade de ganhar dinheiro.

Erguem fábricas, montam máquinas e metem mãos à obra – mas o verdadeiro produto que procuram obter chama-se dividendo. Se em ocasião de crise é forçoso sacrificar alguma coisa, a vítima será o produto, nunca o dividendo. Daí baixa de salários, aumento de preços, inferiorização do produto – contanto que se salvem os dividendos.

Os engenheiros possuem outro interesse. O *standard* do momento representa para eles o nível das realizações do momento, realizações que esperam superar amanhã. Precisamente nisso a engenharia é a inimiga da finança míope. Um grupo de agiotas, quando monta uma operosa série de fornos, só o faz para produzir dividendos. Mas o fim do forno não é esse, e sim fundir metais. O engenheiro surge e inventa um forno melhor. Os financistas têm que dividir-se: ou substituem os fornos velhos por novos ou se aferram aos velhos e repelem esses.

Naturalmente que a modificação exige dispêndio de dinheiro. O dinheiro, todavia, foi previamente fornecido pelo público. Toda empresa que procede bem para com o público tem dinheiro para manter-se em progresso. O *superavit* de qualquer firma industrial é mais um fundo para assegurar o seu progresso futuro, do que um prêmio às passadas realizações. O financista que controla um negócio, não vendo as coisas por esse lado, protesta contra os gastos da modificação. Mas o engenheiro, que só sê o aumento de eficiência do serviço, realiza-os.

Vejamos as coisas do lado do salário. Os salários criam a capacidade aquisitiva do povo, base dos negócios. Mas quando certos advogados entram a declarar que os salários devem absorver todas as economias e lucros obtidos por meio de melhoramentos na indústria, escusa chamar a atenção sobre a tendenciosidade e a limitada eficiência de um tal ponto de vista.

Tem-se proposto, a sério, que todas as vantagens resultantes duma melhor organização, como seja o aumento da produção, a baixa do preço do custo ou a alta dos valores revertam exclusivamente em prol do salário.

Nossas indústrias poderão servir de exemplo. A maior parte das melhorias introduzidas são internas, isto é, obtidas dentro da organização do negócio: boa ordem do trabalho, simplificação dos métodos, economia dotrabalho – útil, supressão do desperdício – coisas que nos permitem prestar um serviço ao público melhor que antes.

Essa diminuição do custo, que realmente é um lucro, pode ser encaminhada em três direções. Podemos dizer: "Guardá-lo-emos todo porque é um filho da nossa capacidade". Ou: "Guardaremos a diferença entre o que custava antes o artigo e o que custa agora, distribuindo o excedente aos operários". Ou: "Custa-nos menos produzir tal serviço; portanto, reduzamos o preço de venda no devido equivalente, entregando ao público o lucro".

No primeiro caso o argumento poderia ser esse, o lucro extra pertence àqueles de cuja inteligência brotou. No segundo caso o argumento seria: o lucro extra pertence aos operários, isto é, aos produtores. No terceiro, seria: o público tem o direito de adquirir os artigos e o serviço pelo menor preço possível.

Basta enumerar os vários argumentos para que ressalte a solução. O lucro pertence ao público. Os proprietários não constituem o público, nem tampouco os operários duma indústria. Proprietários e operários receberão sua parte sob forma de aumento do negócio, consequência lógica da baixa de preço. Como já vimos atrás, uma indústria não pode subsistir para uma só classe. Quando é assim, e faz-se produtora de dinheiro para uma classe apenas, em vez de produzir para todas, transforma-se logo num negócio complicado que frequentemente fracassa – tão frequentemente que os falsos sábios inventaram o chamado "ciclo do negócio".

O CICLO DO NEGÓCIO

Admitem que o ciclo dum negócio é algo rígido, e que atingindo o seu termo o negócio tem que morrer.

Não pode haver colapsos no negócio, nem crises no trabalho.

Os antigos pioneiros que viajavam pelo Oeste percorriam 12 milhas diárias. Foi considerada uma coisa maravilhosa poder-se viajar a 16 milhas por hora. Hoje percorremos é 600 a 700 milhas por dia em automóvel. O caso é que atingimos tal velocidade de vida que o atenuá-la, para atravessar cruzamentos econômicos ou curvas, nada significa. Quando o expresso, ao passar por certos pontos, reduz sua marcha de 60 a 30 milhas por hora, isso não quer dizer que o trem haja parado ou esteja arrebentado. Mas os medrosos estão sempre a esperar tais desastres. Dir-se-ia que os negócios são dirigidos por neurastênicos.

Perder-se a melhor época para ser auscultado o nosso organismo econômico porque, quando os negócios "prosperam", todos se metem a tirar da máquina o máximo que ela dá, sem nenhuma atenção pela sua melhoria. Quando a máquina se desarranja, então sim, detêm-se a estudá-la. Uma ruim máquina destroçada não é coisa pior que uma ótima que teve o mesmo fim. Para a boa conservação das máquinas havemos que examiná-las quando aparentemente estão funcionando com a maior precisão.

E não o fazemos. Nossos observadores econômicos acompanham o progresso de um negócio, sobretudo para prognosticar desastres. Constitui até um negócio corrente essa vigilância sinaleira de cavilações e colapsos; e os que pagam tal serviço de vigilância podem salvar-se antes dos outros. Mas ninguém estabelece, e muitos até se irritam com um serviço que procure evitar desastres, atentando no sistema enquanto está ele a funcionar a toda velocidade.

Muitas oportunidades perderemos, se considerarmos a depressão dos negócios como epidemia inevitável. A ciência médica prefere seguir um caminho que torne contínua a saúde pública; somente o hábito de pensar cientificamente pode levar-nos a desejar que a prosperidade pública seja contínua.

O BOM REMÉDIO

Nossa receita para os maus tempos é reduzir os preços e aumentar os salários. E por essa forma bastariam os esforços de algumas grandes empresas para contrabater o pânico advindo de qualquer depressão que não-seja; guerra ou catástrofe cósmica.

Os graves transtornos sobrevêm em vista de nos negarmos a estudar as questões econômicas quando o Sol resplandece e tudo caminha às maravilhas. A semente dos maus tempos gera-se nos erros cometidos nos tempos de prosperidade. Não obstante, nos tempos de prosperidade ninguém quer ouvir falar de erros possíveis. A política única se resume no "aproveitar enquanto é tempo". Quando a máquina se desarranja, em virtude da nossa ignorância das leis reguladoras da saúde econômica, surge o debate. O mal, porém, já sobreveio e havemos que atravessar o. período, mais ou menos longo, do restabelecimento e da restauração.

CONSERVADORES EXTREMISTAS

Essas épocas de prosperidade e adversidade produzem dois tipos mentais: o conservador, que aparece com a prosperidade e o radical, que surge com a situação contrária. Ambos são essenciais, mas nenhum, agindo por si só, faz muita coisa em prol do progresso. Os radicais têm razão de dizer que os conservadores não trabalham pelo progresso, como esses têm razão de negar àqueles capacidade para dirigir as coisas que criticam.

Não podemos, entretanto, negar que a responsabilidade pesa sôbre os que dirigem, isto é, os conservadores; suas responsabilidades afastam-nos das irresponsabilidades dos radicais. Por ora (e provavelmente por longo tempo ainda, até que desapareçam essas distinções entre conservadores e radicais), permanecem os conservadores no comando da máquina, por força do direito que lhes dá o fato de a saberem dirigir como dirigem.

Do exposto resulta que os conservadores devem considerar-se como depositários do poder em benefício geral. No passado foram excelentes depositários desse poder, cuidando de si mesmos. Introduziram melhorias no sistema para benefício dos bancos e negociantes. Demonstraram sua capacidade para fazer que nossa vida econômica produzisse alimentos em abundância, mais independência e mais lares do que em qualquer outra parte do mundo.

É claro que devem agora demonstrar, como depositários desse poder, que podem ir mais longe no caminho de colocar o nosso sistema à prova da necessidade, da maldade e da cobiça, em benefício de todos os cidadãos do país Simples problema de engenharia social. Pode ter como efeito a redução das "fortunas pessoas", porém nunca reduzirá o capital operante. Que direito possui uma "fortuna pessoal" senão de ser um capital operante? É chegada a hora em que a lei do momento conclama: "a quem muito se dá, muito será exigido.

A INTROMISSÃO DO ESTADO

Mas o mais nocivo é a ideia de que a máquina econômica pode ser reparada pelo governo A intromissão desse resume-se, em regra, na imposição de taxas, cujo produto vai ter às mãos dos que o pedem com voz mais forte. Os chamados programas progressistas se cifram nisso: Podemos obrigar o país a fazer tal coisa para nós?" Todos os programas que afirmam ser o "governo" uma fonte inesgotável de privilégios, e todas as declarações de que o país fará isso para esta ou aquela classe, não passam de reflexos de indigência de espírito. A debilidade da massa parece força mas não é. Não se propõe a fazer o que sugere mas quer que os "realizadores" o façam em proveito dela. Tal mentalidade não procura servir o país, mas servir-se do país.

Sem duvida que o forte deve servir o fraco, não confirmá-lo na sua fraqueza. O serviço prestado ao fraco é contraproducente se não resulta em acrescê-lo de força e independência. Alentar a atitude mendicante do espírito vale por maldade extrema. Por isso é tão desprezível a nossa caridade comum; debilita os dispostos a dar e os dispostos a receber. Tal caridade é uma evasão do esforço.

O movimento para a dependência de um governo não somente resulta falso, mas ainda destrói todas as possibilidades de alcançar o bem visado. Primeiro: essa ideia é falsa porque quando analisamos um governo vemos logo que ele só pode dar o que lhe damos. Segundo: tal ideia destrói o bem que busca, porque estanca a fonte de toda a riqueza ou força que possa o governo possuir para o uso coletivo. Quando, por exemplo, o governo da Rússia foi empolgado, que é que se encontrou? Nada. Em seu lugar entronizou-se a desordem e o que havia de benéfico na antiga ordem de coisas, se perdeu. Vendo entre suas mãos o que supunham uma fonte milagrosa de bênçãos, os criadores do novo sistema não encontraram bênção nenhuma a repartir – nem a bênção comum do pão.

A FALSA CORNUCÓPIA

Nossos canais legislativos andam obstruídos de projetos instituidores de gratuidades de toda sorte, tendentes ao surto de um paternalismo que não deixa recanto da vida liberto do patrocínio dos agentes governamentais – benefício de uma classe contra outra, proteção de interesses contra interesses, sem nenhum fim. Os legisladores passaram a ter-se como animadores do povo, em vez de desembaraçarem-lhe os caminhos para que o povo tudo faça por si mesmo. Os corpos legislativos supõem que essa função os faz mais populares às massas. Creem que agindo assim interpretam os veros desejos do povo.

Grande parte da ação legislativa intenta remediar as imperfeições da máquina econômica por meio de regulamentos. Não é o público tão anticientífico em sua capacidade política bem como em sua capacidade comercial?

Nossa economia governamental é grotesca. A maior parte das leis restritivas do progresso econômico têm sido dilatadas com o fim de reprimir o elemento de egoísmo que se mescla a toda atividade lucrativa; mas como nenhuma lei pode conseguir tal coisa, a resultante é carregarem-se de cadeias os negócios.

OS IMPOSTOS

Observem-se os impostos, pois a maior atividade do governo parece aplicar-se no estabelecimento de impostos.

Pouca gente terá estudado a relação que existe entre os impostos altos e a pobreza, embora seja certo que tais impostos engendram a pobreza, tornando menos eficiente a produção.

Ninguém ainda bem compreendeu a verdadeira função do governo.

É bastante significativo que as únicas formas de taxação submetidas diretamente ao povo são as que parecem pagáveis por uma outra geração. Faz-se o apelo à consciência das classes. Justo é que o encargo de taxas se distribua de acôrdo com a capacidade de pagar; mas não é justo que a função da taxa possa ser usada como meio de propaganda de classe. Não há divisões de classes na atual tributação – o povo paga tudo. Quando um homem de posses ganha honestamente muito dinheiro e paga altos impostos, é do povo que saem esses. Se o homem desonestamente foge ao imposto, é ainda o povo o pagante da diferença.

O modo de bem conseguir uma perspectiva exata e tirar os olhos do signo dólar e pô-los na coisa em si – incontinenti perceberemos a injustiça dos impostos. Suponha-se que quando um negócio chega ao ponto de expansão apareça o arrecadador de impostos e diga: “Dá-me o capital de tuas novas máquinas”. O dinheiro que o governo perceberia por essa forma seria por metade tão útil ao país como a ampliação da fábrica, e consequente aumento de operários e dos recursos nacionais? O que dessa forma se arrecadasse seriam dólares ou produtos confiscados?

Imagine-se que a contribuição sobre as heranças se cobrasse em propriedades em vez de se cobrar em dinheiro. E que o arrecadador dissesse: "Levarei em pagamento do imposto um forno, quatro cadinhos, dois guindastes, dez máquinas de perfurar e 25% do carvão dos armazéns".

Isso seria compreensível se os bens assim tomados simbolizassem algum crime antissocial. Seria compreensível sob o regime teórico de que é injusto tomar o que um homem possui em vida, mas não quando ao morrer vai passar a coisa para outras mãos. Seria ainda compreensível sob o regime teórico de que o governo permite deliberadamente o aumento criminoso da maquinaria e do trabalho, enquanto vivo o diretor da indústria, mas o suprime quando vem ele a falecer.

Pois tudo isso seria muito mais justo do que se verifica atualmente. A herança se exprime sempre em dólares ainda que esses não existam. O que herdam a maior parte dos herdeiros é uma tarefa, um negócio a ser mantido, uma responsabilidade a ser sustentada. Herdar a direção duma fábrica, ou de qualquer outro negócio, é arcar com uma tarefa de cuja sensata execução depende o trabalho de muitos homens e a subsistência de muitas famílias.

Tudo isso provém dum erro corrente, aqui e em outros países – o erro que dá o negócio como equivalente ao dinheiro e confunde grande negócio com grande capital.

CAPÍTULO XXII

APLICAÇÃO DOS NOSSOS PRINCÍPIOS À QUALQUER NEGÓCIO

Os princípios que venho expondo parecem-nos universais. Temo-los aplicado a todas as indústrias sem que haja necessidade de alterá-los. Entretanto, como nossas indústrias são em ponto grande, todos creem que elas nasceram grandes e que o que fizemos só é peculiar à grande indústria. Até certo ponto é isso exato, mas não passa de urna questão de escala.

Se me perguntam: Como aplicareis esses princípios, se em vez de possuirdes uma grande fábrica de automóveis e tratores não tivésseis mais que uma pequena oficina com 25 operários, empregados em fabricar qualquer coisa sem relação com os automóveis? O que faríeis se o vosso total de vendas não passasse, por exemplo, de 100.000 dólares por ano?

Essas perguntas não podem ser respondidas à queima-roupa e com uma só palavra. A resposta depende, com efeito, da questão de saber se o postulante se considera como definitivamente limitado a um certo vulto de negócios e adstrito a um certo sistema.

A importância de um negócio – sua dimensão – não passa de uma etapa; numa certa etapa a situação econômica do negócio lhe permitirá fazer isto; na etapa seguinte, aquilo – e assim por diante. Nunca será alcançado o ponto em que possamos fabricar e vender exatamente como o quiséramos, isso é, realizando em todas as direções o máximo de economias As indústrias Ford possuem os mais amplos recursos, mas nunca chegarão ao ponto em que, o que façamos, não possa ser feito melhor. A importância de um negócio é um mero episódio do sistema de fabricação. Nada significa em si mesma.

O PROGRESSO CONTÍNUO

No começo eram muito limitados os nossos recursos; gradualmente pudemos acrescê-los e hoje os temos abundantíssimos. Mas sempre nos resta mais a fazer do que o que ainda fizemos.

Caminhamos sem parar. Semanas atrás um visitante, que havia estado em nossas fábricas três anos antes, falou a um contramestre de certa operação que vira fazer. O chefe respondeu que não sabia do que se tratava.

– Não se lembra, então, do modo de construir essa peça? Pois foi V. mesmo quem mo explicou. Era um processo recém-inventado.

– Quanto tempo faz isso?

– Três anos justos.

– Três anos é muito para nós. Em três anos tudo muda. Há inúmeras operações que já não fazemos como há três anos.

Nossos processos mudam sem parar, não porque sejamos amigos de mudança, mas porque a norma de reduzir sempre o preço de custo e aperfeiçoar o produto nos obriga a aperfeiçoar. E a importância da indústria evolui do mesmo modo, porque o mercado se amplia sem cessar e pede sempre mais produtos. A pergunta, pois, deve ser feita assim: "Quais os melhores métodos que tem de adotar um homem em tal negócio?" Ou então: "Com que fim estou eu neste negócio? Para onde me dirijo? Que quero fazer?"

Se um homem dispõe de 25 operários e não pensa em passar disso, responder-lhe-ia que sua situação é perigosa, a não ser que se dedique a um artigo de luxo. O pequeno fabricante sempre estará em perigo se não fabricar tão bem como qualquer outro concorrente, pois se expõe a ver surgir um grande fabricante, orientado por métodos que lhe permitam obter lucro, vendendo mais barato que ele. Isso não constitui desgraça, nem sequer para o homem que se vê alijado da sua indústria. Constitui a marcha normal do progresso. Quem não pode, ou não quer fazer bem-feita uma coisa, tem que desistir dela. Reunir-se a outros para deter o progresso vale por deitar fora tempo e dinheiro. Uma associação constituída para manter o incompetente num negócio, terá tantas probabilidades de êxito como se tentasse deter o curso do Sol.

CONTROLE DA MATÉRIA-PRIMA

É inevitável que a indústria do país seja conduzida por grandes empresas, que irão às fontes de matéria-prima e, recolhendo--a, fá-la-ão passar pelos processos necessários à sua transformação em produtos comerciáveis. Desde que a indústria atinja uma certa importância, o seu controle sobre a matéria-prima tem de fazer-se absoluto; ainda que se ponha de lado a questão do preço de custo, é esse o único modo de evitar interrupções em virtude de greves ou má direção nos negócios dos fornecedores. De que serve construir uma grande fábrica e planejar cuidadosamente o trabalho, se tudo pode ser destruído mediante alguma: força alheia, talvez inimiga?

Cada ampliação, todavia, depende das necessidades do momento. Se se empregam mil toneladas de aço por mês, não vale a pena fabricá-lo, salvo se se traga dum aço especial, pouco abundante no mercado. Mas quem pode fabricá-lo a preço inferior ao corrente, deve fabrica-lo. Isso nos aconteceu muitas vezes. Jamais fabricamos uma peça, ou exploramos diretamente uma fonte de matéria-prima, sem ter a certeza de prestar assim um serviço ao público. Nunca fazemos uma coisa pelo prazer de fazê-la.

Eis creio, a resposta à questão de saber se nossos métodos podem ser aplicados em pequeno. Não é o método que domina o negócio e sim o objetivo. Os métodos são condicionados pelos objetivos e não vice-versa.

O OBJETIVO DO NEGÓCIO

Toda a questão do fabrico e do comércio de um produto cai dentro de duas categorias, segundo a mira que traz. Se procurais prestar ao público o máximo de serviços (isto é, vender a custos mínimos), nesse caso os melhores métodos aparecerão naturalmente e de acordo com as circunstâncias. Se, ao contrária, visais o maior lucro possível, sem atenção ao serviço que devemos ao público, nesse caso não fareis na realidade indústria e não há, pois, nenhuma regra ou método a aplicar . Limitar-vos-eis a apanhar o que puderdes, quando o puderdes.

Há ainda uma terceira categoria de negócios, situada entre esses dois extremos e que mencionarei porque é honrosa. Trata-se de execução de encomendas especiais. A joalheria, por exemplo, e a indústria de roupas. Certas pessoas preferem ter roupas feitas sob medida a comprá-las prontas, apesar dos grandes progressos dessa manufatura. Por que razão o fabricante que produz milhares de sobretudos não estará em melhor situação de fornecer-vos o que precisais do que o que faz alguns por encomenda?

Talvez valesse mais, ao invés dessa distinção entre indústrias de luxo e indústrias de primeira necessidade – expressões destituídas de senso e causa de muitos erros, classificar os negócios segundo a categoria da clientela. Há indústrias que se dirigem à massa da população e outras que se dirigem apenas a uma certa classe de clientes.

Examinemos essa última categoria, tão legítima como a outra, mas de campo extremamente limitado. Não há nenhuma objeção contra os preços altos por motivo da qualidade, contanto que essa qualidade seja real e não se faça nenhuma tentativa para que lhe suportem indiretamente os preços os 90% das pessoas que só podem comprar barato.

Indústria consagrada a atender a esses 10% da população será grande ou pequena, conforme os meios de que dispõe para fabricar o objeto suscetível de agradar à clientela. Entretanto não poderá, ainda nas melhores condições, torna-se realmente importante, dada a limitação do consumo. Mais os preços sobem, mais reina soberano o capricho do cliente, indicações que provavelmente não serão as melhores. Essa indústria encaixa-se mais na categoria do serviço pessoal do que da indústria que serve ao conjunto do público. Mero negócio de ocasião, pois não atende a uma classe bastante numerosa para permitir o emprego dos métodos contínuos do fabrico em alta escala.

Tomemos um relógio. Meus primeiros projetos da mocidade inclinavam-se ao fabrico em grande escala dos relógios. Em condições inteligentes de fabrico, e de acordo com um plano adequado, um relógio de primeira qualidade poderá sair por 50 cents. Provavelmente vender-se-iam dez milhões por ano, uns pelos outros. Se se fabricassem para serem vendidos por 50 dólares, ainda se poderiam empregar os métodos do fabrico em alta escala; o negócio, porém, desenvolver-se-ia com lentidão, porque o mercado de relógios desse preço é muito menor que o dos de meio dólar. Se se fabricasse um relógio para mil dólares, então já os clientes viriam intervir na produção. O fabricante não poderia permitir-se construir uma grande série de relógios de 1.000 dólares e teria que preparar-se para os fazer sob pedido, de acordo com os caprichos do freguês. O certo seria não serem os relógios iguais, pois o freguês não daria o seu dinheiro pelo relógio e sim para ter um objeto distinto dos demais.

Tomemos outro exemplo. Um construtor de casas operárias, de tipo fixo, pode esperar expansão do seu negócio; um construtor de prédios para fábricas já o não pode, porque cada uma teria de considerar-se separadamente.

Não é o tamanho, mas a intenção que rege os métodos a adotarem-se.

Tome-se o problema da roupa, isto é, de um artigo universal. Ninguém sabe a quantidade de roupas que o país requer. Tudo depende do seu preço. Se esse é elevado, um homem trará o seu terno pelo maior espaço de tempo que puder. Adquirir um novo equivalerá a algo parecido com a compra de uma casa ou chácara. A medida que o preço desça, a aquisição será cada vez mais fácil, e por fim até o mendigo poderá comprar sua roupa.

PARA BEM VENDER, BEM FABRICAR

Em última análise, é a maneira de fabricar um artigo que rege a indústria, não a maneira de vendê-lo. Quando um produto requer grande soma de esforços por parte do vendedor, é duvidoso que seja um produto bem-estabelecido. A pergunta da indústria não deve ser: "Como poderei bem-servir o comerciante?", mas sim: "Como poderei bem-servir o consumidor?"

Se podeis responder a essa pergunta, é certo que podereis também responder à primeira, pois só haverá conflito entre elas quando houverdes cometido o erro de satisfizer de preferência o comerciante, com prejuízo do público.

Um só produto é bastante para qualquer fábrica que se desenvolva atendendo ao serviço público. É natural que a venda fique subordinada à fabricação, pois se o verdadeiro negócio é servir ao maior número de criaturas, pelo menor preço, não seria lógico colocar a arte da persuasão acima do serviço.

O vendedor, todavia, pode prestar um serviço igual ao do fabricante. O comércio por atacado e o de varejo representam papéis idênticos, se os consideramos à luz do serviço prestado. Devem ambos pedir ao industrial, nas melhores condições possíveis, as mercadorias necessárias ao consumidor.

Os mesmos princípios os governam, mas terão de ser aplicados de maneira diversa. O varejista deve estudar o seu mercado para ver qual é exatamente a natureza particular dos abjetos de que a maioria dos compradores necessita.

Os métodos do fabricante são determinados pela categoria particular de serviços que ele quer prestar; o mesmo com o comerciante. Se o serviço se dirige às massas, só se escolherão artigos bons e baratos próprios para os 90% do público. Nesse caso o comércio poderá tornar-se muito importante. Mas a maior empresa varejista não poderá estender-se tanto como a maior indústria, em virtude das limitações geográficas que lhe são impostas. Ainda assim, porém, nenhuma razão há para esses negociantes não ampliarem suas empresas a proporções muito maiores que as atuais. Não possuímos, realmente, grandes estabelecimentos de venda a varejo. O que sobretudo importa não é a concorrência, mas trabalhar da melhor maneira. Se todos trabalharmos afincadamente, se procurarmos servir o público com lealdade, de nada mais teremos que nos preocupar. O futuro sabe cuidar de si mesmo.

Logo: o melhor meio para um pequeno industrial se servir dos melhores métodos, é tornar-se um grande industrial.

CAPÍTULO XXIII

A RIQUEZA DAS NAÇÕES

A conservação da paz entre os povos é considerada como um ideal que devemos trazer sempre em mira. Ninguém põe em dúvida a indesejabilidade da guerra. Guerra é destruição. A guerra impede que a produção atenda às necessidades do gênero humano. Nada traz ao mundo e é muito o que tira.

Mas guerra não é causa, e sim efeito. É o efeito da pobreza, tanto material como mental. Enquanto formidáveis massas de homens viverem na pobreza, existirão guerras. A tentação da guerra, nascida do desejo de pilhar os frutos da produção de outros, persistirá até que todos os povos tenham aprendido a produzir com abundância para si mesmos, até que se haja demonstrado ser mais fácil construir do que depredar o alheio.

Os convênios de paz, as convenções internacionais de arbitragem e todos os recursos da diplomacia possuem o defeito de só impedirem a guerra por algum tempo. Vem isso do erro de considerar-se a guerra como doença e não como sintoma de doença. E é bem possível que a atuação da Sociedade das Nações e o Tribunal de Arbitramento acabem provocando novas guerras, com falsear-lhes a investigação das causas reais. Os convênios limitadores de armamentos já se apoiam em base diversa, visto como reconhecem francamente a realidade da guerra.

Os convencionais se põem de acordo para no momento reduzirem os gastos de preparação com vistas à guerra próxima; liberando desse modo uma quantidade de energia que poderá empregar-se na produção e no alívio eventual da pobreza, mãe da guerra.

Todas as guerras possuem causas econômicas. Quem investiga a fundo encontra sempre a pobreza na origem de todas as guerras que parecem provir de outras causas. A pobreza não desaparecerá nunca por meio do conjuro de certas palavras. Nenhum homem confessará hoje em dia que crê às cegas em Aladim e sua lâmpada maravilhosa; entretanto, ao penetrarmos na política, as nossas crenças infantis ressurgem e damos por seguro que um certo arranjo de palavras, num tratado a virtude mágica de criar alguma coisa, como o fazia a lâmpada de Aladim.

Todos os tratados só serviram até aqui para impedir guerras que ninguém tinha vontade de fazer. Eis por que de denunciar a guerra tem tão pouca importância como convencionar solenemente o não fazê-la. O que tem real importância é deixarmos de tomar a guerra como causa e começarmos a cuidar da prosperidade universal, de modo a torná-la uma realidade. Essa prosperidade pode constituir a condição natural do mundo. O nosso país o demonstrou.

A MISSÃO DA AMÉRICA

Os Estados Unidos têm certamente uma missão no mundo e não consistirá ela em deitar mais palavras numa situação obscurecida por excesso de palavras. Nem tampouco em emprestar mais dinheiro. Cada dólar que emprestamos à Europa só serve para recuar ainda mais a prestação de contas e para entreter o estado de miséria e pobreza que existia antes da guerra e hoje se vê agravado. Até aqui a principal função da Sociedade das Nações resumiu-se em ajeitar empréstimos proteladores na hora de abordar friamente a- realidade dos fatos. Tudo quanto atrás dissemos sobre a inconveniência do empréstimo nos negócios se aplica a idêntico regime entre as nações. Os países europeus não necessitam tanto de dinheiro como o supõem. Nenhum problema há lá que se solucione apenas com dinheiro. A missão da América não é cultivar um falso espírito de internacionalismo, tendente a fundir os males europeus aos nossos, senão demonstrar com o exemplo, aqui e lá, que a doença da Europa não é incurável e origina-se apenas em uma errônea concepção das leis econômicas.

É força insistir no internacionalismo e nos males que o nacionalismo acanhado acarreta para todo o mundo. Que maior insensatez que se considerar os povos como inimigos; pelo simples fato de se acharem organizados sob governos distintos? O nacionalismo que leva a isso vale por perigosa chaga. Um povo não passa de uma unidade econômica homogênea. Se não é homogênea e não pode reger-se com eficácia, não constitui verdadeira unidade econômica. Às vezes o que devia formar uma unidade econômica se acha dividido em duas ou mais partes. Sabemos de há muito tempo que os limites dos nossos Estados não constituem barreiras econômicas e não lhes damos nenhuma atenção; mas a Europa estabelece fronteiras políticas e logo trata de as converter em barreiras econômicas. Daí os desastres, como os da França e Alemanha.

Mas insistir sobre o americanismo não é insistir em um nacionalismo estreito. Os princípios do americanismo são a meta para qual se encaminham todos os esforços da civilização. Não dizemos isso com pueril basófia, visto como tais princípios são anteriores à existência dos Estados Unidos. A América, entretanto, foi a *nursery* onde esses princípios deram a plena demonstração dos resultados da liberdade em todas as coisas. A missão dos Estados Unidos é provar ao mundo a verdade e solidez de certos princípios.

A guerra nunca será impedida ou suprimida pelos pacifistas, do mesmo modo que a paz não será nunca obtida, pelos guerreiros. Enquanto existir sobre a terra o tipo do espírito belicoso, armado de meios de realizar sua vocação, a guerra não desaparecerá. Mas como o demonstrou a conflagração europeia, a força militar nas nações pacíficas e hostis à guerra é maior que a das nações que a originam. A guerra, como método de realizar alguma coisa, encontra hoje mais e mais resistência, e assim irá sendo até que o espírito belicoso compreenda a sua inutilidade.

Poderemos imaginar os Estados Unidos dando origem a uma guerra? Poderemos imaginá-los recusando-se a esmagar uma guerra iniciada contra eles? Não é a nossa inclinação para a paz que nos guarda, mas nossa reconhecida repugnância em admitir que venha algo perturbar a nossa paz.

O pacifismo é doutrina excelente para ser pregada nos países onde está vivo ainda o espírito da belicosidade. Mas armar os bandidos do mundo e desarmar os cidadãos submissos à lei não constitui o melhor processo para conter os saques internacionais. Aconselhar ao cidadão honrado que se desarme para que dê exemplo ao assassino, demonstra uma infundada confiança nas suscetibilidades do assassino. Ficção pia.

OS GOVERNOS NADA PODEM

Os povos não chegarão a ser brandos como os pacifistas o desejam, nem tão ferozes como o querem os militaristas – mas os povos vão se aperfeiçoando na estratégia do senso comum. O fato de não ser o nosso povo iniciador de guerras não o impedira de sustar as guerras e de modo tão eficiente que fará vacilar os povos que a iniciaram.

O que mais temos a temer, como redução da nossa eficiência, é que se tomem promessas políticas como substituto do pensamento e do trabalho. A causa principal da pobreza da Europa depois da guerra foi essa mesquinha confiança dos povos em seus governos, aos quais pediam o impossível. A ironia desse sistema faz que os governos deem cada vez mais, e à medida que mais se lhes pede mais se diminui a sua capacidade de dar. Não existe no governo coisa nenhuma que não proceda do povo. E um povo no qual morreu o espírito de iniciativa e a aptidão de arrumar-se por si mesmo, continua cada vez menos a agir por si próprio, até que por fim povo e governo se reduzam a igual impotência. Quando a Rússia executou aquela surpreendente "meia volta à direita" e abandonou o comunismo oficial, em troca do retorno parcial ao antigo sistema econômico, demonstrou apenas o indispensável que é ao povo o ajudar-se a si mesmo.

O governo pode criar um monopólio, mas não criará recursos. Pode arbitrariamente fixar os preços, mas não criará poder aquisitivo. Pode prometer bálsamos e cataplasmas, mas não porá de pé um negócio.

A ação legislativa não faz mais do que proteger as fraquezas e defeitos, garantindo-lhes assim a permanência.

O PROTECIONISMO

A força dos Estados Unidos consiste no fato de que o auxílio prestado pelo governo à indústria e à agricultura não se estendeu tanto que lhes chegasse a afetar a independência. A certos respeitos foi vantajoso que o governo combatesse os negócios, porque os enrijou. Tivemos, é certo, a tarifa aduaneira, que talvez fosse útil antes do nascimento da verdadeira indústria; mas é fato notável que nenhuma das nossas industrias verdadeiramente importantes – refiro-me às que prestam serviço social – cresceram em virtude da tarifa, nem necessitaram de proteção alfandegária. As que necessitam de proteção alfandegária são as que se dirigem por métodos retrógrados, fabricando maus produtos por intermédio de homens malpagos. Em vez de criarem mercados na massa da nação, contentam-se com aproveitar o restrito mercado artificial dos altos preços, estabelecido no país pelas tarifas, para vender barato no estrangeiro.

Um dos maiores passos que possam dar os Estados Unidos consiste na supressão de todas as tarifas alfandegárias. Isso seria um benefício tanto para o mundo inteiro como para a indústria americana. O mundo inteiro, ademais, não possui suficiente capacidade de produção para prover-nos. Nalgumas indústrias apenas poderiam os industriais estrangeiros vender a preços menores que os nossos, salvo, bem-entendido, para os produtos cujo preço de venda se acha aqui estupidamente elevado. Nos casos de redução forçada de preços seríamos beneficiados, pois isso viria afetar as indústrias que pagam salários baixos, e a concorrência as obrigaria a reorganizar-se sob métodos novos; teriam então de pagar salários altos, com reflexo imediato na capacidade para absorver produtos bem-feitos e de preço justo. O mundo inteiro seria beneficiado com a facilidade de nos vender produtos postos na base da livre concorrência, pois também se veria arrastado aos grandes negócios que possibilizam os salários altos.

A indústria estrangeira desenvolveu-se de modo diverso da nossa. A Inglaterra, a primeira nação industrial que surgiu, pode exportar todos os seus produtos às nações não industriais, e criou um grande sistema de transporte marítimo porque no mercado externo via-se sem concorrentes. Quando a Alemanha se transformou em país industrial, elaborou um minucioso programa de proteção do Estado à indústria, por meio de tarifas e subvenções.

Depois da guerra todas as nações da Europa experimentaram favorecer o desenvolvimento das suas indústrias pelo sistema alemão. Generalizou-se a ideia de que só fora de portas a indústria encontraria seus mercados e sua prosperidade. Esse conceito determinou a criação dum labirinto de barreiras alfandegárias, licenças de exportação e importação, regulamentos e subvenções oficiais, etc. Tudo, menos produção.

As facilidades de produção existem sempre, e como são maiores que a capacidade e consumo, não haverá paz na terra, enquanto a capacidade de consumo não elevar-se e mantiver-se ao nível da capacidade produtora. Esse nivelamento só será alcançado quando o princípio a que chamamos "salário-causa" substituir o princípio do "lucro-causa ".

CAMINHOS ERRADOS

Fora dos Estados Unidos, o princípio do "salário-causa" nunca encontrou terra firme. Os negócios se acham pela maior parte nas mãos dos financistas, e existem para fins de lucro, não de serviço social. Fora dos Estados Unidos não existe nenhum negócio realmente grande, e os que passam como tais são pirâmides inseguras, pois não se baseiam na ideia de serviço. Dá-se por assente que o capital e o trabalho não se acham empenhados numa empresa de cooperação. Ao "salário-causa" não lhe permitem criar raízes. Metido entre as taxas e regulamentações governamentais e as restrições impostas à eficiência pelas sociedades obreiras, tudo lhe tira as possibilidades de vitória. Vemos governos trabalhistas que ascendem ao poder cheios de ideias defensoras do trabalho, vemos governos capitalistas que sobem com programas de defesa do capital. Mas a farsanteria política é tamanha que nunca vemos subir governos libertos da mentalidade empírica, e propostos a conduzir o povo a ajudar-se a si mesmo. Ninguém se anima a arrostar a crueza da realidade. Os bálsamos políticos não podem salvar a Europa. Nenhuma repartição da propriedade 'resultará eficaz porque existe muito pouca propriedade a repartir. A salvação está em, pela produção eficiente, criar mais propriedade. Essa produção, porém dará origem a novas perturbações se ao mesmo tempo não se elevar com ela a capacidade de consumo.

AUMENTAR A CAPACIDADE AQUISITIVA

Nossa empresa não necessita de mais experiência sobre a possibilidade de erguer a capacidade de consumo. Temos sucursais, filiais e empresas associadas em quase todo o mundo – e em todas empregamos os mesmos métodos das nossas fábricas americanas, pagando sempre o nosso tipo de salário. Os resultados conseguidos sempre foram maravilhosos. Nossos salários no estrangeiro correspondem em regra ao dobro ou triplo dos salários locais, mas como a nossa organização visa a isso, a produção sai mais barata. Essas fábricas no estrangeiro não correspondem a pequenas colônias americanas. Geralmente as montam e as põem em movimento homens instruídos em Detroit; mas todo o pessoal é tomado *in loco*. Nossa fábrica da Irlanda é irlandesa; nossa fábrica da Grã-Bretanha é toda inglesa; nossa fábrica do Brasil é toda brasileira, e assim por diante. Não prestaríamos um serviço à comunidade se procedêssemos de outro modo.

NA IRLANDA E NA INGLATERRA

Tomemos a fábrica de Cork, de cujos arredores provém os meus antepassados. Essa cidade é dotada de um porto maravilhoso e de belos pontos industriais. Escolhemos a Irlanda para montar essa fábrica porque desejávamos meter esse país no caminho da indústria. Havia nisso, confesso, um sentimento pessoal. Montamo-la em 1919, destinada a fabricar tratores para o consumo europeu; mas a liberdade de produção foi de tal modo asfixiada pela política que a transformamos em fundição abastecedora da nossa fabrica da Inglaterra.

Durante muitos anos Cork foi uma cidade de trabalho ocasional e de extrema pobreza. Tem cervejarias e destilarias, mas nenhuma verdadeira indústria. O melhor que podiam esperar os operários era trabalharem dois ou três dias por semana no cais, recebendo 60 shillings, ou 15 dólares, por um rude trabalho de carretagem. Caso se dedicassem à lavoura, não poderiam ganhar mais de 30 a 32 shillings por semana. Nenhum desses trabalhos era permanente.

Os operários e suas famílias propriamente não viviam.

Não tinham casa, senão choças, nem outras roupas além das que traziam no corpo.

Nossa fábrica começou a funcionar dirigida por três, vindos de Detroit.

Hoje damos serviço a 1.800 operários. Trabalham 8 horas por dia durante 5 dias por semana, vencendo o salário mínimo de 18 shillings diários.

O salário médio é de 1 libra por dia, paga constante e ininterrupta, coisa que poucos homens jamais tinham visto ali.

Não temos flutuações de pessoal e há sempre uma longa lista de aspirantes. Atribui-se aos irlandeses certo temperamento; mas nós não temos deles nenhuma queixa relativa ao trabalho de repetição. Só nos primeiros meses alguns se queixaram da proibição de fumar durante o serviço.

O pagamento desses salários elevados refletiu-se logo nos lares irlandeses. Pudemos observar isso nas esposas dos operários. A regra é levarem comida aos maridos. Durante as primeiras semanas apareciam elas com um lenço na cabeça. Depois vinham de chapéu, e semanas mais tarde já traziam bons vestidos. Os operários não passam mais as noites vagando pelas tabernas, andrajosos e de lenço ao pescoço. Além da roupa do serviço possuem outras, e à tarde saem a passeio com suas mulheres, de colarinhos brancos e bengala. O costume antigo de se embriagarem logo depois da paga desapareceu. Também desapareceu o costume de entrarem para o serviço, nas segundas-feiras, em lamentáveis condições; entram agora descansados e alegres. Apesar de esses homens não terem nenhuma experiência do uso do dinheiro, aprenderam sem demora a empregá-lo com juízo e a fazer economia.

Outro fato interessante relativa aos operários de Cork foi a sua atitude durante a revolução. O inspetor da fábrica recebeu várias ordens para fabricar munições para os rebeldes e a isso se negou. Um dia apareceu lá um caminhão com 15 soldados, e o tenente que os comandava entregou ao inspetor uma lista de requisição de máquinas. O inspetor procurou convencê-lo de que tais máquinas de nada lhes serviriam, pois não bastam máquinas para fabricar munições. O tenente, porém, cumpria ordens e mostrou-se disposto a executá-las. Exigiu entrega imediata. Então o inspetor lhe disse:

– Temos a trabalhar nestas oficinas 1.800 irlandeses, bons e fortes. Não sei o que eles farão se eu lhes disser que vocês querem levar parte das máquinas, mas me parece que poderemos adivinhá-lo. Aconselho, pois, ao amigo, que se vá embora antes que aconteça qualquer coisa.

O tenente seguiu o conselho.

Operários bem-pagos não apoiam revoluções meramente destrutivas. Alguns dos nossos operários já possuem automóvel. Passado mais algum tempo, e reduzidos os impostos, a maioria deles os possuirá e o tipo de vida do operário irlandês se elevará como em nosso país.

Grande parte do elemento operário da Inglaterra não está sindicalizado e mantém-se estritamente nos seus grêmios. Nós não possuímos grêmios em nossas indústrias e, embora não sejamos costrários às associações obreiras, não tratamos com elas, visto como não podem prestar-nos nenhum serviço.

Pagamos salários mais elevados do que o que elas fixam para os seus membros; damos serviço sem interrupção e não nos metemos com os negócios de ninguém.

O tipo de vida dos nossos operários na Inglaterra é elevado, trabalham bem e o custo da produção é baixo, não tanto como na América, porque não temos o mesmo volume de produção. Mas o nosso exemplo basta para demonstrar que sob uma organização baseada em altos salários e sem restrições individuais de eficiência, a Inglaterra pode converter-se num país de elevados salários e, por conseguinte, de grande consumo.

EM FRANÇA, SUÉCIA E OUTROS PAÍSES

Introduzimos nossos carros em França em 1907, e pensávamos em montar uma fábrica de montagem quando rebentou a guerra. Pouco depois nos pediram que fornecêssemos carros, primeiro para as ambulâncias e depois para uso geral Em 1916 abrimos uma fábrica de montagem em Bordéus, que durante três anos só trabalhou para a guerra, entregando mais de 11.000 carros ao governo francês. Mas isso não tem importância. O importante é que nessa fábrica empregamos 300 operários da nossa forma usual, os quais se adaptaram sem dificuldade aos nossos métodos de produção. Temos agora uma fábrica em Paris, construída segundo os nossos modelos e com capacidade para 150 carros por dia. É fácil imaginar o vulto das economias que os operários franceses obtêm com o nosso salário.

Nenhum deles pensa em socialismo. Em Copenhague, onde montamos uma fábrica em 1919, defrontamos pela primeira vez com um governo trabalhista que regulamentava as condições e o dia de trabalho, bem como os salários, e praticamente convertia as regulamentações sindicais em leis do país. Nós admitimos em nossa fábrica homens de todas as profissões: barbeiros, pregadores, ferreiros, lavradores inexperientes, etc., e os pusemos a trabalhar nas máquinas, uns juntos dos outros, conforme as nossas regras. Estabelecemos um salário mínimo que correspondia a 5,25 dólares nos Estados Unidos, ganhando alguns um dólar mais. Foi logo sugerido ao diretor da fábrica que a regulamentasse de acordo com a lei, devendo cada oficina submeter-se a uma classificação especial e sujeitar-se a certa escala de salário. Mas nós não nos podíamos classificar; não podíamos inscrever-nos como uma ferraria, classificação da qual nossa fábrica mais se aproximava. Além disso, os operários que não eram ferreiros se opunham a que os despedissem dos seus bons empregos.

Nossa fábrica se instalou ali para ser útil e o é; mas não o seria se a houvessem obrigado a aceitar uma classificou acadêmica.

Nossa experiência em Amberes, Roterdã, Barcelona e Trieste tem sido a mesma que no resto da Europa. Em toda parte encontramos homens dispostos a trabalhar seriamente em troca dos nossos salários, e a trabalhar tão bem que nos proporcionam resultados melhores que os obtidos nos mesmos países pelos industriais que pagam salários baixos. O salário alto sempre se acompanha de um tipo de vida melhor, embora em toda parte os governos ponham muitos dos produtos do operário fora da sua capacidade aquisitiva. Nosso automóvel, por exemplo, é vendido em certo país pelo triplo do que custa nos Estados Unidos, graças unicamente aos tributos do governo. Semelhantes impostos não só asfixiam o consumo como criam um exército de parasitas.

NO BRASIL

Nossas sucursais na América do Sul dizem a mesma coisa; foram na maioria instaladas em territórios de indústria rudimentar, exceto a de Buenos Aires. Essas sucursais se encontram em Buenos Aires, Santiago, São Paulo, Pernambuco e Montevidéu. Em nenhum desses países podemos pagar o nosso salário correspondente, porque o grande valor do dólar faria parecer grotescos os salários que pagamos nos Estados Unidos.

Pagar salários normais em países totalmente novos para a indústria tem sido uma curiosa experiência; mais curioso ainda é observar o que o automóvel faz nesses países. O Brasil, por exemplo, se bem que ocupe a 15.ª parte da superfície da Terra, e encerre grandes recursos naturais, não possui meios de transporte que lhe permitam o desenvolvimento. Um país só se desenvolve pela criação de meios de transporte, e em grande parte do interior do Brasil só se pode utilizar o automóvel durante seis meses; durante 6 resto do ano os caminhos se acham em tão más condições que nenhum carro pode percorrê-los. A sucursal brasileira só tem um ano de existência, mas já os nossos altos salários – e eles ainda são mais altos do que parecem devido à regularidade – começam a produzir seus benéficos efeitos. Se os operários ainda não modificaram suas condições de moradia, começam, entretanto, a vestir-se melhor, compram móveis e põem de lado dinheiro. Não sabem ainda de todo, o que fazer dele, mas não abandonam o trabalho pelo fato de o terem em quantidade acima do preciso (tínhamos receado isso) e também não contraíram hábitos de prodigalidade. Logo começarão a ter outras necessidades, e o processo de desenvolvimento da civilização material achar-se-á em andamento. O automóvelestá destinado a fazer do Brasil uma grande nação. Os nativos, embora um tanto ignorantes a respeito de certas espécies de máquinas, e desacostumados à disciplina, chegam muito depressa a executar todos os trabalhos de montagem e de reparação. Parece que aprendem muito depressa, provavelmente porque enxergam boas razões para isso.

O AUTOMÓVEL CRIA A ESTRADA

Também o Oriente desperta. Como já disse em capítulo anterior, não temos em Detroit estudantes mais ardorosos do que os indianos e chineses.

Esses homens compreendem que a salvação de seus países está na introdução da força motriz, criadora do mercado interno. Queixam-se com amargura das tentativas do capital estrangeiro para explorar-lhes a miséria, e desejam ardentemente aprender a se conduzirem por si mesmos. Não podemos ajudar o Oriente senão estabelecendo nele instituições industriais de espírito moderno.

Graças ao pagamento de altos salários as indústrias criarão seus próprios mercados. Por toda parte se abrem estradas por influencia do automóvel. Para tê-las, começa-se primeiro por ter automóveis. Não foram as boas estradas que criaram o automóvel, mas o inverso. Tem-se dito que o sistema de castas em vigor na Índia constitui um obstáculo absoluto para qualquer desenvolvimento. Entretanto, vemos em nossas escolas índios de todas as castas a trabalharem juntos, esquecidos de que existem castas. Não posso dizer como procederão ao regressarem para a Índia. Mas se esquecem o espírito de casta enquanto trabalham conosco, é que tal espírito não é tão poderoso como dizem.

Qual a importância dessas incidências relativamente fúteis? Em que pode interessar à Humanidade sofredora que uns homens de Cork tenham mudado o seu costume de trazerem um lenço ao pescoço adotando o colarinho?

Essa mudança não passa de um símbolo, mas de um símbolo importante. Mostra que um homem contribuiu para a produção, que ajudou a fazer qualquer coisa neste mundo, que acresceu, de um nada que seja, a soma total das riquezas do universo. A ação política não é construtiva; só pode favorecer a destruição ou esperar manter o *statu quo*, coisa equivalente a uma destruição lenta, porque o curso da vida não pode ser detido.

O de que o mundo mais necessita, hoje, é ter menos diplomatas superciliosos, menos políticos e mais homens que se elevem do lenço no pescoço ao colarinho.

CAPÍTULO XXIV

POR QUE NÃO?

Neste livro só nos ocupamos de coisas materiais, estudando os meios de prover às necessidades materiais do homem. Saúde, riqueza e felicidade – é empós disso que, através dos tempos, segue a Humanidade. Saúde por si não traz a riqueza e da saúde, juntas ou separadas. A felicidade é um elemento subjetivo, mas qualquer que seja a sua essência, ninguém negará que a saúde e a riqueza favorecem-na melhor do que a doença e a miséria.

Geralmente todos acordam em admitir que, se a civilização tem um senso, deve significar a possibilidade de, pelo menos, terem os homens moradia, mesa e roupas decentes – além do supérfluo que o mérito individual possa autorizar. Se isso não for obtido, então a civilização não passa também de uma palavra vã. Que importam os livros que se possam escrever, os monumentos que se possam erguer, as obras de arte que se possam criar, se não se oferecem oportunidades a todos quantos procuram viver uma vida digna de um ser humano?

A POBREZA

O nosso mundo foi degradado pela pobreza, e a tal ponto que se viu reduzido a fazer da pobreza uma virtude. Homens houve que se jactaram de ser pobres, e a única esperança de redenção oferecida ao mundo foi, além da promessa do céu, feita pelas religiões, a promessa comunista, não de riqueza para todos, mas de igualdade da miséria. Em resumo: a cultura e a ciência sempre evitaram arrostar o grande problema do mundo. E ainda tudo quanto tocava à produção e distribuição dos bens – melhoria da sorte do homem – se viu conspurcado com a pecha de mercantilismo. Era nobre falar sobre o alívio da pobreza, mas indigno fazer qualquer coisa, de modo concreto, para aliviá-la.

Até agora a Humanidade não se capacitou de que todo estudo cujo fim não visa ao bem-estar do comum das criaturas, carece de valor. Veja-se a ciência, a filosofia e a religião. Não se pode dizer que uma se atenha mais às realidades do que outra. Todas elas se atêm a realidades. Todos os fatos não aparecem no mesmo plano; a ciência não é estritamente espiritual. Matéria e espirito: termos que empregamos para fazer distinções que talvez não existam.

HENRY FORD
Entrevista autorizada
com LEONE FAUROTE

MINHA FILOSOFIA DA INDÚSTRIA

PREFÁCIO

"Minha Filosofia da Indústria" foi, na realidade, mais uma simples entrevista do que um livro. Julgamo-la, porém, a obra máxima e a melhor conclusão do maior cérebro industrial que já existiu. Em suas linhas singelas e firmes podemos sentir e perceber a grandeza e o auge de Henry Ford. Sua perfeita concepção do trabalho elegeu-o seu líder. Sem dúvida, Ford merece esse título. Pregou o trabalho e aplicou-o inteligentemente. O resultado foi o sucesso que todos conhecemos . Saindo do nada, o menino-agricultor transformou-se no homem-industrial. Do homem-industrial torrou-se o líder do trabalho. Segundo Ford, todo homem tem direito a receber aquilo que deu, inclusive reserva-lhe o direito e a liberdade de morrer de fome, se nada deu, pois nada tem a receber. Todo aquele que pode trabalhar deve receber de acordo com os serviços que prestou à coletividade. É essa a sua lei do trabalho.

Ao lançar e aplicar a sua produção em massa, visando ao serviço social da indústria, Ford revelou-se o mais extraordinário homem: de visão que se poderia imaginar. Ford não foi apenas um industrial, foi também um filósofo, mas um filósofo objetivo, sem demagogia. Suas máximas saíram não apenas de suas ideias mas da experiência, que ele próprio adquiriu ao aplicá-las e com elas foi o precursor dos salários elevados e o baixo custo da produção. Sua convicção de que o operário bem-pago seria o melhor consumidor foi, talvez, a grande mola que o levou ao sucesso. É evidente que os produtos só podem ser comprados por aqueles que possuem condições para tal. Assim, quanto maior for o poder aquisitivo do trabalhador e quanto maior for o numero de trabalhadores de poder aquisitivo elevado, maiores serão suas compras. Compras querem dizer vendas, sob o ponto de vista do industrial. Se as vendas são boas, evidentemente a indústria progride e o produtor também: patrões e empregados.

As obras de Ford deviam ser lidas e suas ideias aplicadas por todos os trabalhadores e industriais grandes e pequenos. Estamos sempre em pleno desenvolvimento industrial, à semelhança dos Estados Unidos na época de Ford. Dia a dia nossas necessidades, em todo o mundo, crescem, não apenas com as utilidades já existentes mas também com as criações e inovações. Por que não aplicarmos os princípios de Ford, procurando aumentar a produção e pagar salários mais elevados, diminuindo o custo da produção e aumentando o poder aquisitivo do consumidor? Utilizemos mais a indústria em benefício da agricultura e esta lhe devolverá a ajuda. Como? Fornecendo matéria-prima mais fácil e mais barata, colaborando, automaticamente, para o baixo custo da produção nos setores em que o material sai da agricultura. Esse é o ideal: matéria-prima e custo de produção baratos; salários e poder aquisitivo elevados. Impossível? Não. O que falta é moral para consegui-lo. Meditemos nisso.

Outro detalhe para o qual Ford sempre chamou a atenção foi o dinheiro. Esse foi criado para representar os bens, como se fora o fiel da balança de pagamentos e recebimentos. Ford previu o perigo de que o dinheiro deixasse de ser um produto das riquezas para se tornar o dominador delas. E é o que está sucedendo. O dinheiro como que adquiriu vida própria. Não é mais o simples intermediário para facilitar as atividades. Ele tornou-se o senhor absoluto das mesmas. E› ele quem domina, indevidamente. Precisamos voltar ao domínio dos bens que são a verdadeira riqueza ou o mundo não mais se compreenderá. Desviando a atenção para o dinheiro, o interesse por este corre o perigo de ser de tal ordem que se esqueça o valor, da produção, que poderá causar uma derr*ocada de consequências imprevisíveis. O poder do dinheiro está gerando ambições desmedidas de domínio econômico e financeiro. Quem o possuir mais forte, dominará e as lutas se sucederão, pela sua posse sem que possamos prever aonde iremos parar.*

O grande mérito de Henry Ford, porém, foi esse: ele não *esperou a socialização do governa. Ele mesmo socializou a sua indústria. Talvez seja esse o segredo, que há centenas de anos os homens procuram descobrir. Ao invés de o Estado socializar o trabalho, o serviço social partir das empresas privadas e o governo, se for o caso, agir apenas como mero agente fiscalizador, auxiliar e colaborador, dirigindo sem intervenção. Ter o seu serviço social próprio para ajudar e não para dominar, deixando que patrões e empregados dirijam o serviço social.*

Uma coisa, porém, é certa: se todas as empresas privadas dessem à indústria o valor social que Ford lhe deu, seriam bem menores problemas e aborrecimentos que hoje infestam a massa trabalhadora e, em lugar de lutarem um contra o outro, como dois inimigos, capital e trabalho andariam de braços dados. Um depende do outro. Quer seja privado ou do Estado, representado por bens ou pelo dinheiro, sempre haverá capital. Assim como, não há trabalho sem capital, também não tem valor de uso o capital sem trabalho. A sobrevivência de ambos depende da produção e é da sua coordenação, é dessa harmonia que advém a produção, a boa produção. O círculo se completa: capital, trabalho e produção. Um gera o outro.

Assim, a socialização deveria, talvez, partir das empresas privadas para o Estado e não do Estado para as empresas privadas. Mas para isso ser feito é preciso que haja a verdadeira compreensão do serviço social da indústria. Quantos homens, porém, haverá com a mentalidade de Ford? Quem compreenderá que socializar não é igualar, mas receber o equivalente ao que se produziu, é prestar um bom serviço? Ou Henry Ford nasceu fora de época ou estamos atrasados. O certo, no entanto, é que não é a ele que devemos aplicar a mais sábia das máximas, a de Aristóteles: «De nada valem as leis mais sábias se os cidadãos não forem respeitá-las".

E nós acrescentamos: eduque-se e colha-se. Ford o fez. O resultado não precisamos repetir qual foi. O mérito de sua obra está na grandeza dela mesma.

LUIZ P. GOMES FILHO

MÁQUINA, A REDENTORA

Que pensar da família americana? Estará em perigo? Desagrega-se?

Não penso que sim. Os Jeremias que deduzem suas conclusões das notícias de divórcios ou narrativas de crimes dos jornais afirmam que o lar americano está em perigo, que não há mais vida de família, que a nova geração rola por um despenhadeiro. Minha observação, entretanto, é que a América em conjunto constitui um arejado e saudável lugar para o homem viver. Nosso povo é sensível e nossa civilização bastante sã. Homens do tipo de Lindbergh criaram um novo *standard* americano. Muito poucos motivos temos para criticar a moderna geração. Nossos moços estão certos; apenas se dá que vivem numa era dinâmica e marcham mais depressa que seus pais. Ou, melhor, são *arrastados* mais depressa. E como estão sendo preparados para enfrentar os problemas do *futuro* que lhes diz respeito, por esse futuro devem ser julgados e nunca pelo nosso passado.

É natural que, assoberbados pelos seus novos problemas, estejam eles a cometer alguns erros; nenhuma geração escapou disso. O mundo lhes é a perfeita novidade que foi para nós. Mas cumpre confessar que possuem a habilidade necessária para resolver a seu modo os seus próprios problemas. As condições do lar mudaram, não há dúvida, e continuam a mudar rapidamente. Com a entrada do aeroplano, do rádio e do automóvel cessou o compulsório estado de choco, de vida em excesso caseira e começou a era do viajar economicamente, do satisfazer a curiosidade de ver coisas. O lar permanecerá, subsistirá, certamente, mas mudado – como aliás sempre mudou.

Nossas moças tomarão conta da casa dum modo diferente do usado por suas mães. O mesmo se deu com suas mães em relação às suas avós – e tais mudanças são sempre para bem.

O grande problema do lar, hoje, é que há ainda nele muito trabalho grosseiro e estafante. O número de horas de trabalho do homem decresceu, mas bem pouco foi feito para aliviar a diária estafa da dona de casa; ainda não houve para ela diminuição de horas de trabalho. A moça moderna vai mudar esse estado de coisas; está se recusando a se submeter à velha estafa. O que chamamos "indiferença das moças pela casa" é apenas um prenúncio de uma nova ordem das coisas. Rebelam-se contra os trabalhos grosseiros, recusam-se à estafa, – e como consequência essa estafa está condenada e tem de desaparecer.

Já existe um bocado de máquina na casinha moderna. Temos o aspirador de pó, vários aparelhos elétricos, como as máquinas de lavar, as geladeiras, etc. Caros ainda, entretanto, e por isso de uso restrito. Cumpre-nos baratear essas máquinas, bem como criar todas as mais necessárias para aliviar o trabalho da dona de casa. Já muita coisa que nossas mães faziam passaram a ser feitas fora. Pão, por exemplo. Quem hoje o amassa e coze em casa, se o tem perfeito nas padarias? Nossas moças não são instruídas em muita coisa que ainda têm de fazer quando se transformam em esposas e mães.

Tempo virá em que cada membro da família receberá mais personalizada atenção, isto é, cada qual terá a alimentação de que mais gostar ou mais adequada for ao seu organismo. Ainda que pareça extravagante, prevejo que breve encontraremos o meio de ter toda a cozinha fora de casa. Receberemos à hora marcada, quente e em apetitosas condições, tudo que é hoje caseiramente preparado e talvez pelo mesmo preço. Surge um complexo problema de transporte, mas perfeitamente solúvel e que será resolvido como tantos outros problemas domésticos o foram.

NOVA ERA PARA O AGRICULTOR

Há três indústrias básicas no mundo: a que planta, a que manipula e a que transporta. A primeira delas, a agricultura, não pode subsistir como está. Tem que ser completamente revolucionada. O pobre agricultor de hoje – dono de alguns hectares de terra, uma casa, tulhas, puxados grotescos, uns tantos cavalos, vacas, porcos e galinhas – não pode aspirar a um alto *standard* econômico.. Apesar da adoção do automóvel e do rádio, a vida de fazenda ainda está muito cheia de trabalho grosseiro e é pesada, sobretudo no caso das famílias numerosas, com muita gente a alimentar e educar. Sem que o agricultor mude radicalmente de métodos não há chanças para ele nas atuais condições do mundo.

Grandes corporações cujo único objetivo seja realizar todas as operações agrícolas, do aramento à colheita, suprimirão o agricultor individual ao velho estilo; ou grupos de agricultores se coligarão para realizar o trabalho agrícola por atacado. Esses são os verdadeiros caminhos da agricultura, os únicos por meio dos quais a libertação econômica do agricultor poderá ser adquirida.Energia e máquina aplicadas à fazenda tornarão a produção rendosa, solvendo o velho "problema do agricultor". Sob essas novas condições o prazer da vida no campo reaparecerá e pela crescente rapidez dos transportes, pelo advento da televisão consociada ao rádio, a clássica solidão da vida rural será eliminada.

Além disso, dada a liberação de maior soma das energias humanas hoje desperdiçadas na agricultura, as outras indústrias básicas, manufatura e transporte, ganharão mais corpo e se habilitarão a novas reduções de custo. Como consequência geral teremos maior soma de bem-estar para o mundo.

POR QUE NÃO REPARAR OS HOMENS, COMO SE REPARAM AS CALDEIRAS?

A alimentação é um dos mais importantes problemas que temos de solver. Cada dia mais me convenço de que precisamos consagrar mais tempo ao estudo dos alimentos e maneira de tomá-los. Em regra comemos demais. E comemos errado e comemos fora de tempo – e acabamos por sofrer as inúmeras consequências desses erros. Ternos que encontrar um meio de alimentação mais perfeito que o atual, isto é, um meio de dar ao nosso organismo exatamente o que ele exige para crescimento ou conservação. Até aqui temos gasto mais tempo em estudar métodos de reparar máquinas ou renová-las do que em estudar esse fundamental problema da vida humana. Não nego que os nossos dietistas já muito fizeram nesse pormenor, mas esse muito ainda é pouco. Não é preciso ser um dietista maníaco para tomar um alto interesse em semelhante matéria.

Embora a média da vida humana tenha quase dobrado nestes últimos cinquenta anos, temos ainda que encontrar meios de renovar o organismo, de modo a reter a saúde, a vitalidade e a agudeza mental por mais anos do que as temos hoje. Edison é um exemplo do que se pode conseguir nesse campo; aos oitenta anos; estava tão forte de cérebro como em qualquer período da sua mocidade. Não é extravagância admitir que um dia estaremos habilitados a renovar nossos organismos do mesmo modo que renovamos uma caldeira pela supressão dos seus pontos fracos. Outrora o costume era pôr de lado as caldeiras logo que apresentavam um ou dois pontos de corrosão, que a enfermavam.

Em nossas fábricas estudamos essa doença das caldeiras e breve descobrimos o meio de renovar o metal no ponto de corrosão, de modo a restituir-lhes a resistência que tinham quando novas. Desenvolvemos meios de, pela eletrólise, evitar a corrosão e limitar a deterioração. Também desenvolvemos meios de evitar a ferrugem. O novo processo de revestimento a cromo; por exemplo, que estamos usando para peças de aviões, torna o metal praticamente indestrutível, no que diz respeito à ação atmosférica. Metais à prova de oxidação foram obtidos, bem como meios de preservar a madeira e o aço.

Razão não vejo para que não se faça o mesmo com o corpo humano. Nenhuma lei o proíbe. O grande problema é encontrar homens mentalmente próprios para experimentá-lo, com base nos fatos que vão sendo reunidos. Há uma certa soma de inércia que tem de ser removida sempre que se trata de promover uma coisa nova. Uns tantos homens são suscetíveis de rápida modificação educacional, mas leva tempo para a sociedade mover-se e consentir na adoção de um caminho novo.

Nossa esperança está na geração nova. Ela aceita as novas possibilidades mais rapidamente que a antiga porque está menos falsamente educada, menos saturada de ideias preconcebidas. Aceitou o rádio e o avião como elementos naturais do ambiente que a circunda, sem nada ver de maravilha num e noutro. A educação deve visar isso: não ensinar apenas o "por quê" mas o "como usar".

BENEFICIOS DA PROIBIÇÃO

A separação entre o povo e seus condutores não pode ser melhor discernida do que no caso da proibição do álcool. Numerosos líderes mostram-se favoráveis ao álcool mas o povo é e sempre foi contrário. Os Estados Unidos são um país "seco" menos por força de lei do que por convicção moral. O sentimento de um povo dever ser a auscultado onde o povo está, nunca em quem pretende representá-lo. O lar americano é "seco" e a nação americana afina-se pelo lar, não pelo propagandista "molhado". Por elementar decência a geração alcoólica devia ser deixada morrer em silêncio. Sua agonia não merece constituir o tópico diário dos jornais americanos.

Proibição foi medida tomada para salvar as gerações vindouras, "Há hoje, pelo país afora, um milhão de rapazes que jamais viram uma taverna e jamais sofrerão as consequências do álcool em si e seus descendentes. Essa ótima situação ir-se-á dilatando de amplitude quando a imprensa "molhada" e a propaganda do retorno ao álcool forem coisas do passado. Ninguém se iluda a respeito. A abolição do comercio de bebidas alcoólicas é coisa tão definitiva neste país como a abolição da escravatura. São as duas grandes reformas que a moral americana tomou a peito desde os inicios da nacionalidade.

Tudo quanto interfira com a nossa capacidade de pensar com clareza, viver saudavelmente uma vida normal e realizar a nossa tarefa de povo construtor acabará por ser removido da nossa frente, seja como handicap econômico, seja pelo ideal de mais alta saúde. O fumo está nos casos. É um narcótico que impõe pesado tributo à nossa geração. Em nossas fábricas ninguém fuma. Não vem desse hábito nenhum benefício para a indústria ou para o individuo.

O advento da proibição tem canalizado muito dinheiro para as caixas econômicas e para a bolsa das mulheres dos operários. O operário dispõe de mais lazer para dedicar à família. A vida de família cresceu em saúde. O chefe já sai para o campo, vai a piqueniques, tem um tempo para ver os filhos e brincar com eles. Tem tempo para ver mais coisas, fazer mais coisas – e acidentalmente compra mais. Isso estimula os negócios e aumenta a prosperidade – e neste giro econômico o dinheiro coa-se pela indústria e retorna outra vez ao bolso do operário. É um truísmo que o que beneficia a um beneficia a todos. O trabalho está cada vez mais verificando a verdade disso.

As exigências do homem crescem e cresce a procura e diariamente cresce a satisfação dessas exigências. É o que devia ser. De um modo gradual sob o influxo da indústria americana as mulheres vão sendo aliviadas do trabalho, as crianças deixam de ser exploradas; e como dispõem de mais tempo, saem de casa com mais frequência e compram mais produtos dos que a indústria está a produzir para elas. E os negócios crescem. E torna-se patente a relação entre a vida doméstica e a indústria. A prosperidade do lar faz a prosperidade da indústria porque na realidade todos os problemas se entrelaçam e a solução de um ajuda a solução de outro.

A máquina está realizando no mundo o que o homem jamais conseguiu com sermões, propaganda ou palavras escritas. O avião e o rádio não conhecem limites. Apagam as fronteiras dos mapas. Amalgamam o mundo de um modo jamais previsto. O cinema, com a sua linguagem universal, o avião com a sua velocidade e o rádio com o seu crescente internacionalismo constituem a trindade que trabalha para um mais completo entendimento entre as várias nações. Permitem-nos visualizador os Estados Unidos do Mundo. Para lá caminhamos.

QUE ESTARÁ RESERVADO AO FUTURO?

Todavia, apesar de todo o progresso das ciências, bem pouco sabemos ainda. Quase nada sabemos da coisa máxima – o universo que nos envolve, e da coisa mínima – o átomo. Microscópio e telescópio são instrumentos limitados através dos quais vemos de um modo confuso. Mas a meu ver tempo virá em que conheceremos o que vai pelos outros planetas e talvez até possamos visita-los. Quem olha para trás e vê a distancia percorrida nestes últimos cinquenta anos não tem o direito de duvidar das grandes coisas possíveis no próximo século.

Que é pensar? Que nos faz pensar? Donde vem os nossos pensamentos? São para mim questões interessantes sobre as quais frequentemente pondero. Como se dá com a antena do rádio, os pensamentos parecem vir para as pessoas sintonizadas para recebê-los. O processo de ter ideias me parece ser esse, mas faze um consciente esforço de nossa parte para estarmos em condições de recebê-los. Dêem a esta universal fonte de ideias o nome que quiserem, o fato é que os pensamentos boiam em redor de nós, prontos para serem captados. Vêm de força de nós, de uma fonte que não sabemos qual seja, mas são captáveis como as ondas de rádio quando pomos nossa antena cerebral em condições propícias para apanhá-los.

O ato de pensar, entretanto, é positivamente um trabalho – e talvez o mais árduo de todos. Os segredos do mundo estão abertos a todos que pensam e sempre que um problema surge diante de nós, pode ser solvido – do contrário não surgiria. Creio que sempre temos vivido e nos movimentado nesse oceano de pensamento e que continuaremos a viver nele ainda que a nossa forma, bem como a forma do universo e de todas as coisas mudem, como têm mudado.

MINHA FILOSOFIA DA INDÚSTRIA

Parece fato evidente que a vida está se tornando mais complexa. Mas será assim? Não será apenas que somos forçados a tomar decisões mais rapidamente do que outrora? Com os modernos meios de transporte e comunicações o raio de ação do homem alargou-se extraordinariamente. Toda gente viaja mais, vê mais, põe-se em contato com maior numero de criaturas, faz mais coisas. Entretanto, uma dúvida subsiste em meu espírito: nessa marcha acelerada das nossas atividades de todo dia será que pensamos mais? Pensar é trabalho em excesso árduo, razão por que tão poucas pessoas se dedicam a ele. Se fosse possível ensinar aos homens o trabalho de pensar e depois fazê-los pensar, grandes benefícios resultariam em todos os sentidos.

É fácil ter ideias? Mas de quem são as ideias e que valem elas?

Ter algo no cérebro não é pensar. Maravilhar-se não é pensar.

Inquietar-se não é pensar. Ouvir com atenção e assimilar o que outrem nos oferece tirado da sua sabedoria, não é pensar. Todos temos inteligência, porque inteligência é capacidade para assimilar, mas pouco pensamos.

O pensar é criativo ou analítico. A inteligência compreende as linhas gerais de uma coisa. Pensar é desdobrá-la em seus elementos, analisá-la é recompô-la outra vez. A despeito do fato de que até o presente tudo quanto existe é o que poderia ter sido, dadas as circunstâncias; há a impressão de que daqui por diante uma nova era pode emergir se os seus necessários componentes humanos assim o decidirem. Talvez possamos concluir que, como povo, não temos pensado suficientemente. Se nos capacitarmos disso, a sacudidela desta descoberta poderá ser de muita utilidade para nós.

Os segredos da vida estão abertos a quem pensa. Pensar é a operação de escavar até às mais profundas bases. O pensar pede fatos e os fatos surgem nessa escavação. E quem se abastece dessa riqueza equipa-se otimamente para a vida.

Na realidade nada criamos de novo. Apenas descobrimos, pomos a nu o que já existe . Quando tivermos alcançado a verdade havemos de verificar isto. Estamos no caminho para a Verdade quando o que fazemos tende a tornar o homem um pouco mais livre que antes. Também poderemos verificar se estamos no caminho da Verdade pelo exame dos nossos motivos justos. Erros podem ser cometidos apesar de agirmos levados por motivos justos e certos, mas a direção geral está certa quando os motivos estão certos. Disso poderemos estar perfeitamente seguros. São princípios que constituem a verdadeira base da vida.

COISAS DIRFITAS FEITAS DE MODO TORTO

Muitas vezes fazemos coisas direitas de um modo torto. E porque o modo foi torto e tal viciosidade gerou maus resultados, todo mundo se apressa a concluir que a coisa está errada. Consequentemente, procuram destruí-la. Daí as correntes que pregam a destruição de toda a nossa organização social e política. Seria justo fazê-lo, se o mal de fato residisse nessa organização, pois nunca devemos nos arrecear do preço de uma ação justa.

A descoberta da Verdade será uma das maiores surpresas da experiência humana. Muito nos admiraremos de ver como estávamos perto dela sem que o percebêssemos, e como pequenas eram as mudanças que tínhamos a fazer para alcançá-la. Nossa experiência é uma alta preparação. É a preparação para conhecer a verdade quando nos defrontamos com ela. Há, sem dúvida, muitas vias que conduzem a essa meta. A Humanidade se esforça por atingi-lo desde os inícios da civilização. Toda atividade certa e justa vem contribuindo para isso. Livros, máquinas, comércio, ciências, o automóvel, o rádio, o aeroplano – todas essas verdades parciais nos estão conduzindo à Verdade.

Mais rapidamente do que nunca, as nossas experiências de hoje, quer no mundo industrial, quer em nossa vida médica, estão se acumulando. Muita gente vê, nas mudanças que tais experiências determinam, um mundo a mudar sempre para pior. Não pertenço a esse grupo; penso que marchamos pelo caminho certo e que em vez de protestar contra a vida nova devemos aprender a interpretá-la devidamente. Estamos entrados em vida nova. Velhos marcos miliares desaparecem. Um pensamento novo, uma ação nova estão a criar-nos um mundo novo – novo céu e nova terra, essa Canaã que vem sendo profetizada desde tempos imemoriais. Muito já alcançamos dessa terra prometida, mas pouco nos apercebemos disso.

Nunca simpatizei com os detratores do mundo moderno. Não nego que temos cometido e estamos cometendo muitos erros – mas são erros que ensinam muita coisa. A correção desses erros vale por abandonar atalhos duvidosos e entrar na estrada real. Automóveis construídos quinze anos atrás já não satisfazem. Temos caminhado, nossas necessidades têm mudado. Exiginação fácil arquitetam teorias e propõem novas bases morais, alto tipo de civilização: Quanto à disputa, se somos os originadores dessa melhoria ou se o destino nos forçou a ir por esse caminho, não tem importância. Só importa que admitamos o fato e conformemos nossa maneira de viver à nova ordem de coisas.

O que é básico na vida é muito velho. E nada que é útil – e portanto básico – jamais passa. Se os ideólogos de imaginação fácil arquitetam teorias e propõem novas bases morais, alto tipo de civilização. Quanto à disputa, se somos os originadores dessa melhoria ou se o destino nos forçou a ir por esse caminho, se por meio de livros, peças teatrais e outros veículos de propaganda arrastam séquitos de prosélitos, muita ;gente de sólida cabeça inclina-se a crer que as velhas bases morais estão em caminho de serem lançadas ao refugo. Proclamam que a velha concepção do bom está passando. É pueril essa atitude.

Nada há novo, exceto uma nova apreciação dos fatos, uma nova compreensão, resultante da experiência, constitui o que chamamos caráter. Estamos na terra para isso: reunir experiência e com ela formar nosso caráter. Diariamente adicionamos qualquer coisa ao total do nosso conhecimento da realidade – essas "eternalidades" de que a vida real se compõe. Não posso admitir que nossa individualidade consciente possa vir a perder-se. Qualquer que seja o plano mental que habitemos, estaremos sempre na plena consciência do nosso direito natural de pensar e através de cada experiência construímos e melhoramos o nosso caráter.

Infelizmente, existe em nossos dias um curioso preconceito contra qualquer apreciação da vida que pressuponha leis ou valores morais. A palavra "moral", como se dá com tantas outras, foi estreitada em sua significação a ponto de passar a significar o oposto. Mas quando consideramos a lei moral apenas como a lei de verdade, ela se torna muito diferente e, quando vamos com ele, fazemos o que é "bom". Se vamos ao arrepio do mundo estaremos recolhendo o que poderemos chamar experiência admonitória.

Larga diferença existe entre o homem *estaticamente* bom e o *dinamicamente* tal. O homem do primeiro tipo é negativamente bom o do segundo é bom de um modo positivo – bom para alguma coisa, realizador da sua bondade. São os que constroem para a Humanidade, e não pode haver progresso se negarmos isso. Nossos motivos não podem ser a conquista de algo fora da vida, mas sim do que física, mental e moralmente dá maior eficiência a esse complexo organismo que chamamos sociedade. Só é *caminho* o caminho certo. A certeza de uma atitude ou método beneficia tudo que com ele se relaciona. Certeza, retidão em mecânica; certeza, retidão em moral – são basicamente uma e a mesma coisa e jamais poderão se divorciar.

MATÉRIA E ESPIRITO

Não faço diferença entre matéria e espírito. São diferentes graus de espessura da mesma coisa. Matéria passa a espírito e espírito passa a matéria por um processo de ascensão ou descensão – e tanto espírito como matéria se beneficiam com essas passagens.

Poderão a pobreza e a injustiça do mundo forçar-nos a adotar essa lei de mais altas relações? Se assim for, afortunados seremos. Quando falamos de "moralidade em progresso" significamos a manutenção pelo homem do seu controle da situação em vez de ser dominado ***por*** ela. Queremos dizer que o homem pode moldar o progresso pelo nosso mais alto conceito do que é direito entre seres humanos e do que resulta em benefício de todos, e não meramente consentir em ser moldado moralmente pela pressão do progresso sobre ele.

Moralidade não passa de fazer do melhor modo o que é mais sadio. É uma visão da vida mais clara e mais ampla. O mundo aceita isso intuitivamente e hoje, mais do que nunca, tal conceito de moralidade está em ação. Independente dos nomes que demos ao fenômeno, o fato é que esta moralidade ganha terreno. As leis gerais têm uma característica comum: agem em nosso benefício se as respeitamos, ou contra nós, em caso contrárioмas agem sempre.

Disso concluo que a aplicação da lei básica da moralidade é necessária para o bom sucesso dos negócios. Do mesmo modo que uma fábrica, limpa, aparelhada de máquinas bem-cuidadas e perfeitas e conduzida sob métodos rigorosos, se torna um organismo de alta precisão, assim também um pensamento claro, uma vida limpa, um proceder honesto fazem dum industrial ou simples cidadão um vitorioso, um ser útil a todos que com ele se põem em contato. Sempre me surpreendeu o fato de tão pouca gente alcançar esta verdade. Quantas criaturas se deixam iludir pela imitação dourada quando podem obter o honesto original pela mesma soma de dinheiro ou tempo – e muitas vezes por menos.

O mundo industrial está cheio de práticas viciosas que não devíamos tolerar. Impõe-se a sua substituição por métodos rigorosos e motivos "certos" a alta ideia de serviço. Não sou sentimentalista neste pormenor; apenas acho que o verdadeiro negócio reside nisso. Há um versículo da Bíblia que lança luz na matéria: "Procura o reino de Deus que tudo te será dado". É do Sermão da Montanha. Soa a litania religiosa mas não passa de um truísmo. Significa exatamente o que diz. Tomai o caminho certo que chegareis. Tomemos o caminho certo e criaremos o mundo – um mundo sem pobreza, sem injustiça, sem misérias.

À proporção que despertamos para o pensamento – e a certos respeitos estamos atingindo esse ponto – os benefícios se farão universais. Tais ideias espalham-se pelo mundo civilizado. As mais remotas terras estão sentindo os efeitos benéficos do progresso americano, do reto modo de pensar americano. Os problemas da China e da Rússia, por exemplo, são puramente industriais e só serão solvidos pela aplicação integral das ideias americanas.

IDADE DA ENERGIA

Acho errôneo dizer-se que estamos vivendo na *idade da máquina*. Denota incompreensão do fenômeno, capital dos nossos tempos. O certo será dizer que estamos vivendo na *idade da energia* –

uma idade de imensas possibilidades, conforme o uso que fizermos da energia. Poderá ser mal-usada, mas bem-usada será de imensos benefícios para o gênero humano.

Essa duplicidade de gumes impõe a presença da lei moral, porque se a energia não for bem empregada, certo nos destruirá. Mas não suponho que esteja sendo canalizada na má direção. O homem já pressentiu que a energia vai ser a sua libertadora e está em marcha para a era nova. Uma grande mudança nos métodos de educação sobrevirá. Nós, pessoalmente, já estamos experimentando novos métodos de ensino em nossas escolas comerciais.

Deem-se aos homens e às mulheres os meios de pensarem por si próprios e logo se enriquecerão da soma de fatos necessária à solução dos seus problemas. A aptidão para reconhecer a verdade sempre que passarmos por ela, e a capacidade de raciocinar sobre uma coisa até os extremos das suas conclusões lógicas – eis o que importa . Isso nos permitirá a cada um contribuir com a nossa quota para o bem-estar social e o progresso do mundo.

Abraham Lincoln e Benjamin Franklin foram homens que sempre fundaram seus pensamentos em princípios, Se vivessem hoje, estariam tão em casa dentro da nossa civilização como o estiveram dentro da em que viveram, e seriam os mesmos preciosos cidadãos que foram. A verdade que os guiava é a mesma de hoje. A verdade que descobrimos, sabemos e usamos estabelece o nosso valor no mundo.

Na profunda sabedoria não escrita da vida, muita coisa há a ser aprendida que não pode ser ensinada. Não aprendemos de ouvido senão por experiência e compreensão. Compreensão é forma de experiência que não pode ser ensinada. Sem que um dia fosse plantada, coisa nenhuma amadurece; desejos, sonhos, ambições da mocidade valem por sementes que muitas vezes vem a fruto depois de abandonadas e esquecidas. Porque o que plantamos germina e cresce, embora não nos lembremos da semente. A sabedoria da vida consiste em semear sempre.

Parece tendência da nova geração querer tudo sob forma de comprimidos. Nossos moços exigem educação rápida. Tomam pelos atalhos do conhecimento. Correm. A certos respeitos acho boa a tendência, e estamos a segui-la em nossas escolas comerciais de Detroit. Por meio do cinema ensinamos muita coisa, como, por exemplo, o uso dos micrômetros e calibres. Numerosos processos, cuja exposição por meio da palavra sempre foi penosa, tornam-se muito simples, quando demonstrados por meio de filmes. O cinema, além disso, fala uma língua universal. Mas há um reverso. A simples observação sem reflexão de pouco vale. Pelos processos antigos refletíamos mais e observávamos as coisas como realmente eram. Pelos processos novos do cinema e rádio vemo-las como alguém deseja que as vejamos, além de que refletimos menos.

Os novos métodos, porém, são ricos em estimulantes e gradualmente farão carreira, desalojando os velhos. Em casos isolados, sobretudo. Como sempre se dá, indivíduos ou grupos de indivíduos são mais passíveis de rápidos progressos que a sociedade. Um grupo de indivíduos pode compreender o alcance duma coisa nova e praticá-la durante meses ou anos antes que o todo social se resolva a aceitá-la.

A meu ver pouca diferença há entre um problema internacional e um local e essa diferença é que quase toda a gente só pensa em termos locais. Pensar em termos universais é raro. A muitos jovens que me têm consultado a respeito de como serem bem-sucedidos na vida, costumo dizer que é tão fácil pensar em ponto grande como pensar pequenina e limitadamente. Como no caso do aramento de um terreno: é tão fácil arar cem hectares com um trator como arar dez com um cavalo – e consome menos tempo.

POLÍTICA EM NADA INFLUI

Divisões políticas ou opiniões políticas pouco importam. Só os fatores econômicos e que contam para o progresso e forçam as transformações do mundo.

Diversas vezes fui perguntado se tenho como certo que as grandes cidades continuarão a crescer e drenar para si a população das pequenas ou vice-versa. Penso que continuaremos a ter grandes cidades e, disseminadas entre elas, as pequenas, como até aqui. São duas formas de aglomeramento humano que se justificam, cada qual possuindo as suas razoes de ser. As desvantagens de ambas não impedem que haja vantagens na coexistência de ambas. Pais e mães de família, hoje, desgostosos das condições do ambiente em que vivem, se esforçam dor proporcionar aos filhos um ambiente diverso. Isso determina movimentos benéficos tanto para a cidade como para o campo.

Nossos novos meios de transporte cada vez mais facilitam as saídas para o campo e as visitas às comunidades circunjacentes; isso nos torna mais familiares como país e mais aptos a escolhermos o ponto de residência adequado às nossas necessidades ou gostos. Daí uma redistribuição contínua, uma constante infiltração de um ponto a outro com grandes vantagens para o indivíduo. O automóvel está fazendo para nosso país o que o aeroplano e o rádio irão fazer para o mundo. Essa mais ampla circulação das criaturas trará uma correspondente circulação de ideias das boas ideias que destroem os nocivos preconceitos do localismo e favorecem o entendimento universal.

O problema da paz encontra nesse fato um dos seus melhores elementos de solução. Nação pacífica é aquela que tendo os meios de fazer a guerra, coíbe-se. Antes de possuir esses meios tal nação não pode ser julgada. No mundo atual os países crentes da paz defrontam-se com os advogados da guerra e revelam-se mais bem-armados. O seu poder de paz guarda proporção com a sua capacidade de impor a paz.

O curso da História parece ser um esforço para produzir um guerreiro invencível por meio do qual o mundo fosse dominado e a paz assegurada. As nações precisam ser capazes de fazer a guerra e coibirem-se disso para que o seu pacifismo, seja admitido. Algumas há, das maiores, que se mostram hoje fisicamente incapazes de fazer a guerra. Talvez continuem pacíficas depois de adquirida a capacidade guerreira, mas outras há, capazes de guerra e que entretanto creem na paz. O que as forças amigas da paz estão defrontando no mundo de hoje são as forças amigas da guerra. Se esse fato pudesse ser amplamente compreendido, muitos males seriam evitados.

É curioso estudar os métodos internacionais de educação. Os processos educativos diferem de acordo com à meta em vista. Muitas das velhas civilizações educavam suas classes superiores para uma vida de lazer em que a independência econômica estivesse assegurada, enquanto as classes inferiores eram mantidas em escravidão industrial. Na realidade é pelo uso do lazer que podemos apreciar as características de um povo. Já houve tempo em que o lazer era considerado como desperdício de tempo e a criação de mais horas de lazer para o operário era tida pela indústria como nociva. Argumentava-se que, não estando o operário treinado ou educado sobre o modo de bem empregar o seu tempo de folga, a redução das suas horas de trabalho lhe redundaria em maior pobreza e dissipação.

Muito mudamos na América as nossas ideias a esse respeito. Verificamos que mais horas de lazer não significam desperdício e que ainda do frio ponto de vista industrial que antes de mais nada procura seu lucro, o maior lazer proporcionado ao operário correspondeu a maiores dividendos, mais saúde, melhor produção. Os operários aprenderam rapidamente a bem empregar o acréscimo das suas horas de folga, com grande lucro para a família e melhoramento do indivíduo. A segunda geração ainda empregará melhor esse tempo disponível. Observamos que até operários vindos de países onde o trabalho em excesso duro é a regra, adaptarem-se facilmente ao nosso regime, encontrando meios de usar de modo muito útil as sobras de tempo que vieram a conseguir na América.

O homem necessita de lazer para pensar e a América necessita de homens: que pensem. Uma das dificuldades do nosso mundo industrial é descobrir número suficiente de homens capazes de pensar a fundo sobre um problema, chefes que façam seu trabalho sem necessidade de superintendência ou ajuda de terceiros. Os americanos de hoje, em qualquer classe que seja, dispõem de maior soma de lazer que qualquer outro povo do mundo. Lazer, entretanto, não é de nenhum modo uma conquista, quando constitui privilégio forçado de uma classe, ou enquanto a mentalidade industrial o tem apenas como tempo malbaratado. Uma lei da vida correlaciona lazer e bem-estar econômico. Só agora estamos percebendo esse nexo e levando-o em conta para um fim definido de melhoria da nossa atividade econômica, aperfeiçoamento do nosso povo e elevação de nível do bem-estar do país.

SUCESSO

Estudar a marcha do progresso é observar que cada coisa vem a seu tempo. Como o desabrochar duma flor ou o abotoar duma árvore, os acontecimentos têm de vir quando maduros para a eclosão e não há força-los. Daí a alta vantagem, para o homem – especialmente o moço – que deseja ter parte no progresso do mundo, de trazer: sempre em mira os sinais do tempo, de modo a estar preparado para tomar posição na marcha dos acontecimentos.

Não só na indústria mas em todas as linhas de trabalho é assim. Cada coisa tem o seu lugar lógico no esquema do progresso e nada a pode substituir. O automóvel e o aeroplano jamais poderiam surgir antes que o motor de combustão interna fosse criado. Os velhos motores de que dispúnhamos, inclusive os a vapor, eram muito pesados por unidade de força desenvolvida para serem usados nesses modernos meios de transporte.

Com o advento do motor de explosão, porém, foi possível concentrar num pequeno espaço e sob pequeno peso uma grande soma de energia. O automóvel e o avião surgiram lógica e naturalmente em consequência disso. Uma invenção puxa outra, abre-lhe caminho, projeta luz à nossa frente.

Similarmente, o desenvolvimento da indústria foi por muito tempo retardado pelo fato de estar faltando um elo da cadeia do progresso. No dia em que esse elo foi encontrado, a indústria pôde enveredar pelo moderno caminho da alta produção. Refiro-me à transmissão da energia a longas distancias. Quando as maquinas eram movidas unicamente por meio do vapor ou da roda-d'água, cabos e correias constituíam os únicos meios de transmissão de energia de que a indústria dispunha. Daí, como consequência, o serem as fábricas locadas junto à casa de força ou junto à corrente de água utilizada. A tendência natural era para o agrupamento das indústrias em torno das grandes fontes de energia. Surgiu a centralização industrial e com ela a possibilidade da produção intensa. Essa simples ideia da produção intensa representou enorme passo à frente, mas viu-se logo limitada justamente pelas contingencias do fator que lhe deu origem – a centralização. A produção restringia-se ao número de fábricas que cabiam em redor da fonte de força, de modo que a alta produção como a temos hoje era de todo impossível.

O ELO QUE FALTAVA

Mas a eletricidade surgiu. Possuía a enorme vantagem de poder ser instantaneamente transmitida a grandes distancias por intermédio de fios. A energia gerada num ponto podia ser enviada aos extremos do país. Cessou a necessidade da centralização industrial e a manufatura ascendeu a alturas jamais previstas.

Luz, calor e energia – medite-se sobre o que havemos realizado com essa ideia em ação. E a idade da energia está apenas em começo. Nas fábricas Ford estamos constantemente melhorando nossos métodos de manufatura, com olhos na eficiência, economia, segurança e bem-estar do operário. Correias de transmissão foram inteiramente substituídas por maquinas de acionamento elétrico, desaparecendo assim o perigo e o desagradável da infinidade de polias e correias a girarem sobre a cabeça dos operários. Nossas fornalhas, a maior parte das quais eletricamente aquecidas, dispõem-se de modo a proporcionar o possível conforto ao operário que com elas lida. Nada de fumo ou gases em nossos novos processos e, onde ainda não pudemos suprimi-los, ventiladores elétricos libertam o homem de todos os cheiros desagradáveis ou fumaças nocivas.

Muito comum é ouvir-se que esse moderno avultamento da produção destrói a habilidade criadora do operário. Nada menos verdadeiro. A maquina sempre exigirá que o homem seja o seu senhor e isso leva o operário moderno a ser tão ou ainda mais adequado que o artesão antigo. A proporção entre o tipo superior do operário moderno, evolução do artesão antigo, e a massa do operariado puramente braçal tem crescido grandemente depois que a indústria moderna iniciou o seu *rush*. E vencem muito melhor salário que os seus predecessores de outrora e dispõem de muito mais lazer a empregar no desenvolvimento das suas faculdades criadoras.

Há dois caminhos de fazer dinheiro – um à custa de terceiros e outro por meio de serviço prestado à comunidade. O primeiro método não "faz dinheiro" propriamente, e nada cria, apenas "junta" dinheiro – quando o consegue. O segundo método paga duas vezes – ao produtor e ao consumidor. O que recebe, recebe em troca de haver criado e só recebe uma cota justa, porque nenhuma das partes componentes dum negócio tem direito a tudo. A Natureza e a Humanidade fornecem muitos sócios necessários.

Muita gente gasta mais tempo rodando em torno dum problema do que tentando resolvê-lo. Um problema é um cartel de desafio lançado à nossa inteligência, e sua solução corresponde a alto premio. Em vez de evitarmos os problemas devemos recebê-los com entusiasmo e por meio da ação da nossa inteligência transformá-los em fontes de lucro. Os moços de bom discernimento devem cuidar de assimilar *métodos diretos*, aprendendo a fazer o cérebro e as mãos trabalharem em harmonia, de modo que o problema que os preocupa possa ser solvido da maneira mais direta e simples.

OS GALHOS MORTOS DA VIDA

A vida poderia ser aliviada duma tremenda carga de coisas incômodas e inúteis se voltássemos nossa inteligência para isso. É incrível o numero de trabalheiras inúteis executadas diariamente por milhares de criaturas. Aos homens de visão compete podar a vida desses galhos mortos. Alguns dos nossos mais adiantados industriais já o fizeram em suas organizações, mas todas as coisas corriqueiras da vida necessitam de idêntica revisão. Podar galhos mortos não prejudica ninguém, só beneficia. Além disso, o nosso problema por excelência é o problema da vida de todo dia, da qual a indústria não passa de uma das atividades tributárias.

É mais fácil apontar defeitos que empreender a tarefa de os corrigir, e o simples criticar o passado não substitui o imperioso da tarefa remodeladora. O passado cuidou de si; o presente depende de nós. Muita coisa tida como boa e certa no passado temo-la hoje como má e errada. Mas – note-se – nada do que foi considerado bom por nós hoje. Muita coisa errada tem que atravessar fases em que é tida como certa antes que possa ser verificada como má. Só então começa a nossa responsabilidade. É, pois, dever desta geração para com a vindoura iniciar imediatamente o preparo do terreno para as coisas provadamente certas.

Nossos pais consideravam a vida em si dura, mas nós estamos a verificar que grande parte dessa dureza pode ser suprimida. Já demonstramos que não há motivo para a miséria econômica do mundo – dum mundo tão opulentamente dotado de recursos naturais. Homens de visão aguda estão a pesquisar os defeitos do nosso, sistema, defeitos que impedem que um homem desejoso e necessitado de trabalhar o possa fazer. Colapsos econômicos não constituem fenômeno natural. São de pura ordem humana, consequências do nosso egoísmo ou falta de sabedoria. Se estabelecemos um sistema monetário que pode ser manipulado de modo a prejudicar multidões de criaturas, tal sistema traz em si a condenação inevitável. A demonstração da sua insuficiência vale por sentença de morte.

ALGO POBRE EM FINANÇAS

Muita gente pensa que todos os males se sanarão quando a guerra for abolida. Mas a guerra não será abolida antes que suas raízes sejam cortadas e uma dessas raízes, das principais, é o nosso falso sistema monetário e o prestígio dos seus grandes sacerdotes. Mas isso fica para depois. O que mantém a guerra é a falsa noção, mantida pelos interessados, de que a guerra dá lucro. É essa noção a geratriz da guerra e ainda não existem pacifistas em numero suficiente para o combate dessa causa real da guerra. O fato de os pacifistas serem deixados em paz é prova de que não estão eles atacando as verdadeiras causas da guerra. Fizessem-no e não andariam animados como andam – ao contrario, estariam a aumentar a lista dos mártires da Verdade.

Frequentemente falamos da ignorância do passado; mas nossos avós não eram mais ignorantes do que somos. Viveram a remoer nos miolos o resíduo das suas experiências. O mesmo estamos fazendo. O que o futuro vai apontar como ignorância da geração atual será o conjunto das descobertas que ainda não tivemos tempo de fazer. Nossa responsabilidade não diz respeito à criação de um mundo perfeito e sim ao firmar nossas descobertas no que é certo por meio da supressão do que verificamos como errado. O futuro fará o mesmo. Um dos principais deveres que surgem durante os períodos de mudança é o da "lealdade consciente". Custa alguma coisa, hoje, essa lealdade consciente. Impõe, antes de mais nada, separação entre os que guardam lealdade para com as sua convicções morais e os que não o fazem. A maior parte das criaturas é por natureza equivoca. Não estão no mundo para agir como pioneiros e sim para alcançar o máximo de felicidade que possam. Se se dedicarem a uma causa lhes traz trabalhos e aborrecimentos, fogem dos pioneiros que por ela lutam. Preferem ficar à margem da batalha entre a verdade e o erro, como sentinelas da vitória. Conquanto tenham vaga fé em que a verdade por fim há de vencer, não se arriscam a dar-lhe um prematuro apoio. O concurso das maiorias, entretanto, é essencial, não para a descoberta da verdade, mas para o reconhecimento dela. Há antagonismos no mundo que jamais serão reduzidos. Programas que nunca se harmonizarão. O que mais tira a coragem do homem é o desejo de ser feliz ou ser deixado em paz. O desejo de gozar o mundo como o encontra. O reformador que o reforme para melhor, mas de modo que não interfira com a sua presente felicidade.

A mais importante tarefa que defronta a moderna geração é fazer do mundo uma melhor morada para a criatura humana. Há milhares de trabalhos a serem empreendidos. Há inúmeras oportunidades nos três ramos básicos da atividade humana – agricultura, indústria e transporte. O homem que hoje resolver a questão monetária fará mais para o mundo que todos os heróis guerreiros da antiguidade.

AS TRÊS ARTES BÁSICAS

Frequentemente venho repetindo que o gênero humano, passa do velho para o novo por uma ponte formada pelos homens que trabalham nas três artes básicas: agricultura, indústria e transporte. A geração de hoje é uma geração-ponte. As queixas que ouvimos concernentes à lentidão da melhoria das coisas procedem principalmente das pessoas que preferem utilizar-se dela em vez de se colocarem entre os que constituem a ponte por onde a passa.

É numeroso o grupo dos que pensam que o milênio se caracterizará por um novo sistema de distribuição de riquezas. Não se dão conta de que todas as coisas de valor já estão distribuídas. O problema é outro – é usá-las. E é problema que exige muita cogitação e não cede o passo a nenhum outro. Todos os tesouros da indústria podem ser abertos com essa chave. Tenham-se em vista os nossos recursos naturais, nossa força hidráulica ainda não desenvolvida, nossas reservas de tôda ordem ainda intactas. Uma só ideia certa posta em ação basta muitas vêzes para transformar essas forças em escravas do homem.

A verdade nos escapa com frequência porque a verdade é muito simples. É em si uma semente cuja natureza é revelarse primeiro a um ou vários indivíduos e depois a todos. No passo que a nossa receptividade permite e da maneira condicionada pela nossa mentalidade, devemos realizar o trabalho que o destino nos designou se queremos transmitir às futuras gerações a herança a que têm direito. Ninguém receie mudanças de ordem de coisas. A mudança poderá parecer a principio um caos mas logo que os destroços da ordem velha forem removidos, veremos brotar do solo milhares de oportunidades novas, ricas de promessas e vigor.

FALAR E FAZER

Os moços têm um grande elemento a favor: vão projetar-se no futuro. O mundo de amanhã pertence ao moço de hoje e pois desde já a mocidade pode ir conformando este mundo. Nenhuma época ainda apresentou as tremendas oportunidades da idade atual oportunidades e responsabilidades proporcionais.

Os rapazes já não olham para as profissões palavrosas como mais importantes que as manuais. Compreendem que há gigantescas tarefas a serem realizadas é que tais tarefas só podem ser feitas pelos "realizadores" e não pelos "faladores". O homem que faz coisas é imensamente mais importante para o mundo que o que apenas cataloga as realizações dos outros.

Os moços têm uma tremenda vantagem sobre os velhos pelo fato de possuírem a visão liberta do fundo das recordações. Trazem olhos frescos e cérebro novo para o estudo das velhas tarefas. Não se sentem amarrados pelas cordas da tradição. Só se sentem escravos de insucessos anteriores. O que lhes concerne não é o que se fez no passado, mas o que há a fazer no futuro. E o futuro depende do como se comportarem eles em relação às tarefas e oportunidades que hoje têm diante de si.

A educação tem seus naturais limites. Educação e capacidade para realizar coisas não são termos equivalentes. Não se põe cérebro, dentro de um crânio mas é possível fazer o cérebro que existe, dar de si o máximo. Homem que não sabe pensar não é homem educado, por mais diplomas que colecione. Quem é capaz de pensar é capaz de fazer. Uma educação que dê consciência das falácias e insucessos do passado é de grande utilidade. Muitos homens de hoje estão a trabalhar em teorias fundamentalmente errôneas, ignorantes de que outros já trilharam por esse caminho e tiveram de voltar atrás. Assim, a educação que mostra os becos sem saída do mundo é útil, como é útil a que investe o homem na posse da sua plena capacidade. Mas a escola não realizará isso sem que exista da parte do estudante um ardente desejo de ser ajudado. Inventores, por exemplo, não são um produto de escolas; mas se as escola os livra de incidir em erros do passado, haverá grande economia de precioso tempo.

A maior parte dos homens vive a fazer duas coisas – manter a vida do corpo e manter a vida do espírito. Vamos ao trabalho diário para assegurar a subsistência do corpo e depois nos entregamos ao que temos gosto em fazer ou ao que o destino nos impele a fazer. O grande segredo do sucesso está em descobrir o que o destino nos marcou para fazer – e, depois disso, fazê-lo. Por desagradável que seja a tarefa, por menos recompensa que traga, por mais que em torno de nós só vejamos incompreensão e ironia, temos de fazê-lo. Isso arrepia, mas quando um homem se convence de que esta predestinado a fazer algo, fatalmente segue para a frente a toda a velocidade. Estar certo na vida significa estar de acordo com o destino e disposto a aceitar-lhe as imposições. Não importa o desagradável do trabalho, nem a sua aceitação pelos outros, nem a sua popularidade. É uma injunção do destino que temos de cumprir. E se um homem desse modo se encontra no caminho certo, não deve recear de ver-se sozinho. Não o estará, como parece. Cada ideia certa posta em ação tem inúmeros silenciosos aderentes pelo mundo afora.

Há uma boa dose de contrassenso na expressão. "isolamento das eminências" (*lonely heights*). Parecem solitárias mas são apenas silenciosas. A solidão sobrevém quando um homem vacila entre ser mera sombra a seguir a estrada convencional da rotina ou ouvir e obedecer à voz da vida em evolução. É um solitário enquanto não se decide. Se se resolve a fazer o que o, dever lhe impõe, deixa de o ser. Imediatamente se vê ligado às numerosas outras criaturas que pensam do mesmo modo e só esperavam o advento de um líder para se manifestar.

PORQUE ACREDITO NO PROGRESSO

É vida bem vivida a de alguém que exerce até ao máximo a sua capacidade de realizações e depois a amplia em extensão e profundidade até tornar o homem maior e melhor que o seu próprio sucesso. Só podemos ter as experiências que a nossa capacidade de experiência permite; o resto nos escapa. Os dois maiores embaraços do sucesso são o medo e o orgulho. É fácil aconselhar a um homem que se liberte do medo; o difícil é ensinar o como. Mas uma cuidadosa análise dos seus temores poderá eventualmente revelar a boa solução, mostrando com clareza quão fúteis eram eles.

Muitos dos óbices que a reorganização industrial encontra vêm do orgulho. Se entrardes num estabelecimento comercial e procurardes pô-lo em pé de sadio funcionamento, vereis que em noventa por cento dos casos as coisas que precisam ser mudadas são justamente as de que mais se orgulha o dono. Exemplos desse estado de espirito embaraçador do sucesso em negócios podem ser citados a granel. A mais ligeira observação mostra como as pessoas que se dão ao orgulho, em regra se orgulham de coisas erradas.

Em qualquer ramo da atividade econômica só importa o trabalho; se as pessoas que conduzem um negócio fazem do trabalho o ponto de convergência de tudo, *ipso facto* destacam-se de si próprias e libertam-se da interferência de predileções ou antipatias pessoais, vaidades e preconceitos. Nesse caso, se há orgulho esta ele convergido no trabalho, se há preconceito esta referido ao trabalho. Nenhum método põe-se a salvo de ser revisto ou abandonado, nenhuma teoria predileta se livra de ser posta à margem; nenhum elemento pessoal escapa de ser absorvido inteiramente pela primacialidade do trabalho. Se o trabalho não é bastante grande para criar essa absorção, deverá tornar-se grande, e se não tem condições para tornar-se grande, quem o conduz deve procurar um que o seja.

O orgulho mal empregado a nada conduz. Ilude o homem que o alimenta e embaraça a quantos exercem qualquer atividade dentro do raio de ação da sua maligna influencia. Quantas carreiras que podiam ser bem-sucedidas não foram por ele inutilizadas! Quando um homem cai de amores com o *seu* processo, o *seu* método, o *seu* sistema e exalta-os à preeminência e se ressente da crítica segura que chama a sua atenção para os pontos vitais do negócio, esse homem esta se revelando abaixo da sua tarefa. Meu conselho aos moços é, pois, estarem sempre dispostos a rever os sistemas adotados, a reformar métodos e a pôr de lado teorias favoritas sempre que a sanidade do trabalho o exigir. Quanto mais depressa fizermos isso, tanto menos perigo correrão os nossos princípios básicos – os quais, estes sim, devem ser mantidos a todo o transe.

Há muita coisa mais valiosa que o dinheiro; tempo, energia e material valem mais que dinheiro e não podem ser adquiridos com ele. Por isso admira que sejam justamente esses elementos de mais-valia os que podem ser desperdiçados. Podereis desperdiçar tempo, desperdiçar trabalho, desperdiçar material – só não podereis desperdiçar dinheiro. Podereis mal emprega-lo, mas nunca inutiliza-lo, destruí-lo; o dinheiro subsiste sempre, muda de lugar. Também podereis desperdiçar a vossa própria oportunidade em vez de usá-la em vosso benefício. A economia não é o remédio para esse desperdício. A economia não é o remédio para esse desperdício, o uso, sim.

A palavra "economia" não equivale a "uso". Economia representa uma média-ideia filha do temor. Tudo nos foi dado para ser usado e não guardado. Não existe mal de que soframos que não venha do mau uso do não uso. Todas as funções que as criaturas humanas podem desempenhar são boas; não obstante temos continuidade diante dos olhos o espetáculo de nações fazendo leis contra coisas de nenhum modo mas fundamentalmente, porém mal-usadas. Pior pecado contra as coisas da nossa vida comum não existe do que mal usá-las. Duas espécies de desperdício vejo – o do prodigo que usa mal e o do forreta que não usa. O estrito economizador está em perigo de ser classificado lado a lado do forreta. O remédio em ambos os casos é um só – *uso*.

VALOR DOS ERROS

Erros, quer ocorram no campo social, quer na construção de certa máquina, são frequentemente o resultado de honestas pesquisas. O investigador está consciente do objetivo que tem em mira, procura uma entrada, toma por certo caminho, explora-o e verifica que não era por ali que deveria ter entrado. Investe em outra direção e vê-se de novo barrado. E assim vai, passo a passo, adquirindo experiência. Não há desperdício, não há mal nenhum, nada há censurável no seu modo de agir; está reunindo material para o conhecimento. Esse conhecimento negativo do que não pode fazer poderá ficar num recanto do seu cérebro como resíduo inútil, mas nem por isso deixa de constituir parte do seu conhecimento Nas indústrias Ford pusemos certas ideias em ação e descobrimos certos princípios. Ao lado disso verificamos que outras, ideias não resultavam. Temos aqui conhecimentos positivos e negativos, ambos, Igualmente úteis. Ninguém se amofine com os erros cometidos, porque fazem parte da nossa experiência. Não será, entretanto, erro do tipo construtivo destruir uma coisa que se mostrou defeituosa sem antes verificar a causa do defeito e estudar os meios de a remover. Mais conhecimento seria colhido desse modo. Precisamos substituir a simples pesquisa dos defeitos pela análise. Da análise subiremos á critica; e da análise e da crítica emergirão uma melhor ponderação de valores e consequentemente um melhor meio de realizar, ou, por outras palavras, progresso real.

Causa admiração observar a alta percentagem de pessoas inteligentes que preferem permanecer na região do "faultfinding" simplesmente porque levantar o espírito às regiões da análise exige muito maior esforço. O analista destaca o caso e põe a nu os fatos. Depois faz uso da faculdade de crítica, qual significa ponderação de valores de acordo com os *standards* universais. "Faultfinding" é ato emocional, a análise é ato mental, a crítica é ato moral. Somente quando esses elementos florescem em criação é que o pleno valor da realização se torna evidente. Fazer isso indica uma educação construtiva, pois consiste em melhorar à medida que se faz – fecundo processo que beneficia a humanidade e torna a civilização devedora do realizador.

Ninguém pode determinar a parte do progresso devida ao esforço pessoal e a parte devida à pressão do destino. Os homens mais frequentemente se deixam empurrar para a frente do que avançam por vontade própria. Essa pressão pode às vezes ser devida a conjunto de circunstâncias muito imperiosas para caírem sob o controle de alguém. Urna nova invenção, por exemplo, pode forçar a sociedade a reorganizar algumas das suas atividades; uma nova ideia pode forçar mudanças políticas, uma nova forma de distribuição de energia pode subverter por completo a prática industrial. Todos, em nossa geração, temos observado fatos dessa ordem. Nesses períodos de mudança uma visão segura se faz necessária para meter o carro pelo caminho certo. Homens de velhas ideias emperram nos velhos meios de fazer as coisas, frequentemente tentando solver problemas novos por meio de velhos métodos. Mas homens novos surgem e lhes tomam o lugar – homens que sabem ler os sinais dos tempos e se mostram bastante flexíveis e bastante sagazes para, em vez de protestar e deblaterar, interpretar a nova ordem de coisas.

O instinto dos povos leva-os a pedir profetas e muita gente há que se apresenta ao público nessa qualidade. O falso profeta é em regra um honesto cidadão cujo único defeito é justamente esse de se dar como profeta. O amor à popularidade distingue-o do verdadeiro profeta. Não pode viver sem ela ao passo que o verdadeiro é guiado por outras considerações Sente-se incumbido de uma missão que tem de cumprir. Pode ser profundamente sensível aos sofrimentos que a procura da verdade costuma impor, mas não estará nele escolher. Seu problema não consiste em captar assentimento. A responsabilidade do verdadeiro cessa com a proclamação da verdade. Essa proclamação é de tal importância para a verdade que o profeta não tem repouso antes de realizá-la. Pode ele nada dizer ou nada conhecer do seu destino mas terá consciência da sua missão, da incoercível pressão que o força em um certo rumo. Poderá escapar das suas consequências, mas nunca do dever de cumpri-la. O profeta sabe que a proclamação é a aguda cunha da verdade que rompe caminho através de todas as oposições até alcançar aceitação geral. É possível que durante toda a sua carreira só seja a reunião de forças que se opõem à verdade, mas sabe que essa coligação das forças opositoras é providencial: reúne-se para melhormente poder ser destruída.

Ler os sinais do tempo constitui método informativo aberto a todos. As duas pedras fundamentais da sabedoria são o conhecimento dos princípios e a vigilância do seu desenvolvimento. Perceber o *que está nascendo* e em que direção uma coisa está crescendo corresponde à mais alta sabedoria, pois quer dizer capacidade de ler os sinais, não do tempo presente, mas do que está a vir.

Quem procura apenas compreender o presente revela-se atrasado para os tempos em que vive. Os que veem longe começam a compreender os tempos antes que eles cheguem. Sinais dos tempos, neste caso, querem dizer sinais dos tempos a vir. Os sinais dos tempos de hoje foram dados muitos anos atrás. Com o dobrar dos anos tais sinais deixam de o ser e passam a constituir o próprio tempo. Uma coisa é ver o que já se formou; outra, prever, divisar o que se está formando. Vemos hoje o produto de distantes ontens, semelhante, no hoje, estão ocultas as raízes de distantes amanhãs; e o homem que divisa essas raízes é na realidade o que mais conhece da vida. A leitura dos sinais dos tempos, exige uma original espécie de trabalho – corresponde a ler o que poucos estão lendo, a ler o que ainda não está impresso, a tirar conclusões inéditas e jogar com valores fundamentais que jazem atrás e debaixo de todos os outros valores. Quem abre caminhos para si próprio tem que ter em mira princípios, bem como as bases profundas sobre que se apoiam as mudanças que vão ocorrer. Para a visão dos sinais dos tempos é mister a aprendizagem duma nova língua, a observação do que é fundamental, a realização dum pensamento novo, o desnudamento dos fatos – e a certeza de que na realidade está jogando, com fatos e não com fantasmagorias. A vida é um rio que incessantemente muda de curso e o meio de compreendê-la é seguir o rio – não o leito seco e árido.

FINANÇAS EXTRAVAGANTES

Qual o valor de tudo isso? Vejamos uma aplicação a um específico problema econômico. Tomemos para exemplo a questão do dinheiro no caso duma obra pública que o país deseja fazer para aproveitamento de algum recurso natural. O meio usual do governo agir em casos tais e emitir bônus – digamos por trinta anos – e vendê-los ao público. Em seguida, mete homens no serviço e os paga com o produto da venda dos bônus; ao cabo de trinta anos o empréstimo está extinto e os tomadores de bônus pagos do capital e juros. Que sucede nesse processo? Em primeiro lugar vejamos esse ponto: que é que dá valor aos bônus? Por que motivo o povo os compra? Claro, porque o governo do país se põe atrás deles, isto é, endossa-os. E esse endosso é nada mais nada menos que a existência dos recursos naturais que o governo se propõe a desenvolver. É o melhor endosso do mundo, pois sobrevive à bancarrota de bancos e governos.

Assim, portanto, se a base do negócio é um endosso de valor inquestionável e que o público aceita como garantia colateral dos bônus emitidos, porque seguirmos esse complicado e desnecessário processo de fazer o povo pagar 120 por cento de juros pelo privilégio de dispor de trinta milhões que na realidade possui? Tome-se uma folha de papel, um lápis e faça-se o cálculo. Suponha-se que tomamos trinta milhões e pagamos 120 por cento de juros; isto significa pagarmos sessenta e seis milhões pelo privilégio de usarmos trinta. Quer dizer, pagamos trinta pela obra pública e trinta e seis pelo empréstimo. Parece-me um método infantil e nada comercial.

Vejamos outro meio muito mais simples – cujo único defeito consiste justamente no fato de ser extremamente simples. As coisas simples são as mais difíceis de serem apreendidas. Suponhamos, por exemplo, que o problema é dar serviço a operários sem trabalho, realizando para isso alguma obra pública orçada em trinta milhões. Essa quantia corresponde a milhão e meia de notas de vinte dólares ou três milhões de notas de dez dólares. O governo emitiria essas notas com o valor da obra que vai realizar e as recolheria à proporção dos lucros sobrevindos. Os economistas de nenhum modo contestam a sanidade do processo. Simples engenharia financeira. Grandes melhoramentos verá o mundo quando aplicarmos os processos da engenharia às finanças, não haja dúvida.

Ouro e dinheiro são coisas diversas. Ouro é metal de muita valia para as artes, mas sem intrínseco valor como moeda antes que os governos imprimam nela a sua marca, isto é, o cunhem. Dinheiro é capacidade de adquirir, uma medida de crédito, uma espécie de escrita entre o comprador e o vendedor, usado como substituto da troca material dos objetos. Podemos usar qualquer coisa como instrumento de troca, qualquer coisa que não seja perecível, nem muito abundante e que possa ser controlada. O ouro está nessas condições. É escasso, durável e controlável. Mas tem suas desvantagens. Oscila de valor, flutua como tudo mais. Além disso, pode ser manipulado e dai perigos. Nós precisamos descobrir um dinheiro, um instrumento de troca que não possa ser o joguete dos manipuladores. Enquanto o dinheiro está em circulação, usado para fins produtivos, realiza a sua função, mas quando empilhado ou açambarcado – por ignorância ou má-fé – nesse caso a "questão do dinheiro" se torna séria.

Está claro que não advogo a destruição do nosso sistema monetário. Não precisamos destruir coisa alguma. Igualmente não precisamos abolir o padrão-ouro. Apenas precisamos ter sempre em vista aquele princípio geral do "uso" a que atrás me referi. Precisamos aplicar os métodos da engenharia social. As vantagens serão sempre do público; isto é, gerais. Serviço, social prima sobre egoísmo, embora leve séculos para que o homem compreenda isso. Felizmente os nossos financistas de espírito alerta estão hoje agindo de maneira mais larga do que nunca, e é bom que assim seja porque problemas de finanças ganham em ser tratados por financistas. O povo tem aptidão para compreender como as coisas devem ser, mas é necessário que haja especialistas que criem métodos de transformar o que "deve ser" em realidade.

HOMENS DE NEGÓCIO COMO LÍDERES SOCIAIS

Embora os homens de negócio não se deem como líderes dos movimentos sociais são eles na realidade os verdadeiros chefes. Nem um só passo da atividade econômica existe – bom ou mau – que não tenha sido ensinado ao povo pelos homens de negócios. Daí o terem mais influência na sociedade que os políticos, professores ou sacerdotes. Seu contato com o povo é constante e sua influência inevitável. Cada mau hábito econômico que o povo revela foi-lhe ensinado pelos homens de negócio, e como a influência deles é assim grande, seria de boa política que mudassem de orientação, transformando-se em "ledores dos sinais dos tempos", de modo a poderem nortear sadiamente o público. Ser homem de negócio é assumir a responsabilidade da chefia econômica.

Nenhuma perigosa prática econômica vemos hoje que não fosse deliberadamente ensinada ao povo – quando não inoculada à força – por homens de negócio que, nunca tiveram em vista o bem geral. Ensinar o povo a empregar seu dinheiro sabiamente, pela aquisição de coisas que lhe tornem a vida mais produtiva, é sadio; forçar o povo a perder a natural repulsa pela contração de dívidas, levando-o a perder a independência econômica e a trabalhar para um pequeno exército de coletores de prestações, é mórbido. Se a cuidadora e construtiva atitude da família média para com suas responsabilidades econômicas tem mudado, à falsa educação ministrada por um certo tipo de homens de negócio o devemos.

Hoje, certas coisas começam a se fazer claras e as pessoas prudentes divisam os sinais de perigo e se previnem. Sistemas postos em bases falsas não podem ser bem sucedidos; têm que sair e a colossal extensão que todas as coisas alcançam na América atual fazem que essas quedas venham sem grande demora

e sejam de mais largas consequências que em qualquer outra parte. O negócio que se limita a si próprio pode resistir aos ventos, mas as vastas empresas constituídas em base de jogo e extravagância sofrem colapso imediato. As pessoas que percebem os sinais dos tempos estão aptas a iniciar a reforma de tais métodos . Os que estão em posição de chefia devem fornecer o bom conselho. E se forem os sinais dos tempos observados sem tardança, a transformação se operará com lucro de experiência preventora de erros semelhantes.

Há hoje em nosso país menos pobreza do que nunca. Nossa vida material atingiu um nível inédito na História. Mas comparando o presente com o que podia e devia ser, verificamos que muito ainda nos resta a realizar. Todavia, há muito mais gente disposta a aliviar a vida dos pobres do que disposta a consagrar suas energias à tarefa de suprimir a pobreza. Caridade não substitui, reforma. Caridade não combate a pobreza, apenas a alivia. Para combatê-la e suprimi-la temos de descobrir-lhe as causas e removê-las. Ora nada contribui mais para suprimir a pobreza do que o trabalho. Cada homem que trabalha está, pois, cooperando para expulsá-la do mundo.

Quem está a solver os problemas do mundo não são os homens que neste momento estão falando e sim os que estão trabalhando, pois só quem trabalha pensa com acerto. O não trabalho embota o cérebro. Admiro que não sejam compreendidos em mais larga escala fatos como esse: o trabalho das mãos dá equilíbrio ao cérebro. Pensamento não ligado à ação construtiva se torna mórbido.

São pensamentos vesgos. Além disso, não é pensamento sadio o que se exerce fora ou à margem dos problemas que nos envolvem de todos os lados. Cremos na democracia porque cremos que o espírito coletivo vale mais que o espírito singular. Com todo o povo a pensar conjuntamente, a planear conjuntamente e a agir conjuntamente, os maiores avanços se tornam possíveis.

Cada idade enxameia de teorias que apenas pedem um minuto de atenção para se revelarem falsas. O meio de pôr à prova uma teoria não é experimentá-la, é deixá-la sobre si. Caso seja certa, vingará; se falsa, o público a refugará. Ninguém imagina quanto pior teriam sido as coisas do mundo se tivéssemos posto em prática as teorias de todos os líderes que nos têm prometido a Idade de Ouro. Se o nosso progresso parece lento, vem isso das cautelas do povo em não dar passo em falso. Essa cautela entretanto não tem impedido que em todas as épocas, num sentido ou noutro, o progresso se haja realizado. É ele a grande criação social. É a Humanidade em ação. E se é certo que a humanidade não tem caminhado muito rapidamente, também é certo que não tem refeito muito caminho em virtude de passos em falso.

REVELA-SE AGORA O MISTÉRIO DOS SÉCULOS

As recentes escavações ao redor da base da Esfinge, no Egito, revelaram o verdadeiro propósito desse mistério secular e, também, da Grande Pirâmide. Esses dois grandes monumentos foram erigidos para repositórios eternos dos símbolos do conhecimento profundo alcançado pelos antigos místicos e filósofos, que descobriram os verdadeiros segredos dos poderes interiores do homem.

A Ordem Rosacruz, AMORC, uma organização não religiosa, que se tem dedicado a preservar esse conhecimento para as gerações futuras, lhe revelará as leis cósmicas e naturais, com sua correspondente aplicação prática para a Aurora de uma Vida Abundante.

Permita que lhe sejam transmitidos esses conhecimentos – que cada pessoa poderá comprovar por si mesma – solicitando a remessa grátis de um exemplar de "O Domínio da Vida" à Grande Loja do Brasil, AMORC, Bosque Rosacruz, Curitiba, Paraná, Brasil.

Henry Ford: – O QUE É PENSAR?

O que nos faz PENSAR? Donde vêm os nossos pensamentos? Como se dá com a antena do rádio, os pensamentos parecem vir para as pessoas sintonizadas para recebê-los. Deem a essa Universal fonte de ideias o nome que quiserem, o fato é que os pensamentos boiam em redor de nós, prontos para serem captados.

Na realidade, nada criamos de novo. Apenas descobrimos, pomos a nu o que já existe. Quando tivermos alcançado a Verdade havemos de verificar isso.

Estamos no caminho para a Verdade quando o que fazemos, tende a tornar o homem um pouco mais livre que antes. Os segredos do mundo estão abertos a todos que pensam.